Sammlung Metzler
Band 333

Steffen Martus

Ernst Jünger

Verlag J.B. Metzler Stuttgart · Weimar

Der Autor:

Steffen Martus, geb. 1968; Studium der Germanistik, Philosophie, Soziologie und Politologie in Regensburg und Berlin; 1998 Promotion; Wiss. Mitarbeiter am Institut für deutsche Literatur der Humboldt-Universität zu Berlin. Veröffentlichungen zur Sprachtheorie im 17. Jahrhundert und zur Dramengeschichte der Aufklärung sowie zu Hagedorn, Gellert, Wieland und Goethe.

Die Deutsche Bibliothek – CIP-Einheitsaufnahme

Martus, Steffen
Ernst Jünger / Steffen Martus.
– Stuttgart ; Weimar : Metzler, 2001
  (Sammlung Metzler ; Bd. 333)
  ISBN 978-3-476-10333-8

SM 333

ISBN 978-3-476-10333-8
ISBN 978-3-476-05607-8 (eBook)
DOI 10.1007/978-3-476-05607-8
ISSN 0558 3667

© 2001 Springer-Verlag GmbH Deutschland
Ursprünglich erschienen bei J.B. Metzlersche Verlagsbuchhandlung
und Carl Ernst Poeschel Verlag GmbH in Stuttgart 2001
www.metzlerverlag.de
info@metzlerverlag.de

Inhaltsverzeichnis

I. Einleitung

»Ich weiß«, stellt Ernst Jünger 1983 rückblickend fest, »daß ich Zeit meines Lebens vielen ein Ärgernis gewesen bin« (SW18, 484). Zwar kokettiert er dabei mit der Kategorie des ›umstrittenen Autors‹, erwähnt aber nicht, mit welcher Konsequenz er sich selbst in diese Position gebracht hatte: So wird er nach dem Ersten Weltkrieg zum Vertreter eines ›Soldatischen Nationalismus‹ und tritt zugleich aus der Armee aus. Er verfasst politische Pamphlete von einer solchen Radikalität, dass sie für jede politische Organisation unbrauchbar werden. Als die Nationalsozialisten an die Macht kommen, kürzt Jünger seine Schriften weitgehend um die nationalrevolutionäre Programmatik und zieht sich aus Berlin in die Provinz zurück, zugleich aber werden seine Werke erst im ›Dritten Reich‹ populär. Auch nach 1945 entfalten sich Jüngers Gedankenfiguren im Rahmen dieser doppelten Bewegung von Affirmation und Distanzierung, einer unbedingten Zeitgemäßheit, die das Zeitliche überwinden will, und einer Modernität, die Modernisierung lediglich als Variation unveränderlicher Elemente interpretiert. Priorität kann keines der beiden Momente beanspruchen. Weder gibt Jünger seine Intention auf Überzeitliches auf, noch hält er diese Intention für einlösbar, und so macht er das Scheitern und die Vorläufigkeit schlechthin zum Prinzip seines Werks. Keiner seiner Romanhelden kommt zu einem Ziel, und keine der Schriften Jüngers liegt in einer endgültigen »Fassung« vor (s. Kap. IV.6).

Diese »Ambivalenz«, die Jünger selbst als Charakteristikum seiner Autorschaft bezeichnet (SW18, 485), lässt Werk und Person für alle Parteiungen ebenso problematisch wie interessant werden. Wichtiger noch aber ist, dass sich durch diese zwiegesichtige Orientierung die große, mitunter prätentiöse Geste des Weltdeuters mit einer außergewöhnlichen phänomenologischen Aufmerksamkeit und Wissbegier verbindet. Jüngers literarisches Werk entfaltet sich nicht nur vor dem Hintergrund einer raunend verkündeten Metaphysik alles durchdringender Korrespondenzen, sondern auch vor dem Hintergrund einer Faszination durch die moderne Lebenswelt. Er schreibt eine Geschichte der Zahl Null und eine Geschichte der Zeitmessung; er liest die Einführung der Antenne oder die Etablierung der Schutzmaske als physiognomische Zeichen einer neuen Epoche. Der Elektrisierung des Alltags widmet er sich ebenso wie den Sanduhren, der Struktur des Verkehrswesens ebenso wie den Rara der Antiquariate. Jünger ist nicht nur wegen seines mehr als hundertjährigen Lebens eine Jahrhundertfigur. Die Perspektiven seiner dichterischen und essayistischen Schriften sind aktueller denn je: Wie verändern sich Gestik, Bewegungsspiel und Wahrnehmung unter Bedingungen diffuser und auf Permanenz gestellter Bedrohung? Welche Bedeutung haben Veränderungen der Codierung für die Anthropologie? Welche Darstellungsverfahren sind den modernen Kommunikationstechnologien, der entsprechenden Dynamisierung und Entsubstantialisierung des Weltbilds angemessen? Fragestellungen wie diese machen die Besonderheit Jüngers deutlich, eine Exzentrizität freilich, die bis ins Moralische reicht, denn auch hier überschreitet Jünger Grenzen. Das Humane spielt für den passionierten Käfersammler keine besondere Rolle. Auf die Interviewfrage, ob er das »Fehlen von Menschen bedauern« würde, antwortet er lakonisch: »Ja, ich bedauere auch, daß es keine Dronte mehr gibt. Jeder Verlust ist bedauerlich« (Jünger 1989, 62).

Wer sich mit Jünger beschäftigt, befindet sich daher mit gutem Grund in der Defensive. Die Auseinandersetzung mit Werk und Person steht vor der Frage, wie sie die Distanz zu ihrem Gegenstand markiert. Ich habe der Rekonstruktion den Vorzug vor der Kritik gegeben. Es scheint mir nicht notwendig, hinter jeden der kriegsverherrlichenden, antidemokratischen, chauvinistischen oder auf andere Weise problematischen Sätze Jüngers einen Hinweis auf dessen Bedenklichkeit zu stellen, weil sich in meinen Augen viele seiner Aussagen mittlerweile von selbst bewerten, ganz abgesehen davon, dass mit einer solchen Qualifizierung noch nicht viel gewonnen ist und sie allenfalls den Beginn der Analyse, nicht aber, wie so oft, deren Abschluss bedeuten muss. Ich halte es für erforderlich, die Komplexität einer Position herauszuarbeiten, bevor man sich gegen sie wendet, denn auch eine Kritik unter dem Niveau ihres Gegenstandes ist eine verfehlte Kritik und arbeitet mehr dem Mythos des von Denkverboten gefangenen Propheten zu, als dass sie zu erhellenden Einsichten, schlagenden Argumenten und klaren Urteilen führte. In diesem Sinne verstehe ich die vorliegende Darstellung von Jüngers Werk und Biographie als Einführung.

Jüngers Gesamtwerk ist von enormer Breite: Horst Mühleisens Bibliographie der Primärtexte (1996), ein unersetzbar wichtiges Hilfsmittel jeglicher Beschäftigung mit Jünger, zählt auf rund 300 Seiten 1262 Titel. Darin eingeschlossen sind freilich unterschiedliche Auflagen sowie Übersetzungen der Werke, aber diese Ausgaben lassen sich bei einem Autor, dessen Wirkungsgeschichte untrennbar mit seinem Œuvre verbunden ist und der eine Poetik der »Fassungen«, also des ununterbrochenen Bearbeitens seiner Schriften, entwickelt (s. Kap. IV.6), nicht als bloße Wiederholungen übergehen. Angesichts dieser Materialfülle kann eine Behandlung des Gesamtwerks nur eingeschränkte Ziele verfolgen. Diese Einführung gibt einen Überblick über das Werk (mit Aussichten

auf die biographischen Zusammenhänge) sowie Hinweise auf weiterfüh-
rende Forschungsliteratur und deutet Kontinuitäten, Verschiebungen
und Brüche in der Werkentwicklung an. Die Darstellung folgt dabei
vorrangig einem literaturwissenschaftlichen Interesse – die Lektüre aus
philosophischer oder politologischer Perspektive beispielsweise würde
bei Jünger zu einem anderen Buch führen, und auch das gehört zu den
Qualitäten eines in sich komplexen und facettenreichen Werks, dem
von der Entomologie bis zur Astrologie, von der Mathematikgeschichte
bis zur Geschichte des Todes, von der Poesie über den Mythos bis zu
Krieg und Frieden kein Thema zu fremd ist, um es als integralen Bestandteil einer in sich geschlossenen Gedankenbewegung zu verstehen.

Forschungsansätze

Die Jünger-Forschung (zur breiteren Rezeption Jüngers nach 1945 s.
Kap. IV.1) lässt sich nur schwer in eine konzise Abfolge bestimmter Paradigmen gliedern, sie zeichnet sich vielmehr, wie in in vielfältiger Weise
mit ihrem Gegenstand zusammenhängt, durch eine variierende Interpretation eines relativen schmalen Textkorpus aus, vor allem der *Stahlgewitter*, dann auch des *Abenteuerlichen Herzens* oder der *Marmorklippen*.
Im folgenden werden daher typische Vertreter bestimmter Richtungen
sowie die Standardwerke der Sekundärliteratur zu Jünger vorgestellt. In
die Darstellung selbst eingearbeitet wurden dann vor allem die neueren
Arbeiten. Insgesamt kann die hier verwendete und zitierte Literatur nur
einen kleinen Einblick in die umfangreiche Forschung zu Jünger bieten,
die durch eine im Entstehen befindliche Internationale Ernst-Jünger-
Bibliographie der Sekundärliteratur von Nicolai Riedel (Deutsches Literaturarchiv, Marbach a.N.) erfasst wird.
    Erste monographische Arbeiten zu Jünger entstehen bereits in den
1930er Jahren. 1934 erschien Wulf Dieter Müllers *Ernst Jünger. Ein Leben im Umbruch der Zeit* (1934), eine Darstellung von Person und Werk
des als charismatische Vorbildfigur gefeierten vorbildlichen Soldatentypus »Jünger«. Müllers Studie entstand aus der persönlichen Begegnung
und bietet aus diesem Grund das eine oder andere biographische Detail
(wie z.B. Berichte von Jüngers Vorgesetzten über dessen Verhalten während des Ersten Weltkriegs), das sie über ein historisches Interesse hinaus noch lesenswert macht. Bemerkenswerterweise wird bereits hier das
Fassungsproblem der Weltkriegsschriften (s. Kap. II.1 u. IV.6) thematisiert, ebenso wie in der Dissertation von Heinz Riecke über *Wesen und
Macht des Heldischen in Ernst Jüngers Kriegsdichtungen* (1935). Rieckes
Studie ist als Rezeptionszeugnis neben den Dissertationen von Edgar

Traugott (1938) und Ilse Dahler (1944) von Bedeutung, weil sie aus
Jüngers Schriften mit einiger interpretatorischer Gewaltsamkeit einen
Nutzen für »das Volk und die Nation« extrapolieren muss, um diese vor
dem gegen Jünger erhobenen Vorwurf des mangelnden Sinns für »Volk,
Vaterland, Kameradschaft« zu bewahren.

An der Schwelle zur *Jünger-Forschung nach 1945* stehen zwei Untersuchungen: Zum einen Hannah Vogts vergleichende Studie zum »Arbeiter« bei Friedrich Naumann, August Winning und Ernst Jünger (1945),
die Jünger auf das Nihilismus-Problem festzulegen beginnt und ein
Modell für die »Wandlung« Jüngers in den 1930er Jahren entwirft, ein
Punkt, der die Forschung vor allem in den Nachkriegsjahren beschäftigen wird. In der zweiten Studie am ›Nullpunkt‹ das Jahres 1945 beschäftigt sich Erich Brock mit dem *Weltbild Ernst Jüngers*. Brock hatte
bereits 1943 eine schmale Studie über Jünger publiziert und betrachtet
das Werk aus Sicht der »Existenz-Philosophie«, wobei Jüngers Publizistik der 1920er Jahre – dem Autorwillen gemäß – ausgeblendet bleibt.
Der *Arbeiter* wird als Zentrum einer »philosophischen« Position defi-
niert, die Brock durch alle Schriften hindurch rekonstruiert. Vielleicht
wird diese quasi-sympathetische Studie auch wegen dieses Zutrauens in
die gedankliche Substanz der analysierten Schriften von Jünger selbst
mehrfach als vorbildliche Analyse erwähnt (z.B. SV5, 148). Auf einer
Linie mit Brocks Ausführungen liegen Hans-Rudolf Müller-Schwefes
ebenfalls aus erklärtermaßen existenzphilosophischer Perspektive formulierte Arbeit (1951) sowie Hubert Bechers Jünger-Monographie (1949).
Beide sind Beiträger zur Festschrift *Freundschaftliche Begegnungen* anlässlich des 60. Geburtstags von Jünger und vertreten paradigmatisch das
christliche Interesse an dessen Werk in den Jahren nach 1945 (s. Kap.
IV.1). Eine Analyse der Jüngerschen Position in den 1940er und 1950er
Jahren im theologiegeschichtlichen Kontext fehlt im übrigen bislang.
Dem in diesem intellektuellen Klima virulenten Interesse an der Nihilis-
musproblematik, das auch in folgenden Forschungsbeiträgen immer
wieder besondere Aufmerksamkeit erfahren hat (s. Kap. IV.2.1), widmet
sich beispielsweise Alfred von Martins Entwurf mit dem sprechenden
Titel *Der heroische Nihilismus und seine Überwindung. Ernst Jüngers Weg
durch die Krise* (1948). Jünger wird hier – durchaus kritisch – als Ver-
körperung des »Deutschen Wesen[s]« verstanden, das immer wieder in
Versuchung gerate, »mit dem Teufel zu paktieren«.

Das damit formulierte politische Problem gehört zur Diskussion um
den »**Fall**« Jünger, d.h. um die Frage, inwieweit Jünger Mitschuld an
den Naziverbrechen zuzuschreiben sei (s. Kap. IV.1). Das bereits erwähnte Modell des ›Wandels‹ wird vor allem von Karl O. Paetel formuliert, der unter Jüngers Herausgeberschaft »Hauptschriftleiter« der nationalrevolutionären Zeitschrift *Die Kommenden* war (s. Kap. II.2.2)

und die Zeit des Nationalsozialismus im Exil verbrachte: Er veröffentlicht bereits 1946 eine Jünger-Apologie mit dem Untertitel »Die Wandlung eines Deutschen Dichters und Patrioten« als Beitrag zur einer Reihe mit »Dokumenten des anderen Deutschland«, wobei er sich nicht
gegen etwaige Jünger-Polemik in Deutschland, sondern gegen die Kritik
an Jünger von seiten der Exilanten wendet. Im Nachvollzug der Biographie stellt Paetel einen in »bester deutscher [u]nd europäischer Kultur-
tradition« stehenden Denker vor. 1949 lässt er einen weiteren Band folgen, und auch hier geht es ihm darum, Jünger als Repräsentanten
»kompromißloser deutscher Selbstbesinnung« darzustellen, nun jedoch
in Konfrontation mit den vielfältigen kritischen Stimmen zu Jünger im
eigenen Land. Diese frühe Kritik wird in der Ernst-Jünger-Bibliographie
Paetels von 1953 aufgearbeitet. Die Jünger-Apologie Paetels ist dabei
insgesamt noch maßvoll im Vergleich zu Gerhard Nebels *Ernst Jünger.
Abenteuer des Geistes* von 1949, einem mit Furor geschriebenen rhapso-
dischen Essay, der zwar die These von der ›Wandlung‹ aufgreift, aber
auch die Kontinuitäten herausstellt. Paetel legte 1962 schließlich noch
einen schmalen, aber materialreichen Band in der Reihe der Rowohlt
Bildmonographien vor. Jüngers *Biographie* arbeiten im folgenden neben
kürzeren Überblicken in Schriftstellerlexika (z.B. Schroers 1973; Mattenklott 1990; Philippi 1994) einige Untersuchungen weiter auf, die
sich auf die Zeit bis 1945 konzentrieren (Nevin 1996, Ipema 1997).
Der erste Versuch einer Gesamtdarstellung des Lebenslaufs nach Jüngers
Tod liegt mit Paul Noacks Jünger-Biographie vor (1998). Wichtige Informationen vermitteln neben der reichhaltigen Erinnerungsliteratur zu
Jünger der großformatige Bildband von Heimo Schwilk (1988) sowie
der tabellarische Lebenslauf am Ende der Jünger-Bibliographie von
Horst Mühleisen (1996). Ein perspektivenreicher Abriss der Jünger-
schen Lebensgeschichte findet sich bei Elliot Y. Neaman (1999, 23ff.).
   Von den vielen Arbeiten aus der frühen Phase der Forschung sind
einige Studien hervorzuheben, die bis heute ein gewisse Rolle spielen:
Jürgen Rausch veröffentlicht 1951 einen schmalen Band zu *Ernst Jün-
gers Optik*, der zunächst als Beitrag im *Merkur* erschienen war. Seinen
Gegenstand aus christlicher Perspektive maßvoll kritisierend, setzt
Rausch den Akzent auf ein Thema, das im Zentrum der Jünger-Forschung steht: die »*Stereoskopie*« als Technik der Welterschließung, wie
Jünger sie vor allem im *Abenteuerlichen Herzen* entwirft (s. Kap. II.4).
Um nur die beiden neuesten Arbeiten in dieser Fluchtlinie zu erwähnen:
Norbert Staubs *Wagnis ohne Welt* (2000) untersucht die Autorinszenie-
rung hinter dem stereoskopischen Blick und ordnet – wenngleich er
zunächst von diesem Zusammenhang aus heuristischen Gründen ab-
sieht – das *Abenteuerliche Herz* in den Kontext von Jüngers Publizistik
ein. Zwei Jahre zuvor behandelte Julia Draganović das Thema, legte al-

lerdings den Fokus anders. Ihr Ziel ist es, von der Inhaltsfixierung der
Jünger-Forschung wegzukommen und die »darstellerische Umsetzung
von Weltanschauung im erzählerischen Werk Ernst Jüngers« zu betrachten. Damit steht sie auf ihre Weise in der Tradition von Joseph Peter
Sterns Arbeit von 1953, der dieselbe Einseitigkeit der Jünger-Kritik be-
klagt und dieser eine formkritische Studie entgegensetzt.

Mit Gerhard Looses Darstellung der Werkentwicklung von den
Stahlgewittern (1920) bis zum *Gordischen Knoten* (1953) liegt 1957 das
erste monographische Standardwerk zu Jünger vor. Zwar versucht Loose, Jünger als »Gestalt« des »Abenteurers« zu fassen, wodurch die Analyse passagenweise ins Spekulative abgleitet, im übrigen aber vollzieht sie
das Werk plausibel nach und gibt vor allem wichtige Hinweise zu einer
Interpretation der verschiedenen Fassungen (dazu auch Loose 1950).
Nachdem Christian Graf von Krockow in seiner Dissertation von 1954,
die 1958 erstmals erschien, das Dreigestirn Ernst Jünger, Carl Schmitt
und Martin Heidegger dem dezisionistischen Denkstil als Paradigma der
1920er und 1930er Jahre zugeordnet und damit auf eine aussagekräftige
Konstellation verwiesen hat, folgt mit Hans-Peter Schwarz' *Der konservative Anarchist* eine ausführliche Studie zu »Politik und Zeitkritik Ernst
Jüngers« (1962). Über die Ansätze bei Loose hinausgehend arbeitet er
die Publizistik der 1920er Jahre auf, interpretiert erstmals ausführlich
Jüngers im engeren Sinn erzählerisches Erstlingswerk *Sturm* und gibt
zudem einen Überblick über die Jünger-Kritik.

Die Rolle Jüngers in den *politischen Diskursen der 1920er und 1930er
Jahre* gehört mittlerweile zu den am besten dokumentierten Aspekten
des Jüngerschen Werks: 1974 veröffentlichte Karl Prümm seine Studie
zur *Literatur des Soldatischen Nationalismus*, 1975 erschien Marjatta
Hietalas Untersuchung der »Publizistik Jüngers und des Kreises um ihn
1920 – 1933«, und 1977 folgte schließlich Gerda Liebchens »Untersuchung zur gesellschaftlichen Funktion von Literatur« am Beispiel Jüngers. Diese drei Arbeiten zeichnen sich bei allen Unterschieden im For-
schungsinteresse vor allem durch das vergleichsweise hohe Maß an
Kontextualisierung der behandelten Schriften aus. Von der Verlagspolitik über das Ensemble der Prätexte bis zu den militärpolitischen Zusammenhängen, die die Rezeption zumal der *Stahlgewitter* anfangs determi-
nieren, wird hier ein Panorama der 1920er und frühen 1930er Jahre
eröffnet. Zur psychohistorischen Dimension dieses Themenfeldes liefer-
ten gleichzeitig Klaus Theweleits *Männerphantasien* (1977/78; s. Kap.
II.1.1) mit einer Epochenanalyse des »soldatischen Mannes« einen ebenso anregenden wie problematischen Beitrag, der allerdings nur spora-
disch in der Jünger-Forschung aufgegriffen wurde (vgl. z.B. Volmert
1985). Zur politischen Funktion von Jüngers Schriften in der Weimarer
Republik folgten in den 1980er Jahren mit Liana Dornheims *Verglei-

chender Rezeptionsgeschichte zum »literarischen Frühwerk« (1987) und mit Eva Dempewolfs Analyse der Fassungen der Kriegstagebücher von 1920 bis 1980 (1992) zwei weitere wichtige Arbeiten, die zum einen die vielfältigen, von unterschiedlichen Interessenlagen und historischen Traditionen abhängigen Deutungsmöglichkeiten des Werks und zum anderen Jüngers autorschaftliche Metamorphosen aufdecken. Weitere bedeutende Studien zur *Fassungspoetik* (s. Kap. IV.6) sind, nicht zuletzt wegen der Einbeziehung der Manuskripte, Ulrich Böhmes Analyse von 1972 sowie Wojciech Kunickis Untersuchung der *Stahlgewitter*-Fassungen (1993) Aus methodischer Perspektive hat Hermann Knebel 1991 den bislang perspektivenreichsten Beitrag geliefert (s. Kap. II.1)

Unter den vielen Analysen von Jüngers Frühwerk sticht Hans-Harald Müllers Studie zum Kriegsroman der Weimarer Republik heraus (1986). In einer autorintentionalen Deutung des Frühwerks liest er die Arbeiten der 1920er Jahre als immer neue und stets vergebliche Versuche, den Krieg literarisch zu bewältigen. Müllers Lektüre der einzelnen Jüngerschen Schriften bildet durch die integrative Interpretation, die aus den Widersprüchen des Werkverlaufs Erkenntnisgewinn zieht, ein Gegenmodell zu dem in den 1970er Jahren erschienenen, meistrezipierten und zugleich meistkritisierten Beitrag der Jünger-Forschung: *Karl Heinz Bohrers Die Ästhetik des Schreckens. Die pessimistische Romantik und Ernst Jüngers Frühwerk* (1978) (s. Kap. II.1.1 u. II.4). Bohrer geht von einem normativen Begriff von Modernität aus und qualifiziert anhand dieses Maßstabs die relevanten Stellen des Jüngerschen Werks. Dadurch gelingt ihm eine provozierende Entpolitisierung des Gegenstands, die – abgesehen von ihren sonstigen Qualitäten – zumal ihre forschungsgeschichtliche Funktion in einer Kritik an der »Weltveranschaulichung« von Literatur hat. Wenn somit die von Bohrer sogenannte »formalästhetische Analyse« den polemischen Kern seiner Studie bildet, der eine Fülle von kritischen Reaktionen herausgefordert hat (z.B. Brenner 1993, 17ff.; Saferuno 1990, 13ff.), so bleibt doch auch zu betonen, dass Bohrer, was immer wieder unterschlagen wird, sowohl wichtige Hinweise auf eine intertextuelle Verortung Jüngers als auch auf das politische Potential gerade der Jüngerschen Ästhetik gibt.

Direkt an Bohrers auch zeitphänomenologisch perspektivierte Studie knüpft die Monumentalmonographie von Martin Meyer an, der 1990 das bis zu diesem Zeitpunkt erschienene Gesamtwerk einer nachvollziehend-referierenden, bisweilen ideengeschichtlichen Lektüre unterzieht. Zugleich bildet Bohrers epochale Integration gleichsam das Präludium einer ganzen Reihe von Beiträgen, die Jüngers Werk ostentativ als Beitrag zur *Literatur der Moderne* verstehen, so z.B. in Norbert Bolz‹ Untersuchung des »Philosophischen Extremismus zwischen den Weltkriegen« (1989) oder bei Helmut Lethen in seiner Studie zu den *Verhaltenslehren der Kälte* (1994). Beide finden einen Ansatz, ›linke‹ und ›rechte‹ Schriftsteller aus einer Perspektive und als Antworten auf denselben Problemhorizont zu verstehen. Peter Koslowski schließlich verfolgt in mehreren Aufsätzen und vor allem in *Der Mythos der Moderne* (1991) die »dichterische Philosophie Ernst Jüngers«, auch er will Jünger als intergralen Bestandteil eines komplexen Modells von Modernität begreifen, gleichsam als die »andere Seite« eines z.B. um theologische Fragestellungen verkürzten Epochenbegriffs. Jurgen Kron schlägt dann in seiner Dissertation – wie zuvor Rolf Günter Renner (1988) und Koslowski – den Bogen von der Moderne zur Postmoderne (1998), dabei Jüngers eigenes Deutungsangebot der *Seismographie der Moderne* nutzend (s. Kap. III.4.2). Dass diese Zuordnung sich nicht von selbst versteht, zeigt beispielsweise Klaus-Peter Philippis vehementer Einspruch gegen die Modernität Jüngers unter dem sprechenden Titel *»Versinken im Wirbel«* (1989).

Ein weiteres Gegenmodell zu Bohrers Ansatz bilden die Aufsätze und vor allem der Einführungsband von Wolfgang Kaempfer (1981). Kaempfer kehrt die Wertungen Bohrers um und wendet sich gegen den affirmativen Gestus einer sich alles unterordnenden Individualität. Sein Augenmerk gilt dabei vor allem der obsessiven und durchaus lustbesetzten Konzentration auf Gewalt im Jüngerschen Œuvre sowie der Verdinglichung und Naturalisierung von Gewaltverhältnissen. Kaempfers Auseinandersetzung mit Jünger bildet ein extremes Beispiel für eine auch in der literaturwissenschaftlichen Beschäftigung mit Jünger stets vorhandenen Distanzierung. In dieser Reihe nehmen zwei neuere Arbeiten zu Jüngers Werk nach 1945 einen besonderen Stellenwert ein, weil sie in bezug auf Materialreichtum und Kontextualisierung die erwähnten Untersuchungen zum Jüngerschen Frühwerk fortführen. Horst Seferens legt 1998 seine kritische Studie zu *Ernst Jüngers Ikonographie der Gegenaufklärung und die deutsche Rechte nach 1945* mit der These vor, dass es eine untergründige Verbindung zwischen der nationalrevolutionären Publizistik und dem Spätwerk gebe, die Jünger jedoch geschickt zu verschlüsseln verstehe, und dass mit dieser Umcodierung die Ideologie der »neuen Rechte« salonfähig gemacht werde. Gleichwohl verzeichnet Seferens immer wieder Differenzen in dem von ihm anvisierten ideologischen Lager und merkt an, dass sich das Jüngersche Werk gegen eine eindeutige politische Festlegung sperrt. Auf diese Weise ist die Durchleuchtung eines publizistischen Netzwerks außerordentlich aufschlussreich. Ein ähnliches Themenfeld bearbeitet die 1999 erschienene Studie von Elliot Y. Neaman, der zum Teil andere Texte als Seferens heranzieht (z.B. die *Marmorklippen* oder die Friedensschrift) und auch Archivmaterial berücksichtigt, so dass Jüngers literaturpolitische Strategien durchschaubar werden. Bislang ist im übrigen weder eine Ge

schichte der zahlreichen Jünger-Festschriften geschrieben, noch die
Konstellation um die Zeitschrift *Antaios* analysiert worden, die Jünger
von 1959 bis 1971 gemeinsam mit Mircea Eliade herausgab und in der
sich wichtige Aufschlüsse über das intellektuelle Feld finden lassen, aus
dem heraus Jüngers späte Essayistik entsteht (s. Kap. IV.2.2).

Generell bilden die *rezeptionshistorischen Untersuchungen* zu Jünger
ein eigenes Forschungsfeld (s. Kap. IV.1), und das mit gutem Grund:
Denn wie selten sonst bei einem Autor lässt sich Jüngers Werk von seiner Wirkungsgeschichte nicht mehr trennen, weswegen auch die hier
folgende Werkdarstellung immer wieder auf die Jünger-Rezeption eingeht. Nachdem bereits Paetel in apologetischer Absicht die frühe Jünger-Kritik referiert hat, führen Eva Könnecker (1976), Norbert Dietka
(1987 u. 1996) sowie Roswitha Schieb (1996) die Linie bis zu Seferens
und Neaman fort. Weiteres Material zur Jünger-Rezeption in den
1920er Jahren findet sich in den erwähnten Arbeiten von Schwarz,
Prümm, Hietala, Liebchen und Dempewolf sowie in Liane Dornheims
Vergleichender Rezeptionsgeschichte zum Frühwerk Jüngers in Deutschland, England und Frankreich (1987). Die internationale Jünger-Rezeption ist vor allem im Blick auf Spanien und Italien noch nicht aufgearbeitet, wo das Interesse an Jünger sehr groß ist, was nicht zuletzt die
zahlreichen offiziellen Ehrungen dokumentieren. Für Polen liegt eine
bibliographische Bestandsaufnahme von Wojciech Kunicki und Krzysztof Polechonski vor (1997), einige kleinere Studien gehen auf die Aufnahme Jüngers in England (Closs 1956; Paetel 1960; Dornheim 1987,
241ff.; Müller 1994), den USA (Neaman 1999, 12ff.), Belgien (Vandevoorde 1992) und den Niederlanden (Ipema 1985) ein.

Ein eigener Problemkomplex bildet die *Beziehung Jüngers zu Frankreich*, mit der sich eine Fülle von Untersuchungen befasst (z.B. Gracq
1965; Dornheim 1987, 279ff.; Plard 1990b; Neaman 1993; Garçonnat
1995; Wanghen 1995; Fürnkäs 1996; Hervier 1996d; Noack 1998,
307ff.; Neaman 1999, 14ff., 240ff.). Jünger, der seit den frühen 1930er
Jahren einen gewissen Bekanntheitsgrad in Frankreich hatte und in dieser Zeit auch in Paris erste Kontakte knüpfte, zeigte zeit seines Lebens
eine Nähe zur Kultur des Nachbarlandes, sieht man von der antifranzö-
sischen Polemik im Kontext der »Zivilisationskritik« der 1920er Jahre
ab. Von seiner Flucht in die Fremdenlegion im Jahr 1913 (s. Kap. II.)
über seine frühe Begeisterung für Rimbaud oder Baudelaire, seine ausführliche Beschäftigung mit Léon Bloy bis zu den Rivarol- und
Léautaud-Übersetzungen von 1956 und 1978 und viele andere Anknüpfungspunkte (nicht zuletzt bei de Sade und Georges Bataille)
spannt sich ein Netz der literarischen und gedanklichen Beziehungen.
Dass Werke Jüngers wie *Eumeswil* oder der zweite Teil von *Autor und
Autorschaft* zuerst in Frankreich erscheinen, bevor sie auch in Deutsch-

land herauskommen, deutet ebenfalls auf die Wertschätzung hin. Die
Vermutung, Jünger finde sein eigentliches Publikum im Nachbarland,
verbindet sich mit der Frage nach Gründen für diese – bisweilen im
übrigen auch perspektivisch verzerrte und übertrieben dargestellte – Affinität von Seiten der französischen Leser. Das dominierende Bild Jüngers in der Presse ist das seit dem 19. Jahrhundert in Frankreich kursie-
rende Bild des »bon Allemand«, hier in Gestalt des gebildeten Offiziers
im Zweiten Weltkrieg, der sich um die französische Kultur und deren
Denkmäler (Kathedralen, Bibliotheken etc.) sorgt und sich für eine humane Besatzungspolitik verwendet (s. Kap. III.4.2). Zwar finden sich
auch in Frankreich Verehrer und Verächter, aber Jüngers Image ist hier
vor allem durch die ideologisch vergleichsweise leichter akzeptierbaren
Marmorklippen sowie durch *Gärten und Straßen* und die Pariser Tagebücher geprägt.

Dass Jünger in Frankreich als unverdächtiger Vertreter der Weltliteratur firmiert, hängt – neben den glättenden Übersetzungen – sicherlich
mit den unterschiedlichen Regeln des politischen und damit auch den
literaturkritischen Diskurses in Deutschland und Frankreich zusammen.
Die ideologiekritischen Betrachtungen heben demgegenüber Jüngers
Funktion für die ›unverarbeitete‹ Geschichte der französischen Kollabo-
ration hervor, denn mit der widerständlerischen Haltung Jüngers im
›Dritten Reich‹ lässt sich auch die Zusammenarbeit der Franzosen mit
den deutschen Okkupanten aus dem günstigen Licht eines »inneren
Widerstandes« wahrnehmen. Die politischen Ehrungen und Jüngers
Treffen mit François Mitterand (s. Kap. IV.1) sowie die Rezeption Jün-
gers in Frankreich nach 1945 (nicht zuletzt von seiten der ›Droite‹ bzw.
›Nouvelle Droite‹), die dessen Schriften im Streit für ein konservatives
Wertesystem nutzt, gehören in diesen Zusammenhang. Von den vielen
Bekannten und Freunden in Frankreich, die Jünger während seines Ok-
kupationsaufenthalts in Frankreich kennen gelernt hat und die für sei-
nen guten Namen gesorgt haben (Julien Gracq, Marcel Jouhandeau
u.a.), ist dabei vor allem sein Übersetzer und publizistischer Kombattant
Henri Plard zu nennen, der allerdings nach einer Meinungsverschieden-
heit 1988 einen der aufschlussreichsten und kritischsten Artikel zum
Verhältnis Jüngers zu Frankreich verfasst hat (Plard 1990b; s. Kap.
IV.1). Im übrigen steht eine Arbeit, die auch die französischen Übersetzungen in einen Fassungsvergleich einbezieht, noch aus. Für die neuere,
seit einiger Zeit merklich anwachsende französische Forschungsliteratur
zu Jünger, die sich durch einen eher affirmativen Zugang zu ihrem Gegenstand auszeichnet, steht Danièle Beltran-Vidale. In ihrer Arbeit über
Chaos et renaissance dans l'œvre d'Ernst Jünger (1995) analysiert sie,
durchaus fasziniert vom Seher und dichtenden Metaphysiker Jünger, die
Symbolzusammenhänge, die sprachliche Bewältigung und die produkti-

ve Interpretation des »Chaos« einer neuen Zeit, die nicht zuletzt von einem »unbeschreibbaren« Krieg geprägt ist. Neben zahlreichen weiteren Veröffentlichungen zeichnet sie auch verantwortlich für die Herausgeberschaft des Jünger-Jahrbuchs des »Centre de Recherche et de Documentation Ernst Jünger« in Montpellier, das seit 1996 unter dem Titel *Les Carnets Ernst Jünger* erscheint.

Quellen

Die aktuellen Einzel-, Taschenbuch- oder Sonderausgaben gehen alle auf die *Sämtlichen Werke* zurück, die zwischen 1978 und 1983 erschienen sind und die Jüngers Haus-Verlag Klett-Cotta seit 1999 um Supplementbände erweitert (u.a. um die bislang einzeln veröffentlichten Tagebuchbände von *Siebzig verweht III* bis *V*). Da Jünger die eigenen Werke einem permanenten Bearbeitungsprozess unterzogen hat, ist die Auswahl der zugrundegelegten Auflage bzw. die Berücksichtigung weiterer ›Fassungen‹ von enormer Bedeutung. Das größte Desiderat in diesem Kontext bildet eine Edition der nur in den oft schwer zugänglichen Originalen einsehbaren Publizistik der 1920er Jahre. Das in ideologiekritischer Absicht veröffentlichte *Ernst Jünger-Brevier* von Bruno W. Reimann und Renate Haßel (1995) vermittelt immerhin durch ausführliche Zitate einen Eindruck dieses Werkkomplexes. Eine Ausgabe der publizistischen Schriften ist jedoch beim Verlag Klett-Cotta in Vorbereitung. Zwei Hilfsmittel seien (neben der genannten Bibliographie von Mühleisen von 1996) noch erwähnt: Tobias Wimbauer hat mit seinem *Personenregister der Tagebücher Ernst Jüngers* (1999) die Arbeit mit den Tausende von Seiten umfassenden Diarien erheblich erleichtert. Ähnlich praktische Hilfeleistung gewährt ein Blick in die durch die gängigen Suchmaschinen leicht auffindbaren Ernst-Jünger-Websites im Internet, die nicht nur eine Fülle von Artikeln und Materialien zu Jünger bereit stellen, sondern auch Register zu Werken sowie einige Volltexte.

Neben der ausstehenden Ausgabe der nationalrevolutionären Publizistik Jüngers gehört auch Korrespondenz zu den großen editorischen Leerstellen. Vollständig sind bislang die Briefwechsel mit Alfred Kubin (Jünger/Kubin 1975), Rudolf Schlichter (Jünger/Schlichter 1997), Carl Zuckmayer (Nickel 1997, 160ff.) und Carl Schmitt erschienen (Jünger/Schmitt 1999; weitere Einzelveröffentlichungen s. bei Mühleisen 1996, 171ff., 267f.). Zwar haben sich nur wenige briefliche Zeugnisse aus der Zeit der 1920er Jahre erhalten, aber dennoch wird man sich erst in der Kombination von Korrespondenz und umfassend dokumentierter Publizistik ein eigenes Bild von Jüngers Bedeutung und Funktion in den Konstellationen seiner Zeit machen können.

Angesichts dieser problematischen Quellenlage kann man die Archivalien und Sammlungen des Deutschen Literaturarchivs in Marbach a.N. (DLA) gar nicht hoch genug schätzen. Neben dem mit großem finanziellen Aufwand erworbenen Nachlass Jüngers ist hier ist nicht nur eine Fülle von zum Teil seltener Forschungsliteratur zugänglich, sondern im DLA lagern auch diverse Sammlerbibliotheken (insbesondere diejenige von Hans Peter des Coudres; s. Kap. IV.1), die die unterschiedlichen Ausgaben der Jüngerschen Werke sowie das literarische und intellektuelle Umfeld dokumentieren. Gemeinsam mit der teils in der Forschungs- und Gedenkstätte im Stauffenbergschen Forsthaus in Wilflingen (Jüngers Wohnung von 1951 bis zu seinem Tod), teils im DLA aufbewahrten Bibliothek Jüngers wird hier ein einzigartiger Einblick in die publizistischen Konstellationen um Jünger geboten – erwähnt seien nur die vielen mit Widmungsexemplaren gefüllten Regalmeter.

Adressen:
Schiller-Nationalmuseum. Deutsches Literaturarchiv.
Schillerhöhe 8-10. D – 71672 Marbach am Neckar.
Briefpost: Postfach 1162. D – 71666 Marbach am Neckar.
Telefon: 07144/848-0

Jünger-Haus Wilflingen. Gedenkstätte für Ernst und Friedrich Georg Jünger.
Stauffenbergstr.11. D – 88515 Wilflingen.
Telefon: 07376/1333

Hinzu kommen die Materialen, Vorarbeiten, Manuskripte, Fahnen und Korrekturexemplare der Jüngerschen Werke sowie die Briefe und weitere Lebensdokumente, die das DLA (bis auf einige Ausnahmen) aufbewahrt. Nicht nur für eine inhaltliche Analyse (vgl. z.B. King 1999; Käfer 1999) oder für die Untersuchung des literarischen Prozesses (vgl. z.B. Böhme 1972; Kunicki 1993), sondern auch für die für Jünger immens wichtige Materialästhetik finden sich hier Anhaltspunkte. Die Beschaffenheit der Manuskripte gibt wichtige Aufschlüsse für eine Interpretation der Werke (s. Kap. III.4.2 u. IV.6). Wenn Jünger z.B. die Aufzeichnungen zum *Arbeiter* in einer ameisenhaft kleinen Schrift in Schulhefte einträgt und dabei das Blatt nicht nur in der linear abfolgenden Zeilenordnung, sondern auch durch kreuz und quer eingestreute Notizen in einer geradezu bildhaften Weise nutzt, dann ist das einerseits bezeichnend für den Gestus der Sachlichkeit. Andererseits leitet diese sich im Schriftbild dokumentierende Assoziationsordnung direkt zu den Fotobänden über, mit denen Jünger den *Arbeiter* sekundiert (s. Kap. II.5).

Welche Überraschungen die Korrespondenz bereit hält, macht allein das in Jüngers Auftrag verfasste Schreiben Armin Mohlers, seines damaligen Sekretärs, an Paul Celan aus dem Jahr 1951 deutlich. Zwar lassen bedeutende Namen bei Jünger nicht immer auf eine bedeutende Korrespondenz schließen, aber dass zu den Briefpartnern die politische und künstlerische Prominenz des 20. Jahrhunderts gehört, lässt sich nicht übergehen: Von Ludwig Klages bis Oswald Spengler, von Martin Heidegger (s. Heidegger 1998) und Werner Heisenberg bis Karl Jaspers, von Gottfried Benn über Hermann Hesse, Heimito von Doderer, Stephan Hermlin bis Heiner Müller, von Theodor Heuss über Kurt Georg Kiesinger, Heinrich Lübke und Henry A. Kissinger bis Carlo Schmid reicht die Liste der Briefpartner. Jüngers Beziehung zum Surrealismus (s. Kap. II.4) belegen die Briefe und Postkarten René Magrittes – im übrigen fehlt auch eine umfassende Arbeit zu Jüngers Verhältnis zur bildenden Kunst, die nicht nur seine Beziehung zu Alfred Kubin (Gerhards 1999) und anderen Künstlern berücksichtigt (s. Kap. III.1), sondern auch die Bildbeschreibungen der Tagebücher und die Reflexionen zur abstrakten Malerei einbezieht. Der geringe Teil der nicht im Autodafé von 1933 (s. Kap. III.) vernichteten Korrespondenz aus dem nationalrevolutionären Umfeld (Erich von Ludendorff, Ernst von Salomon, Franz Schauwecker, Friedrich Hielscher, Werner Best, Arnolt Bronnen, Arno Breker, Adolf Hitler und Rudolf Heß; dazu Schwilk 1999a/b) beleuchtet im Detail Jüngers Lebensweg in der Weimarer Republik. Dieser Fundus erlaubt einen Neubeginn der Forschung, der von Jünger gezielt vorbereitet worden ist – auch das gehört zu den Eigenheiten dieses Autors: »Die Literaturwissenschaft sollte sich dem Autor erst nach seinem Tode zuwenden. Zuvor sind die Akten nicht geschlossen; möglich sind immer noch Überraschungen. Zudem entsteht leicht der Eindruck der Vivisektion« (SW19, 83).

II. Erster Weltkrieg und Weimarer Republik

Ernst Jünger, am 29. März 1895 in Heidelberg geboren, verbindet vor allem eines mit der ›Generation von 1914‹: der Weltkrieg wird für ihn zum zentralen Ereignis und zum Deutungsschlüssel für die Interpretation der Moderne (Sieferle 1995, 132). Von seinen fünf Geschwistern Johanna Hermine, Hans Otto und Friedrich Georg sowie Hermann und Felix sterben die beiden letztgenannten früh. In Jüngers Werk spielt vor allem Friedrich Georg Jünger (1898-1977) eine zentrale Rolle (Noack 1998, 129ff.). Die *Marmorklippen* (1939) haben im Brüderpaar der beiden Protagonisten diesem innigen Geschwisterverhältnis ein Denkmal gesetzt (s. Kap. III.3; vgl. auch SW14, 46ff.). Die Beziehung zu seinem Vater Ernst Georg (1868-1943) und zu seiner Mutter Karoline Jünger (geb. Lampl) (1873-1950) bearbeitet Jünger in mehreren Werken. Die beiden Elternteile personifizieren gleichsam die in Gegensätze zerfallene Kultur des 19. Jahrhunderts: auf der einen Seite der Universitäts-, dann Handels- und Gerichtschemiker, der sein Auskommen schließlich als Apotheker findet und die rationalistische, amusische Seite verkörpert, auf der anderen Seite die verständnisvolle, an den Künsten interessierte Mutter. Jüngers Vater repräsentiert aber auch den grüblerischen Naturkundler oder Schachspieler, dem seine Frau mit Unverständnis für solche intellektuell verschwenderische Tätigkeiten begegnet (Paetel 1962, 7ff.; Günther 1966, 5ff.; Beltran-Vidal 1995, 11ff.; Nevin 1996, 12ff.; Noack 1998, 10ff., 27ff.; Neaman 1999, 23f.; s. Kap. III.2.2). In die Geschlechts- und Elternstereotypen, wie sie auch Friedrich Georg Jünger überliefert (F.G. Jünger 1955), geht unverkennbar die Polemik gegen die »Welt der Väter« ein, die um 1900 den kulturellen Diskurs bestimmte und sowohl für Jüngers Weltbild als auch für das der Konservativen Revolution überhaupt prägend geworden ist (Breuer 1995, 34ff.; Müller 1986, 212ff.; Brandes 1990, 231ff.; Gauger 1997, 45ff.). Welche Rolle dabei Jüngers Engagement in der Jugendbewegung spielte – 1911 trat er in die Wunstorfer Gruppe des Wandervogel ein und bringt im *Hannoverland*, dem Gaublatt des niedersächsischen Wandervogel, seine erste literarische Publikation unter (Schwilk 1988, 23ff.; Nevin 1996, 25f.. 28) –, hat die Forschung bislang nur am Rand in die Deutung des Frühwerks einbezogen (Müller 1986, 216f.; Dirlam 1987, 16ff.; SW11, 78ff.).

Neben den von Jünger immer wieder literarisch durchgearbeiteten familiären Verhältnissen gehört der Schulalltag zu den traumatisierenden Erlebnissen der Jugend. Auch diese Enttäuschung durch die von der älteren Generation zur Verfügung gestellten Lebens- und Wissensmuster trägt eine epochentypische Signatur (Günther 1966, 13ff.; Breuer 1995, 28f.; Nevin 1996, 23ff.; Noack 1998, 18ff.). Ihre ausführlichste Darstellung hat die Schulzeit in den rückblickenden Notizen der *Subtilen Jagden* (1967; SW10, 97ff.) sowie auf verschlüsselte Weise in dem späten Roman *Die Zwille* (1973) gefunden. Von dieser biographischen Stelle schreibt sich Jüngers ideologisch aufgeladene Konzeption des »Lebens« als einer »Prüfung« her (s. Kap. II.1.2 u. III.2). Jünger jedenfalls war ein denkbar schlechter Schüler, und der neunmalige Schulwechsel zwischen 1901 und 1914 – er besuchte Schulen in Hannover, Schwarzenberg, Schneeberg, Hameln und Wunstorf, Internate in Braunschweig und Hannover – hat bisweilen auch so etwas wie ein Schutz- oder Fluchtfunktion gehabt (Noack 1998, 16). Jünger selbst sieht sich in den Rückblicken als verträumten Außenseiter, auf den der prosaische Lehrbetrieb mit Unverständnis reagiert (z.B. SW9, 51).

Im Spätherbst 1913 kommt es zum Eklat: Jünger reißt von zu Hause aus und verpflichtet sich am 3. November für fünf Jahre in der Fremdenlegion. In der ersten Fassung des *Abenteuerlichen Herzens* (1929) beschreibt er, wie bei diesem Ausbruch literarische Modelle seine Phantasie besetzt hielten und wie er seine eigenen Gegenmodelle zum prosaischen Alltag entwarf (SW9, 48ff.); in den *Afrikanischen Spielen* (1936) analysiert er dann den Desillusionierungsprozess, als der sich sein Ausbruchversuch im Rückblick darstellt (s. Kap. III.2.1). Jüngers Vater interveniert beim Auswärtigen Amt, und am 20. Dezember 1913 wird der Rekrut, der bereits bei einem Fluchtversuch ins Landesinnere Afrikas gefasst worden war, im algerischen Sidi-bel-Abbès aus der Legion wieder entlassen. Schon zu diesem Zeitpunkt hatte Ernst Georg Jünger – wie später während des Ersten Weltkriegs – seinen Sohn dazu angehalten, sich als Soldat um »Beförderung« zu bemühen (Die Schleife 1955, 41; Schwilk 1988, 37).

Am 1. August 1914 meldete sich Jünger als Kriegsfreiwilliger, am 21. August legt er das Notabitur in Hannover ab, immatrikuliert sich an der Universität Heidelberg, an der er während eines Lazarettaufenthalts im Mai 1915 auch das Zoologie-Studium aufnahm (Schwilk 1988, 51; Mühleisen 1996, 333), und rückte zur Ausbildung beim Füsilier-Regiment »General-Feldmarschall Prinz Albrecht von Preußen« No. 73 ein. In »Kriegsausbruch 1914«, einer schmalen biographischen Skizze, die Wulf Dieter Müller 1934 erstmals aus den Vorarbeiten zu den *Stahlgewittern* veröffentlicht (Müller 1934, 16ff.; s. Kap. I.), erinnert Jünger sich an den Enthusiasmus der Freiwilligen sowie an die Euphorie, mit der die Jugend des Kaiserreichs in den Krieg gezogen war. Vor allem ordnet er sein Tagebuchprojekt, die Grundlage von *In Stahlgewittern*, in diesen Kontext ein: »In meiner Rocktasche hatte ich ein schmales Büchlein verwahrt; es war für meine täglichen Aufzeichnungen bestimmt. Ich wußte, daß die Dinge, die uns erwarteten, unwiederbringlich waren, und ich ging mit höchster Neugier auf sie zu« (SW1, 544; vgl. Müller 1934, 20).

Am 27. Dezember rückt Jüngers Regiment an die Front in der Champagne aus. Zu diesem Zeitpunkt ist der Bewegungskrieg bereits in den Stellungskrieg übergangen – der Wille, die verkrusteten Verhältnisse der Wilhelminischen Epoche kriegerisch aufzusprengen, versandet zunächst in der Routine des Graben- und Stellungsalltags. Am 24. April 1915 wird Jünger ein erstes Mal verwundet. Auf Antreiben seines Vaters meldet er sich zur Fortbildung, kehrt im September als Fähnrich an die Westfront zurück, wird am 27. November zum Leutnant befördert und im Februar 1917 zum Kompanieführer ernannt (Schwilk 1988, 50f., 59, 314). Für Jünger endet der Krieg am 25. August 1918 infolge einer schweren Verwundung bei Cambrai. Der hochdekorierte Offizier (Eisernes Kreuz erster Klasse, Ritterkreuz des Königlichen Hausordens von Hohenzollern mit Schwertern, Goldenes Verwundetenabzeichen, Orden Pour le Mérite) war den ganzen Krieg über ein begeisterter Frontkämpfer (Schwilk 1988, 77). Als sein Vater auf einen Posten im Hinterland drängt, legt er seinen Eltern in einem Brief vom 15. Februar 1917 in entlarvender Offenheit seine Einstellung dar:

Wenn ich im Füs.-Reg. N° 73 eine Kompanieführerstelle bekomme, habe ich überhaupt nur noch zwei Vorgesetzte und eine interessante, selbständige Aufgabe, bei der man selbst auch mal was anordnen kann und nicht nur die Befehle anderer Leute überbringen muß. Außerdem muß ich mal wieder ordentlich Pulver riechen, ohne das bin ich nicht zufrieden. (zit. nach Schwilk 1988, 62)

Während sich andere Kriegsbegeisterte desillusioniert von der Wirklichkeit der Kampfes abwenden, versucht Jünger wie seine politischen Mitstreiter der 1920er Jahre (s. Kap. II.2.2) gerade dem massenhaften, sinnwidrigen Morden ideologische Orientierung abzugewinnen (Krull 1990; Woods 1990, 80ff.). Der Untergang der bürgerlichen Welt und ihrer Kategorien im Stellungskrieg und in der Materialschlacht eröffnet Jünger die Möglichkeit, sich selbst als zeitgemäßen Soldatentypus und die entsprechende Pose als historisch angemessene Haltung darzustellen.

Jünger kann nach Kriegsende seine Karriere in der Reichswehr als Zugführer fortsetzen. Zu seinen Aufgaben gehört die Unterbindung des Schmugglertums sowie die Demilitarisierung durch den Einzug von Waffen; bei der Niederschlagung des Kapp-Putsches sorgt er dem Befehl gemäß für »Ordnung« (Die Schleife 1955, 58ff.; Paetel 1962, 22ff.). Im Berliner Reichswehrministerium arbeitet er an der *Ausbildungsvorschrift für die Infanterie* mit (Ausbildungsvorschrift 1922; SW11, 119; SV3,

214). Erste Artikel zu militärtheoretischen Fragen erscheinen, in denen Jünger die neuen Anforderungen des Krieges suggestiv vermitteln will. Entsprechend wird in diesem Zusammenhang für die *Stahlgewitter* geworben: »In lebendiger Darstellung wird der Leser in das Grauen der ungeheuren Feldschlachten geführt und am Erleben des Weltkrieges unmittelbar beteiligt« (Jünger 1920b, Sp.435). Parallel zu diesen Artikeln beginnt Jünger damit, seine literarischen Kompetenzen auszubilden. Gegenüber Friedrich Georg Jünger entwickelt er in einem Brief vom 7. Januar 1920 seinen Plan: »Ich möchte mir in den nächsten Jahren einen vollständigen Überblick über die deutsche Literatur und Philosophie verschaffen, und zwar zunächst rein quantitativ« (Schwilk 1988, 84). Zwar projektiert Jünger noch während des Kriegs die Publikation seiner Tagebücher (King 1999, 93), aber es bedurfte offensichtlich der Unterstützung durch seinen Vater und die Militärs, um das Vorhaben auch umzusetzen. Wilhelm Trauthig, Jüngers vorgesetzter Hauptmann, stellt ihn zur Arbeit am Tagebuch frei und wird der erste Leser des Manuskripts; Ernst Georg Jünger motiviert seinen Sohn zur Redaktion der Kriegstagebücher und arrangiert den Erstdruck der *Stahlgewitter* – gewidmet hat Jünger seine Originaltagebücher in einem Gedicht zu Beginn des vierten Heftes jedoch der Mutter (Mühleisen 1985; Schwilk 1988, 84, 89; Nevin 1996, 39; Noack 1998, 13f.). Am 20. Januar 1920 notiert er: »Mit der Bearbeitung meiner Tagebücher bin ich jetzt fertig – sie enthält die Quintessenz von vier Jahren, die ich nicht ohne Gewinn zubrachte« (Schwilk 1988, 89). Am 31. August 1923 nimmt Jünger seinen Abschied von der Reichswehr.

1. Kriegstagebücher

1.1 In Stahlgewittern

Funktionsgeschichte und Fassungspoetik

In Stahlgewittern erscheint zunächst 1920 im Selbstverlag, dann 1922 bei E.S. Mittler & Sohn mit dem Untertitel »Aus dem Tagebuch eines Stoßtruppführers«. Das Werk ist – wie Jünger es formuliert – »entstanden aus dem in Form gebrachten Inhalt meiner Kriegstagebücher« (Jünger 1922a, V) und erzählt in teils tagebuchartiger, meist aber narrativ aufbereiteter Weise ohne einheitliche Dramaturgie von Jüngers Erlebnissen während des Ersten Weltkriegs (Volmert 1985, 40ff.). Das »Tagebuch« eröffnet zum einen den Zugang zu Jüngers Werk in nuce, da hier dessen zentrale gedankliche Motive und Darstellungstechniken ausgebildet werden, zum zweiten sind die *Stahlgewitter* ein aufschlussreiches kulturhistorisches Dokument, ob man es aus affirmativer oder kritischer Perspektive wahrnimmt. Dass die *Stahlgewitter* im In- und Ausland auch als Antikriegsbuch rezipiert werden konnten, hat seine guten Gründe in der abschreckenden Genauigkeit der Gewaltdarstellung, die sich nicht nur bei Jünger, sondern auch in den Büchern anderer Autoren aus dem Kreis der Konservativen Revolution oder des Neuen Nationalismus (s. Kap. II.2.2) findet und die die Kriegsbilder des ›rechten‹ Lagers durchaus mit denjenigen der Pazifisten, etwa des von Jünger heftig kritisierten Henri Barbusse, verbindet (Kittsteiner/Lethen 1979, 36ff.; Woods 1990, 80ff.; Müller 1994, 332f.). Der sozialdemokratische Abgeordnete Paul Levi schreibt dazu 1930 im *Tagebuch*: »Den Schrecken des ganzen Erlebens hat vielleicht keiner so geschildert, kaum eine furchtbarere Anklage gegen den Krieg geschrieben als dieses Buch eines Mannes, der zum Krieg ›positiv‹ eingestellt ist [...]«« (zit. nach Dempewolf 1992, 221). Und auch Erich Maria Remarque betont sowohl die Sachlichkeit von Jüngers Darstellung als auch den »pazifistischen Einfluß« seiner Bücher (zit nach Kerker 1989, 59f.). Damit liest man die *Stahlgewitter*, was nicht aus dem Blick geraten sollte, gegen Jüngers Intention. Jedenfalls hatte er in den Originaltagebüchern noch wesentlich mehr Probleme mit der Bewältigung der kriegerischen Gewalt: »Wann hat dieser Scheißkrieg ein Ende?«, fragt Jünger sich am 8. Dezember 1915, von seiner Kriegslust angesichts der vor ihm liegenden Trümmerlandschaft kurzzeitig kuriert (zit. nach King 1999, 92).

Dass der Bericht »Aus dem Tagebuch eines Stoßtruppführers«, wie es im später gestrichenen Untertitel heißt, im Programm des Verlags E.S. Mittler & Sohn, also in einem renommierten Verlag für Militaria, erscheint, ist jedenfalls kein Zufall. Die Verlagswerbung für die *Stahlgewitter* zitiert Besprechungen mit rezeptionsgeschichtlich aufschlussreichen Passagen. Neben der heroischen, soldatisch vorbildlichen Figur des Protagonisten heben die Rezensenten vor allem hervor, dass Jünger den Krieg in seiner tatsächlichen Gestalt vermittle: »Das war der Krieg« (*Der Deutsche Führer*), »Hier ist Wahrheit« (*Der Bürger*), »Die herrische, grausame Wirklichkeit« (*Der Aufrechte*). Die *Schweizerische Militärzeitung* schließlich schreibt: »Auf dem Gebiete der Militärpsychologie könnte ich mir kein besseres Bildungsmaterial vorstellen« (alle Zitate Jünger 1925a, unpag.). Entsprechend formuliert Jünger im Vorwort: »Ich will nicht beschreiben, wie es hätte sein können, sondern wie es war«. Das literaturhistorische Stichwort liefert Jünger selbst, wenn er nur die »Sachlichkeit« (im Gegensatz zur ›Expression‹) als Maßstab seines Buchs anerkennt (Jünger 1922a, V).

Jünger geht es darum, den Krieg authentisch zu vermitteln. Diese Intention bestimmt in vielen Passagen direkt die Darstellungsverfahren,

z.B. wenn Jünger die Requisiten des Kriegs mit Alltagsgegenständen aus
dem Zivilleben vergleicht, um die Vorstellungskraft des Lesers zu unterstützen (z.B. SW1, 48, 82). Damit markiert er jedoch zugleich auch
implizit die Beschreibungsprobleme, vor die der Krieg ihn stellt (Beltran-Vidal 1995, 57ff.). Die Polemik gegen »die da hinten« in der Etappe, also gegen die Befehlshaber, die sich nicht direkt an der Front auf-
halten, verdeutlicht in diesem Zusammenhang ex negativo die
geforderte Einstellung zum Krieg und die Sonderkompetenzen, die zur
angemessenen Beurteilung erforderlich sein sollen (z.B. SW1, 70, 148).
Schließlich fügen sich Bemerkungen über die Materialüberlegenheit der
Gegner (z.B. SW1, 108f.) in die Inszenierung jenes in einer historisch
unvergleichbaren Situation auf sich selbst gestellten neuen Soldatencha-
rakters ein, für den Jünger nach eigener und nach Einschätzung der
Militärs den Prototyp abgibt. Das Buch richtet sich folglich nicht nur
als eine Art literarisches Integrationsmedium an die Frontgeneration,
sondern gerade auch an diejenigen, denen das Fronterlebnis fehlt.

Jüngers Tagebuchwerk wird anfangs anders als heute nicht in erster
Linie als Beitrag zur literarischen Moderne (Kron 1998, 26ff.) und sein
Autor nicht als Dichter wahrgenommen, selbst wenn Jünger beispielsweise durch Zitate oder Namensnennungen dichterische Ambitionen
signalisiert. Die frühe Phase der Rezeption innerhalb eines engeren, politisch und ideologisch gleichgesinnten Publikums ordnet die *Stahlgewit-*
ter vielmehr den Militaria zu und schätzt insbesondere deren dokumen-
tarischen Wert. Im Zuge der zum Teil tiefgreifenden Bearbeitungen
erschließt Jünger sich weitere Leserkreise, zunächst die Nationalisten,
dann zunehmend auch eine literarisch interessierte Öffentlichkeit. Erst
während des ›Dritten Reichs‹ steigen die Verkaufszahlen schließlich
sprunghaft an.

Im Kontext der Schriften zum Ersten Weltkrieg gehören die *Stahlge-*
witter zu den Berichten junger Frontoffiziere, die besonderen Wert auf
die Authentizität der Darstellung legen. Der Wahrheitsgehalt dieser
Frontberichte (z.B. Franz Schauwecker: *Im Todesrachen*, 1919) lässt sich
weniger anzweifeln als der Deutungsanspruch der Rechtfertigungslitera-
tur von Seiten der hohen Generalität (z.B. Alfred von Tirpitz: *Erinne-*
rungen, 1919), weil sie sich nicht auf eine übergreifende Interpretation
des Kriegs im Kontext der politischen Geschichte einlassen und insofern
mit der Niederlage weniger Probleme haben. Jünger selbst spielt auf diese Differenzierung an, wenn er im Vorwort schreibt, es gehe ihm nicht
um die »Vertuschung des Häßlichen, Kleinlichen und Alltäglichen«, er
wolle gerade keine »Helden-Kollektion« vorlegen (Jünger 1922a, V).

Jüngers *Stahlgewitter* zeichnen sich gattungstypisch durch die Aura
der Augenzeugenschaft und durch relative Unabhängigkeit des spezifischen Kriegserlebnisses von der historischen Lage aus (Jünger erwähnt

z.B. die faktische Niederlage überhaupt nicht, auch wenn diese gegen Ende des Werks vom Protagonisten ins Kalkül gezogen wird). Sie sind nicht direkt politisch ausgerichtet und können gerade deswegen parteilich funktionalisiert, gewissermaßen in einen passenden programmatischen Rahmen eingespannt werden. Zugleich knüpft Jünger in den ersten Auflagen der *Stahlgewitter* an das Genre der Regimentsgeschichten an: Den Einband eines Teils der Erstausgabe ziert die Gibraltarbinde, das Symbol seines Regiments, der Autorname wird ergänzt durch eine stichwortartige Zusammenfassung der Armeekarriere – »Kriegsfreiwilliger, dann Leutnant und Kompagnieführer im Füs. Regt. Prinz Albrecht v. Preußen (Hann. Nr. 73) Leutnant im Reichswehr-Regiment Nr.16 (Hannover)« –, und im Vorwort verweist Jünger in einer Fußnote auf die Geschichte seines Regiments (Jünger 1922a, Titel, V). Zudem ergänzt Jünger sein »Tagebuch« durch Frontberichte, kriegsgeschichtliche Abrisse, schriftliche oder mündliche Berichte anderer Soldaten, u.a. seines Bruders Friedrich Georg Jünger (Böhme 1972, 10f.; Vollmert 1985, 10ff.; Müller 1986, 20ff.). Entsprechend widmet Jünger im Vorwort zur Erstausgabe die *Stahlgewitter* den Kriegstoten. Zwar wird er dieses Vorwort später streichen, die Widmung aber verändert er lediglich von »Zur Erinnerung an meine Kameraden« in »Den Gefallenen« und schließt damit auf seine Weise an die Erinnerungskultur des Ersten Weltkriegs an (Käfer 1999, 118ff.).

Im militärpolitischen Kontext haben die Weltkriegsbücher Jüngers zwei Funktionen: Sie belegen für die zutiefst von der neuen Kriegsform der Materialschlacht verunsicherten Militärs zum einen die These von der Überlegenheit der Moral über das Material, eine Diskussion, die bis weit in die 1920er Jahre hinein mit erstaunlicher Zähigkeit geführt wurde. Damit unterstützt Jünger, ob gewollt oder nicht, die Parole, dass die militärischen Strategen an der Niederlage unschuldig sind, dass also – um es auf die zeitgenössische Formel zu bringen – die deutsche Armee »im Felde unbesiegt« geblieben sei. Zum zweiten dienen Jüngers Weltkriegsbücher als Informationsmaterial für die Soldatenausbildung, in der eine der neuen Gestalt des Kriegs entsprechende Form des Gehorsams und der Motivation trainiert werden muss. So zitiert beispielsweise Kurt Hesses *Der Feldherr Psychologos* (1922) die *Stahlgewitter* als Beleg für die Thesen zur psychologischen Kriegsführung, und der Verlag wirbt für beide Bücher parallel. Das die *Stahlgewitter* vom Reichswehrministerium als Prämie für besondere Leistungen im Truppensport ausgesetzt werden, fügt sich ins Bild (Liebchen 1977, 92ff., 116ff., 153ff.).

In diesem rezeptions- und gattungsgeschichtlichen Kontext sind die verschiedenen Fassungen der *Stahlgewitter* zu sehen. Jünger hat seine Werke, insbesondere die Schriften der 1920er Jahre, in immer neuen

Bearbeitungen vorgelegt. Von den *Stahlgewittern* als einem definiten Werk zu reden ist jedenfalls zu ungenau, denn sie liegen in sieben »Fassungen« aus den Jahren 1920, 1922, 1924, 1934, 1935, 1961 und 1978 vor. Das methodische Problem wurde von Hermann Knebel in Auseinandersetzung mit der von ihm sogenannten »Finalitätsthese« (Böhme 1972) und »Opportunitätsthese« (Liebchen 1977) entfaltet. Während der eine Ansatz sich an einer idealen Endfassung ausrichtet, begründet der andere die Änderungen aus dem jeweiligen historisch-politischen Kontext heraus. Knebel votiert hingegen für eine Einbeziehung der Fassungspoetik in die Konzeption des Werkbegriffs: »Die Einheit der *St[ahlgewitter]*, der identische Kern dieser z.T. hochdifferenten Versionen läßt sich nicht mehr nur auf der Ebene der realisierten Produkte finden, sondern nur im Zusammenhang mit der Ebene der Produktionsregeln, ihrer generischen Tiefenstruktur« (Knebel 1991, 380).

Die Originalfassung der Kriegstagebücher enthält epische Passagen, die während des Stellungsalltags oder während der zahlreichen Lazarettaufenthalte geschrieben und verhältnismäßig unverändert in die Druckfassung übernommen worden sind. Weiterhin finden sich dort Reflexionen militärstrategischer Art (einschließlich Kritik an der Führung) und endlich auch Eintragungen aus der Zeit unmittelbar während oder nach Kampfhandlungen. Die Aura des Handschriftlichen, die für Jünger ein wichtiger Teil seines autorschaftlichen Selbstverständnisses ist (Kunicki 1996, 53f.), wird in diesem Zusammenhang in einem technischen Sinn entschlüsselt, nämlich als analoges Aufzeichnungsmedium, bei dem »ruhig[e]« Formen idyllischen Umstände entsprechen, »ungelenke und verzerrte Züge« den Momenten größter Anspannung und schließlich eben die »Sätze in nervösen Stichworten, unleserlich wie die Wellenlinie eines Seismographen, der ein Erdbeben verzeichnet«, dem Augenblick nach einem Angriff (Jünger 1926a, 1).

Vor allem diese im Telegramm-Stil gehaltenen Passagen wurden von Jünger »in Form« gebracht. So wird aus einer Notiz wie der folgenden eine Passage von ungefähr vier Druckseiten:

Stürmen Höhe im M. G.-Feuer Wedelst. Ordonanz Kopfschuß. Bubi weint. Sturm auf M. G. Nest. Mann hinter mir fällt. Schieße Schützen ins Auge. Drin! Mun.-Zähler. läuft fort. Handgranate ... MG Nest rechts Beinschuß und Kopf. Streifschuß des Jägers. MG. aufbauen. MG. Nest und Hohlweg fällt. Durch Mulde vor. M. G. Feuer Schokolade vor!

Interessant für Jüngers Spiel mit der Authentizität ist, dass er im Vorwort zur fünften Auflage der *Stahlgewitter* von 1924 diese Passage als ein Beispiel für den Stil seines Originaltagebuchs zwar zitiert, aber eben auch hier in einer bearbeiteten Fassung (Jünger 1924, XIII; Böhme 1972, 9f.; Vollmert 1985, 25ff.; Brenneke 1992, 225f.).

Neben dieser prinzipiellen Differenz zwischen der Original- und den Druckfassungen sind vor allem zwei Bearbeitungen wichtig: 1924 erweitert Jünger die *Stahlgewitter* um politische Deutungen im Sinn des Neuen Nationalismus (s. Kap. II 2.2). So fügt er etwa als Schlusssatz hinzu: »Wenn auch von außen Gewalt und von innen Barbarei sich in finsteren Wolken zusammenballen, – solange noch im Dunkel die Klingen blitzen und flammen, soll es heißen: *Deutschland lebt und Deutschland soll nicht untergehen!*« (Jünger 1924, 283; Böhme 1972, 23). 1934 revidiert Jünger diese Fassung radikal und kürzt die nationalistischen Passagen, freilich nicht restlos. Auch in der letzten Fassung hält Jünger an alten Überzeugungen fest: »Wie schön war doch das Land, wohl wert, dafür zu bluten und zu sterben« (SW1, 39). In den weiteren Bearbeitungen sind es dann vor allem Stilistika, denen Jünger seine Aufmerksamkeit widmet, wobei auch zuvor bereits – parallel zur Ausweitung des Leserkreises – eine Tendenz zur »Abschwächung« drastischer Schilderungen zu verzeichnen war (Volmert 1985, 35ff.; Knebel 1991, 396ff.; Dempewolf 1992, 106f., 161ff.). Im folgenden wird aus Gründen der besseren Zugänglichkeit die Fassung der *Sämtlichen Werke* zitiert. Die Passagen aus der vergleichsweise leicht erreichbaren Fassung von 1922 finden sich – soweit nicht anders vermerkt – auch in der seltenen Erstausgabe von 1920. Die Bedeutung der ersten Fassung liegt dabei nicht zuletzt in den eingestreuten Fotografien, die das Kriegsgrauen teils geradezu provokativ vor Augen führen, so in Darstellungen der zerfurchten Landschaft, eines bombardierten Dorfs oder in der skrupellosen Zurschaustellung von Gefallenen als Trophäen (Jünger 1920a, 68, 70, 80, 149).

Krieg und Geschichte

Jüngers gesamtes Werk entfaltet sich vor dem Hintergrund einer historischen Zäsur, die für ihn durch den Ersten Weltkrieg sinnfällig gemacht wird. Mit dem Weltkrieg, so Jüngers feste Überzeugung, findet das Zeitalter des Bürgers sein Ende. Diese Erfahrung inszeniert das Eingangskapitel der *Stahlgewitter*, und zwar gerade als Enttäuschung der Erneuerungshoffnung, die sich von allen Seiten aus mit dem Krieg verbunden hatten (Eksteins 1990). Freilich bedeutet diese Desillusionierung nur auf einer ersten Stufe den Zusammenbruch einer sinnhaften Weltstruktur. Im Medium der apokalyptischen Auslegung des Kriegs wird der Niedergang auf zweiter Stufe – im Rahmen des lebensphilosophischen Zyklus' von Krise, Tod und Wiedergeburt (Lindner 1994, 24ff.) – gerade zum Ausweis eines neuen Sinns. Der von Jünger im Titel *Stahlgewitter* aufgerufene mythisch-naturhafte Charakter des Kriegs weist bereits in diese Richtung (Vondung 1994).

In der frühen Fassung macht Jünger den zeithistorischen Kontext deutlicher als in der späteren, ins Allgemeine zielenden Fassung, wenn er als Ausgangspunkt den »deutschen Idealismus der nachsiebziger Jahre«, die »materialistische Zeit« und die »Sehnsucht« nach dem »Erleben« herausstellt, allesamt Schlüsselbegriffe der Wilhelminischen Ära (Jünger 1922a, 1). Die Hoffnungen auf einen Krieg als »männliche Tat« lösen sich jedoch gleich am ersten Tag auf, zunächst durch den Marsch ins Quartier, dann durch den ersten Granateinschlag, der zerstörte Gebäude und zerfetzte Leiber zurücklässt, ohne dass ein Feind zu sehen gewesen wäre:

Was war das nur? Der Krieg hatte seine Krallen gezeigt und die gemütliche Maske abgeworfen. Das war so rätselhaft, so unpersönlich. Kaum, daß man dabei an den Feind dachte, dieses geheimnisvolle, tückische Wesen irgendwo dahinten. Das völlig außerhalb der Erfahrung liegende Ereignis machte einen so starken Eindruck, daß es Mühe kostete, die Zusammenhänge zu begreifen. Es war wie eine gespenstische Erscheinung im hellen Mittagslicht. (SW1, 13)

Diese Erfahrung der Depersonalisierung zieht sich als Topos durch die *Stahlgewitter*, und es wird noch lange dauern, bis Jünger den ersten Gegner en face auftreten lässt. Entsprechend besteht ein Großteil der *Stahlgewitter* auch nicht aus Beschreibungen von Kampfhandlungen, sondern von Geschehnissen in der Stellung oder im Quartier, von der »Langweile« des soldatischen Alltags und von Unterbrechungen dieser »Langeweile« durch kleinere Streifzüge. Selbst wenn Jünger allerdings, der historischen Form des Kriegs angemessen, überkommene Interpretationsmuster verabschiedet, nutzt er gleichwohl traditionelle Verfahren und Bilder der Sinngebung, insbesondere bei der Deutung des Todes (Sieferle 1995, 134ff.; Martinsen 1990, 69ff., Kunicki 1995a, 48ff.; Beltran-Vidal 1995, 39ff.).

In der Schlachtform des Ersten Weltkriegs ist die »überragende Bedeutung der Materie« maßgeblich (Jünger 1922a, III). Hier sieht Jünger – wie andere Autoren (Denham 1992, 110ff.) – einen neuen Soldatentypus entstehen, der bei ihm später zum Vertreter des »Arbeiters« werden wird (s. Kap. II.5; Merlio 1996c). Auf dem Weg zur Somme-Schlacht 1916 trifft Jünger auf einen Gefechtsläufer:

Er war der erste deutsche Soldat, den ich im Stahlhelm sah, und er erschien mir sogleich als der Bewohner einer fremden und härteren Welt. Neben ihm im Straßengraben sitzend, fragte ich ihn begierig nach den Verhältnissen in Stellung aus und vernahm eine eintönige Erzählung von tagelangem Hocken in Granattrichtern ohne Verbindung und Annäherungswege, von unaufhörlichen Angriffen, von Leichenfeldern und wahnsinnigem Durst, vom Verschmachten Verwundeter und anderem mehr. Das vom stählernen Helmrand umrahmte unbewegliche Gesicht und die eintönige, vom Lärm der Front begleitete Stimme machten einen gespenstischen Eindruck auf uns. Wenige Tage hatten diesem Boten, der uns in das Reich der Flammen geleiten sollte, einen Stempel aufgeprägt, der ihn auf eine unaussprechliche Weise von uns zu unterscheiden schien. (SW1, 99, vgl. auch 149, 277, 288; dazu Honold 1998b, 56ff.).

Nachdem Jünger verschiedene Initiationsriten hinter sich hat, die ihn aus der bürgerlichen Welt in die Welt des Kriegs eingeführt haben, steht er hier vor einer neuerlichen Initiation, die durchaus religiöse Züge trägt, wenn er vom »Reich der Flammen« spricht – anschließend bezieht Jünger sich dann auch auf Dante Alighieris *Divina Commedia* (Kunicki 1993, 318ff.). Dabei handelt es sich meist um spätere Hinzufügungen, wie überhaupt die metaphysische Deutungsebene zwar in der frühen Fassung angelegt ist, aber erst sukzessive ausgeführt wird. Von Anfang an betont Jünger jedoch die »Gleichgültigkeit« des Soldaten in Physiognomie und Tonlage, die sich im Durchgang durch den »Schrecken« eingestellt habe. An anderer Stelle schreibt er von einer sich in der Überforderung herausbildenden »lustige[n] Gleichgültigkeit« (Jünger 1922a, 66, 131 bzw. SW1, 99, 176), eine Formulierung, die auf Jüngers Programm der »désinvolture«, eine Form heiterer Selbstsicherheit, vorausweist, wie es in der zweiten Fassung des *Abenteuerlichen Herzens* (1938) und in den *Marmorklippen* zentral werden wird (s. Kap. II.4 u. III.3).

Was auch immer man von dieser Einschätzung hält, man kann sie zunächst begreifen als Versuch einer historischen Anthropologie der Moderne aus dem Geist des Kriegs, und zwar unter den Bedingungen der technischen und medialen Neuerungen, die persönlichen Beziehungen und traditionalen Sinngebungen ihren Wert nehmen. Die Überforderung des Subjekts – durch den Verlust der Handlungsfreiheit, die Auflösung des »Persönliche[n]« oder die völlige »Verwirrung« der Orientierung (SW1, 162, 241, 295f.) – bringt neue Bewältigungsstrategien mit sich, insbesondere die Abstumpfung als Reaktion auf die Reizüberflutung (Eksteins 1990, 260ff.). Diese Perspektive bietet dann auch einen Schlüssel für die kalt registrierende Sprache Jüngers, die noch die größten Grausamkeiten mit völliger »Gleichgültigkeit« beschreibt. Jünger bringt seine Tagebuchaufzeichnungen für die Veröffentlichung somit in eine historisch markierte Form, die gerade die ›unheroischen‹ Seiten des Krieges in die Beschreibung zu integrieren vermag wie etwa tobsüchtige, weinende oder ekstatisch-blutgierige Soldaten (z.B. SW1, 103, 241, 247).

Jüngers kühl distanzierte Beobachtungssprache zeigt sich allerdings auch einer spezifischen Tradition verpflichtet, der »Ästhetik des Schreckens«, wie sie Karl Heinz Bohrer im Anschluß an Rainer Gruenters Studie zu »Formen des Dandysmus« (1952) dargestellt hat. Die Analyse der

»literarischen Vermitteltheit« sollte jedoch keine großen einflussphilologische Hoffnungen hegen: Jüngers Eklektizismus macht die Ermittlung eindeutiger intertextueller Relationen so gut wie unmöglich (Müller 1986, 212). Jüngers abgeklärte Haltung erweist sich aus dieser Perspektive als Steigerung von Erfahrungsformen und literarischen Techniken, die in der ästhetischen Moderne (bei Baudelaire oder Wilde, Huysmans oder Poe) angelegt und vorgeprägt sind. Sein Rückzug auf einen inszeniert amoralischen Standort und sein Faible für die Schönheit gerade des Schreckens weist wie in der Literatur der Decadence und des Dandysmus ideelle Versicherungen zurück und konzentriert sich auf die »reine[ ] Wahrnehmungsintensität« – insofern wird der Krieg nicht zur Bedingung, sondern allenfalls zum Katalysator für eine bestimmte ästhetische Qualität (Bohrer 1978, 80, 90, 113). Zu diesem Ergebnis kann Bohrer allerdings nur gelangen, indem er zwischen »ideologischen« und »vorideologischen« Passagen in Jüngers Kriegsbüchern unterscheidet. Er isoliert die für seine Deutung nützlichen Stellen und untersucht diese nicht in ihrer möglichen Funktion innerhalb der Dramaturgie des Textganzen. Wie man sich methodologisch dazu auch verhält: Bohrers Arbeit über *Die Ästhetik des Schreckens* ist eines der epochemachenden Werke der Jünger-Forschung, eben weil Bohrer mit seiner »formalästhetische[n] Analyse« ein Gegengewicht zu der mehr oder minder willkürlichen geistesgeschichtlichen »Weltveranschaulichung« des Jüngerschen Werks bildet (Bohrer 1978, 16, 19; s. Kap. I.).

Einen anderen Weg schlagen die sozialpsychologischen und psychoanalytischen Interpretationsansätze ein (Volmert 1985, Konitzer 1993; Treher 1993; Konitzer/Freudenberg 1996), von denen vor allem Klaus Theweleits Auslegung der *Männerphantasien* von Bedeutung ist (Theweleit 1977/1995): Theweleit entziffert Jüngers Kriegsbeschreibungen und insbesondere die Ideologie des neuen Kriegers als Effekt einer bestimmten historischen Form männlicher Triebmodulation. Der »soldatische Mann« ist aus dieser Perspektive ein Erziehungsprodukt des wilhelminischen Deutschlands. Auch das ist nicht ohne Widerspruch geblieben (z.B. Huyssen 1993). Ähnlich wie bei Bohrer hat bei Theweleit das historische Ereignis des Kriegs nur die Funktion, Dispositionen in die Tat umzusetzen. Seine Textanalyse greift sich punktuell ihr Material heraus, ohne auf größere Textzusammenhänge einzugehen (Theweleit 1995, 341ff.). Demzufolge wird das moralische Diktat des bürgerlichen »Patriarchalismus«, der sich – politisch noch immer entmächtigt – von ›oben‹ durch den Adel und von ›unten‹ durch die Arbeiterschaft in seiner sozialen Position bedroht sieht, zum Gegenbild einer Generation, die sich auf dauerhafte Rebellion einstellt und auf die Abschaffung des »abstrakten Vaters« hinarbeitet. Der in Familie, Schule und Kaserne in einem schmerzhaften Prozess antrainierte »Körperpanzer« (in der gewalttätigen

Selbstformierung des Kriegers sowie in der geschlossenen »Ganzheitsma-
schine Truppe«) wird schließlich zum Ort lustvoller Erfahrung und bildet durch die Verbindung von Lust und Schmerz die Basis für ein dau-
erhaftes Aggressionspotential.

Der Ursprung der konservativen Utopie vom maschinisierten Leib liegt [...] in
der Notwendigkeit, das eigene Menschliche, das Es, die Produktionskraft des
Unbewußten in sich zu beherrschen, von sich abzustoßen. Auf die von seiner
Geburt an (und wahrscheinlich schon vorher) geschehene Eindämmung und
Chaotisierung seiner Wunschproduktion, seines Unbewußten antwortet der
soldatische Mann damit, daß er sich als Stahlgestalt phantasiert: neue Rasse.
(Theweleit 1995, 162)

Jünger reagiert auf die Depotenzierung des Subjekts nicht nur deskriptiv
und affirmativ. Er arbeitet zudem der neuen Heldennarration des
Sturmtruppführers sowie dem entsprechenden Kult der kleinen Gruppe
zu, die im Tumult der maschinalen Macht das ›Entscheidende‹ leistet
(z.B. SW1, 282). Beides findet sich in der von Jünger mitgestalteten
Ausbildungsvorschrift für die Infanterie von 1922, wo es z.B. in den »Leit-
sätzen«, als sei die Materialschlacht spurlos daran vorübergegangen,
heißt: »Der Krieg stellt an die Charakterstärke des Soldaten die größten
Anforderungen; die technischen Mittel unterstützen, der Mann selbst
entscheidet den Kampf« (Ausbildungsvorschrift 1922, 9, auch 27ff.).
Auch von hier aus gesehen vertritt Jünger also nicht die unverwechselba-
re Position eines Einzelnen, sondern verkörpert einen Soldatentypus,
der für den Aufbau der neuen Eliteeinheiten von militärpolitischer Bedeutung ist (Segeberg 1991a, 345ff.).

Sinngebungsstrategien

Jüngers exemplarische Funktion für die Konstruktion eines neuen Soldatentypus dokumentiert die Begründung des Divisionskommandeurs
für die Verleihung des Ordens Pour le mérite an den Stoßtruppkom-
mandanten. Der Vorgesetzte hebt die in der Truppe anerkannte Autorität des »rücksichtslos tapfere[n] Führers« hervor, dessen Verwundungen
und dessen Engagement mit »Schußwaffe und Handgranate«. Schließlich kommt er auf die Vorbildlichkeit Jüngers für die Division zu sprechen, die von so großer Bedeutung ist, »daß ich diesen jungen Offizier,
der auch den erfolgreichsten Fliegern wohl gleichwertig zu achten ist, zu
der hohen Auszeichnung mit dem Orden Pour le mérite in Vorschlag
bringe« (Paetel 1962, 16). Erneut bedient Jünger die zeitgenössische
Diskussion um die psychischen Konsequenzen aus der neuen Form des
Kriegs, die neben der Motivation des einzelnen Soldaten auch das strenge Gehorsamsverhältnis zwischen Führern und Untergebenen und Mög-

lichkeiten der flexiblen Selbstdisziplinierung anstelle von durch Fremd-
zwänge aufrecht erhaltenen Ordnungsmustern behandeln. Die Entwertung des »Menschen« durch die »Maschine« bringt einen neuen Helden-
typus hervor, der sich durch »Selbständigkeit« und »umsichtige
Entschlossenheit« auszeichnet, eine Mischung aus »Friderizianische[m]
Angriffsschneid« und »altpreußische[m] Geist«, verbunden mit »selb-
ständiger, sportsmäßiger Ausnutzung des Geländes und wissenschaftli-
cher Schulung im Gebrauch technischer Mittel« (Jünger 1920b, 433 u.
1921, 290; Liebchen 1977, 103ff.).

Signifikant für die zugrundliegenden ideologischen Ordnungsche-
mata ist jedoch der Vergleich zwischen dem Sturmtruppführer und dem
Piloten, denn die Luftwaffe war während und nach dem Ersten Weltkrieg der einzige Truppenteil, für den bei aller Modernität der Koppe-
lung von »Mensch und Maschine« die alteuropäische Kriegssemantik
des ritterlichen Kampfes noch Geltung hatte (Eksteins 1990, 394f.;
Honold 1998a, 38f. u. 1998b, 43ff.). Entsprechend schreibt Jünger in
Das Wäldchen 125 über die »Flieger«: »Nur in den ihnen unterworfenen
Bereichen der Luft ist heute noch der Zweikampf möglich, und damit
jene Ritterlichkeit, die unten bei den Massenheeren verloren gehen
mußte [...]« (Jünger 1926a, 62). Die Piloten waren zwar Teil der medialen Kriegsmaschinerie (z.B. SW1, 65), bewahrten aber selbst die Über-
sicht und kämpften mit Sichtkontakt. Dass Jünger, wie er in den Originaltagebüchern notiert, 1917 ein (ablehnend beschiedenes) Gesuch auf
Versetzung zur Luftwaffe stellt (King 1999, 91) und 1926 einen Flug-
kurs absolviert, gehört ebenso in diesen Kontext (Schwilk 1988, 114)
wie der von ihm 1928 herausgegebene Band *Luftfahrt ist not!*, wo er im
Vorwort vom »Menschen mit dem Fliegerherzen« schwärmt – die Technik, so Jünger, werde »ewig unvollkommen bleiben [...], während das
menschliche Herz eines Grades der Unbedingtheit und Größe fähig ist,
von dem eine Steigerung nicht gedacht werden kann« (Jünger [1928a], 9).

Deutlicher noch als in der späteren Interpretation, die den historischen Bruch sehr scharf herausarbeitet, schreibt Jünger aus dieser Perspektive über die Stoßtruppführer in der frühen Fassung der *Stahlgewitter*:

Auch das moderne Gefecht hat seine großen Augenblicke. Man hört oft die
irrige Ansicht, daß der Infanteriekampf zu einer uninteressanten Massen-
schlächterei herabgesunken ist. Im Gegenteil, heute mehr denn je entscheidet
der einzelne. Das weiß jeder, der sie in ihrem Reich gesehen hat, die Fürsten
des Grabens mit den harten, entschlossenen Gesichtern, tollkühn, so sehnig,
geschmeidig vor- und zurückspringend, mit scharfen, blutdürstigen Augen,
Helden, die kein Bericht kennt. Der Grabenkampf ist der blutigste, wildeste,
brutalste von allen, doch auch er hat seine Männer gehabt, Männer, die ihrer
Stunde gewachsen waren, unbekannte, verwegene Kämpfer. Unter allen ner-
venerregenden Momenten des Krieges ist keiner so stark, wie die Begegnung

zweier Stoßtruppführer zwischen den engen Lehmwänden des Grabens. Da
gibt es kein Zurück und kein Erbarmen. Blut klingt aus dem schrillen Erken-
nungsschrei, der sich wie Alpdruck von der Brust ringt. (Jünger 1922a, 182,
dazu SW1, 226).

An anderer Stelle beschreibt Jünger die »Erlösung« durch den direkten
Feindanblick, und im Vorwort zur Erstauflage beharrt er bei aller historischen Differenz zwischen dem neuen und dem traditionalen Krieg auf
Heldentum und »Romantik« (Jünger 1922a, IIIf.; SW1, 243). Das
Schlussbild der *Stahlgewitter* (seit der dritten Fassung von 1924) gehört
in den Kontext der Restituierung einer alteuropäischen Kampfordnung
unter Bedingungen der Moderne: Die Szene zeigt den letztmalig Ver-
wundeten, wie er im Lazarettbett seine Wunden zählt und sie – so in der
späten Fassung – als wahre Orden, als Signatur des persönlichen Betrof-
fenseins entziffert.
    Auf der anderen Seite findet Jünger die Sinndimension des Kriegs
nicht im Besonderen, sondern im Allgemeinen. An die Stelle des einzelnen Körpers tritt der Kollektivkörper, wie Jünger ihn z.B. vor einem
Angriff im Licht der »Leuchtkugel« sieht – »Stahlhelm an Stahlhelm,
Klinge an Klinge« – und dabei »von einem Gefühl der Unverletzbarkeit
erfüllt« wird: »Wir konnten zermalmt, aber nicht besiegt werden«
(SW1, 107, auch 288; Weitin 1999, 392). Der Untergang des Einzelnen
ist daher nur eine Episode im Prozess von Werden und Vergehen, so
dass im vitalistischen Opferkonzept Selbstbewahrung und Vernichtung
zumindest konzeptionell zusammenkommen (Lindner 1995, 101f.).
Zwischen den Gefallenen, »gleichsam aus ihren Körpern hervorgewach-
sen«, steht der Nachschub. Es scheint Jünger, »als erlösche für einen Augenblick der Unterschied von Leben und Tod« (SW1, 93). Die Maxime,
auf die es ihm ankommt, lautet: »Der Krieg ist der Vater aller Dinge«
(Jünger 1922a, VI).
    Die Bewahrung von Individualität und der Übergang des Einzelnen
ins Kollektiv finden in Jüngers Blick zusammen (Theweleit 1995,
188ff.), denn die Kollektivität wird von einem Außenstehenden registriert, einer Präfiguration jenes geradezu überirdischen Beobachters, für
den Jünger Ende der 1920er Jahre im »Mann im Mond« einen bildhaften Ausdruck finden wird (s. Kap. II.4), wie Jünger überhaupt die Trennung von Masse und Elite als grundlegendes Weltordnungsschema
nutzt (Mörchen 1973, 83ff.; Rozet 1996a). Auch seine politisch-publizi-
stische Karriere als Nationalrevolutionär in den 1920er Jahren baut auf
den ausgesuchten Einzelnen oder die ausgesuchte Gruppe, wie sich bereits an seiner Mitgliedschaft im Deutschen Herrenklub sehen lässt, der
laut den Statuten neben der »Überzeugung von der Notwendigkeit konservativer Staatsgesinnung« auch das Vertrauen auf eine »politische[ ]

Oberschicht« und auf den »freien deutschen Herrenmenschen« voraussetzt (Dirlam 1987, 26ff.). Dass sich bei Jünger nun freilich jene Momente der Einsicht in übergreifende Zusammenhänge gerade in Augenblicken größter Lebensbedrohung einstellen, verweist auf einen Standpunkt, den Jünger jenseits des herkömmlichen Modells in sich ruhender Subjektivität etablieren will (Weitin 1999, 392f.). Gleichwohl kann er die Selbststeigerung mit der Anerkennung der entmächtigenden äußeren Bedingungen nicht durchgehend in Einklang bringen. Die heroische Selbstinterpretation und der Anspruch sachlicher Beschreibung geraten in Widerspruch (Kaiser 1962, 40ff.; Müller 1986, 229ff.; Müller 1995). Der rhetorische Leerlauf, das bloße Insistieren auf der Unumgänglichkeit und Notwendigkeit des Kriegs, deckt den Mangel an Argumenten auf, und die entlarvenden Platitüden der Landsersprache wie der unbeholfene Ausdruck humaner Regungen markieren die Grenzen der schriftstellerischen Möglichkeiten Jüngers (Kittsteiner/Lethen 1979, 41f.; Kaempfer 1981, 67ff.).

Dabei kann die Darstellungsperspektive selbst, die literarische Form, als Bewältigungstechnik individueller Überforderung verstanden werden. Jünger arbeitet diesen Aspekt immer mehr heraus, und so sehr er ein Denker der historischen Alterität ist, so sehr feilt er am Gedanken einer zeitenthobenen Sphäre, in der der Sinnverlust der Moderne aufgehoben wird. Darauf zielt letztendlich die Ausblendung der Niederlage sowie insgesamt der politischen, sozialen und ökonomischen wie der moralischen Dimension, wenngleich Jünger damit zunächst dem Militär literarisches Material an die Hand gibt, um die These von der unbesiegten Armee und der entsprechend ungebrochenen Motivation der Soldaten zu illustrieren (Liebchen 1977, 119). Dazu gehört die im Lauf der Zeit hinzugefügte Deutungsebene im Medium der Mythisierung des Krieges, z.B. durch den bereits erwähnten Bezug auf Dantes *Divina Commedia* und vor allem durch den historisch gerade obsolet gewordenen Bezug auf Homers Heldenwelt (z.B. SW1, 111; Müller 1986, 224ff.), wobei Jünger als Motto des elften Bandes der Originaltagebücher ein Zitat aus Ariosts *Orlando furioso* wählt (Poncet 1998). Vor allem aber ist die Naturalisierung des Krieges von Bedeutung, die programmatisch bereits im Titel anklingt und die vom ersten Absatz an im Vergleich von Krieg und Unwetter immer wieder eine Rolle spielt (Horst Mühleisen [1985, A377] hat das Titelwort im übrigen als einen Fund aus der »isländischen Sagenwelt« identifiziert). Mit dem Blick auf die Natur erscheint dem Soldaten der Tod nicht mehr als »Ende« (SW1, 151f.), aus dem Schlachtfeld wachsen die »deutschen Stahlhelme« wie eine »eiserne Saat aus dem mit Feuer gepflügten Boden empor« (SW1, 245). Dabei wird auch die idyllische Natur zu einer durch den Krieg geprägten Landschaft, und in dieser Landschaft findet ein Krieg in der

Natur statt, wo »wilde Blumen« die »Vorherrschaft« gewinnen (SW1, 47). Wie im Falle der apokalyptischen Lesart des Kriegs (s.o.) wird die Differenz von Zerstörung und Schöpfung durch Naturalisierung und Mythisierung eingeebnet. Soziale und ökonomische Bedingungen des Krieges spielen in diesem Zusammenhang keine Rolle. Auch damit steht Jünger in einer längeren Traditionslinie: Von Pierre Joseph Proudhons *La Guerre et la Paix* (1861) bis hin zu den Verkündern der ›Ideen von 1914‹ (beispielsweise Max Scheler: *Der Genius des Krieges und der Deutsche Krieg*, 1915) wird der Krieg als Prinzip des ›Lebens‹ verabsolutiert. Das Deutungsmuster ›Krieg als Naturgesetz‹ und die geschichtsphilosophische Legitimation des Kriegs, die in ihm das spezifische historische Zeichen für das Ende des bürgerlichen Zeitalters sieht, lassen sich jedoch nicht ohne Schwierigkeiten verbinden (Kaiser 1962, 24ff.; Bohrer 1978, 105ff.; Vondung 1996).

Die beiden für den Werkzusammenhang wichtigsten programmatischen Passagen fügt Jünger ebenfalls erst im Lauf des Bearbeitungsprozesses ein: Während der »großen Schlacht«, die für ihn als »Wendemarke« im Erlebnis des Kriegs fungiert (SW1, 262f.), und vor allem im Augenblick seiner letzten Verwundung beschreibt Jünger die Todesnähe als einen existenzerhellenden Augenblick vollkommen beglückender Art: »In ihm begriff ich, wie durch einen Blitz erleuchtet, mein Leben in seiner innersten Gestalt«. Zugleich scheint es ihm, als sinke er an einen Ort, wo es »weder Krieg noch Feindschaft« gibt (SW1, 293). Dass Jünger sich hier mit einem in größter Gefahr am äußeren Geschehen völlig unbeteiligten »Träumer« vergleicht, ist für die Wahrnehmungstheorie des *Abenteuerlichen Herzens* wichtig (s. Kap. II.4). Dasselbe gilt für das später eingefügte Präludium dieser Szene, in dem Jünger nur kurz zuvor ein »unpersönliches Gefühl« hat: Es scheint ihm, als beobachte er sich »selbst mit einem Fernrohr« und als erhalte die Landschaft »gläserne[ ] Durchsichtigkeit« (SW1, 292; s. Kap. II.3).

Im Sinne der Theorie vom »Schmerz«, die Jünger 1934 entwickelt (s. Kap. III.1), versteht sich schließlich eine andere, nicht minder aufschlussreiche Stelle. Den Anblick Schwerverletzter kommentiert Jünger: »Hier herrschte der große Schmerz, und zum ersten Male blickte ich wie durch einen dämonischen Spalt in die Tiefe seines Bereichs« (SW1, 37). Ähnlich erscheint ihm der Anblick seiner von einer Granate zerfetzten Truppe als »höllisches Traumbild«, das »für eine Sekunde den äußersten Abgrund des Schreckens« sehen lässt (SW1, 234). Und schließlich verknüpft Jünger dieses Motivgeflecht von Schmerz – Schrecken – Traum mit dem Motiv der Depersonalisierung und dem Gedanken einer im Durchgang durch den kriegerischen Exzess der »großen Schlacht« erreichten neuen Qualität:

Die ungeheure Ballung der Kräfte in der Schicksalsstunde, in der um eine ferne Zukunft gerungen wurde, und die Entfesselung, die ihr so überraschend, so bestürzend folgte, hatten mich zum ersten Male in die Tiefe überpersönlicher Bereiche geführt. Das unterschied sich von allem bisher Erlebten; es war eine Einweihung, die nicht nur die glühenden Kammern des Schreckens öffnete, sondern auch durch sie hindurchführte. (SW1, 267)

Vor diesem konzeptionellen Geflecht eines gleichgültigen, kühlen Blicks, der mythische und natürliche Bereiche hinter dem offensichtlichen Geschehen erkennt, erklären sich Jüngers Darstellungstechniken. Später wird er diese – vor allem im *Abenteuerlichen Herzen* – unter den Begriff der »Stereoskopie« fassen, also einer Wahrnehmungstechnik, die Oberflächenphänomene und darunter verborgene sinnhafte Strukturen zugleich sichtbar werden lässt (s. Kap. II.4). Von den Beobachtungsverfahren und den ihnen entsprechenden literarischen Mitteln her erschließt sich eine Perspektive, die Jüngers Gesamtwerk durchzieht (Seferens 1998, 147ff.), denn bei seinen Naturstudien verhält Jünger sich nicht wesentlich anders als im Krieg, und entsprechend schreibt er an seinen Bruder Friedrich Georg am 20. Oktober 1915: »Die ewigen Explosionen werden langweilig, und ich wollte, daß ich wieder friedlich bei meinen Insekten säße« (Schwilk 1988, 55) – vom 29.1. bis zum 27.7.1916 reichen dann auch die Eintragungen in Jüngers handschriftlichen Aufzeichnungen über seine Insektenfunde unter dem Titel *Fauna coleopterologica douchyensis*, die im Deutschen Literaturarchiv in Marbach aufbewahrt werden. Wenn Jünger in geradezu genießerischer Haltung einen sich vor Schmerzen krümmenden Schwerverletzten mit einer sich behaglich kuschelnden Katze vergleicht, wenn er sachlich registrierend auslaufende Gehirne und aufgerissene Leiber verzeichnet, dann ist das auf der einen Seite Ausdruck von Faszination sowie von kriegstechnisch geformter Blickkälte und trägt aufgrund der Prägung durch die spezifische Gewaltform des Ersten Weltkriegs eine historische Signatur. Darstellungstechnisch greift Jünger hierbei auf das Stilmittel der (expressionistischen) Groteske zurück – im *Wäldchen 125* verweist er selbst auf die für ihn kriegstypische Mischung von »Humor« und »Grausige[m]« (Jünger 1926a, 216). Auf der anderen Seite markiert Jünger damit stilistisch, dass die phänomenale Ebene der Gewalt sinnvoll im Blick auf ein Anderes, Tieferes sein soll, das nur der mit einer besonderen Blickschärfe Begabte einsehen kann. Hier schließt sich der Kreis: Denn die Emphase der Augenzeugenschaft, politisch gerichtet gegen die den Krieg kritisch einschätzenden Zivilisten und gegen die militärische Führung, wird hier in einer Weise überhöht, die als Verfahren und Gedankenfigur den Grundzug von Jüngers Werk überhaupt und seiner Selbstinszenierung als Autor bilden.

1.2   *Das Wäldchen 125* und *Feuer und Blut*

In den beiden Berichten *Feuer und Blut* (1925) und *Das Wäldchen 125*
(1925) arbeitet Jünger Episoden aus, die er bereits in den *Stahlgewittern*
behandelt hatte, und zwar im Sinne einer Ausdeutung des Kriegs für die
parteipolitischen Interessen des »modernen Nationalismus« (Jünger
1925a, 7; Dirlam 1987, 68ff.), zu dessen Wortführern er in den 1920er
Jahren avanciert (s. Kap. II.2.2). *Feuer und Blut* erscheint nicht bei E.S.
Mittler & Sohn, sondern programmatisch als erster Band im Stahlhelm-
Verlag in Magdeburg (Liebchen 1977, 96ff.; Dornheim 1987, 55). Damit beteiligt sich Jünger an der Herausbildung einer »Frontsoldaten-
Philosophie«, die nicht mehr nur den vergangenen Krieg beschreibend
legitimieren, sondern den kommenden Krieg auch vorbereiten soll
(Liebchen 1977, 96ff.). Die Wirkungsstrategie ist bei den beiden neuen
Werken gleich: Jünger greift sich Aktionen höchster Gewaltsamkeit heraus, die militärisch ihre Zielsetzung nicht erreicht haben, und entwikkelt genau aus dieser ›scheinbaren‹ Sinnlosigkeit sein neues Modell vom
Sinn und Zweck des Kriegs. Es geht ihm darum, alle gängigen und ins-
besondere die heroischen Muster der Kriegswahrnehmung aufzuheben
und die Unverständlichkeit des Krieges als Ausgangspunkt einzusetzen.
Daher gehört auch hier, wie in den *Stahlgewittern*, die Desillusionierung
der Kriegsbegeisterung von 1914 zum festen Repertoire, in aller Drastik
zumal in *Feuer und Blut*, wo Jünger die bereits erwähnte Episode ins
Zentrum rückt, in der durch einen Bombeneinschlag seine gesamte
Truppe bereits vor dem Einsatz getötet wird (Jünger 1925a, 12, 79ff.).
Das *Wäldchen 125* nimmt sich – äußerlich in Tagebuchform geklei-
det – eine Episode aus dem Kapitel »Englische Vorstöße« der *Stahlgewitter* vor. Jünger beschreibt auf rund 200 Seiten den Stellungsalltag und
kommt dann auf den letzten 50 Seiten zum Kampfgeschehen selbst.
Interessant sind die Ereignisse für Jünger, weil hier um einen strategisch
bedeutungslosen Ort mit höchstem materiellem und menschlichem
Einsatz gekämpft und dieser Kampf von deutscher Seite aus verloren
wurde. Gerade in dieser Kombination von Einsatz und Niederlage liegt
für Jünger die repräsentative Funktion. Das »Wäldchen 125« wird zu
einem »örtliche[n] Symbol der Macht«, zum symbolischen »Brennpunkt« des Kriegsgeschehens (Jünger 1926a, XI, 27, 228). Indem der
politisch-militärische Sinn des Kriegs sich nicht erfüllt, treibt Jünger die
Sinnfrage über die Frage nach »Zwecke[n]« hinaus. Im Hintergrund erscheint so – wie in den *Stahlgewittern* – eine unentrinnbare »Bewegung«, die einen »ewigen Frieden« als realitätsfernen Wunschtraum erscheinen lässt. Der Krieg hat Jünger zufolge seinen Sinn in sich, er ist
Entscheidungsmittel in einem Gottesurteil über die Wertigkeit eines
»Volks« (Jünger 1926a, VIIf., 65, 171, 174).

Die neuerliche Entfaltung und Verteidigung der Position seines ersten Kriegstagebuchs, die Jünger 1922 in *Der Kampf als inneres Erlebnis* bereits essayistisch sekundiert hatte (s. Kap. II.2.1), erklärt sich also zum einen vor dem Hintergrund der politischen Ambitionen Jüngers in den 1920er Jahren. Zum zweiten beginnt er hier eine bestimmte Autorrolle für sich zu reklamieren, die auf dem im oben erwähnten Brief an seinen Bruder formulierten Bildungsprogramm fußt. Jünger inszeniert seine Zugehörigkeit zu einem europäischen Bildungshorizont, indem er sich wiederholt gegen die »moderne Literatur« wendet (wobei er als Negativbeispiele lediglich Henri Barbusses Antikriegsroman *Le feu* von 1915 sowie Carl Sternheim nennt) und positive Leitfiguren wie Goethe, Hölderlin, Büchner oder Nietzsche sowie Balzac und sogar Zola aufruft, was angesichts der Polemik gegen Naturalismus und Psychologisierung durchaus bemerkenswert ist. In *Feuer und Blut* ergänzt er diese Reihe dann vor allem um Arthur Rimbaud (Keller 1992). Als herausragenden Schriftsteller feiert Jünger schließlich Hermann Löns, der für ihn als Autor und als Soldat vorbildlich war und dessen Kompanie er 1917 übernommen hatte (Jünger 1926a, IX, 6, 154ff., 180; Jünger 1925a, 52; Schwilk 1988, 64). In einem längeren Passus zur Kriegsliteratur fordert er dann »deutsch[e]« Kunst, ein Werk, das beschreibt, »wie es ist« (Jünger 1926a, 188) – unverkennbar bezieht Jünger sich damit auf sein eigenes Werk, denn die Kritik hatte ihm ja eben die propagierte Beschreibungsqualität konzediert. Nun gehört zu den Topoi der Kriegsliteratur, dass der Krieg das Ästhetentum auflöse, aber mit dem *Wäldchen 125* schreibt Jünger sich zugleich deutlicher als zuvor sein Bild vom philosophierenden Literaten zu (Liebchen 1977, 123ff.), und das in einer Zeit, in der sich seit etwa 1923 die Verlage an Kriegsliteratur nicht mehr interessiert zeigen. Remarques Welterfolg *Im Westen nichts Neues* (1929) – mit Jüngers Kriegsbüchern allenfalls durch eine sentimentale Kameradschaftsideologie sowie durch die bei Remarque inszenierte Dokumentarqualität verbunden (Wennemer 1988; Howind 1988) – wurde bezeichnenderweise noch 1928 vom Verlag S. Fischer mit der Begründung abgelehnt, es bestehe keine Nachfrage nach Kriegsliteratur (Müller 1986, 17, 35).

Im Vorwort zu *Das Wäldchen 125* erklärt Jünger, die Unterschiede zwischen Kriegs- und Nachkriegszeit ließen sich für ihn immer schwerer ziehen, und insofern gehört der Bericht zu den literarischen Dokumenten, die die Verschleifung von Krieg und Frieden vorbereiten, wie Jünger sie vor allem in der »Totalen Mobilmachung« (1930) theoretisch explizieren wird (s. Kap. II. 2.3). Gerade die Verbindung von Urbanität und Krieg ist hier signifikant (Jünger 1926a, 34, 95). Aus dieser Programmatik erklärt sich auch der immer wieder eingeschobene Appell an die »Jugend« als Instanz eines künftigen Deutschland (z.B. Jünger

1926a, 51). Jünger formuliert für die Nachkriegszeit eine nationalistische Handlungsanweisung:

Wir können gar nicht national, ja nationalistisch genug sein. Eine Revolution, die das auf ihre Fahnen schreibt, soll uns stets in ihren Reihen finden, denn nicht der Staat ist unser Unbedingtes. Volk und Vaterland sind uns durch Geburt gegeben, wir erkennen sie als die besten an, der Staat ist für uns nur das mächtigste Mittel ihrer Verwirklichung. Wenn der Staat in dieser Zeit seine Frontkämpfer im Stiche läßt und seine Machtmittel nicht rücksichtslos auch im Innern für seine Idee einsetzt, der selbst von den Einfachsten und Geringsten der Nation soviel Opfer dargebracht sind, dann kann er für uns nur erledigt sein. [...] Die Gliederung aller Deutschen in das große Hundertmillionenreich der Zukunft, das ist ein Ziel, für das es sich wohl zu sterben und jeden Widerstand niederzuschlagen lohnt. (Jünger 1926a, 185f.)

In diesen Kontext gehören dann auch längere Ausführungen zum »Preußentum« sowie zu Themen wie Führertum, Volk, Rasse, Blut und Boden oder zum Umgang mit Soldaten nach dem Krieg.

Ebenfalls auf eine Überlagerung von Kriegs- und Nachkriegsperspektive verweisen jene Stellen, an denen Jünger sich einen Überblick über das Kampfgeschehen verschafft und den Krieg zu einer Form des ›Lebens‹ erklärt. Die Unsichtbarkeit des Gegners und die unkalkulierbare Bedrohung durch Fernwaffen bestimmten selbstverständlich auch in *Das Wäldchen 125* die Signatur des Ersten Weltkriegs als eines historischen Novums, so dass – in direkter Entgegensetzung zu Goethes Beschreibung der Schlacht von Valmy – »Beobachtung« durch »Delirium« ersetzt wird (Jünger 1926a, 44). Gleichwohl steigt Jünger mehrfach auf Anhöhen und nimmt so den von ihm als imaginären Punkt eingeforderten gottgleichen Standort ein, von dem aus der Krieg wie eine »Ameisenschlacht« erscheint, wie eine beliebige Variation der Bewegung des »Lebens«. Hier ist zunächst interessant, dass er auf diese Weise seine Tagebuchpoetik spiegelt, denn die Funktion der diarischen Notizen sieht er unter anderem darin, sich »über die gewohnte Umgebung zu erheben, indem er [der Tagebuchschreiber, S. M.] sich in die Stellung des Betrachtenden versetzt« (Jünger 1926a, 60, 67f.).

Aus dieser ordnenden Perspektive stellt Jünger schließlich auch das letzte große Thema in *Das Wäldchen 125* dar: das Verhältnis von Mensch und Maschine (Jünger 1926a, insbes. 115ff.), ein Problemgebiet, das nicht zuletzt durch den erfolgreichen Einsatz von Panzern 1918 wichtig geworden war. Jünger hatte sich damit bereits 1921 im *Militär-Wochenblatt* unter taktischen Gesichtspunkten als Ausblick auf »Die Technik in der Zukunftsschlacht« (Jünger 1921) und in mehreren Artikeln für die *Standarte* auseinandergesetzt. Die realistische frühere Einschätzung von der Depotenzierung des Menschen wird hier verkehrt, das »Material« wird »wieder das untergeordnete Werkzeug des

Geistes« (Jünger 1925c; Schwilk 1988, 73). Das »Auftreten der Maschine« auf dem Schlachtfeld und eines korrespondierenden neuen »Kampftyps« gehört zu den einschneidenden Kriegserlebnissen Jüngers. Der Umgang mit »Maschinen« macht auf der einen Seite die Frage nach dem »Menschen« irrelevant, und auf der anderen Seite verleiht die Maschine neue Formen der Macht. Entscheidend ist für Jünger dabei die »geistige« Aneignung der kriegstechnischen Innovationen, also gerade nicht die ›materialistische‹ Interpretation der »Maschine« (Jünger 1926a, 121, 126). Dieses Thema wird für Jünger zeitlebens zentral bleiben, wobei er erst in den 1930er Jahren eine dezidiert technikkritische, nicht mehr affirmative Position entwirft (Schröter 1993).

Das problematische Verhältnis von Mensch und Maschine war für Jünger so wichtig, dass es in *Feuer und Blut* – neben den bereits erwähnten und hier vielfach wieder aufgegriffenen Themen und Motiven – noch einmal gesondert zum zentralen Gegenstand wird. Die Welt des 19. Jahrhunderts geht in dem entfesselten »Feuersturm« der Maschinentechnik des Ersten Weltkriegs unter (Langendorf 1990, 39ff.), es kommt zu einer »Wandlung«, und ein »neuer Mensch« entsteht (Jünger 1925a, 12, 29, 31f.). Gemeinsam mit der Faszination durch die »Maschine« ergibt sich daraus schon beinahe zwangsläufig der Anschluss an expressionistische und futuristische Motive und Verfahren, wenngleich die radikalen Formexperimente der Avantgardebewegungen bei Jünger keinen Nachhall finden (Brenneke 1992, 151ff.; Kometer 1996). Gleichwohl weist auch die Adaptation vitalistischer Gedanken, etwa den der »Steigerung des Lebens« durch den Krieg (Jünger 1922b, 112), in diese Richtung. Am deutlichsten werden Jüngers expressionistische Wurzeln in dem Briefgedicht »Zu Kubins Bild: Der Mensch«, das er am 22. Februar 1921 an den Maler und Illustrator Alfred Kubin schickt und das so das spätere Autodafé seiner Lyrik überstanden hat. Die erste Strophe lautet: »Traum, hindurchglüht wird Vision, Kristall, / Urfrage Sein zu Wahnsinn, Katarakt: / Aufrechter Mensch; geschleudert in das All, / Orkan im Haar, bleich, einsam, nackt« (Jünger/Kubin 1975, 13).

Jünger wählt für *Feuer und Blut* das Kapitel »Die große Schlacht« aus den *Stahlgewittern*, das die Ereignisse der letztlich erfolglosen Frühjahrsoffensive vom März 1918 dokumentiert und das hier in sechs Kapiteln durch Reflexionen, Rückblicke und detailgenaue Beobachtungen zu einer eigenständigen Beschreibung ungefähr eines Tages ausgedehnt und zugleich enggeführt wird. Militärgeschichtlich ist an dieser Episode unter anderem die Taktik der »Feuerwalze« von Bedeutung, bei der der Gegner durch konzentrierte Feuerkraft der Artillerie in den Gräben gehalten wird. »Die stürmende Infanterie« – so die Anfang 1918 ausgegebene Vorschrift *Der Angriff im Stellungskrieg* – »muß gleichzeitig mit den letzten Artillerieschüssen und Minen in der feindlichen Stellung

stehen und im weiteren Verlauf der eigenen Feuerwalze unmittelbar folgen [...]« (Handbuch zur Militärgeschichte 1979, 523). Diese Taktik
macht ein nie gekanntes Maß an logistischer Präzision in der Vorbereitung notwendig sowie eine exakte, bis auf die Minute und den Meter
genaue Koordination von »Mensch« und »Maschine«, also von Artillerie
und Infanterie. Hinzu kommt die kriegspsychologische Komponente,
nämlich der Versuch, den »Angriffsgeist« erneut zu wecken, neue Modi
der Ausbildung für diese Kriegsführung zu finden, sowie der Wechsel
von der Quantität der eingesetzten Soldaten zur Qualität kleinerer, be-
weglicher Einheiten – darauf spielt Jünger an, wenn er den Stoßtrupp
feiert. Anders formuliert: Jünger entfaltet narrativ die Zusammenhänge
von Militär- und Disziplinierungsgeschichte, von Psycho-, Sozio- und
Technogenese, aus denen gerade unter dem enormen psychischen
Druck ein soldatisches Beamtentum hervorgeht, dass den letalen Dienst
auf die Minute genau beginnt.

Der Titel der Aufzeichnungen – *Feuer und Blut* – bezieht sich auf
diese militärgeschichtliche Koordinierung von »Mensch« und »Maschine«. Über den Augenblick des Infanterieangriffs nach dem vorbereitenden Artilleriebeschuss schreibt Jünger:

Mut, Angst, Mitleid – das alles gibt es nicht mehr. Es gibt nur noch ein wir-
belndes System von Kraft, in das Landschaft und Menschen funktional einbezogen sind. Und es gibt einen Zeitpunkt, 9^{40}, an dem dieses System in eine
neue Gesetzlichkeit eintreten wird. 9^{40}, das ist die Achse in diesem phantasti-
schen Werk, in dieser rasenden Orgie des Lebens, in der sich der Kampfwille
Mitteleuropas manifestiert. Bis dahin spricht der Wille durch Feuer, dann
spricht er durch Blut. (Jünger 1925a, 108)

Das Erlebnis einer durch Maschinen geprägten Welt im Krieg wird von
Jünger dann in die Nachkriegszeit verlängert und zur Grundlage politischen Handelns erklärt. Die Technik soll durch die Technisierung des
Menschen überwunden werden. Mit futuristischer Emphase schwärmt
Jünger von den Eindrücken der modernen Großstädte und Industriean-
lagen und verkündet: »Ja, die Maschine ist schön, sie muß schön sein
für den, der das Leben in seiner Fülle und Gewaltmäßigkeit liebt«. Unter Berufung auf Nietzsches Gedanken der Lebenssteigerung stellt er
dieses Lob der in sich selbst sinnvollen Maschinenwelt dem darwinisti-
schen Konzept vom Leben als »Kampf ums Dasein« entgegen. Im »Gefährlichen das Schöne zu sehen«, bedeutet für Jünger, das »Dasein[ ]« in
seiner ganzen Fülle erleben zu können. Auf diese Weise wird auch der
Krieg zum »Kunstwerk«, zu einer »symbolischen« Verdichtung der historischen Lage (Jünger 1925a, 32f., 41, 49ff., 66f.). Jünger greift mit dieser Vitalisierung der Technik Gedanken auf, die in Kreisen der Konservativen Revolution gängig waren: Nicht die Technik an sich wurde hier

abgelehnt, sondern nur der falsche Umgang mit ihr (Breuer 1995, 74ff.; Honold 1998a, 35f.).

Die antizivilisatorische Stoßrichtung, die Jünger in *Der Kampf als inneres Erlebnis* deutlich gemacht hatte (s. Kap. II.2.1), spielt auch in *Feuer und Blut* in der Imagination einer neuen Einheit gegen die zersplitterten Verhältnisse der Moderne eine Rolle. In diesen Rahmen blendet Jünger das ganze Modevokabular seiner Zeit ein: Das Unbewusste wird als gleichsam vorzivilisatorische Kategorie wichtig, das lebensphilosophische Schlagwortensemble der 1920er Jahre – die Entgegensetzung von Begriff und Empfindung, von Teil und Ganzem, von Leben und Geist, Schicksal und Kausalität – wird Teil einer Kriegsphilosophie (Jünger 1925a 16f., 28f., 49, 68f., 140, 188f.). Dieses Phantasma von Ganzheitlichkeit und Fülle richtet sich zeittypisch gegen Phänomene der Entfremdung wie Monetarisierung oder Ausdifferenzierung. Wenn Jünger sein Werk auf solche einigenden Tiefenschichten richtet, lässt sich auch die Frage stellen, inwiefern damit eine bestimmte politische Ideologie weniger inhaltlich, als vielmehr in den literarischen Verfahren über die Weltkriegsschriften hinaus weiter transportiert wird (Seferens 1998).

Jüngers Maschinenmetaphysik bedeutet zwar zunächst die umstandslose Anerkennung einer (so konstruierten) historischen Lage, nicht aber Affirmation der »Macht der Maschine«. Vielmehr will Jünger durch die ästhetische Betrachtung der Maschine den entmachteten Menschen wieder handlungsfähig machen, indem er das utilitaristische Konzept der Maschinennutzung verabschiedet. An die Stelle dieses Modells, das der Krieg ad absurdum geführt hat, setzt Jünger das Programm der »seelische[n] Kraft« (Jünger 1925a, 28), eine Variante der Dialektik von Depersonalisierung und Neukonstitution im Bannkreis des expressionistischen Modells der »Wandlung« durch das apokalyptische Geschehen der Kriege:

Ich möchte darin [...] eine neue Besinnung des Menschen der Materie gegenüber sehen, einen tastenden Versuch der seelischen Kraft, die Gewalt über die Maschine zu erobern, also eine sittliche Tat, deren Wert es von hoher Warte aus nicht im mindesten beeinträchtigt, daß sie mörderische Wirkungen besitzt. (Jünger 1925a, 30).

Der neue Typus des Soldaten, dessen Bild bereits die *Stahlgewitter* skizziert hatten, bekommt hier seinen weltgeschichtlichen Auftrag ebenso wie der Krieg, den Jünger als Bezahlung einer offenen Rechnung verbucht – im *Arbeiter* wird der Krieg als der »rote Strich« unter die Zeit des Bürgers bezeichnet (s. Kap. II.5). Das »weltgeschichtliche[ ] Examen[ ]« des Krieges ist eine Episode im Werden des »Weltgeistes«, wie Jünger trivialhegelianisch formuliert. Die instinkthafte Handlungsweise des neuen Soldaten, dem die Kriegstechnik die Möglichkeit zur Reflexion nimmt, wird so in Gleichklang mit der historischen Entwicklung gebracht. Die Notwendigkeit der geschichtlichen Strukturen und die Notwendigkeit der individuellen Ereignisse kongruieren (Jünger 1925a, 21, 33, 98, 102, 128).

Die Depotenzierung des Einzelnen im Krieg, sein Wiedererstarken im Durchgang durch Situationen völliger Überforderung, das Erlebnis einer vitalen Einheit im Kampf, wo einerseits zwischen den Soldaten eine wortlose Übereinstimmung »ohne jede formale Bindung« herrscht (z.B. Jünger 1925a, 140) und andererseits Menschen und Maschinen als ein Körper zusammenarbeiten – das alles geht ein in Jüngers Konzept des Nationalismus. Aus dieser Körpererfahrung bzw. -konstruktion heraus, die zugleich die literarische Formierung eines Gemeinschaftskörpers grundieren und die Begrifflichkeit von »Imperialismus« oder »Rasse« motivieren, ziehen die Neuen Nationalisten ihre Legitimation. Franz Schauwecker etwa formuliert in diesem Sinn: »Und da empfanden wir den Nationalismus als einen großen lebendigen Körper [...]« (Schauwecker 1927, VIII).

Jüngers Blick für die Maschinisierung der Welt schreibt dem Vitalismus ein historisches Moment ein. Der Begriff der ›Rasse‹ etwa bedeutet – ebenso wie der des ›Bluts‹ – zunächst kein biologistisches Konzept, sondern bezieht sich auf die Akzeptanz des historisch »Unabänderlichen« (Jünger 1925a, 70), was ja selbst Produkt der im Krieg hervorgebrachten »Gleichgültigkeit« ist. Auf der anderen Seite gewinnt Jünger durch die vitalistische Aufladung des historischen Prozesses einen kritischen Standpunkt, der sich gegen die bloße Affirmation des Bestehenden richtet. Ebenso strebt er auf der einen Seite ein quasi symbiotisches Verhältnis von Mensch und Maschine an (z.B. Jünger 1925a, 68), auf der anderen Seite geht es ihm um deren Beherrschung – dass Jünger zwar auch später den »Geist« hinter der »Maschine« nicht vergisst, die vitalistischen Potenzen jedoch zurücknimmt, zeigt der unter dem Titel »Kriegerische Mathematik« 1930 erstmals veröffentlichte Aufsatz »Feuer und Bewegung« (SW7, z.B. 116f.). Schließlich: Auf der einen Seite ist von »Imperialismus« und »Nationalismus« die Rede (Jünger 1925a, 53, 111, 151), auf der anderen Seite untergräbt die große Bewegung den auszeichnenden Sinn dieser Modelle: »Denn alles dies geschieht ja nicht für uns, nicht für unsere Nation, nicht für die Gruppe von Nationen, der wir verbunden sind. Es geschieht für die Erde selbst, die den Kampfhaften liebt« (Jünger 1925a, 72).

2. Essayistik, Publizistik und Herausgeberschaft

Nach seinem Ausscheiden aus der Reichswehr immatrikuliert sich Ernst
Jünger am 26. Oktober 1923 an der Universität Leipzig und studiert
Zoologie, insbesondere bei Hans Driesch, der Jüngers Vitalismus und
die unter anderem im *Arbeiter* ausformulierte »Gestalt«-Theorie beeinflusst haben dürfte, und er besucht Philosophie-Veranstaltungen. Bei
Felix Krüger lernt er hierbei seinen philosophischen Mentor Hugo Fischer kennen. Die Jüngerschen Zentralvokabeln der 1920er Jahre wie
›Gestalt‹, ›Typus‹ oder ›Leben‹ gehören in diesem akademischen Kontext
zum begrifflichen Grundbestand (Zissler 1990, 136f.; Dupeux 1996,
22ff.). Der spätere Philosophiedozent Fischer begleitet Jünger 1929 auf
eine Reise nach Sizilien (»Aus der Goldenen Muschel«, 1944) sowie
1935 nach Norwegen (*Myrdun,* 1943) und figuriert als Vorbild für Figuren wie Nigromontan im *Abenteuerlichen Herzen* (s. Kap. II.4) oder
Schwarzenberg in *Besuch auf Godenholm* (1952; s. Kap. IV.4). Fischers
zum Nationalbolschewismus tendierende Haltung verbindet ihn bei allen Differenzen etwa in bezug auf die unterschiedliche Auffassung des
»Nationalismus« auch politisch mit Jünger in der Zeit um 1930 – wie
dieser stand er in Verbindung zu Ernst Niekischs Kreis um die Zeitschrift *Widerstand* (Gajek 1997; Wilczek 1999, 82ff.; Neaman 1999,
83ff.). Von Februar bis April 1925 führt Jünger seine Studien am zoolo-
gischen Institut in Neapel fort – Episoden aus dieser Zeit werden in das
Abenteuerliche Herz integriert (vgl. auch SW10, 330; Staglieno 1997,
526f.). Er bricht dann jedoch sein Studium ab und exmatrikuliert sich
am 26. Mai 1926. Am 3. August 1925 heiratet Jünger Gretha von Jein-
sen (1906–1960), die »Perpetua« der späteren Tagebücher und Mutter
seiner beiden Söhne Ernst (1926–1944) und Alexander (1934–1993).
Von 1927 bis 1933 lebt die Familie in Berlin (Paetel 1962, 31; Schwilk
1988, 96ff.).

In den 1920er und frühen 1930er Jahren entfaltet Jünger eine rege
publizistische Tätigkeit im Kontext des Neuen Nationalismus (s. Kap.
II.2.2). Er verkehrt in den Intellektuellenzirkeln Berlins, ohne dass die
Kontakte sich ausschließlich auf das rechte Lager beschränkten (Palmier
1995, 72ff.; Noack 1998, 82ff.; Mühleisen 1998). Neben der ersten
Begegnung mit Carl Schmitt (s. Kap. IV.2.3) ist der Kontakt zu dem
Nationalbolschewisten Niekisch wichtig, in dessen Zeitschrift *Widerstand* Jünger vielfach publiziert. Die nationalsozialistische Presse hat den
Arbeiter als theoretische Durchführung von Niekischs politischem Programm zu denunzieren versucht. Niekisch, der sich z.B. mit *Hitler – ein
deutsches Verhängnis* (1932) den Nazis nicht gerade empfohlen hatte,
wird 1937 verhaftet. Bis zu diesem Zeitpunkt hält Jünger, der auch unter Einfluss von Niekischs Verdikt gegen die rückwärtsgewandte Aus-

richtung des deutschen wie italienischen Faschismus in prinzipielle Distanz zum Nationalsozialismus ging, den Kontakt und nimmt danach dessen Familie bei sich auf (Paetel, 1962, 43f.; Sauermann 1984, 66ff.; Schwilk 1988, 136ff., 303ff.; Breuer 1995, 137ff.; vgl. SW14, 104ff.). Die Forschung ordnet Jünger als eine bzw. sogar die Zentralfigur des Neuen Nationalismus (oder zumindest des Berliner Kreises) ein, arbeitet aber auch die Differenzen zwischen Jüngers Schriften und denen anderer Nationalisten sowie der Nationalsozialisten heraus. Jüngers rhetorische Emphase macht ihn zwar zu einem von vielen Seiten aus nützlichen Bezugspunkt, die Unbrauchbarkeit seines ideologischen Pathos für politische Handlungsanweisung isoliert ihn jedoch zugleich. In den Erinnerungsbüchern der Nationalisten, etwa Friedrich Hielschers *Fünfzig Jahre unter Deutschen* (1954) oder Ernst von Salomons *Fragebogen* (1951) wird der Gestus des Enigmatischen betont, mit dem Jünger auftrat und sich Autorität verschaffte (Hielscher 1954, 111ff.; Salomon 1961, 242ff.; Paetel 1962, 38ff.). Während die Nationalisten sich konkret an das ›Volk‹ oder ›Deutschland‹ wenden und exemplarische Persönlichkeiten zum Handlungsanreiz aufrufen, stellt Jünger das Kriegserlebnis, die ›Nation‹ im allgemeinen oder metaphysische und überpersönliche Dimensionen in den Vordergrund (Hietala 1975, 225; Liebchen 1977, 143).

Gleichwohl ist man sich darüber einig, dass der Neue Nationalismus insgesamt als »Soldatischer Nationalismus« seine Ursprungsgeschichte im Ersten Weltkrieg hat (Prümm 1974, 8f.), und zu den wichtigsten Projekten Jüngers in den 1920er Jahren gehört, Krieg und Frieden zu verschmelzen – auch das ist eine der Strategien, um die Bedeutung des Kriegs als eines historisch vermeidbaren Unfalls hin zu einem von Menschen unkontrollierbaren, quasi-natürlichen Ereignis zu verschieben. Wenn in den *Stahlgewittern* der Krieg auf den letzten Seiten des Buches kein Ende findet – schon gar nicht in einer Niederlage –, suggeriert das die Unaufhörlichkeit des Kriegs, selbst wenn Jünger in gegenläufiger Bewegung zum allgemeinen historischen Geschehen auf dem Höhepunkt seiner individuellen Karriere mit der Verleihung des Ordens Pour le mérite angekommen ist. Jüngers Weg vom Soldatenheros zum Neuen Nationalisten, der sich in der zunehmend programmatisch aufgeladenen Qualität seiner Weltkriegsbücher nachvollziehen lässt, wird so für die nationalistische Kritik zum Exempel einer geradezu notwendigen allgemeinen Entwicklung (Liebchen 1977, 171ff.).

Vor diesem Hintergrund ist es nicht unbedeutend, dass neben der zweiten Ausgabe der *Stahlgewitter* und neben *Der Kampf als inneres Erlebnis* 1922 auch die Neufassung der *Ausbildungsvorschrift für die Infanterie* erscheint, an der Jünger mitgearbeitet hat und die bislang in der Jünger-Forschung wenig Beachtung findet. Jünger ist nicht bloß der

Chronist und Interpret des Kriegs, sondern auch ein Kriegspraktiker, der aktiv an dessen Gestaltung mitgearbeitet hat. Einige Passagen in den *Stahlgewittern* spielen darauf an, wenn Jünger beispielsweise die »elastische[ ] Verteidigung« erläutert, eine von ihm »erfundene Art des Vorgehens« beschreibt oder explizit darauf hinweist, dass er die »Schützenreihe« in die »Infanterie-Gefechtsvorschrift« eingeführt habe (SW1, 151, 154, 160) – in den im Deutschen Literaturarchiv in Marbach a.N. liegenden Originaltagebüchern gibt es im ersten Band im übrigen Notizen und Illustrationen zu solchen Fragestellungen, wie überhaupt die Ebene taktischer Abstraktion immer wieder durch Skizzen der Frontverläufe in die Diarien integriert wird. Zu klären wäre hier vor allem, inwiefern Beziehungen zwischen Jüngers strategischen Überlegungen zum Krieg und zur Politik bestehen, denn die kriegstaktische Auflösung starrer Angriffsformationen, die entsprechende Aufwertung individueller Verantwortlichkeit sowie die forcierte Stimulation des »Angriffsgeistes« an sich bei Hintanstellung der richtigen Wahl der Mittel (Ausbildungsvorschrift 1922, 10, 20f., 25, 29, 53) dient als Modell für Jüngers vehemente Abwehr parteiförmig oder anderweitig geregelt organisierter Ordnungsstrukturen. Der Neue Nationalismus sollte eine ›Bewegung‹ sein. Karrieregeschichtlich kann zugleich gefragt werden, inwiefern die mangelnde theoretische Kompetenz für das Ausscheiden des Kriegspraktikers Jünger aus der Armee und für die Übernahme seiner philosophierenden Schriftstellerrolle von Bedeutung war (Liebchen 1977, 72).

2.1 *Der Kampf als inneres Erlebnis*

Wenn die *Ausbildungsvorschrift* den unmittelbar praktischen Aspekt der *Stahlgewitter* markiert, dann verweist der *Kampf als inneres Erlebnis* (1922) auf den anderen Pol: auf den Versuch einer Vermittlung der psychischen Auswirkungen des Kriegs sowie auf den Versuch der metaphysischen Unterfütterung der Geschehnisse aus der Retrospektive (Müller 1986, 235ff.). In dreizehn kaleidoskopartigen Abschnitten handelt Jünger die für ihn zentralen Aspekte des Kriegs ab unter Überschriften wie z.B. »Blut«, »Grauen«, »Mut«, »Angst« oder »Eros«. Auch hiermit unterstützt Jünger die Überlegungen zur »moralischen« Ausbildung des Soldaten. Wie bei den *Stahlgewittern* heben Besprechungen die praktische Brauchbarkeit als »Katechismus der Militärpsychologie des Infanteristen« hervor (W 1925, unpag.).

Ausgehend von der apokalyptischen Deutung des Kriegs als Ende und Neuanfang zugleich, vermittelt die Darstellung in teils expressivem, teils essayistischem Sprachgestus eindringlich das »Grauen« des Kriegs und repetiert dabei platitüdenhaft einen Männlichkeitsmythos. Erneut soll die psychische Belastung des Soldaten im Krieg literarisch überliefert werden, die das »Ragende« der Männlichkeitskonstruktion und seiner pathetischen Sprache bewältigen will (Theweleit 1977, 308ff.), und so fehlen dann auch nicht die Leichen, denen die Haare »in Büscheln von Schädeln« fallen, die in »grünliches Fischfleisch« vergehen, zu Mumien verdorren, deren »Fleisch als rotbraune Gelatine von den Knochen« fließt, es fehlt nicht das »gespenstische[ ] Leben« der »geschwollenen Kadaver« oder das »brodelnde Gewühl« der »nur noch aus unzähligen Würmern« bestehenden Toten (SW7, 22).

Stilistisch freilich sind weniger deskriptive oder argumentative Passagen auffällig als vielmehr die durchaus epigonale Nutzung des avantgardistischen Formrepertoires, vor allem die Auflösung der Syntax sowie geordneter, einheitlicher Bildfelder durch eine überbordende Bildfülle (Prümm 1974, 135ff.). Über die »wandernden Blüten der Welt« im »Hirn« der Soldaten schreibt Jünger beispielsweise: »Großstädte auf den Gewässern des Lichts, südliche Küsten, an denen leichte blaue Wellen zerschäumten, in Seide gegossene Frauen, Königinnen der Boulevards [...]« (SW7, 25). Medienhistorisch lässt sich dieses literarische Verfahren – wie bereits im Fall der Tagebücher – als Korrelat filmischer Techniken entschlüsseln. Die kriegstechnische Überforderung der Sinnlichkeit verhindert die Konstruktion zeitlich und räumlich homogener Räume. Die Erzählung kann keine sukzessiven, kausal geordneten Geschehnisse abschreiten und auf diese Weise als »innere Erlebnisse im Goethezeitstil, Ersatzsinnlichkeiten zwischen den Zeilen«, beim Lesen vor einem inneren Auge wiedererstehen lassen (Kittler 1986, 198; Höfler 1994). Jünger schreibt über die Zeit vor dem Angriff: »Wir nehmen die Dinge noch wahr, aber sie sagen uns nichts mehr, denn immer stoßweiser, flüchtiger tanzt das Wellenspiel unserer Gedanken im Hirn« (SW7, 70). Tatsächlich ist der Film für Jünger der Vergleichsgegenstand für die »inneren Erlebnisse«, wenn kurz vor dem Sturm die »bunte Welt in sausendem Film durchs Hirn« rollt, obschon er den Heroismus der »Flimmerleinwandhelden« als Flucht vor der Härte des Lebens begreift (SW7, 51, 55, 75). Auch hier geht es ihm darum, sich die Technik im Sinne seines Persönlichkeitsprogramms anzueignen (Segeberg 1991a, 365f.).

Nicht vergessen sollte man dabei – zumal vor dem Hintergrund von Jüngers Drogenexperimenten –, dass die Produktion des Imaginären auch alkoholisch stimuliert wird (SW7, 101; Gauger 1997, 143ff.), und weiterhin, dass die in Bilder-»Fluß« geratene Sprache, der »Wortstrom«, verbal die Erlösung vom »Körperpanzer« des Soldaten in Szene setzt (Theweleit 1995, 183f., 230, 274). In *Das Wäldchen 125* wird Jünger dann – noch bevor er in *Der Arbeiter* eine ausführlichere und ausgefeiltere Medientheorie entfaltet – den Film einerseits als Propagandainstrument empfehlen, auf der anderen Seite eine innere Liaison von Film und Krieg behaupten, denn der Film verlange »Tat, Beweglichkeit, Handlung und Macht«, er sei ideales Medium zur »Verherrlichung der modernen Schlacht« (W 1922, 194).

Der Wendung zum Film als Leitmedium entspricht in gewisser Weise die später gestrichene Kritik an den »überklugen Literaten« (Jünger 1922b, 49), die sich allerdings aus einem eher kulturpolitischen Motiv speist und damit der Defensivhaltung in *Das Wäldchen 125* entspricht – »zum Teufel mit einer Zeit, die uns den Mut und die Männer nehmen will« (SW7, 49). Denn auf der anderen Seite steht für Jünger fest, »nur ein Dichter, ein poète maudit«, könne »in der wollüstigen Hölle seiner Träume« die innere Befindlichkeit der Soldaten ermessen (SW7, 22). Jünger löst mit *Der Kampf als inneres Erlebnis* eine Forderung ein, die er drei Jahre später in *Das Wäldchen 125* auf das Jahr 1918 zurückdatieren wird. Dort klagt er das »Herausarbeiten der seelischen Geschichte des Krieges« ein, das »von dem gebildeten Soldaten oder dem soldatisch empfindenden Gebildeten vorgenommen werden müßte« (W 1925, 167) – und natürlich von Jünger zum Zeitpunkt der Formulierung dieser Forderung schon durchgeführt wurde. Dieser Passus verdeutlicht auch eine Differenz innerhalb des Frontsoldatentums: Jünger, der sich in *Der Kampf als inneres Erlebnis* durchaus als kultivierter Europäer präsentiert, würde sich selbst kaum den »Landsknechten« als einem historisch spezifischen Soldatentypus des Ersten Weltkriegs zuordnen (SW7, 56). Für ihn bringt das freilich ein Problem mit sich (Müller 1986, 249f.). Denn wenn der Landsknecht das Elementarereignis des Kriegs praktisch auslebt: Kann diese Interpretationsrichtung dann für Jünger nicht nur mit Abstrichen ein Deutungsangebot für den Krieg abgeben? Die Unerzählbarkeit des Krieges – von Walter Benjamin als Gelenkstelle in der Geschichte des Erzählens gedeutet (Benjamin 1991a, 214) – wird jedenfalls durch den Entwurf einer »soldatischen« Autorschaft nicht zuletzt zur Selbstautorisierung in dem Sinne, dass nur ein durchs Kriegserlebnis hindurchgegangener Autor zur literarischen Verarbeitung des Krieges in der Lage sei (vgl. z.B. SW7, 94f.).

In einer gekürzten Stelle der Erstausgabe hatte Jünger noch ein poetologisches Programm formuliert:

Nicht das andere Erleben und nicht der kalte Verstand bezeichnen den Dichter, sondern das Herz, das zwischen allen Begeisterungen und Torheiten seiner Zeit im Strome treibend, unter den Strudeln und Wirbeln des Geschehens die göttliche Kraft errät und durch seine Kunst sich selbst und die Namenlosen ringsum erlöst. Verständnis ist alles. Künstler sein heißt alle Kräfte der Zeit bejahend umfassen, die Sonne der großen Liebe in sich tragen, die alles bescheint. Noch ist die Welt eiskalt. – – (Jünger 1922b, 49)

Jüngers intellektuelle Haltung zielt bis Anfang der 1930er Jahre auf die Affirmation des Gegebenen und impliziert jene Metaphysik, die den

Krieg als unumgängliche Notwendigkeit verbucht. Was die Ausführungen zum *Kampf als inneres Erlebnis* von den folgenden Schriften, aber
eigentlich auch von den *Stahlgewittern* unterscheidet, ist der ungebro-
chene Rekurs auf ein immergleiches Urerlebnis. Bereits an der Behandlung des Mensch-Maschine-Verhältnisses, das für Jünger in anderen
Schriften einen historischen Differenzpunkt markiert, lässt sich das sehen, wenn er in einer später gestrichenen Stelle erklärt, der Steinwurf
unterscheide sich nicht wesentlich vom Handgranatenwurf, er sei »im
Grunde dasselbe«: »Die Werkzeuge werden vollkommener, der Mensch
bleibt der alte« (Jünger 1922b, 114f.). Gleichwohl gibt es auch in diesem Text gegenläufige Positionen, und man könnte – zumal vor dem
Hintergrund der medienhistorischen Analyse – sagen, dass der neue
Stand der Technik in die Darstellung selbst eingegangen sei, und zwar
deutlicher, als in anderen, dieses Phänomen als Gegenstand explizit be-
handelnden Schriften. Immerhin historisiert Jünger auch in *Der Kampf
als inneres Erlebnis* ansatzweise das literarische Verfahren der »befreiten
Worte«, wenn er die Sprache der Soldaten behandelt, die zwischen ihnen gewechselten »Wortfetzen, abgerissen wie die kurzen Hiebe der
draußen zerschellenden Geschosse« (SW7, 31, vgl. auch SW7, 58).

Das »innere Erlebnis« hat somit zweierlei Dimensionen: Auf der einen Seite verweist die Bilderflut im »Hirn« des Soldaten auf die Überforderung der Sinne und die maschinale Fremdbestimmung bzw. auf
den »Krieg als äußeres Erlebnis«, wie Jünger einen Beitrag zur *Standarte*
überschreibt (Jünger 1925b). Auf der anderen Seite wendet Jünger diese
Form der Innerlichkeit gerade gegen eine »materialistische« Interpretation des Kriegs – »dieser Krieg wird uns verinnerlichen« (Jünger 1922b,
82). Die Unpersönlichkeit der kriegerischen Mächte ist zwar »so gewal-
tig, daß der Mensch fast ganz davor verschwindet«, aber gerade von jener Zuspitzung aus kehrt Jünger wieder zurück: »Und doch: hinter allem steckt der Mensch. Er gibt den Maschinen erst Richtung und Sinn«
(SW7, 102). Die Vermittlung jenes »Dennoch« kann als argumentatives
Zentrum von *Der Kampf als inneres Erlebnis* gelten, wobei Jünger durchaus Schwierigkeiten hat, eine konsistente Deutung des Kriegs zu entfalten (Müller 1986, 235ff.). Allerdings bereitet es im Kriegsdiskurs der
1920er Jahre offensichtlich keine sonderlichen Probleme, die Umwertung aller Werte der Individualität und des Heroismus durch die Materialschlacht anzuerkennen und zugleich neue Formen der Selbststeigerung ins Spiel zu bringen, wie oben im Zusammenhang mit den
Stahlgewittern gezeigt wurde (vgl. z.B. Ausbildungsvorschrift 1922, 9,
auch 27ff.; Beltran-Vidal 1996a). Das »innere Erlebnis« ist für Jünger
jedenfalls das Gegenstück zur Fremdbestimmung. Die Konzentration
darauf macht das äußere Geschehen irrelevant bzw. dreht das Beeinflus-
sungsverhältnis um: »Der Krieg, aller Dinge Vater, ist auch der unsere;

er hat uns gehämmert, gemeißelt und gehärtet zu dem, was wir sind. [...] Und ist er in uns, so ist er überall, denn wir formen die Welt, nicht anders, Anschauende im schöpferischen Sinne« (SW7, 11f.) – zwei vergleichbare Stellen wurden von Jünger im übrigen gestrichen (Jünger 1922b, 89, 111 i. U. zu SW7, 84, 99). Der Krieg, der den Menschen »formt«, sei nämlich selbst nur »ein Spiegelbild der menschlichen Seele« (SW7, 43). Auf diese Weise macht Jünger den »Kampf als inneres Erlebnis« als Pendant zur distanzierten Überschau kenntlich, als Rückseite der Sinngebung von außen.

Der Krieg wird in Jüngers Perspektive zu einem ubiquitären Phänomen, gleichsam zu einer Anschauungsform. Analog zur Interpretation des »inneren Erlebnisses« legt Jünger auch hier eine verwickelte Argumentation vor: Zunächst ist der Krieg die Form des menschlichen Lebens; dann fungiert er als Gegenbild zivilisatorischer Verfeinerung; und schließlich findet sich im Kriegsgeschehen noch einmal diese Differenz, etwa als nervenaufreibender Bedrohungszustand im Graben und als erlösender, Urerlebnisse evozierender Blutrausch beim Sturmangriff. Interessanterweise bettet Jünger seine vitalistische Kriegsmetaphysik (Dirlam 1987, 45ff.) bereits hier in den Kontext einer Zivilisationstheorie ein und gibt ihr ein psychologisches Fundament. Der Krieg steht in diesem Kontext als Phänomen für das ›Einfache‹ und damit als Gegenbild zum »verästelt[en]« modernen Leben, das von Jünger an verschiedenen Stellen andeutungsweise im Rahmen der zeitgenössischen Soziologie als Differenzierungs- und Rationalisierungsphänomen gedeutet wird: Die Konglomeration von Menschen bedingt Funktionsteilung, diese differenziert »Bedürfnisse« aus, die wiederum als »Fessel« fungieren (Sieferle 1995, 140) – später ersetzt Jünger diesen Passus durch die Vision einer gleichförmigen, mächtigen Masse (Jünger 1922b, 115; SW7, 102f.). Diese zivilisatorische Selbstbeschränkung wird als bloßer Firnis entlarvt, etwa durch Gefühle der Langeweile und des Ekels beim Gang durch den »Trubel unserer Städte« oder beim Betrachten moderner Kunst, jener »künstlichen Gehirnekstasen«: »Zuweilen groteske Gedankenunzucht, Unfruchtbarkeit, zynische Tertiärerscheinungen und das Irrenhaus zum Schluß« (Jünger 1922b, 115).

Daß Jünger hier – selbst sprachlich – von den Kompetenzen profitiert, die er kritisiert, ist offensichtlich. So schreibt Jünger auch: »Mit der geschärften Witterung des Großstädters durchschreite ich den Trubel, während das Hirn leicht und präzise die Überfülle wechselnder Bilder zerschrotet« (SW7, 66). Diese urbane Reizbarkeit, wie sie etwa in der Großstadtsoziologie Georg Simmels theoretisch entfaltet wurde (Simmel 1995), hat einerseits selbst kriegerische Qualitäten, so wie auch die Nervosität des Städters sich mit der Nervosität des Soldaten unter vergleichbar diffusen Bedrohungsverhältnissen entwickelt hat. Andererseits

ermöglicht die Stadt die Erfahrung des »Lebens« gerade im »Kontrast«
zur Kriegserfahrung, und das zumal im in Mythen der Männlichkeit
schwelgenden Blick auf den »Eros« – der »Wirbel der Liebe« erlöst den
Soldaten vom »Ich« (SW7, 36). Der Krieg hingegen schmilzt auf verschiedene Weisen »seine (des »wahre[n] Mensch[en]«, S. M.) Zersplitte-
rung wieder zusammen in wenige Urtriebe von gewaltiger Stärke«, und
zwar im »Körper des Volkes«, dem »Heer« (Jünger 1922b, 116). Die
von Jünger ventilierten Ganzheitsphantasmen gehen aus der Ästhetisierung des Kriegs hervor, so dass – wie in *Feuer und Blut* (s. Kap. II.1.2)
– der Krieg selbst Qualitäten eines Kunstwerks bekommt. Auf groteske
Weise adaptiert Jünger beispielsweise den klassizistischen Topos vom In-
Sich-Vollendeten: Die mordbrennenden Hunnen – seit Wilhelms II.
berüchtigter Rede zum Boxeraufstand als Schimpfname der Deutschen
etabliert – handeln demnach, »wie es ihrem Wesen entsprach«, sie waren
»ebenso geschlossen und rund in ihrer Erscheinung wie die Hellenen in
der ihren [...]. Sie waren vollendet in sich« (SW7, 55). Auf jeden Fall
kann Jünger die traditionelle Technik- und Zivilisationskritik auf diese
Weise hinter sich lassen (Sieferle 1995, 142).

    Jüngers unscharfe Begriffe von ›Blut‹ (Pekar 1991, 82ff.) oder ›Mut‹
spielen darauf ebenso an wie der Begriff der ›Rasse‹. Im Rahmen dieses
Konzepts gilt: Wer ›Rasse‹ habe, seinem ›Blut‹ gemäß handle und den
›Mut‹ zur Bejahung des Gegebenen aufbringe, für den sei Pazifismus nur
schöner Schein, der Krieg eine historische Notwendigkeit, für den sei
Demokratie ein Wunschtraum, die autoritäre Staatsform die einzig angemessene. Der Krieg entfesselt demzufolge lediglich die zivilisatorisch
nie wirklich zu bändigende Natur des Menschen. »[...] unter immer
glänzender polierter Schale, unter allen Gewändern, mit denen wir uns
wie Zauberkünstler behängten, blieben wir nackt und roh wie die Menschen des Waldes und der Steppe« (SW7, 12). Jüngers Metaphysik inszeniert einen unbestechlichen Blick auf die Geschehnisse und bewegt
sich damit im Medium eines zeittypischen dezisionistischen Denkstils
(Krockow 1990). Ihr Pathos ist das der Nüchternheit, ihr Argument das
historische So-Sein. Jünger versucht, sich einen rhetorischen Vorsprung
vor kritischen Theorien zu sichern, die er als utopische, wirklichkeitsfer-
ne Verklärung des gewaltförmigen Geschichtsverlaufs denunziert. Dieser
Fatalismus entspringt im übrigen – der eigenen Bestimmung nach –
dem aus der Teilnehmerperspektive unsinnigen und unkontrollierbaren
Eindruck im Bombardement. Überleben und Sterben wird hier zum
Zufall, mit dem man sich abzufinden hat (SW7, 75). Moralische Qua-
lifikationen jenseits der normativen Kraft des Faktischen versucht diese
durch den Krieg selbst hervorgebrachte Metaphysik des Kriegs auszuschalten, weswegen auch die Tat an sich entscheidend ist, so dass der
»Kampf« die Sache »[ ]heiligt«, als wie irrtümlich auch immer sie sich

herausstellen mag (SW7, 49). In der Vorlage, Nietzsches *Also sprach Zarathustra*, wurde noch verkündet: »der gute Krieg ist es, der jede Sache heiliget« (Nietzsche 1993, 59) – an späterer Stelle im Werk zitiert Jünger den Passus vollständig (SW8, 564). Aufgrund dieser Kriegsmetaphysik wird von Jünger auch keine Nation vor einer anderen ausgezeichnet, solange sie überhaupt als Nation kenntlich wird, zum Kampf antritt und damit Lebenssteigerung in seinem Sinn ermöglicht (SW7, 62).

Die Theorie vom Ausbruch des »Tiers« oder des »Urmenschen«, die im durchrationalisierten Leben der Moderne unterdrückt werden, hat – z.B. in Nietzsche (Woods 1982, 73ff.) und Spengler – ihre Vordenker ebenso wie die apokalyptische Deutung des Kriegs oder jenes seltsame Ineins von Regression ins Urtümliche und Faszination durch die Moderne, das man etwa bei Gottfried Benn findet – mit ihm tritt Jünger 1949, direkt auf die Zeit der Weimarer Republik bezugnehmend, in Kontakt, nun u a im Kontext der Drogenexperimente (SW11, 365ff.; Bense 1950; Benn 1955; Kaiser 1962; Müller 1986, 237ff.; Ridley 1982; Paul 1985; Ipema 1993; Vom Schreiben 1996, 102; Gottfried Benn 1987, 328ff.; Lethen 1997; Neaman 1999, 89ff.). Sigmund Freud hatte bereits 1915 in »Zeitgemäßes über Krieg und Tod« nach einer Erklärung für den Enthusiasmus zu Beginn des Ersten Weltkriegs gesucht. Er bestimmt ›Kultur‹ als Produkt von Triebregulierung und Verzicht auf Befriedigung elementarer Bedürfnisse, wodurch die Bereitschaft zu durchbruchartiger Triebbefriedigung steige. Der Krieg ermögliche, sich dem »Druck der Kultur« zu entziehen. Wie Jünger zeichnet Freud das Bild eines verarmten Lebens, dem das herausfordernde Gegenbild des Todes fehlt und das erst durch den »höchste[n] Einsatz« in den »Lebensspielen« wieder – wie im Krieg eben – »interessant« werde; und wie Jünger bestimmt Freud die »Mordlust« als ein durch Abstammungsverhältnisse »im Blut« vererbten Teil der Menschennatur. Das Unbewusste verhalte sich wie der »Urmensch« zum Tod. Resümierend stellt Freud fest: Der Krieg »streift uns die späteren Kulturauflagerungen ab und lässt den Urmenschen in uns wieder zum Vorschein kommen«, er macht insofern »das Leben wieder erträglicher« (Freud 1997, 160f.; Prümm 1974, 145ff., 158; Meyer 1993, 75ff.). Um es in äußerster Zuspitzung mit Jünger zu formulieren: »Leben heißt töten«. Das vorausgesetzt, markiert der Erste Weltkrieg nur eine Variante des immergleichen historischen Geschehens und endet auch nicht mit der Kapitulation: »Dieser Krieg ist nicht das Ende, sondern der Auftakt der Gewalt« (SW7, 42, 73). In diesem Zusammenhang verdient freilich eine Passage hervorgehoben zu werden, in der Jünger von der Kanalisierung der »tierischen Gewalten« in einer utopisch fernen Zeit träumt, für die der Krieg nur ein Durchgangsstadium ist (Jünger 1922b, 96). Jünger hat diese Passage später gekürzt, und unterm Strich bleibt eine perverse

Art von kriegerischem Humanismus stehen: »Daß man Menschen tötet, das ist ja nichts, sterben müssen sie doch einmal, aber man darf sie nicht leugnen« (SW7, 62).

2.2 Jüngers Publizistik im Rahmen des ›Neuen Nationalismus‹

Jüngers nationalrevolutionäre Karriere

Der ›Neue Nationalismus‹ ist kein klar umrissener Begriff. Das liegt weniger an den vorliegenden Forschungsbeiträgen, die zu detaillierten und in vielem übereinstimmenden Ergebnissen kommen (z.B. Schwarz 1962; Bastian 1963; Prümm 1974; Hietala 1975; Liebchen 1977; Dempewolf 1992), als vielmehr am Zuschnitt der nationalistischen Selbstdefinition. Weder lassen sich die internen Strukturen innerhalb der verschiedenen nationalistischen Positionen wirklich trennscharf bestimmen, noch die Beziehung zum übergreifenden Konzept der ›Konservativen Revolution‹. Obgleich Jünger bereits seit 1920 kleinere Beiträge vor allem zu Militär-Blättern beisteuert und seit 1923, als er sich kurzzeitig als Vertreter des Freikorps Roßbach in Sachsen engagiert (SW3, 607f.; Käfer 1999, 127ff.), mit einigen nationalistischen Beiträgen an die Öffentlichkeit tritt, ist der Anfang seiner publizistischen Karriere 1925 anzusetzen: Sie beginnt mit Artikeln in der *Standarte*, der *Sonderbeilage des Stahlhelm*. Das Blatt dient dem Frontsoldatenbund Stahlhelm als Organ und hat eine Auflage von über 150 000 Exemplaren. Im April 1926 verselbständigt sich die für ihr Mutterblatt zu radikal gewordene *Standarte* als *Wochenschrift des neuen Nationalismus* unter der Herausgeberschaft von Helmut Franke, Franz Schauwecker, Wilhelm Kleinau und Ernst Jünger, die Auflage beträgt nun nur noch etwa 2000 Exemplare. Nach einem Artikel Hans Hansens, der die Mörder Rathenaus und Erzbergers als »Nationalistische Märtyrer« feiert, wird die *Standarte* kurzfristig verboten, und auch die Bundeszeitschrift *Stahlhelm* gerät ins Visier der Behörden. Jünger scheidet im Streit um den vom Stahlhelm-Führer Franz Seldte eingeschlagenen Legalitätskurs gemeinsam mit Helmut Franke aus dem Herausgebergremium. Der Streit mit dem Stahlhelm und die mehr oder weniger kurzfristigen Anschlussprojekte, die insgesamt gemessen an ihrem Anspruch erfolglos geblieben sind, erklären nicht zuletzt Jüngers allmähliche Etablierung seines Selbstbildes vom distanzierten Beobachter (Müller 1986, 277ff.).

Von November 1926 bis Mai 1927 gibt Jünger mit Franke und Wilhelm Weiß als »Neue Standarte« den *Arminius* heraus, eine *Kampfschrift für Nationalismus*, finanziert von Hermann Erhardt (genannt ›Kapitän Erhardt‹), der in die Rathenau- und Erzberger-Morde verwickelt war. Gleich in seinem ersten Artikel als Herausgeber rechnet Jünger dort mit dem *Stahlhelm* unter dem Titel »Der Nationalismus der Tat« ab (Jünger 1926c) und kommentiert auch weiterhin die Äußerungen der ehemaligen Mitstreiter (z.B. Jünger 1926d). Der Streit führt schließlich zu einigen Klarstellungen in einer Anzeige Franz Seldtes im *Arminius*: dass nämlich die »Neue Standarte« nichts mit der alten zu tun habe, dass Franke aus finanziellen Gründen bereits vor dem Verbot der *Standarte* gekündigt worden sei und dass per gerichtlicher Verfügung den Herausgebern des *Arminius* verboten worden sei, weiterhin den Titel »Standarte« zu nutzen (*Arminius* 8, H.2, 9.1.1927, S. 15f.).

Auch die Koalition der *Arminius*-Herausgeber zerbricht – Erhardt gibt ebenfalls die Parole »Hinein in den Staat!« aus. Jünger wird nun gemeinsam mit Werner Lass Herausgeber zunächst von *Der Vormarsch. Blätter der nationalistischen Jugend* (Oktober 1927 – März 1928), einer ebenfalls von Erhardt geförderten Zeitschrift, dann von *Die Kommenden. Überbündische Wochenschrift deutscher Jugend* (Januar 1930 – Juni 1931). Rund die Hälfte der insgesamt über 140 Artikel erscheint verstreut in verschiedenen Blättern, vor allem nationalistischer Ausrichtung, wobei *Der Widerstand*, die Zeitschrift von Jüngers Freund Ernst Niekisch, einen besonderen Stellenwert einnimmt. Insgesamt versucht Jünger mit seinen Beiträgen weitgehend erfolglos, ein breites Publikum zu bedienen. Zu den Zielgruppen gehören vor allem die Arbeiterschaft, die zum Mythos erhobene »Jugend« und – etwa durch die Solidarisierung mit der »Landvolkbewegung« – die Landbevölkerung (Die Schleife 1955, 146f.; Schwarz 1962, 101, 104; Bastian 1963, 27ff.; Hietala 1975, 27, 38ff., 110ff.; Woods 1982, 102ff.; Dirlam 1987, 30ff.; Dietka 1994, 37ff.; Breuer 1995, 155f.; Merlio 1995, 77f.; Nevin 1996, 86ff.). Ende der 1920er Jahre wird Jünger dann – was ihm Kritik aus dem rechten Lager einbringt – für seine politischen Gegner als Gesprächspartner mit dem *Tagebuch*-Artikel »»Nationalismus« und Nationalismus« salonfähig. Tatsächlich beachten und diskutieren alle Seiten »Die totale Mobilmachung« und *Der Arbeiter* (II.2.3 u. II.5; Liebchen 1977, 201ff., 276ff.). Gleichwohl zieht Jünger sich allmählich aus dem publizistischen Betrieb zurück. Die zeitliche Verteilung der Artikelmengen verdeutlicht diese Karrierekurve: In der Zeit von 1925 bis 1930 erscheinen jährlich 20 bis 30 Artikel pro Jahr (mit Ausnahme der lediglich 11 Artikel von 1928), wohingegen Jünger zuvor und danach nicht mehr als 5 Artikel im Jahr veröffentlicht (Reimann/Haßel 1995, 62).

Um Jünger bildet sich in den 1920er Jahren ein Zirkel, der ihm mehr oder weniger von Zeitschrift zu Zeitschrift folgt. 1929 nennt das liberale *Tagebuch* Jünger den »unbestrittenen geistigen Führer[ ]« des »jungen Nationalismus« – freilich fügt der Herausgeber auch hinzu, dass Jünger eine nur wenigen überhaupt bekannte Größe sei (Jünger 1929b, 1552). Nach eigenen Angaben gehörten zum engsten Kreis sein Bruder

Friedrich Georg, der die politische Ausrichtung Ernst Jüngers maßgeblich beeinflusste (Fröschle 1999, 75f.), Helmut Franke, Albrecht Erich Günther, Friedrich Wilhelm Heinz, Friedrich Hielscher, Werner Lass, Hartmut Plaas, Ernst von Salomon, Franz Schauwecker und Ernst Niekisch, um den sich jedoch eine eigenständige Gruppe bildete. Freilich schreiben Jüngers Nationalisten auch in anderen Blättern, etwa für Moeller van den Bruck, so dass die Abgrenzung wiederum nicht eindeutig ist. Daß einige der publizistischen Weggefährten Jüngers sich den Nationalsozialisten anschließen (etwa Arnolt Bronnen, Ernst von Salomon oder Franz Schauwecker) oder Ansätze zur Opposition im Rahmen des von Jünger radikal abgelehnten parlamentarischen Systems entwikkeln, zeigt Übergänge zwischen den Gruppierungen.

Leitbegriffe

Besonders kompliziert sind die Beziehungen der Nationalrevolutionäre zum linken Extremismus: Natürlich wenden sich die Neuen Nationalisten gegen den Marxismus, dessen Materialismus sie den ›Geist‹ konfrontieren und demgegenüber sie die ›Arbeit‹ als eine ›sittliche Tat‹ konzipieren. Dennoch ergeben sich aus der Fixierung auf die Arbeit wie auch über die Revolutionsideologie bzw. die revolutionäre Naherwartung einige Gemeinsamkeiten. Unterschiede bestehen in einer eher affektiven Ablehnung des Kapitalismus auf Seiten der Nationalisten und der ökonomisch fundierten Argumentation der Linken. Die durch Spenglers *Preußentum und Sozialismus* (1919) inspirierte Idee des »Kriegssozialismus« steht dabei unter anderem im Hintergrund von Jüngers Konzept des »Arbeiters« (Merlio 1996a, 664ff.; Merlio 1996b, 48ff.). Die Verbindung von nationalistischen und sozialistischen Elementen wiederum unterscheidet die Neuen Nationalisten z.B. von den Jungvölkischen oder den Jungkonservativen. Schließlich verbindet eine mehr oder weniger diffuse Sympathie für den ›Osten‹ die Nationalrevolutionäre mit dem Nationalbolschewismus, der sich von der marxistischen Position durch die Betonung des staatlichen und nationalen Moments und vom Neonationalismus durch das Festhalten an der Idee des Klassenkampfs abgrenzt (Schwarz 1962, 76f.; Bastian 1963, 72ff.; Prümm 1974, 53ff.; Hietala 1975, 29ff., 87ff., 150ff.; Reimann/Haßel 1995, 23f.; Werth 1997). Jünger jedenfalls spielt auch hier mit den Bezügen, wenn er sich beispielsweise provokativ auf Karl Marx beruft. Für ihn sind die Zurechnungen ›links‹ und ›rechts‹ obsolet geworden (Jünger 1927h, 74; Jünger 1929b, 1556). Jüngers Zusage für einen Teilabdruck aus *Feuer und Blut* beim Internationalen Arbeiter-Verlag sorgte für entsprechende Irritationen in der Rechten (Kunicki 1993, 333; Diesener/Kunicki 1994, 1087). Bei den linken Feinden der Weimarer Re-

publik, so erklärt Jünger im Vorwort zu *Der Kampf um das Reich*
(1929), sei ein »positiver und kriegerischer Wille zur Macht nicht zu
verkennen«, und das sei »zu begrüßen« (Jünger [1929c], 7).

Tatsächlich wird Jünger auch von der Linken umworben, Anfang der
1930er Jahre etwa von Karl Radek im Auftrag der Moskauer Volkskom-
missare (Schwilk 1999b, 31), und Johannes R. Becher scheint bei aller
klaren Kritik an Jünger eine Zusammenarbeit nicht für abwegig gehalten zu haben, jedenfalls wendet er sich am 23. Oktober 1943 von Mos-
kau aus mit einem versöhnenden Radioaufruf zur »Totalen Mobilmachung des Geistes« direkt an den Kontrahenten früherer Tage, der davon
allerdings erst sehr viel später hört (SV5, 114; Kunicki 1993, 335,
337ff.; Diesener/Kunicki 1994; Dwars 1998, 247ff.). Unter Einebnung
aller politischen Differenzen lässt sich im Blick auf das »kollektive Un-
bewußte« der Weimarer Republik eine gemeinsame Basis revolutionärer
Antibürgerlichkeit von politisch so gegensätzlichen Autoren wie Bertolt
Brecht und Ernst Jünger entdecken, die mit kühl registrierendem Blick
in der Gedankenfigur der Apokalypse den Untergang der Weimarer Gesellschaft und die »rituale[ ] Opferung des Individuums« als Grundlage
eines Neuanfangs begriffen haben (Lethen 1983/84; Roberts 1986).
Selbst bei radikalen Gegenpositionen wie derjenigen Georg Lukács' (mit
dessen Position Jünger im übrigen vertraut war) lassen sich »Über-
schneidungen diskursiver Felder« feststellen (Jung 1996; Jünger 1983,
149); und auch zwischen Jünger und Klaus Mann bestehen bei entsprechender analytischer Grobeinstellung Berührungspunkte, etwa in der
dandyhaft-ästhetischen Einschätzung des Politischen, wobei Klaus
Mann nicht zuletzt für die kritische Einstellung seines Vaters Thomas
Mann verantwortlich gewesen sein dürfte, der es nur einmal direkt mit
Jünger zu tun bekam: Bei der »Deutschen Ansprache« von 1930, bei der
der Nobelpreisträger sein ganzes Prestige in einem »Apell an die Vernunft« legte, traten Ernst und Friedrich Georg Jünger in Begleitung
Arnolt Bronnens und anderer nationalistischer Schriftsteller (ungewollt
unterstützt von einem mit geliehenen Fracks verkleideten SA-Trupp) als
Krawallmacher auf (Bronnen 1954, 249ff.; Kerker 1989; Bluhm 1996;
Rupprecht 1995, 165, 180ff.; Rupprecht 1996).

Wenngleich in den nationalrevolutionären Schriften Jüngers die zeitgenössischen Einflüsse auf der Hand zu liegen scheinen, lassen sie sich
doch im Detail oder auf einer Ebene persönlicher Verbindungen nicht
immer festmachen. Vielmehr entwickeln sich die Konzepte – wie bereits
im Falle der Weltkriegsschriften (Bohrer 1978, 75ff.) – im Medium einer schwer zu entwirrenden weltanschaulichen Gemengelage: Aus einer
nietzscheanisch inspirierten Lebensphilosophie übernimmt Jünger den
Gedanken des »Willens zur Macht«, wobei bezeichnenderweise Nietzsches Schriften nie in toto, sondern immer nur in Auswahl auf den na-

tionalistischen Lektüreempfehlungen zu finden sind. Auf Bergsons Konzept des »élan vital« verweist die Faszination durch »Kraft« und »Tat«, und vom französischen Nationalismus eines Maurice Barrès, auf den er sich später explizit beruft, entleiht Jünger möglicherweise Elemente der Blut-Mythologie, Elite-Konzepte oder Modelle einer autoritären Staatsgliederung. Man kann Programmpunkte des italienischen Faschismus oder vermittelte Elemente von Georges Sorels Theorie der Gewalt entdecken, die ebenfalls das soziale Moment an der Gewalt ausblendet (Schemme 1952, 18ff.; Schwarz 1962, 76ff.; Hietala 1975, 65ff.; Bohrer 1978, 297ff.; Woods 1982, 113ff.; Weißmann 1995; Syndram 1995; Pütz 1996; Olivier 1998; Wilczek 1999). Als wichtiger, ebenfalls von Jünger selbst ins Spiel gebrachter Anreger dient Oswald Spengler, mit dem Jünger kurzzeitig in brieflichen Kontakt tritt (SV5, 165). Vorbildlich ist für Jüngers eklektizistische Materialverwertung jedoch weniger das Ergebnis von Spenglers Analysen, sondern vielmehr dessen »Zugriff«, die »Art der geistigen Perlfädelei« und die »Melodie des Analogen, die sich in fast jedem Satz wiederholt«, wie er seinem Bruder Friedrich Georg 1922 schreibt (Schwilk 1988, 91; s. Kap. II.5). Spenglers »kontemplativer Pessimismus« und Jüngers »revolutionärer Aktivismus« kommen zwar im affirmativen Charakter ihres Programms überein: beide votieren dafür, die Normativität des Faktischen umstandslos zu akzeptieren, und nehmen für sich die entsprechende Stilhaltung des neutralen, regungslosen Beobachters in Anspruch. Aber in der Wertung der Zeitläufte unterscheiden sie sich (Sieferle 1995, 142f.; Merlio 1996a u. 1996b; s. Kap. II.5). Ingesamt steht Jünger auf diese Weise in der Tradition eines »militanten Modernismus« (Brenneke 1992).

Der Neue Nationalismus bietet jedenfalls zum einen durch seine Ableitung aus dem Krieg den idealen Hintergrund für Jüngers Militarisierung des Zivillebens in der Nachkriegszeit durch das Konzept der »Totalen Mobilmachung« (s. Kap. II.2.3). Zum zweiten gibt es ein gemeinsames großes Feindbild: die Weimarer Republik. Im Zusammenhang damit fallen dann weitere Gegenbegriffe wie – um nur eine Aufzählung zu zitieren – »der späte Liberalismus, der Parlamentarismus, die Demokratie als Herrschaft der Zahl, ein geistiges Franzosentum und ein Europäertum, dessen Metaphysik die des Speisewagens ist, ein Amerikanismus mit der Gleichsetzung von Fortschritt und Komfort, eine östliche Orientierung unter dem Gesichtswinkel der inneren Politik« (Jünger [1929c], 9) – die ganze Palette rechter Schreckgespenster eben. Gleichwohl ist der Neue Nationalismus in Teilen entgegen der regressiven Blut-und-Boden-Terminologie ein Nationalismus unter den Bedingungen der Moderne. Das gilt generell für die »Konservative Revolution«, die sich hierin vom »Konservatismus« unterscheidet, und das gilt insbesondere für die Position Jüngers, der daher mit gutem Grund auch

vom »modernen Nationalismus« spricht und erklärt: »[...] wer im Lande
selbst nicht das technische Arsenal hinter sich hat, durch dessen Beherrschung die Transporte rollen oder nicht rollen, die Aufrufe gedruckt
werden und überhaupt jedes Wollen auf die Wirklichkeit unseres Raumes und unserer Zeit übertragen wird, der hat verloren von vorneher-
ein« (Jünger 1925d; Prümm 1974, 376f.; Herf 1984, 78ff.; Segeberg
1993, 329ff.; Herzinger 1994, 74f., 79f.; Breuer 1995, 9ff.; Merlio
1995, 73ff.). Charakteristisch für seine Position sind die Artikel, die er
zu dem von ihm herausgegebenen Band *Das Antlitz des Weltkrieges*
(1930) beisteuert: neben »Stoßtrupps« (zur Umstellung der Kampftaktik
an der Westfront), »Der letzte Akt« (über die Vernichtung einer Armee-
einheit) sowie »Das große Bild des Krieges« (zur umfassenden historischen Situierung des Ersten Weltkriegs im Sinne der »Totalen Mobilmachung«; s. Kap. II.2.3) die beiden Beiträge »Krieg und Technik« sowie
»Krieg und Lichtbild« (Jünger verantwortet auch die Auswahl der reichhaltigen Bebilderung des Bandes mit Fotografien) (Jünger 1930a, 9ff.,
93ff., 105ff., 222ff., 238ff.).
    Einer der aufschlussreichsten Beiträge ist in dieser Hinsicht Jüngers
1927 im *Arminius* veröffentlichter Aufsatz über »Nationalismus und
modernes Leben«. Der Aufsatz nimmt zwar eine konservative Warte ein,
wie sie die Polemik gegen das »Zweck«-Denken und die stilistischen
Züge einer »altertümelnden protestantischen Hausandachtsprosa« (Mörchen 1973, 90) deutlich markieren. Entsprechend fordert er in der
Wendung gegen die Beschleunigung des »modernen Lebens« zur »Besinnung« auf. Zugleich aber richtet Jünger sich dagegen, »uns vom modernen Leben als einem rein mechanischen Vorgang innerlich abzuschlie-
ßen«. Anstelle dieser Abkehr von der Moderne fordert Jünger eine
doppelte Optik, die »Tiefe und Oberfläche, Werdendes und Geworde-
nes zugleich« erfasst: Das versteht Jünger unter »magischem Realismus«
(Jünger 1927c, 5; s. Kap. II.4). In diesem Konzept wird in lebensphilo-
sophischer Manier der urbane Betrieb zu einem ebensolchen »Gleichnis«
des »Lebens«, zu einem Phänomen tieferliegender »Kräfte«, wie der
Krieg, den Jünger erneut als Ursprung dieser Sichtweise feiert. Zugleich
formuliert Jünger eine der grundlegenden kulturhistorischen Überlegungen des *Arbeiters* in diesem Zusammenhang, nämlich die durchgehende Arbeits- bzw. Militärförmigkeit der Massenkultur, sei es auf dem
Sportplatz, beim Tanz oder auf dem Arbeitsweg.
    Was versteht Jünger nun also unter ›Nation‹ und unter ›Nationalis-
mus‹ (Bräcklein 1965, 14ff.; Seferens 1998, 141ff.)? Nationalismus
könnte man grundlegend als Position beschreiben, für die die Entscheidung für etwas Nationales im Zentrum steht – ob das nun Franzosen,
Engländer oder Deutsche tun, ist für Jünger gleichgültig, und ebenso
gleichgültig scheint zu sein, was eigentlich das jeweils »Nationale« aus-

macht, solange es mit einer demokratiefeindlichen Grundeinstellung vereinbar ist. In dem Artikel »Das Sonderrecht des Nationalismus« verabschiedet Jünger 1927 im *Arminius* in diesem Sinn alle »allgemeinen Wahrheiten« sowie Konzepte des Allgemeinen überhaupt wie die »Menschenrechte« oder auch die »allgemeine Wehrpflicht«: »Wir glauben vielmehr an ein schärfstes Bedingtsein von Wahrheit, Recht und Moral durch Zeit, Raum und Blut. Wir glauben an den Wert des Besonderen«. Die Ungerechtigkeit des »Lebens« wird zur Leitkategorie erhoben, dessen Erhalt zur obersten Maxime. Im Hintergrund steht selbstverständlich noch immer das Problem des verlorenen Kriegs und die sich daraus ergebende Sinnfrage sowie die entsprechende Frontkämpferideologie: »Wir können zu jedem, auch zu unserem Feinde sagen: ›Sei ganz, der du bist. Handle so, wie es das Schicksal von dir will. So leistest du auch mir, so leistest du der Welt den besten Dienst‹« (Jünger 1927b, 3). Diese Form des Nationalismus zeichnet daher nicht unbedingt eine Nation aus, wie Jünger z.B. im Vorwort zur englischen Ausgabe der *Stahlgewitter* (Jünger 1929a) oder in dem (vermutlich) von ihm unter dem Namen Richard Junior herausgegebenen Band *Das Antlitz des Weltkrieges* mit dem Untertitel »Hier spricht der Feind« (Jünger 1931b) betont. So wie ihm alle Erscheinungen, auch die des »modernen Lebens«, zum Reflex wesentlicher Bewegungen werden, so sind auch die Parteien in einem Krieg nichts weiter als Epiphänomene, ebenso signifikant in ihrer Gegenüberstellung wie unbedeutend in ihrer je spezifischen Beschaffenheit (Seferens 1998, 147ff.).

Die permanent wiederholte formelhafte Bestimmung des vom Nationalismus ersehnten Staates lautet in starken, wenngleich nicht unbedingt klaren Worten: Der neue Staat müsse »national, sozial, wehrhaft und autoritativ« gegliedert sein (z.B. Jünger 1926b, 393). Diese Rhetorik der Entschiedenheit, die kaum für konzeptionelle Transparenz sorgt, gehört zum Programm. In einem Beitrag »Zum Jahreswechsel« in *Der Vormarsch* von 1927 schreibt Jünger: »Das Wort Nationalismus, ein äußerst brauchbares Feldzeichen, um während der chaotischen Jahre des Überganges die eigenartige Kampfstellung einer Generation eindeutig festzulegen, ist keineswegs, wie viele unsere Freunde – und auch unsere Gegner – meinen, der Ausdruck für einen obersten Wert. [...] Dieser Name wurde aus Rücksichten des Kampfes gewählt [...]«« (Reimann/ Haßel 1995, 126; Herzinger 1994, 74ff.). Entsprechend dieser programmatischen Vagheit plädiert Jünger stets vehement gegen eine Festlegung organisatorischer Strukturen. Vielmehr geht es ihm wie Carl Schmitt in seiner Bestimmung des *Begriffs des Politischen* (1927/32) um eine Steigerung des »Intensitätsgrads« von Konfliktkonstellationen und um die Freisetzung nationaler und revolutionärer »Energie« (Schmitt 1933, 21; Hietala 1975, 104; Segeberg 1993, 333). Die durch den po-

litischen Radikalismus destabilisierten demokratischen Strukturen der
Weimarer Republik verhindern für Jünger nur die Anerkennung der tat-
sächlichen historischen Kräfteverhältnisse, wie sie sich ihm zufolge im
Krieg offen ausdrücken.

In seiner Bestimmung der »Grundlagen des Nationalismus«, einer
Sammlung von vier kürzeren Beiträgen im *Stahlhelm-Jahrbuch* von
1927, bringt Jünger diese Dynamisierung der Politik im Sinne einer
Radikalisierung des Standpunktdenkens auf den vorbelasteten Begriff
des ›Bluts‹, der zumal durch Maurice Barrès *Du sang, de la volupté et de
la mort* (1893) im nationalistischen Diskurs Konjunktur hatte (Weißmann 1995, 133): Nachdem Jünger hier von »Blutsgemeinschaften« ge-
schwärmt hat oder von der »Blutsverbundenheit«, ohne die ein »Volk«
wertlos sei, nachdem er die »Reinheit und Hochzucht des Blutes oder
die Güte seiner Mischung« als Kriterien angeführt, nachdem er also auf
den Pfad des Rassismus geleitet hat, lehnt er erst eine biologistische
Bestimmung von »Blut« als verbindende »Kraft« von Gemeinschaften
ab: »Wir wollen nichts hören von chemischen Reaktionen, von Blutein-
spritzungen, von Schädelformen und arischen Profilen. [...] Die magne-
tische Kraft des Blutes bedarf keiner Merkmale und Erkennungszeichen
materieller Art« (Jünger 1927h, 70f.) – selten dürfte das Bild vom zün-
delnden Provokateur besser gepasst haben. Und wenn Jünger später in
den *Strahlungen* im Blick auf die Frage der Vorläuferschaft und Verantwortlichkeit für die politische Entwicklung hin zum ›Dritten Reich‹ bemerkt, »wenn ein Pulverturm in die Luft fliegt, überschätzt man die
Bedeutung der Streichhölzer« (SW3, 430), dann greift er zwar zum richtigen Bild, zieht daraus aber fragwürdige Konsequenzen.

»Nationalismus und Judenfrage«

Tatsächlich spielt der Reiz- oder Provokationswert von Konzepten und
Vokabeln eine nicht zu unterschätzende Rolle für Jünger. Das gilt insbesondere für die Verwendung des ›Rasse‹-Begriffs in seiner antisemitischen Qualifizierung, denn die Grenzen zwischen einer eindeutig rassistischen und einer ›bloß‹ monistisch-vitalistischen Lebensphilosophie
sind fließend (Lindner 1994, 82f.). Begriffe wie ›Rasse‹ und ›Blut‹ leiten
sich zunächst aus Jüngers Antiintellektualismus ab (Schwarz 1962,
46f.), wobei das Problem für ihn darin besteht, antiintellektuell zu sein,
ohne eine materialistische Position zu beziehen. Ähnlich wie Spengler
polemisiert Jünger, wie oben zitiert, gegen die Bestimmung von »Rasse«
über körperliche Merkmale (Breuer 1995, 88ff.). Die Jünger-Verteidiger
führen in diesem Kontext vor allem biographische Details an, um den
Antisemitismus-Vorwurf zu entkräften: Jüngers Austritt aus seinem Regiment, als dieses während des ›Dritten Reichs‹ jüdische Soldaten aus-

schließt, oder seine Unterstützung verfolgter Juden während der Besatzungszeit in Paris bis hin zur Information der Resistance über die Termine von Deportationen (Paetel 1962, 65; Mühleisen 1986; Schwilk 1988, 305; Kiesel 1997b, 164; Noack 1998, 190; Schwilk 1999b, 32). Die Diskussion um antisemitische Stellungnahmen Jüngers wurde 1993 jedoch noch einmal geführt, nachdem Walter Jens im Zusammenhang mit Tagebuchveröffentlichungen Jüngers in *Sinn und Form* an dessen nie zurückgenommene »extrem antisemitische[n] Äußerungen« in den 1920er Jahren erinnert hatte, und auch 1995, im Jahr von Jüngers 100. Geburtstag, wurden die entsprechenden Äußerungen ins Gedächtnis gerufen (s. Kap. IV.1; Frankfurter Rundschau Nr.35, 11.2.1993, S. 9; Müller 1993; Kiesel 1993; Bullock 1994; Michaelis 1995; Seferens 1998, 55ff.).

Wie auch immer Jünger faktisch gehandelt hat: In seiner nationalistischen Phase greift er Elemente des rassistischen Diskurses auf, dreht sie (wie den »Blut«- und »Rasse«-Begriff) aus dem Biologismus heraus und fügt sie in sein Konzept politischer Radikalisierung ein. Jünger vertritt keinen biologisch, wohl aber einen kulturell argumentierenden Antisemitismus (Staub 2000, 252ff.). In seinem Beitrag »Über Nationalismus und Judenfrage« von 1930 beispielsweise wird einleitend »der Jude« als »Sohn des Liberalismus« vorgestellt, der – aus eigener Unproduktivität – auf Verfolgung geradezu angewiesen sei. Jünger steht damit in einer langen Tradition der Judenfeindschaft aus demokratie- bzw. wirtschaftskritischer Perspektive, wie sie sich in Nietzsches *Streitschrift zur Genealogie der Moral* (1887), in Werner Sombarts Polemik *Die Juden und das Wirtschaftsleben* (1911) oder in Oswald Spenglers *Der Untergang des Abendlandes* (1917/22) findet (Segeberg 1996a, 633).

Der aktuelle Antisemitismus – so Jünger weiter – könne seine Stoßkraft nicht entfalten, weil er sich unreflektiert auf die liberalistische Perspektive einlasse. Diese aber gelte es gerade mit Hilfe des von Jünger propagierten »Gestalt«-Denkens zu unterlaufen. Die entsprechende Tiefensicht konturiere die »neue deutsche Haltung«, der der »Zivilisationsjude« notwendigerweise als »Gegner« erscheine. Schließlich formuliert Jünger:

Die Erkenntnis und Verwirklichung der eigentümlichen deutschen Gestalt scheidet die Gestalt des Juden ebenso sichtbar und deutlich von sich ab, wie das klare und unbewegte Wasser das Öl als eine besondere Schicht sichtbar macht. In dem Augenblick jedoch, in dem der Jude als eine eigentümliche und eigenen Gesetzen unterworfene Macht unverkennbar wird, hört er auf, am Deutschen virulent und damit gefährlich zu sein. [...] Im gleichen Maße jedoch, in dem der deutsche Wille an Schärfe und Gestalt gewinnt, wird für den Juden auch der leiseste Wahn, in Deutschland Deutscher sein zu können, unvollziehbarer werden, und er wird sich vor seiner letzten Alternative sehen, die lautet: in Deutschland entweder Jude zu sein oder nicht zu sein. (Jünger 1930f, 446)

Zunächst einmal entkräftet Jünger damit den (biologistischen) Antisemitismus im Sinne des nationalrevolutionären Konzepts der markanten Selbstpositionierung, und zwar unabhängig von der jeweiligen inhaltlichen Ausfüllung. Im »Schlußwort zu einem Aufsatz« schreibt Jünger entsprechend: »Für den Juden gibt es jedoch nur eine dauerhafte Position, nur einen Tempel Salomonis, und das ist die jüdische Orthodoxie, die ich begrüße, wie ich die wirkliche und ausgesprochene Eigenart eines jeden Volkes begrüßen muß« (Jünger 1930e, 12).

Die eigentliche Pointe bezieht der zitierte Schlusspassus von »Über Nationalismus und Judenfrage« jedoch aus der genauen Reflexion auf den Schlussabschnitt von Richard Wagners Pamphlet *Das Judentum in der Musik* (1850/69), in dem es ebenfalls am Ende – heißt es: »Gemeinschaftlich mit uns Mensch werden, heißt für den Juden aber zu allernächst soviel als: aufhören, Jude zu sein«, womit zugleich der »Untergang« als »Erlösung« von dem auf den Juden lastenden »Fluch« anvisiert wird (Wagner o.J., 85). Genau diese Position verkehrt Jünger, indem er nicht zur Auflösung, sondern gerade zur Ausbildung eines jüdischen Selbstbewusstseins auffordert, was – um es nachdrücklich zu betonen – bei Jünger die Sache nicht besser macht. Das Spiel der Bezüge verkompliziert sich, wenn man die beiden Publikationsorte von Jüngers Beitrag in die Interpretation einbezieht: Wie erwähnt veröffentlicht Jünger seinen Aufsatz in *Die Kommenden*, einer von ihm und Werner Lass herausgegebenen *Überbündischen Wochenschrift der deutschen Jugend*. Er eröffnet damit eine Artikelfolge »Zur Judenfrage«. Der folgende Artikel »Über den Antisemitismus« von Ernst Rohde ist dann ein Beispiel übelsten Rassismus' und fordert ein »Kampfsystem gegen die jüdische Weltgefahr«. In diesem, von Jünger selbst hergestellten Kontext leistet auch er seinen Beitrag zum antisemitischen Diskurs, wie dekonstruktiv auch immer er sich dazu verhält (Segeberg 1996a, 635f.; Neaman 1999, 36f.).

Interessant wäre dabei eine Untersuchung der intertextuellen Bezüge im Kontext der Erstausgabe von »Über Nationalismus und Judenfrage« in den *Süddeutschen Monatsheften* (Jünger 1930b). Unter dem Titel »Die Judenfrage« will die konservative Zeitschrift zum ersten Mal »Juden und Antisemiten« an einen Tisch bringen. Die Artikelfolge beginnt mit einer Demonstration der »verwirrende[n] Vielseitigkeit von Bestrebungen und Meinungen innerhalb des Judentums selbst«, mit Artikeln also der verschiedenen Parteiungen: Der Theologe Ismar Elbogen und Josef Hofmiller, der als Kritiker tätige Mitbegründer der *Monatshefte*, geben eher historisch orientierte Einblicke; Israel Cohen berichtet über »Die zionistische Bewegung« und Gerhard Holdheim über den »Zionismus in

Deutschland«; Eva Reichmann-Jungmann stellt die Position des »Centralvereins deutscher Staatsbürger jüdischen Glaubens« dar und Max Naumann diejenige des von ihm gegründeten militanten, rechtsgerichteten »Verbands nationaldeutscher Juden«; der Rabbiner und Religionswissenschaftler Leo Baeck, führender Vertreter des deutschen Judentums, schließlich fordert dazu auf, die »Religion« wieder in den Mittelpunkt der Diskussion zu stellen; Maria Kaufmann klärt die Beziehung zwischen »Katholizismus und Judentum« und Ernst Moering macht die Unterschiede zwischen »Evangelischer Kirche und völkischer Bewegung« deutlich. Hieran nun schließt Jüngers Beitrag an und eröffnet eine Folge von zwei antisemitischen Pamphleten (des Hitler-Anhängers Ernst Reventlow sowie des vielgelesenen Antisemiten Theodor Fritsch). Darauf wiederum folgen Beiträge zu »Faschismus und Judentum« in Italien von Kurt Konicker und zum »Judentum im Sowjetstaat« von Theodor Seibert, die einen substantiellen Zusammenhang des jeweiligen politischen Systems mit dem Antisemitismus für einen Irrtum erklären. Wo steht Jünger in diesem Spektrum? Liefert er ein »theoretisches Vorspiel zum Holocaust« (Farias 1993) oder nimmt er eine eigentümliche Zwischenstellung ein, die sich weder den Vertretern der jüdischen Emanzipationsbewegungen, noch dem eliminatorischen Rassismus zuordnen lässt?

Jünger und der Nationalsozialismus

Im Kontext der in den 1920er Jahren diskutierten »Judenfrage« ist auch der umstrittene Umgang Jüngers mit dem Nationalsozialismus von Interesse, eine schwer zu entwirrenden Beziehung »zwischen Kritik und Affirmation« (Kiesel 1997b): Während das Verhältnis zu Goebbels immer gespannt gewesen ist, beglaubigt Jünger, der um die Mitte der 1920er Jahre auch den italienischen Faschismus als vorbildlich einordnet (Breuer 1995, 132), im Rückblick die Faszination, die Hitler als Demagoge in der Weimarer Republik auf ihn ausgeübt habe (SW3, 605f., 608ff.). Die zweite im engeren Sinn politische Veröffentlichung Jüngers findet sich 1923 in der *Unterhaltungsbeilage* des *Völkischen Beobachters*, wo er wenige Tage vor Hitlers Münchner Putsch unter dem Titel »Revolution und Idee« die »echte Revolution« verkündet: »[...] ihre Idee ist die völkische, zu bisher nicht gekannter Schärfe geschliffen, ihr Banner das Hakenkreuz, ihre Ausdrucksform die Konzentration des Willens in einem einzigen Punkt [...]« (Jünger 1923; Käfer 1999, 133ff.). 1926 widmet Jünger dann handschriftlich Hitler *Feuer und Blut* (»Dem nationalen Führer Adolf Hitler!«). Zu einer geplanten persönlichen Begegnung kommt es jedoch nicht. Der Briefwechsel zwischen Jünger und Hitler (bzw. Rudolf Heß als Vermittler) ist ein Dokument von großer

Sprödigkeit, ja Banalität. Hitler erwidert die Zueignung des Essaybandes vom 9. Januar 1926, den er – wie die anderen Schriften Jüngers auch – genauer studiert zu haben scheint, erst mehr als viereinhalb Monate später am 27. Mai 1926 mit einem knappen Dankesschreiben und der Zusendung von *Mein Kampf*. Jünger reagiert augenblicklich und schickt am 6. Juni dem »nationalen Führer« die gerade erschienene *Standarte*-Nummer, in der sich sein Aufruf »Schließt Euch zusammen!« befindet. Darauf wiederum antwortet in Stellvertretung Heß am 11. Juni mit der vagen Aussicht auf ein Treffen mit Hitler bei der Durchfahrt durch Leipzig. Zwei weitere Briefe von Heß von 1929 erklären zunächst den antiparlamentarischen Kurs der NSDAP und nachfolgend Hitlers Legalitätspolitik im Blick auf das Verfahren gegen die Landvolkbewegung, worauf Jünger kritisch reagiert hatte (Schwilk 1999a, 1999b). Jünger selbst beschreibt den Sachverhalt in seinen Tagebüchern genau und umstandslos (SW3, 614f.; SW5, 312f.)

Der Mythos von der schützenden Hand Hitlers, die Jünger vor Anfeindungen, zumal infolge des Stauffenberg-Attentats (s. Kap. III.4.2), bewahrt haben soll, bleibt auf Vermutungen gestützt. Bei einem 1986 publik gewordenen Dokument, das das Vorgehen Rudolf Freislers, des Präsidenten des Volksgerichtshofs, gegen Jünger und die Unterdrückung der Untersuchung durch Hitler belegen sollte, handelt es sich vermutlich um eine Fälschung von unbekannter Hand (Mühleisen 1986; Altwegg 1992; Schirrmacher 1992; Jünger 1992b). Für Jünger jedenfalls ist in den 1920er Jahren die revolutionäre Energie Hitlers wichtig, die sich für ihn insbesondere mit dem Münchner Putschversuch verbindet. Genau diese diffuse Energie – bei Anerkennung des Führerprinzips – sieht Jünger jedoch durch die nationalsozialistische Parteiorganisation gefährdet (Jünger 1927g). Die Einladung von Heß, am Nürnberger Reichsparteitag als Ehrengast teilzunehmen, lehnt Jünger ebenso ab wie das von Seiten der NSDAP sowohl 1927 als auch 1933 an ihn herangetragene Angebot eines Reichstagsmandats (Schwilk 1988, 100; Schwilk 1999a, 32). Am 10. September 1929 schreibt er an Bruno von Salomon: »Eine latente und anonyme Anarchie ist unter den gegebenen Verhältnissen wertvoller als die offenen Ausbrüche, die schneller gelöscht werden können. Es ist sehr gut, daß an der Stelle, an der Sie sich befinden, die Gegensätze bereits sichtbar werden, die den Nationalismus in unserem Sinne von der extremen Rechten trennen. Ohne Zweifel wird diese einmal ans Ruder kommen [...]« (Schwilk 1988, 110).

Zusammengefasst sind es also vor allem vier Punkte, die Jünger an der nationalsozialistischen Bewegung auszusetzen hat: die Mitarbeit im parlamentarischen System, die herausgehobene Rolle der ›Masse‹, die fehlenden ›geistigen‹ Grundlagen (was insbesondere vor dem Hintergrund des emphatischen Aktivismus bemerkenswert ist) sowie das biologistische Konzept von ›Rasse‹. In seiner 1929 im *Tagebuch* veröffentlichten Begriffsklärung »›Nationalismus‹ und Nationalismus« betont Jünger beispielsweise, es sei »nicht etwa ein Hauptkennzeichen des Nationalisten, dass er schon zum Frühstück drei Juden verspeist – der Antisemitismus ist für ihn keine Fragestellung wesentlicher Art«. 1934 wird Jünger sich dann in einem gutachterlichen Schreiben an die »Nationalsozialistische Deutsche Arbeiterpartei, Abteilung zur Wahrung der Berufsmoral« über den *Widerstand*-Autor Friedrich Meikenschlager äußern und sich noch einmal gegen die nationalsozialistische Rassentheorie wenden (Jünger/Schmitt 1999, 34f., 498f.). Im selben Jahr macht er diesen Protest in einem Epigramm in *Blätter und Steine* auch öffentlich. Dieser Passus musste in der zweiten Auflage von 1941 auf Anweisung der nationalsozialistischen Machthaber gestrichen werden (s. Kap. III.1).

Im Aufsatz über »›Nationalismus‹ und Nationalismus« kritisiert Jünger weiterhin die Frontstellung von Nationalsozialisten und Kommunisten, wo beide doch ihren gemeinsamen Gegner im Rechtsstaat der Weimarer Republik hätten, und polemisiert gegen Hitlers Einschwenken in die staatliche Verfolgung der Attentäter aus der Landvolkbewegung (Jünger 1929b, 1554, 1556, 1558). Goebbels' Organ *Der Angriff* wehrt sich daraufhin vehement gegen Jüngers Kritik am Nationalsozialismus und mutmaßt, Jünger, der »Renegat[ ]«, wolle sich in seiner »neuen, koscheren Umgebung beliebt« machen – Jünger wünscht der NSDAP zwar kurz darauf den Sieg, beharrt aber mit freundlicherer Tonlage als in seinem *Tagebuch*-Artikel im »Schlußwort« zur Debatte auf einem radikalen Standpunkt (Prümm 1974, 392ff.). Den Vorwurf, ein »Judenfreund« zu sein, will er freilich nicht auf sich sitzen lassen. Bevor er, wie oben zitiert, die »jüdische Orthodoxie« als nationalistische Kraft unterstützt, beteuert er, er »erkenne die zerstörerischen Qualitäten dieser Rasse an«, halte aber die antisemitische Paranoia für unangebracht, da die Verbreitung der wahren nationalistischen Gesinnung auch den »verborgenste[n] Keim« vernichten werde (Jünger 1930e, 11). Für die zeitgenössische Wahrnehmung der Gruppierungen ist aufschlussreich, dass der Redakteur des *Tagebuchs* in der Einleitung zu Jüngers Aufsatz erklärt, für diesen seien Hugenberg, die Kommunisten und eben auch Hitler »reaktionäre Spießbürger«. Und kurze Zeit später schreibt Leopold Schwarzschild in einer Polemik gegen Jünger unter dem bezeichnenden Titel »Heroismus aus Langeweile«, es gebe »Unterschiede zwischen dem plebejischen Gassendreck des Hitler-Nationalismus, der arteriosklerotischen Exzellenz-Reaktion des Westarp-Nationalismus und der aristokratischen Heroen-Mystik des Jünger-Nationalismus« (Schwarzschild 1929, 1586; Kerker 1989, 64f.).

Auch wenn Jünger nach der Publikation des *Arbeiters* im *Völkischen Beobachter* von Thilo von Trotha angegriffen wird – Jünger figuriere als ein zweiter Lenin, der *Arbeiter* als bolschewistische Programmschrift,

ihm fehle die Blut-und-Boden-Gesinnung, er sei nicht mehr als ein
»Bürgerschreck« –, auch wenn also die Auseinandersetzung zwischen
den Nationalsozialisten und den Neuen Nationalisten im folgenden
fortgesetzt wird: Jünger avanciert in den 1930er Jahren zu einem aner-
kannten und vor allem verkaufsträchtigen Autor, literaturwissenschaftli-
che Arbeiten beschäftigen sich mit seinem Werk, das zudem in den
schulischen Kanon und in Anthologien eingeht. Literarische Zeitschriften jeglicher Couleur besprechen Jüngers Werke wohlwollend. Auswahlausgaben der älteren Weltkriegsschriften werden veranstaltet, und die
neuen Werke erscheinen, teils in mehreren Auflagen, auch während des
Kriegs (die *Marmorklippen* etwa in sechs Auflagen zwischen 1939 und
1942), wenngleich Jünger das Papier für einen Druck seiner Werke in
Deutschland aufgrund der Intervention von Goebbels nach der Affäre
um *Gärten und Straßen* seit 1942 verweigert worden ist (s. Kap. III.4.2;
SW3, 436; Loose 1957, 366ff.; Schwarz 1962, 109ff.; Bastian 1963,
58ff.; Prümm 1974, 385ff.; Hietala 1975, 122ff., 144ff; Liebchen 1977,
276ff., Berglund 1980, 88ff.; Dornheim 1987, 115ff.; Brekle 1994;
Dietka 1994, 67, 134; Reimann/Haßel 1995, 199ff.; Bräuninger 1996;
Mühleisen 1996, 31ff.; Kiesel 1997b; Noack 1998, 163f.).

Vor diesem Hintergrund erklärt sich die Mitteilung des Verlags E.S.
Mittler & Sohn im Sortimentskatalog des Deutschen Buchhandels vom
Oktober 1933:

Der Kampf um die Wehrkraft unseres Volkes wird nicht zuletzt vom deutschen Buchhandel zum Erfolg geführt. Der Sortimenter weiß, daß das Ziel
nicht allein in der militärischen Ertüchtigung liegt, sondern vor allem in einer
wehrpolitischen Willensbildung, in der Erziehung des ganzen Volkes zu einer
wehrhaften Haltung und Gesinnung. Diese Erziehungsaufgabe kann nur vo[n]
einigen wenigen Büchern erzielt werden, und von diesen wenigen kann kein
anderes den ›Stahlgewittern‹ die Führung abnehmen. (Böhme 1972, 42)

Nach dem Zweiten Weltkrieg erinnert Jünger sich an eine Hausdurchsuchung, die ihm sein Kontakt mit Erich Mühsam eingebracht hat. Er
habe den Agenten damals die Briefmappe »H – M« übergeben: »Sie
begannen zu blättern, stießen dabei gleich auf einige Namen, die hoch
im Kurs standen, und brachen ihr Unternehmen ab« (SW3, 516). Mittlerweile lässt sich die Szene entschlüsseln, den unter »H« dürften sich
mutmaßlich die oben erwähnten Schreiben von Heß und Hitler befun-
den haben – die Spanne von »H« (Heß/Hitler) bis »M« (Mühsam) markiert somit genau die Dimensionen des politischen Feldes, auf dem Jünger sich als Nationalist bewegt hat. Zugleich wirft diese Episode ein
bezeichnendes Licht auf die »Nachruhmstrategien« Jüngers, der gerade
mit dem stets wiederholten Hinweis auf die Belanglosigkeit seiner Korrespondenz das Interesse der Leser geschürt hat (Schirrmacher 1999).

Die Aufnahme in die Deutsche Akademie für Dichtung in Berlin lehnt Jünger 1933 ebenso ab, wie er dem Reichssender Leipzig eine Absage erteilt und sich die von ihm nicht autorisierte Veröffentlichung seiner Schriften im *Völkischen Beobachter* verbittet (Paetel 1962, 54f., 60f.). In seiner Reaktion auf die Nachricht von seiner Berufung in die Berliner Akademie schreibt Jünger am 16. 11. 1933:

Ich beehre mich, Ihnen mitzuteilen, daß ich die Wahl in die Deutsche Akademie der Dichtung nicht annehmen kann. Die Eigenart meiner Arbeit liegt in ihrem wesentlich soldatischen Charakter, den ich durch akademische Bindungen nicht beeinträchtigen will. Im besonderen fühle ich mich verpflichtet, meine Anschauungen über das Verhältnis zwischen Rüstung und Kultur, die ich im 59. Kapitel meines Werkes über den Arbeiter niedergelegt habe, auch in meiner persönlichen Haltung zum Ausdruck zu bringen. Ich bitte Sie daher, meine Ablehnung als ein Opfer aufzufassen, das mir meine Teilnahme an der deutschen Mobilmachung auferlegt, in deren Dienst ich seit 1914 tätig bin. (Schwilk 1988, 143; Mühleisen 1998, 13ff.)

Nach einer Antwort der Dichterakademie betont Jünger hingegen in einem Brief an deren Präsidenten, Werner Beumelburg, er sei – trotz seiner »persönlichen Verärgerung« unter anderem wegen der Hausdurchsuchung – »zur positiven Mitarbeit am neuen Staate [...] durchaus entschlossen« (Wulf 1963, 37). Tatsächlich scheint Jüngers Renommee nicht gelitten zu haben, jedenfalls wird Rudolf Schlichter 1935 vom Präsidenten der Reichsschrifttumskammer aufgefordert, seine »charakterliche Eignung für einen kulturschöpferischen Beruf« durch Gutachten von Ernst Jünger und Ernst von Salomon zu bestätigen. Jünger kommt diesem Anliegen in einem Schreiben nach, das – wie er an Schlichter schreibt – auf »mittlere Intelligenz zugeschnitten ist«, und betont dort, dass der Maler für ihn ein »Deutscher aus Substanz« sei – Schlichter hat das allerdings nicht weiter geholfen (Jünger/Schlichter 1997, 12, 15ff.; Heißerer 1997, 311f.).

2.3   »Die totale Mobilmachung«

Jüngers Hinweis auf seine seit 1914 ununterbrochene »Teilnahme an der deutschen Mobilmachung« in dem zitierten Schreiben an die Dichterakademie erklärt sich vor dem Hintergrund seiner Kulturtheorie, für die der Krieg als ›Vater aller Dinge‹ figuriert. Aufschlussreich ist dabei, dass er die Militarisierung des gesamten ›Lebens‹ zur Abwehr gerade der Vereinnahmung durch die neuen Machthaber verwendet und dass er davon ausgehen kann, die Begründung dieser Abwehr werde von diesen akzeptiert. Wie viele Begriffe Jüngers funktioniert auch derjenige der ›Mobilmachung‹ im Rahmen des rechtsradikalen Diskurses der 1920er

und 1930er Jahre, wird aber zugleich von Jünger so nuanciert, dass er
sich nur mit Abstrichen in das politische Handlungsprogramm z.B. der
NSDAP integrieren lässt. Mit dem *Arbeiter* wird Jünger eine Position
einnehmen, die so gut wie alle politischen Richtungen mit Unverständnis quittieren (s. Kap. II.5), und zu den wichtigsten vorbereitenden
Schriften gehört der Essay »Die totale Mobilmachung«, den Jünger
1930 in dem von ihm herausgegebenen Sammelband *Krieg und Krieger*
veröffentlicht. Mit diesen beiden Zeitdiagnosen erreicht Jünger die Stelle in seinem Werk, an der er von der »nationalistischen« zur »planetarischen« Perspektive wechselt. Es ist kein Zufall, dass Jüngers publizistische Betriebsamkeit mit dem Jahr 1930 zwar nicht abbricht, aber doch
rapide abnimmt (s. Kap. II.2.2) und dass zu den wenigen Schriften, die
Jünger aus seiner nationalistischen Phase in die Werkausgabe übernommen hat, »Die totale Mobilmachung« gehört. Die Fassung der Werkausgabe ist allerdings eine gekürzte und ins Allgemeine erhobene Bearbeitung, wie Jünger selbst in einem 1980 hinzugefügten »Rückblick«
vermerkt (SW7, 142).

Jünger tritt während der Weimarer Republik nicht nur als Zeitschrif-
tenherausgeber auf. 1926 gibt er auch die Buchreihe *Der Aufmarsch.
Eine Reihe deutscher Schriften* beim Aufmarsch-Verlag heraus, die es allerdings nur auf zwei Bücher bringt: Franz Schauweckers *Der feurige Weg*
und Friedrich Georg Jüngers schrilles Pamphlet *Aufmarsch des Nationalismus* (Paetel 1962, 35f.; Mühleisen 1996, 89; Dupeux 1996, 19f.).
Zwischen 1928 und 1931 zeichnet Jünger dann bei unterschiedlichen
Verlagen noch für sechs weitere Bücher verantwortlich: 1928 gibt er den
Band *Luftfahrt ist not!* (Jünger [1928a]; s. Kap. II.1.1) heraus und in
demselben Jahr *Die Unvergessenen* (Jünger 1928b), einen Erinnerungsband, der gefallene Soldaten des Ersten Weltkriegs mit biographischen
Skizzen ehren will. 1929 folgt der Band *Der Kampf um das Reich* (Jün-
ger [1929c]) und 1930 die beiden reichhaltig bebilderten Bände *Das
Antlitz des Weltkrieges* mit *Fronterlebnissen deutscher Soldaten* und *Kriegserlebnissen unserer Gegner* (Jünger 1930a/b), von denen allerdings der
zweite zwar mit einem Vorwort von Jünger versehen ist, aber unter dem
Namen Richard Junior herausgegeben wird. In demselben Jahr erscheint
schließlich noch der bereits genannte Sammelband *Krieg und Krieger*
(Jünger 1930d) mit Beiträgen der rechten Szene von Wilhelm von
Schramm über Friedrich Georg Jünger, Albrecht Erich Günther, Ernst
von Salomon, Friedrich Hielscher und Werner Best bis Gerhard Günther.

Interessant an den genannten illustrierten Bänden sind weniger Jüngers eigene Beiträge, also vor allem die von ihm beigesteuerten Vorworte
– sie bleiben inhaltlich im Rahmen dessen, was er in seiner nationalrevolutionären Prosa verbreitet. Relevant ist vielmehr eine Analyse der

Kombination aus Bild und Text, und zwar für Jüngers Wahrnehmungstheorie auf der einen, sein autorschaftliches Selbstverständnis auf der anderen Seite. Letzteres betrifft insbesondere den Verbund von Lebensbeschreibung, fotografischem Porträt und faksimilierter Handschrift, den der Sammelband *Die Unvergessenen* nutzt. Er zielt insgesamt, so Jünger im Vorwort, auf eine am Individuum orientierte Erinnerungskultur, die sich gegen den Kult um den »unbekannten Soldaten« wendet (Jünger 1928b, 10f.).

Die Wahrnehmungstheorie des »stereoskopischen Blicks« sowie die »Gestalt«-Theorie findet ihr mediales Pendant in den Luftbildaufnahmen sowie in der kaleidoskopischen Zusammenstellung verschiedener Fotografien, die im Sinne einer Epiphanie untergründige Muster plausibilisieren sollen. Jünger will auf diese Weise die scheinbar unterschiedenen Phänomene auf eine gemeinsame Basis hin transparent machen. Die bedeutendsten Werke in diesem Sinn sind der von Ferdinand Bucholtz herausgegebene Band mit Berichten und Fotografien zum Thema *Der gefährliche Augenblick* (1931), zu dem Jünger eine Einleitung »Über die Gefahr beisteuert« (Jünger 1931a), sowie der von Edmund Schultz herausgegebene Fotoband *Die veränderte Welt* (1933), ebenfalls von Jünger mit einem Vorwort versehen und vermutlich auch konzeptionell betreut – letztgenannte Sammlung kann geradezu als Illustration des *Arbeiters* verstanden werden (s. Kap. II.5).

In seinem Vorwort zu *Krieg und Krieger* begründet Jünger die Themenwahl mit der These, der Krieg habe »unserer Zeit das Gesicht gegeben«, und klagt die Haltung des »heroischen Realismus« ein, einer Einstellung, die typisch ist für Vertreter der Konservativen Revolution. Diese Haltung demonstriert das Einverständnis mit dem Bestehenden, auch mit den technischen Entwicklungen der Moderne, teils eher resignativ (so bei Spengler), teils emphatisch bejahend (so bei Jünger) (Mohler 1989a, 123ff.; Merlio 1995; Merlio 1996a, 662ff.; Merlio 1996b, 46ff.). Werner Best zufolge unterscheidet der »heroische Realismus« den Neuen Nationalismus von allen utopischen oder idealistischen Positionen, die gegenüber den bestehenden Verhältnissen eine kritische Position einnehmen. Er beruft sich dabei vor allem auf die Nietzsche-Kompilation *Der Wille zur Macht* (Jünger 1930d, 148ff.). Jünger bestimmt diese »Haltung« insbesondere wahrnehmungstheoretisch: Für den heroischen Realisten sei alles – auch das scheinbar Unvereinbare – »Symbol eines einheitlichen und unveränderlichen Seins«, dessen Gesetzmäßigkeit man sich nicht entziehen könne. Entsprechend merkt Jünger auch die Widersprüchlichkeit der im Sammelband vertretenen Positionen an, verkündet aber zugleich: »[...] es kommt nicht darauf an, daß eine Haltung widerspruchslos ist, sondern daß sie fruchtbar ist« (Jünger 1930d, 5). Dieser Passus variiert nicht nur die von Jünger propagierte Theorie politischer Bewegungen und deutet auf die entsprechende Funktionalisierbarkeit der inhaltlichen Konzepte hin, sondern er verweist auch auf einen Grundzug des Jüngerschen Werks überhaupt. Denn so, wie er hier die Widersprüchlichkeit von Positionen als bloßes Epiphänomen abqualifiziert, hatte er bereits im *Kampf als inneres Erlebnis* erklärt, das »Leben« widerspreche sich nie (Jünger 1922b, 100), und im »Pariser Tagebuch« wird er dann für sich reklamieren: »Ich widerspreche mir nicht – das ist ein zeitliches Vorurteil. Ich bewege mich vielmehr durch verschiedene Schichten der Wahrheit, von denen die jeweils höchste sich die anderen unterstellt« (SW3, 144).

Die Argumentationsstrategie der »Totalen Mobilmachung« bleibt in diesem Sinne flexibel: Wie in den Weltkriegsschriften kann Jünger den Krieg als immergleiches Urerlebnis behandeln und zugleich auf dessen historisch spezifische Gestalt hin befragen. Weiterhin kann er damit jeweils einer Position, die sich gegen eine Unumgänglichkeit des Kriegs richtet, zumindest rhetorisch begegnen, indem er entweder den Krieg zur Durchbruchsstelle eines unveränderlichen kriegerischen Grundzugs des Menschen erklärt oder ihn als Epochencharakteristikum betrachtet, das alle Erscheinungen unter einen gemeinsamen Nenner bringt. In der »Totalen Mobilmachung« setzt er dieses Verfahren – wie im *Arbeiter* – ein (SW7, 121, 129). Zugleich übernimmt Jünger verstärkt die Rolle des Beobachters, weniger die des revolutionären Programmatikers: Die nationalistischen Parolen zumal am Ende des Textes tauchen eigentümlich unvermittelt im Gedankengang auf, bisweilen geradezu so, als müsse Jünger ein bestimmtes Pensum absolvieren, von antisemitischen Sticheleien bis hin zur imperialistischen Propaganda (Jünger 1930d, 24, 30; Ketelsen 1995, 87).

Jünger stellt sich in »Die totale Mobilmachung« die Frage nach der historischen Einzigartigkeit des Ersten Weltkriegs. Er löst sie, indem er – die zeitgenössischen Bürgerkriege einbindend – das geheime Bündnis zwischen dem Genius des Krieges mit dem Geiste des Fortschrittes« aufdeckt und auf diese Weise den Krieg zu einem Ereignis »kosmischer Art« stilisiert (SW7, 122; Dirlam 1987, 96ff.; Koslowski 1991, 45ff.). Die »optische Täuschung des Fortschritts« steht unter der »Maske der Vernunft« im Dienst einer sich selbst zuwiderlaufenden Bewegung (SW7, 122f.). Anders formuliert: Aus dem Geist der rechten Gegenaufklärung formuliert Jünger hier sein Modell einer »Dialektik der Aufklärung«, wie Theodor W. Adorno und Max Horkheimer es in dem gleichnamigen Buch während des Zweiten Weltkriegs unter dem Eindruck der stalinistischen Schauprozesse von einer marxistisch inspirierten Position aus konzipieren werden. Gerade die für »fortschrittlich« erklärten Tendenzen führen nach Jüngers Entwurf nicht zu einer allgemeinen Befriedung, sondern vielmehr zur alles durchdringenden Militarisie-

rung. Die Demokratisierung der Politik beispielsweise zieht aus dieser
Perspektive die Volksvertretung in den kriegerischen Prozeß hinein. Diese Ausweitung des Kriegs (wirtschaftlich beispielsweise durch die Ein-
planung aller Finanzmittel) bezeichnet Jünger als »totale Mobilmachung«. Den historischen Hintergrund dazu bildet die vor allem von
Walter Rathenau, Paul von Hindenburg und Erich Ludendorff verant-
wortete und organisierte Entgrenzung des Ersten Weltkriegs zum »totalen Krieg«, also die nach der Umschaltung auf den »Abnutzungskrieg«
seit 1916 zu verzeichnende Ausrichtung aller Ressourcen auf die militärische Auseinandersetzung, die bei den Kombattanten in systematisch
angelegter Kooperation von Politik, Wirtschaft und Wissenschaft voran-
getrieben worden ist (Eksteins 1990, 219ff.; Popma 1991, 24f.; Braun/
Kaiser 1997, 180ff.). In diesem Zusammenhang gibt es keine Tätigkeit
mehr – so Jünger –, »der nicht eine zum mindesten mittelbare kriegerische Leistung innewohnt«. Der Krieg wird zu einem »gigantischen Ar-
beitsprozeß[ ]«, der das »Heer der Arbeit« (Verkehr, Ernährungs- und
Rüstungsindustrie) einbezieht und auf den »Anbruch des Arbeitszeital-
ters« hindeutet (SW7, 126).

Als epochentypisches Phänomen behandelt Jünger die Umschaltung
auch des Friedens auf den Krieg, die Erzeugung eines gleichsam potentiellen Kriegszustands bzw. die Bereitschaft zur Kriegführung und die
entsprechenden organisatorischen, politischen und mentalen Entschei-
dungen und Einstellungen, z.B. in den totalitären Systemen Rußlands
und Italiens, in der Kooperation von militärischer Führung und Indu-
strie in den USA und auch in der deutschen Kriegsliteratur, die seit
1929 eine neuerliche Beschäftigung mit einem zumindest literarisch zu
den Akten gelegten Thema in großem Stil anzeigt. Gerade Kriegsgegner,
so Jünger, sehen sich paradoxerweise außerstande, den Krieg zu vermeiden, weil sie den Krieg zum Krieg des Friedens gegen den Krieg erklärten. Walter Benjamin hat hierzu in einer ausführlichen Besprechungen
des *Krieg und Krieger*-Bandes treffend bemerkt, dass sich bei Jünger der
»Mystizismus des Krieges« und das »klischierte Friedensideal des Pazifismus« entsprächen (Benjamin 1991b, 238; Vismann 1994). Hinter allem
sieht Jünger ein gemeinsames Prinzip walten: hinter der Alphabetisie-
rung, der Einführung der Verkehrsordnungen oder der Ablösung des
Patriotismus durch Nationalismus. Auch Kapitalismus und Sozialismus
sind für ihn zwei Seiten einer Medaille, »zwei Sekten der großen Kirche
des Fortschrittes« – »der Fluß sehr beziehungsloser Massen von Individuen und der Fluß von Massen ebenso beziehungslosen Geldes setzen
die gleiche Abstraktheit der Haltung voraus« (Jünger 1930d, 27; SW7,
127f., 136f.).

Diese und andere Symptome belegen für Jünger, dass die »totale
Mobilmachung« einem alles bestimmenden historischen Automatismus

folgt, jenseits der menschlichen Eingriffs- und Steuerungsmöglichkeiten. Gleichwohl erkennt er landesspezifische Unterschiede in der »Bereitschaft« zur Mobilmachung und findet darin den Grund für die notwendige Niederlage Deutschlands, das – geblendet durch seine idealistische und romantische Tradition – die Zeichen der Zeit übersehen habe. Die Niederlage fällt daher mit dem Kniefall vor den Prinzipien des »Fortschritts« zusammen. In diesem Kontext nun stellt er eine prophetische Frage, die nur wenige Jahre später beantwortet werden wird: »Und doch reichte diese dumpfe Glut, die für ein unerklärliches und unsichtbares Deutschland brannte, zu einer Anstrengung aus, die die Völker bis ins Mark erzittern ließ. Wie erst, wenn sie bereits Richtung, Bewusstsein, Gestalt besessen hätte?« (Jünger 1930d, 22). In Jüngers Stolz, als Deutscher von der Welt als »eine ihrer höchsten Gefahren gewittert zu werden« (Jünger 1930d, 26), verbirgt sich jedoch die Verkennung der historischen Tatsachen, die in den 1920er Jahren in das Nationalstereotyp vom ›barbarischen Deutschen‹ einfließen. Denn gerade Deutschland verletzt zwischen 1914 und 1918 in einer für seine Gegner zutiefst irritierenden Weise die Grenzen des traditionellen Kriegs und stellt dadurch die Normen und Werte des 19. Jahrhunderts in Frage: Die deutsche Armee schaltet zuerst von Angriff auf Verteidigung um, setzt zuerst die neuen, als ›unritterlich‹ gewerteten Gaswaffen und Flammenwerfer ein, weitet den U-Boot-Krieg zum ›totalen Krieg‹ aus und bezieht programmatisch zivile Ziele in die Kampfführung ein. Weist die Zerstörung der Löwener Bibliothek und der legendäre Beschuss der Kathedrale von Reims für die Gegner die Brutalität der Deutschen aus, so stellen diese Ereignisse für die deutsche Propaganda ein Zeichen teutonischer ›Ehrlichkeit‹ dar. Und hinter alldem steht die auch von Jünger verkündete Ideologie von der reinigenden und regenerativen Kraft des Todes (Eksteins 1990, 238ff., 300ff.).

So aufreizend Jüngers Essay gerade in der phänomenologischen Haltung ist, immer wieder gerät er ins nationalistische Schwadronieren, greift die über den Text verstreuten Handlungsanweisungen für das »geheime Deutschland« auf und lässt sich über den »Keim einer neuen Herrschaft« aus (Jünger 1930d, 30). Erst im Vergleich mit den anderen Beiträgern des Bandes wird deutlich, welche spezifische Rolle Jünger im Kreis der Nationalisten spielt. Wenn Walter Benjamin der Aufsatzsammlung vorwirft, sie stelle sich nicht der künftigen Gestalt des Kriegs, der sich durch die Umwandlung von Heroismus in Sportsgeist und durch die Aufhebung der Differenz von Zivilbevölkerung und Soldaten auszeichnen werde, dann trifft er damit vielleicht die »knabenhafte Verschwärmtheit« von Wilhelm von Schramm oder Albrecht Erich Günther (Benjamin 1991b, 239f.), nicht aber die kalkulierte Provokation des Jüngerschen Konzepts der »totalen Mobilmachung«, die eben dies einbezieht. Dabei ist Jünger nicht der einzige, der eine Bestandsaufnahme der Gegenwart als Fortführung des Krieges mit anderen Mitteln entwirft. In der Geschichte der politischen Theorie gibt es immer wieder Ansätze, die Grenzen von Krieg und Frieden zu verwischen, und gerade nach dem Ersten Weltkrieg war die Einheit von Kriegs- und Zivilgesellschaft nicht nur ein historisches Ereignis, sondern wurde während der Weimarer Republik in Verlängerung des populären Sozialdarwinismus um 1900 auch in verschiedenen Varianten theoretisch behandelt (Münkler 1992, 11ff.; Ketelsen 1990, 246f. u. 1995, 85). Für das politische Klima der 1920er Jahre ist dabei der argumentative Kontext der »Dolchstoßlegende« am schädlichsten, wie sie paradigmatisch Ludendorffs Kriegsmemoiren verbreiteten.

Kriegführung und Politik, so der Titel einer der Rechtfertigungsschriften von Ludendorff (Ludendorff 1922), scheinen also in der Diskussion um den Ersten Weltkrieg enger als je zuvor zusammenzukommen. Und auch im *Krieg und Krieger*-Band greifen einige Autoren Argumentationsmuster aus diesem Diskurs auf, so Friedrich Georg Jünger in seinem Beitrag *Krieg und Krieger*, der sich u.a. mit dem »Arbeitersoldaten« und dem Krieg in Latenz beschäftigt (Jünger 1930d, 55f., 58, 66f.), oder Albrecht Erich Günther, der unter der Überschrift »Die Intelligenz und der Krieg« mit einem »an Spengler geschulten Blick« beiläufig ein Auge auf den Zusammenhang von Kriegs- und Wirtschaftsorganisation wirft (Jünger 1930d, 87f.). Was Jünger jedoch aus dem Kreis der »Krieger auf der Ideenflucht« (Benjamin) heraushebt, ist zum einen die souveräne Kreuzung der polemischen Fronten, die Jüngers nationalistische Publizistik bereits charakterisierte, vor allem die Integration auch des linken Radikalismus in ein umstürzlerisches, gegen die Weimarer Demokratie gerichtetes Konzept. Zum zweiten zeichnet ihn die kulturtheoretische Ausweitung der Argumentation aus, die sich hin zu einer Phänomenologie der Moderne entwickelt. Für Jünger wird auf diese Weise – wie es im *Arbeiter* heißt – die »Geste, mit der der Einzelne seine Zeitung aufschlägt und überfliegt, [...] aufschlußreicher als alle Leitartikel der Welt, und nichts [...] lehrreicher, als eine Viertelstunde an einer Straßenkreuzung zu stehen« (SW8, 142).

3.   *Sturm*

Die Erzählung *Sturm* ist ein belletristischer Solitär in Jüngers Frühwerk. Sie erscheint vom 11. bis 27. April 1923 in fünfzehn Folgen (am 23. April erscheint keine Folge) als Fortsetzungsroman im *Hannoverschen Kurier* und wird dann – so die Version Jüngers – von ihrem Autor vergessen. 1960 entdeckt der Jünger-Bibliograph Hans Peter des Coudres die Erzählung wieder, 1963 wird sie bis auf orthographische Kleinigkeiten unverändert als »Liebhaberdruck« in einer kleinen Auflage von 660 Exemplaren erneut veröffentlicht – Jünger nimmt sie in seine erste Werkausgabe jedoch nicht auf (Plard 1968, 600f.). Diese Distanzierung des Autors – Jünger erklärt in einem Interview, er habe sich sogar geweigert, die Erzählung noch einmal zu lesen (Hohoff 1970, 93) – ist nicht zuletzt deswegen bemerkenswert, weil die Titelfigur Sturm in den 1920er Jahren von einigem Identifikationswert für Jünger gewesen zu sein scheint, jedenfalls veröffentlicht er 1927 unter dem Pseudonym Hans Sturm »Briefe eines Nationalisten« im *Arminius*, die zum Teil Passagen des *Abenteuerlichen Herzens* entsprechen (Jünger 1927d, vgl. dazu SW9, 40ff.; Jünger 1927e; Jünger 1927f, vgl. dazu SW9, 56f.; Kap. II.4).

Dass die Jünger-Forschung den Autor in seiner Titelfigur entdeckt (z.B. Bohrer 1978, 128f.), verwundert angesichts der eingebauten Signale wenig: Sturm ist wie Jünger Leutnant in Hermann Löns' Regiment (SW15, 31); er führt Tagebuch, interessiert sich für antiquarische Bücher, hat in Heidelberg Zoologie studiert (Jünger hat während des Lazaretturlaubs in Heidelberg immerhin zoologische Vorlesungen gehört) (SW15, 20, 15, 22), und die Doktorarbeit Sturms mit dem Thema »Über die Vermehrung der Amoeba proteus durch künstliche Teilung« (SW15, 26) weist direkt auf die Forschungen des Heidelberger Zoologen Otto Bütschli, des Mitbegründers der Zellen- und Befruchtungslehre, der in Jüngers akademischem Intermezzo in Heidelberg offensichtlich eine prägende Figur gewesen ist (Zissler 1990, 136f.). Schließlich blendet Jünger auch Episoden aus den *Stahlgewittern* in die Erzählung ein (z.B. SW15, 69; SW7, 12f.) sowie aus *Der Kampf als inneres Erlebnis* (SW15, 55; SW7, 66f.; Meyer 1993, 67), ja selbst das Dreiertreffen und die Gespräche im Unterstand hat Jünger in den *Stahlgewittern* als biographisches Detail nachgetragen (SW1, 130ff.). Dennoch dürfen die großen Unterschiede zwischen der literarischen Figur und ihrem Autor nicht übersehen werden, zumal die bohèmehafte Vergangenheit Sturms, von der bei Jünger nicht die Rede sein kann. Die Erzählung lässt sich folglich kaum als ein verschlüsseltes autobiographisches Dokument, sondern allenfalls als Spiegel bestimmter Problemstellungen einordnen, die für Jünger anfangs der 1920er Jahre virulent waren (Müller 1986, 262).

Die Handlung spielt 1916 an der Westfront kurz vor der Somme-Offensive der Alliierten. Im Zentrum stehen drei junge Offiziere – der Verwaltungsjurist Döhring, der Maler Hugershoff sowie der Zoologiestudent Sturm –, die in den Gefechtspausen zu mehr oder weniger geistreichen Gesprächen zusammenkommen, unter anderem, um die von

Sturm verfassten Novellenentwürfe zu diskutieren, von denen drei in die Erzählung eingelagert sind und in deren Protagonisten man »wiederholte Spiegelungen« Jüngers sehen kann (Plard 1968, 603f.). Die Erzählstruktur verbindet somit die Beschreibung des Kriegs mit ausführlichen Reflexionen und führt insofern die beiden Vorgängerwerke, also die Kriegsdarstellung der *Stahlgewitter* und die Essayistik in *Der Kampf als inneres Erlebnis*, zusammen. Am Ende der Erzählung wird die deutsche Stellung von den Engländern überrollt, die Freunde ergeben sich jedoch nicht und – so steht zu vermuten – sterben.

Die Schlusssequenz macht die Übergangsstellung der *Sturm*-Erzählung im Frühwerk Jüngers deutlich (Schwarz 1962, 263ff.). So beschreibt der letzte Satz das Todeserlebnis Sturms und reflektiert Jüngers Kriegsmystik aus *Der Kampf als inneres Erlebnis*, die Gewalt als ein Elementarereignis deutet: »Sein letztes Gefühl war das des Versinkens im Wirbel einer uralten Melodie« (SW15, 74) – insbesondere in der Novelle über den Dichter und Soldaten Falk wird diese »Wiedergeburt von Zuständen, die schon sehr fern im Dämmer lagen«, thematisiert (SW15, 67). Zugleich antizipiert Jünger jedoch das neue, in der folgenden Zeit immer wichtiger werdende Sinngebungsverfahren, das nicht auf rauschhafte Einswerdung, sondern auf Distanznahme zielt, auch wenn beide Seiten der Nietzscheanischen Dichotomie des Apollonischen und des Dionysischen die inhaltliche Ausgestaltung der Erzählung bestimmen (Wilczek 1999, 54ff.). Der im *Abenteuerlichen Herzen* entfaltete »stereoskopische Blick« – Jünger setzt das Wort sogar in die Erzählung ein (SW15, 46) – lässt die verwirrende Unübersichtlichkeit der Welt durch die Überschau von einem imaginär gewonnenen Aussichtspunkt aus zu klaren Mustern gerinnen (s. Kap. II.4). In diesem Sinne schreibt Jünger über Sturms und über Falks Verwunderung, mit der die beiden Soldaten mitten im Kampf ein »seltsames Gefühl des Unbeteiligtseins« registrieren (SW15, 73 u. 69). Genau dieses ›Erlebnis‹ der Selbstbeobachtung wird Jünger später in die Verwundungsszenen der *Stahlgewitter* nachtragen (s. Kap. II.1.1).

Sturms poetologisches Konzept nimmt in gewisser Weise die von Jünger in folgenden Werken verwirklichte Ästhetik der Gestaltschau vorweg. Über die Novellen der Titelfigur heißt es, Sturm versuche, »die letzte Form des Menschen in ihren feinsten Ausstrahlungen auf lichtempfindliches Papier zu bringen«. Er habe sich entschlossen, »eine Reihe von Typen in festgeschlossenen Abschnitten zu entwickeln« (SW15, 31). Zugleich nennt Sturm damit die Fotografie als dasjenige Medium, das dem von Jünger geforderten typisierenden Blick als technisches Vorbild wortwörtlich vor Augen steht, wie sich an den von Jünger gestalteten Fotobänden um 1930 sowie in der entsprechenden Fotografie-Ästhetik des *Arbeiters* sehen lässt (s. Kap. II.2.3 u. II.5). Das zweite

Verfahren, mit dem Jünger die Ereignisse ins Allgemeine überführt, ist das des wissenschaftlichen Blicks (SW15, 28). All dies nun soll die »Flucht aus der Zeit« ermöglichen, also die Sinngebung des prima facie unsinnigen Geschehens durch Abstraktion auf Urerlebnisse oder andere Allgemeinheiten. Das literarische Muster hinter dieser »Flucht« benennt Sturm mit dem Projekt, in Zukunft ein »Dekameron des Unterstandes« zu schreiben (SW15, 54). Wie in der Rahmenerzählung von Boccaccios Novellenzyklus *Decamerone* erschaffen sich in Jüngers Erzählung die drei Freunde Sturm, Hugershoff und Döhring inmitten größter Lebensgefahr – dort die Pest, hier der Krieg – eine Insel der Kultiviertheit.

Aus diesem Grund lässt Jünger den Protagonisten der Falk-Novelle das Dichtungsprogramm aus *Der Kampf als inneres Erlebnis* wiederholen, das allerdings im Großessay im Lauf der Bearbeitungen gestrichen wurde (s. Kap. II.2.1): »[...] im Dichter fanden alle und alles Erlösung und Verständnis. Er war das große Bewußtsein der Menschheit [...]. In ihm kristallisierte sich seine Zeit, fand Persönliches ewigen Wert« (SW15, 61; Jünger 1922b, 49). Entsprechend greift er auf die (Selbst-)Stilisierung vom Décadence-Poeten in der Vorgängerschrift zurück (Bohrer 1978, 128ff.; Schote 1996; Kron 1998, 69ff.). An diesem Punkt setzt jedoch der Zentralkonflikt an, denn Sturm personifiziert die Unvereinbarkeit von Gedanke und Tat (SW15, 20, 31; Prümm 1974, 179ff.). Am Ende der Erzählung wird dieser Zwiespalt zugunsten des Handelns aufgelöst: Die beim Angriff ausgefallene Beleuchtung des Unterstandes ersetzt Sturm, indem er seine Novellen als Fackel verwendet.

Ausgehend von dieser Problemstellung, den Schwierigkeiten eines autobiographisch markierten Ichs mit der Koordination von Aktion und Kontemplation, entfaltet Hans-Harald Müller die bislang anspruchsvollste Deutung der *Sturm*-Erzählung (1986, 254ff.; 1995, 29ff.): Für Müller antwortet Jünger mit *Sturm* auf das Scheitern seine vorangegangenen Versuche, dem Krieg einen Sinn abzugewinnen. Die Erzählung dokumentiert die Umorientierung von der Militärkarriere zum Avancement des nationalistischen Programmatikers, wofür der Austritt aus der Reichswehr das lebensgeschichtliche Signal gibt. Müller rückt daher die Parallelen zwischen beiden Werken in den Hintergrund (etwa die erwähnte Kongruenz in der Konzeption des Dichters als eines Erlösers der Menschheit). Der besondere Wert von Müllers Interpretation liegt darin, die Differenzen zwischen den Werken sowie die Ungereimtheiten in den einzelnen Schriften deutlich herausgearbeitet und ein minutiöses Entwicklungsmodell für Jüngers Frühwerk vorgelegt zu haben (im Überblick: Müller 1996).

In der Tat stellt Jünger in *Sturm* den Sinn des Krieges in einer für ihn außerordentlichen Weise in Frage (Prümm 1974, 171ff.). Am Beginn der Erzählung steht die drastische Schilderung eines Selbstmörders, der sich auf der Latrine das Leben genommen hat. Eingespannt in eine Reflexion über die »Sinnlosigkeit« dieses Todes sowie über den modernen Staat und die entsprechende arbeitsteilige Gesellschaftsstruktur wird der Suizid zum wirkungslosen Protest des Einzelnen »gegen die Sklavenhalterei des modernen Staates«. In gleicher Weise unterdrückt der Krieg das »Leben des Individuums« (SW15, 16). Mehrmals noch wird das Gefühl der Sinnlosigkeit thematisiert (SW15, 45, 48, 61), so dass eine ungelöste Spannung zu den immer wieder eingeschobenen Verteidigungen des Kriegs bestehen bleibt. Mit derselben Irritation und Verwunderung registriert Sturm auch, wie im Krieg die zivilisatorische Selbstkontrolle von den Soldaten abfällt, wie er ganz selbstverständlich und mit einer geradezu sportsmännischen Haltung zum Mörder wird, ohne dass dabei moralische Bedenken aufkommen (SW15, 26f.). Auch das führt jedoch augenblicklich zu einer bramarbasierenden Affirmation der Kriegsgewalt.

Hier gebar ein neues Geschlecht eine neue Auffassung der Welt, indem es durch ein uraltes Erlebnis schritt. Dieser Krieg war ein Urnebel psychischer Möglichkeiten, von Entwicklungen geladen; wer in seinem Einfluß nur das Rohe, Barbarische erkannte, schälte genau mit der gleichen ideologischen Willkür ein einziges Attribut aus einem riesenhaften Komplex, wie der, der nur das Patriotisch-Heroische an ihm sah. (SW15, 27)

An dieser Stelle, die ebenfalls mehrere Parallelen im Text hat (SW15, 26, 70), deutet sich ein weiterer Konflikt an, der Jüngers nationalistische Phase nach wenigen Jahren zur Episode werden lässt: Wer wie Jünger den Krieg zur einer allgemeinmenschlichen Konstante erklärt, kann nur auf Umwegen Parteigänger einer Nation sein.

4.   Das Abenteuerliche Herz

Die Fassungen im Werkzusammenhang

Das *Abenteuerliche Herz* besteht aus einer Sammlung von kürzeren Prosastücken, aus Träumen, kleineren essayistischen Betrachtungen, Lektürereflexionen und aus biographischen Episoden, die sich zum Teil mit Hilfe von Briefen aus den 1920er Jahren rekonstruieren lassen (Die Schleife 1955, 72ff.). Es liegt in zwei Fassungen aus den Jahren 1929 und 1938 vor, wobei die erste Fassung neben dem *Arbeiter* das einzige Buch ist, das Jünger als historisches Dokument aus der ersten Werkphase in die späteren Gesamtausgaben übernommen hat. Die 1960 veröffentliche Sammlung *Sgraffiti* greift dann noch einmal direkt auf die Verfahren und den Schreibgestus des *Abenteuerlichen Herzens* zurück, das dem Denken in Kategorien der Zweckmäßigkeit und der Kausalität eine Ordnung der Ähnlichkeitsverhältnisse und des Unkalkulierbaren gegenüberstellt. Die in der ersten Fassung enthaltenen Erinnerung an die Kindheit Jüngers, die konzeptionell in die *Afrikanischen Spiele* eingehen (s. Kap. III.2.1) und sich in der zweiten Fassung nicht mehr finden, hängen damit zusammen: Das »abenteuerliche Herz« ist – im Rahmen der typischen lebensphilosophischen Entgegensetzung des Vitalen gegen das Zerebrale (Staub 2000, 54f., 76ff.) – das Wahrnehmungszentrum eines Beobachters, der sich für das Überraschende, aber auch für das Bedrohliche, Schreckliche und den ›erhabenen‹ Eindruck empfänglich zeigt (Geisenhanslüke 1996).

Wie Karl Heinz Bohrer gezeigt hat, steht Jünger mit seiner »Ästhetik der Schreckens« auf der einen Seite in der Tradition von Autoren wie E.T.A Hoffmann, E.A. Poe und D.A.F. de Sade, von denen er, bis in Details nachweisbar, Motive und Gedankenfiguren übernimmt (vgl. auch Hervier 1997). Auf der anderen Seite zeigt er sich der »grausamen Dekadenz« verpflichtet, also Autoren wie Hermann Bahr, Wilhelm Bölsche, Oscar A.H. Schmitz und insbesondere Alfred Kubin, dem Jünger mehrere Aufsätze gewidmet und dessen Roman *Die andere Seite* (1909) eine Schlüsselfunktion für ihn gehabt hat (s. Kap. III.1). Kubins Entfaltung der »Ahnungsangst«, eines umfassenden Misstrauens gegenüber den Zeitläuften, deutet auf Jüngers Entfaltung eines »Epochenargwohns« hin. In dieser Reizbarkeit verbindet sich die Isolierung eines »Wahrnehmungsschreckens«, der sich von allen metaphysischen, theologischen oder psychoanalytischen Bezügen befreien will und von Jünger literarisch-experimentell erkundet wird, mit der diagnostischen Sensibilität für die heraufkommende Barbarei der Nazi-Herrschaft. Immer wieder gehen enigmatische Szenen der Verstörung in solche der sozialen oder politischen Beunruhigung über, und immer wieder erweisen sich hermetische Traumbilder als verschlüsselte Analysen des Faschismus (Bohrer 1978, 161ff.; Meyer 1993, 134ff.; Staub 2000, 141ff.). Ob man freilich, wie Bohrer das vorschlägt, zugunsten dieser »Ästhetik des Schreckens« die nationalrevolutionäre Programmatik, die vor allem die erste Fassung des *Abenteuerlichen Herzens* prägt, kassieren und sie zum bloßen Stoff für »Bilder der extremen Erfahrung« erklären kann (Bohrer 1978, 250), ist angesichts von Jüngers politischem Engagement um 1930 fragwürdig und hängt vom zugrundegelegten ›Begriff des Politischen‹ ab sowie von methodischen Vorentscheidungen. Diese allein erlauben es auch, den von Jünger selbst verkündeten metaphysischen Analyseanspruch zu übergehen.

Jünger übernimmt rein quantitativ etwa ein Sechstel der ersten in die zweite Fassung (Schonauer 1948; Loose 1950; Loose 1957, 60ff.;

Bohrer 1978, 264ff.; Kron 1998, 143ff.; Staub 2000, 316ff.). Die Änderungen betreffen die Untertitel der beiden Sammlungen, die Hinzufügung von Überschriften über die Prosastücke der zweiten Fassung sowie insgesamt die stilistische Überarbeitung auch der beibehaltenen Teile im Blick auf die zunächst in vielen Fällen sehr gespreizte und uneinheitliche Sprache (acht der vormals 25 Stücke werden übernommen, zwei weitere in einer ergänzten sowie eines in einer gekürzten Fassung; schließlich kommen noch einige fragmentarische Übernahmen hinzu; sechs Stücke streicht Jünger ganz). Die Kürzungen erklärt Gerhard Loose vor allem durch die Verwendung des Materials der ersten Fassung des *Abenteuerlichen Herzens* in Werken aus der Zeit zwischen 1929 und 1938, insbesondere im *Arbeiter*, in der Sammlung *Blätter und Steine* sowie in den *Afrikanischen Spielen*. Die Streichungen bzw. Änderungen betreffen direkte Bezüge zur Tagespolitik, einen Teil der eingestreuten »Lesefrüchte« sowie die Jugendbiographie. Am auffälligsten ist die Streichung der Betrachtungen zum »Abenteuer«, das ja immerhin titelgebend gewesen ist. Hinzugefügt werden hingegen »Darstellungen des Lebens im Abenteuer« (Loose), das heißt Prosastücke, die von irritierenden Beobachtungen, Geschehnisse und Träumen berichten. Im Vergleich zur ersten Fassung löst Jünger diese Miniaturen aus dem narrativen oder essayistischen Zusammenhang und enthistorisiert sie damit, was auch dem nun durchgehenden Prinzip der »Kürze« entspricht – in der ersten Fassung schwanken die Stücke nach der Zählung der Werkausgabe noch zwischen einer Seite und bis zu über 20 Seiten, in der zweiten bis auf wenige Ausnahmen zwischen einer und vier Seiten.

Bereits an der Veränderung der Untertitel lässt sich die Tendenz der inhaltlichen Verschiebung ablesen (Schonauer 1948, 94ff.): Der Untertitel der ersten Fassung (»Aufzeichnungen bei Tag und Nacht«) betont stärker den diarischen Aspekt des *Abenteuerlichen Herzens*, wenngleich Jünger stets den angedeuteten biographischen Bezug wieder zurücknimmt und sich als Epochenrepräsentanten inszeniert (Staub 2000, 26ff.). Die zweite Fassung nun stellt »Figuren und Capriccios« vor: In »Capriccios«, die Jünger als »nächtliche[ ] Scherze« versteht, verbinden sich für ihn Gefährdung *und* Genuß (SW9, 181); die »Figuren« beziehen sich auf die sprachliche Umsetzung von Jünger Metaphysik, die der geheimen Ordnung der Dinge nachspüren will – dem Autor »ist das Wort verliehen, damit es an das Ein und das Alles gerichtet wird« (SW9, 183; Loose 1957, 62, 73f.; Kranz 1968, 36f.). Dieser hypertrophe Anspruch prägt dann auch die Überhöhung der Phänomene zu Symbolen des bedeutend Allgemeinen in der zweiten Fassung. Während in der ersten Fassung noch der zeitliche Aspekt als strukturierendes Prinzip zugrunde liegt, zielt Jünger hier auf statische Muster (Meyer 1993, 257ff.).

Deutlicher als in jedem der vorherigen Werke Jüngers lassen sich in den Prosaminiaturen der ersten Fassung des *Abenteuerlichen Herzens* die heterogenen literarischen Traditionsstränge festmachen, die sich in Jüngers Werk verflechten: neben den genannten Vorläufern ist an den Abenteuerroman, surrealistische Impulse oder an weitere Anleihen aus den Avantgarde-Bewegungen um 1900 zu denken – die in den Text eingestreuten Zitate reichen von Albertus Magnus bis Baudelaire (Ketelsen 1996, 19f.; Pekar 1991, 146ff.; Kron 1995; Kron 1998, 95ff., 111ff.). Diese eminent literarische Ausrichtung erklärt sich nicht zuletzt aus Jüngers Konflikten mit Teilen der Nationalisten: Nach seinem Austritt aus der *Standarte* wurde ihm von Seiten der düpierten Parteigenossen vorgehalten, seine Opposition sei eine bloß literarische Protesthaltung. In der Tat unterstützen die Aggressivität und der Extremismus von Jüngers Artikeln die politische Klimaveränderung zugunsten der Rechten, als politisches Handlungsprogramm war der Kurs seiner politischen Publizistik jedoch wenig tauglich (s. Kap. II.2.2). Jünger reagiert auf diesen Vorwurf, indem er ihn positiv wendet, auf der Radikalität seiner Position beharrt und sich im Laufe der Zeit die Rolle des Beobachters aneignet.

Gleichwohl betont er um 1930 noch die politischen bzw. militärischen Implikationen seiner literarischen Prosa. Teilvorabdrucke aus dem *Abenteuerlichen Herzen* erscheinen nicht nur 1927 unter Jüngers alter ego Hans Sturm im *Arminius* (s. Kap. II.3), sondern 1928 und 1929 auch im *Widerstand* und im *Vormarsch* sowie in *Der Tag* (Staub 2000, 242, 246). Daß in die Publikationszeit des *Abenteuerlichen Herzens* kein wirklicher Einschnitt fällt, sieht man auch an der Bemerkung zu Jüngers Übernahme der Herausgeberschaft von *Die Kommenden* im Januar 1930. Der neue Herausgeber sollte nämlich gemeinsam mit Werner Lass dafür sorgen, dass »aus den ›Kommenden‹ mehr als bisher ein Kampfblatt des völkischen Erneuerungswillens und der Einsatzbereitschaft des Nationalismus« wird. Als Jünger 1929 die erste Fassung des *Abenteuerlichen Herzens* publiziert, gerät er in eine weitere Konstellation, die die politische Funktion des Werks unterstreicht. Zum einen wird Jünger im Kontext der Kriegsliteraturwelle zum Antipoden Erich Maria Remarques, der im Jahr 1929 das in den frühen 1920er Jahren erloschene Interesse am Ersten Weltkrieg wieder entfacht; zum zweiten wird Jünger zum umworbenen Autor im Kontext der nationalistischen Kulturoffensive, die sich z.B. im Kampfbund für deutsche Kultur institutionalisiert, einem nationalsozialistisch inspirierten, parteiübergreifenden Unternehmen. Als Jünger die Aufnahme in die Deutsche Akademie für Dichtung 1933 ablehnt, zieht er hier einen Trennungsstrich (s. Kap. II.2.2). Das *Abenteuerliche Herz* jedenfalls erscheint 1929 im Frundsberg-Verlag und wird dann mit demselben Titelblatt von der Hanseatischen Verlagsanstalt übernommen, bei der auch die folgenden Werke erscheinen – der Frundsberg-Verlag entsteht im Stahlhelm-Zusammenhang (s. Kap. II.2.2), die Hanseatische Verlagsanstalt (HAVA) gehört dem Deutschnationalen Handlungsgehilfen-Verband, der früh mit den Nationalsozialisten zusammenarbeitet und sich in den 1930er Jahren eine Schlüsselposition im Verlagswesen sichert, zugleich aber auch mit der innerdeutschen Opposition (z.B. der Gruppe des ›20. Juli‹) in Verbindung steht. Die HAVA (vor allem in Person Benno Zieglers) gibt Jünger die verlegerische Basis für die nach 1934 einsetzende Erfolgsgeschichte der umgearbeiteten *Stahlgewitter* sowie den finanziellen Rückhalt und den politischen Schutz für den Wandel seines Autorkonzepts hin zum Dichter der symbolischen Weltschau (Liebchen 1977, 205ff., Müller 1986, 288ff.; Lokatis 1992, 91ff.).

Ins Bild dieser zwar bedeutungsvollen, aber letztendlich undurchsichtigen Konstellationen fügt sich schließlich auch die Einschätzung der wenigen Besprechungen, die sich mit dem *Abenteuerlichen Herzen* beschäftigen: Registrieren die einen ein verändertes Image des Autors Jünger, so interpretieren die anderen das neue Werk als Fortsetzung des bekannten Kriegsheroismus (Liebchen 1977, 244ff.). In diesem Zusammenhang sind wiederum die Verlagswerbungen aufschlussreich: Während beispielsweise die Ausschnitte aus Rezensionen zur zweiten Fassung des *Abenteuerlichen Herzens* auf dem Klappentext der *Marmorklippen* die literarischen (*Hannoverscher Anzeiger*) und die seherischen Qualitäten (*Frankfurter Zeitung*) Jüngers herausstreichen, betont die Rezension aus *Deutschlands Erneuerung*, die im Anhang des Buchs selbst abgedruckt ist: »Jünger gibt hier ein Buch, das nicht vom Kriege handelt, und doch ist Kampf auch hier die Grundstimmung« – jeder »deutsche Frontsoldat«, so die abschließende Aufforderung, sollte auch dieses Werk von Jünger lesen (Jünger 1941, unpag.).

Tatsächlich ergeben sich verschiedene direkte Verbindungen zwischen dem *Abenteuerlichen Herzens* und Jüngers nationalrevolutionärer Publizistik sowie dem restlichen Frühwerk (Kaiser 1962, 100ff.; David 1983/84, 240ff.; Staub 2000, 235ff.), wobei man nach der politischen Funktion der prima facie literarischen Prosa auf der einen, ebenso aber nach der ästhetischen Qualifikation der politischen Prosa fragen kann. Die erste Fassung ist dabei verständlicherweise weitaus mehr als die zweite Fassung von einem deutlich markierten nationalistischen Standpunkt aus geschrieben. Erneut findet Jünger im Krieg die historische Wegmarke, die eine alte Ordnung ausgrenzt und auf eine neue Zeit verweist, in der sich »Zerstörung« und »Wachstum« verbinden (z.B. SW9, 107). Entsprechend plädiert er dafür, dass sich die am Ende des Buchs apostrophierte Jugend am Krieg ausrichtet, wofür seine Orientierung am »kriegerischen Werte« aller Erscheinungen (z.B. der Literatur) und insbesondere bestimmter Wahrnehmungsformen vermutlich das Vorbild abgeben soll (SW9, 56, 176): »Wie und weil das Leben durchaus kriegerisch ist, so ist es auch von Grund auf bewegt« – in diesem Sinne sind auch Jüngers Prosastücke »Angriffe des Wunderbaren auf die Welt der Tatsachen« (SW9, 61f.), und zwar nicht nur bloß poetischer Natur, sondern nach wie vor mit nationalistischem Impetus (z.B. SW9, 74, 133). Selbst für die antisemitische Polemik in der »Totalen Mobilmachung« findet sich in der ersten Fassung des *Abenteuerlichen Herzens* ein entsprechender Passus (SW9, 152; Jünger 1930d, 24). Allerdings ist auch erkennbar, wie Jünger die Kriegserfahrung entgrenzt und auf ein Grundprinzip des Lebens umdeutet, das historische Ereignis gleichsam entkernt und frei verfügbar macht (Staub 2000, 93ff.).

Zu den wichtigsten der eingespielten nationalistischen Diskurselemente gehört die Diskussion um eine angemessene Form der Organisation, die sich aus Jüngers eigentümlicher Position im Rahmen des Neuen Nationalismus erklärt (s. Kap. II.2.2; Staub 2000, 239ff.). Gegen die parteiförmige Struktur stellt er das Bild von den durch geheimnisvolle Bezüge verbundenen Einsamen und stempelt die »politische Tätigkeit« als »unanständig« ab:

Man kann sich heute nicht in Gesellschaft um Deutschland bemühen; man muß es einsam tun wie ein Mensch, der mit seinem Buschmesser im Urwald Bresche schlägt und den nur die Hoffnung erhält, daß irgendwo im Dickicht andere an der gleichen Arbeit sind. (SW9, 114)

Während Jünger den »*deutschen* Kommunismus«, den er nachdrücklich vom »russische[n]« unterscheidet, aufgrund seiner uneingestandenen Verbindung mit der bestehenden Ordnung ablehnt, sieht er beim Anarchisten »eine weit sauberere und notwendigere Natur« (SW9, 160f.; Kaiser 1962, 121ff.) – bereits diese Steigerungsformen werfen auf Jüngers Denk- und Sprachstil ein eher schlechtes Licht. Das Faible für den Anarchismus, das wiederum seine ästhetizistische und futuristische Vorgeschichte nicht verleugnen kann, ist nicht nur aufschlussreich, weil es auf die Anarchismusdiskussion in den späteren Schriften, vor allem in *Der Waldgang* (1951) und in *Eumeswil* (1977), vorausdeutet (s. Kap. IV.2.3 u. IV.3.2). Diese Neigung erklärt auch den Titel, denn das ›abenteuerliche Herz‹ ist ein ›anarchistisches Herz‹, das die bestehende Ordnung zerstört und zugleich eine neue Ordnung einsetzt. Es schlägt in der »höchst seltsame[n] Erscheinung des preußischen Anarchisten« (SW9, 105f., 173; Bohrer 1978, 307ff.).

»Magischer Realismus«

1926 findet sich die Verlagsanzeige zu einem Jünger-Roman mit dem Titel *Ferdinand Dark, der Landsknecht und Träumer* (Prümm 1974, 83). Auch wenn dieser Roman nie erschienen ist und sich über die tatsächliche literarische Ausformung des angedeuteten Themas folglich nur spekulieren lässt, kann die titulatorische Kombination von Krieg und realitätsüberschreitender Wahrnehmung geradezu als kulturgeschichtliche Anmerkung zum *Abenteuerlichen Herzen* gelesen werden. Die Notizen widmen sich dem »verwickelten Traumzustand der modernen Zivilisation« und erheben die antipsychologische Logik des Traums zum ästhetischen Prinzip (SW9, 117; Schemme 1952, 55ff.; Loose 1957, 85ff.; Katzmann 1975, 35ff.; Bohrer 1978, 201ff.; Schwilk 1995; Schwilk 1999c; Staub 2000, 103ff.). Der Erste Weltkrieg wurde in ganz Europa auch als relevantes Ereignis für die Kunst wahrgenommen, selbst wenn sich dabei Widerwillen und Faszination in unterschiedlichen Kombinationen verbanden und oft genug das andauernde Grauen des Kriegs dem Geschehen jegliche Inspirationskraft nahm. Die Ordnung der Welt war wortwörtlich in Trümmer gegangen, für die einen war dies das Ende der Poesie, für die anderen der Beginn einer neuen Ästhetik, die zumal in der Filmkunst ihren adäquaten Ausdruck finden sollte (Eksteins 1990, 314ff.). Jünger begegnete im Krieg einer Landschaft aus »objets trouvés«, er musste sie nicht wie die Surrealisten erst herstellen (Meyer 1993, 27, 129, 142, 146).

Die Affinität zwischen der Wirklichkeitsüberschreitung und den »Traumlandschaften des Krieges« (SW9, 148) verdeutlichen – zumal im Blick auf den Zusammenhang von Drogen und Krieg (z.B. SW1, 100, 149) – auch die in die Weltkriegsschriften eingefügten Traumerzählungen sowie Berichte über traumhaft-traumatische Erlebnisse (Jünger 1926a, 111, 202ff.). »Drei Zustände gibt es«, erklärt Jünger im *Abenteuerlichen Herzen* in nietzscheanischer Tradition, »die Schlüssel zu allen Erlebnissen sind: den Rausch, den Schlaf und den Tod« (SW9, 72; Staub 2000, 43f., 206ff.). Dass Jünger Episoden und Passagen aus den Weltkriegsschriften zitiert, liegt also nicht nur aufgrund der den Text durchziehenden nationalistischen Emphase nahe, sondern auch aufgrund dieser strukturellen Analogien (vgl. z.B. SW9, 122, 174, dazu SW1, 235; Kaiser 1962, 51ff.). Dabei ist die Parallelität der Deutungstechniken im *Abenteuerlichen Herzen* und in den *Stahlgewittern* wiederum ein Phänomen, das in den Kontext der unterschiedlichen Bearbeitungen der *Stahlgewitter* gehört (Kunicki 1993, 197ff.), so wie auch der Bezug zum Traumatischen des Kriegs nur über den Umweg von Jüngers Standort in den Diskursen der 1920er Jahre hergestellt werden kann (Staub 2000, 116f., 165f.). Hier entdeckt Jünger im Traum eines derjenigen ›zivilen‹ Phänomene, die das Kriegsgeschehen im Analogieschluss erfassen können: Die groteske Erscheinung des Schrecklichen im Gewand des Lächerlichen, die Situation des Ausgeliefert-Seins und der Orientierungslosigkeit, die Düpierung gewohnter Körperbilder sowie generell die Überforderung des sensualistischen Apparats durch schockhafte Eindrücke und die ins Unermessliche gesteigerte Sensation der Materialschlacht – all das findet sein Pendant nur in der Sondersituation des Traums, die die alltägliche Konstruktion der Weltzusammenhänge außer Kraft setzt (z.B. SW1, 35, 197, 201, 227, 234, 239, 274, 283).

Die im *Abenteuerlichen Herzen* dominierende Perspektive, in der sich Lust und Grauen durch die Aufhebung der herkömmlichen Kategorien zu einer neuen Ordnung der Welt verbinden, bestimmt Jüngers Blick auf die Welt der Moderne überhaupt und begründet eine prinzipielle Ambivalenz im Verhältnis zu seiner Gegenwart. Zwar muss Jünger in Konsequenz seines vitalistischen Fatalismus alles, was ist und diesem Konzept zufolge somit Sinn hat, begrüßen, dennoch steht er der »Zivilisation« aus dem Geist der Konservativen Revolution heraus distanziert gegenüber. Und so schaut er denn mit einem »mit Lust vermischten Gefühl des Entsetzens« auf »dieses unser Leben selbst in seiner vollen Entfesselung und in seiner unbarmherzigen Disziplin« (Jünger 1930d, 15). Das Besiegen der »Angst«, die als Grundbefindlichkeit in einem auffälligen Maß in Texten der Konservativen Revolution zum Ausdruck kommt (Breuer 1995, 44ff.), wird abermals zum Programm Jüngers; abermals wendet er, wie im Fall der Sinnlosigkeit des Massensterbens im Krieg, einen negativ konnotierten Zustand ins Positive und stellt sich damit auf den »verlorenen Posten« (Rozet 1991) des erbarmungslosen, bloß registrierenden Beobachters, der nicht durch moralische Verklärung oder durch utopisch motivierte Kritik am Bestehenden den Geschehnissen Sinn abzugewinnen versucht, sondern gerade auf dem umgekehrten Weg der Affirmation, der Entwicklung von Aushaltestrukturen.

Jünger fasst seine Haltung unter das Rubrum »Magischer Realismus«, das er in »Nationalismus und modernes Leben« bereits für sich reklamiert hatte (s. Kap. II.2.2; Jünger 1927c, 5; SW9, 87; Katzmann 1975, 94ff.; Draganović 1998, 80ff.). Der Terminus stammt eigentlich aus der Kunstgeschichtsschreibung und wurde dort von Franz Roh geprägt (z.B. *Nachexpressionismus. Magischer Realismus. Probleme der neuesten europäischen Malerei*, 1925) (Scheffel 1990). Er bezeichnet eine Bandbreite von der Neuen Sachlichkeit bis zum Surrealismus. Zwar greift Jünger künstlerische Impulse der 1920er Jahre auf: So wendet er sich beispielsweise wie die Autoren der Neuen Sachlichkeit gegen die Technikfeindlichkeit des Expressionismus. Wo der neu-sachliche Epochenstil jedoch von kritischen Impulsen getragen wird, verharrt Jünger in der paradoxen Position des sogenannten »regressiven« oder »reaktionären« Modernismus (Prümm 1974, 277ff.; Herf 1984, 70ff.; Segeberg 1991a; Brenneke 1992, 283ff.), der mittlerweile begrifflich vom »Übermodernismus« ausgestochen worden ist (Herzinger 1994 u. 1995a, 105f.; Kiesel 1994, 135f.). Jünger kümmern die sozialpolitischen Interessen einer Aufwertung der Technik so wenig wie die damit verbundenen demokratisierenden Bestrebungen. »Magisch« meint für ihn, dass die Technik Epiphänomen eines grundlegenden Prozesses ist (Katzmann 1975, 55ff.).

Gleiches gilt für Jüngers Nähe zum Surrealismus, die vor allem Thomas Kielinger und Karl Heinz Bohrer hervorgehoben haben (Kielinger 1995; Bohrer 1978, 359ff.; Meyer 1993, 115ff.) – Jünger selbst beschäftigt sich in den *Annäherungen* (1970) ausführlicher mit dem Surrealismus (SW11, 325ff.). Die Texte von Louis Aragon oder André Breton aktivieren wie die Werke Jüngers das ›Wunderbare‹, das überraschend und erschreckend den gewöhnlichen Gang der Dinge aussetzt und künftige Umbrüche ahnen lässt. Bis in einzelne Formulierungen lassen sich, ähnlich der romantischen Vorläuferschaft für das *Abenteuerliche Herz* (u.a. dazu Kaempfer 1987; Strack 1996), Übereinstimmungen finden, sogar für die Wendung an »abenteuerliche und ernste Herzen« (Aragon 1969, 80). Zwar kann man demnach im Momentanismus, im Pathos der Schärfung des Bewusstseins für die Abgründigkeit der Realität sowie im Prinzip der Einheit des Heterogenen Jüngers *Abenteuerliches Herz* neben die Prosa und das Programm des Surrealismus rücken, man muss jedoch gleichermaßen auf Unterschiede aufmerksam machen: Weder die avancierten surrealistischen Verfahren, etwa die ecriture automatique, noch die surrealistische Bezugssphäre, der Kosmos der modernen Warenwelt, finden in Jüngers *Abenteuerlichem Herzen* einen sonderlich signifikanten Nachhall (Fürnkäs 1995). Auch wenn man die Kulturtheorie des *Arbeiters* im *Abenteuerlichen Herzen* vorgezeichnet findet (z.B. SW9, 89f.) und Ähnlichkeiten im Schreibgestus beispielsweise zwischen Jüngers *Abenteuerlichem Herzen* und Aragons nur kurz zuvor erschienenem *Le Paysan de Paris* (1926) auffällig sind, hält Jünger doch merkliche Distanz zur urbanen Lebenswelt. Weder an das surrealistische Projekt einer Erotisierung des Alltags, noch an das Faible für den befreienden Aufruhr kann Jünger anschließen, denn für ihn bleibt der Krieg das kulturelle Paradigma, und von der Gleichförmigkeit einer funktionierenden Masse liest er die Physiognomie seiner Moderne ab (Brenneke 1992, 37f.; Draganović 1998, 77ff.). Während für Jünger der Schrekken auf Elementares verweist, hat er bei den Surrealisten eine historische Qualifikation und markiert das Verhältnis geschichtlicher Epochen zueinander. Den »›rechten‹ kontemplativen Jünger« trennt letztendlich doch eine Kluft von den »›linken‹, emanzipatorischen Surrealisten« (Bohrer 1978, 385ff., hier 410).

Für eine enge Beziehung zwischen der ersten und der zweiten Fassung des *Abenteuerlichen Herzens* spricht das in beiden Fällen gewählte Motto von Johann Georg Hamann, der nicht zuletzt im geistesgeschichtlichen Diskurs der Germanistik zum Ahnherrn des »romantischen Geistes« (so Rudolph Unger in *Hamann und die Aufklärung*, 1911) gemacht worden ist: »Den Samen von allem, was ich im Sinn habe, finde ich allenthalben« – das Zitat stammt aus einem Brief Hamanns an Friedrich Heinrich Jacobi vom 22./23. April 1787 (Gajek 1996; Schwarz 1962, 249f.; Figal 1998). Tatsächlich folgen die beiden Fassungen des *Abenteuerlichen Herzens* über die inhaltlichen und stilistischen Unterschiede hinweg einem gemeinsamen traumlogischen Prinzip. In der ersten Fassung gibt Jünger die Direktive aus:

Betrachte das Tier, als ob es ein Mensch wäre, und den Menschen als ein besonderes Tier. Betrachte das Leben als einen Traum unter tausend Träumen und jeden Traum als einen besonderen Aufschluß der Wirklichkeit. Dies alles vermagst du, wenn du über den magischen Schlüssel verfügst. Denn das eigentliche Leben breitet sich unter diesen seinen Formen aus, in die es sich zersplittert, um sich seiner selbst im Vielfältigen bewußt zu werden, und in denen es sich verschlingt, um sich an sich selbst zu sättigen. (SW9, 130)

Die Exemplarität des Traums liegt einerseits in dessen kombinatorischer Innovationskraft, andererseits in der Haltung des Träumenden: »So ist es im Traum«, kommentiert Jünger, »in ihm ist alles Ahnung, Anklang und Ähnlichkeit, im Wachsein dagegen Bestimmtheit, Logik, Kongruenz« (SW9, 66).

Jünger setzt diese Traumlogik mit einer Reihe von literarischen Verfahren sprachlich um, die für die folgenden Werke paradigmatische Bedeutung haben (Kranz 1968, 45ff.; Boehm 1995): Zunächst stellt Jünger einfache Ähnlichkeitsverhältnisse durch Assoziationspartikel wie »als ob« oder »gleichsam« her. Auf zweiter Stufe kommen zeitliche Verhältnisse ins Spiel, wenn Jünger in der Tradition der platonischen Anamnese Gegenwärtiges mit Vergangenem durch gezieltes Erinnern oder unwillkürliche Assoziation verbindet, worin auch die Funktion der biographischen Passagen besteht (SW9, 70f., 119; Staub 2000, 62ff.). Über ein Breughel-Bild, das selbst wiederum über eine Ähnlichkeitsbeziehung zur Welt seiner Kindheit in die Textur eingeht, schreibt Jünger beispielsweise:

Diese Bäume waren, *als ob* sie gleich sprechen, diese Hütten, *als ob* sie gleich ihre Tür öffnen und eine sonderbare Gestalt erscheinen lassen, diese Gewässer, *als ob* sie gleich einen prächtigen, schuppen-glitzernden Fisch als Geschenk aus der Tiefe aus sich hervorheben würden. Ich mußte an die Seele *denken*, die ich als Kind mir wie eine Maus vorzustellen pflegte [...]. Aber *wie* man im Zimmer überrascht, neugierig und ein wenig erschreckt, mit äußerster Schärfe diesen kleinen, grauhuschenden Schatten ins Auge faßt und kaum zu atmen wagt, *so* ist man gespannt *wie* der Jäger und gängstigt *wie* das Wild überall, wo die Seele für einen kurzen Augenblick im Zwielicht sich aus ihren Dickichten wagt. (SW9, 61; Hervorhebungen S. M.)

Und schließlich werden die Korrespondenzen auch räumlich eingeführt, wenn etwas »unter«, »neben« oder »hinter« dem Oberflächenphänomenen spürbar werden soll.

Wenn sich durch diese Verfahren das einheitsstiftende Moment der Wirklichkeit bzw. des »Lebens« kenntlich machen lässt, dann ist der Dichter – nicht der politische Betrachter – zum Interpreten prädestiniert, wie sich bereits am Reim als einem weiteren Phänomen der Ähnlichkeitsbildung sehen lässt (SW9, 88f.): »Daher ist es *seine* Stimme, die inmitten der Verwirrung von einer höheren Einheit Kunde gibt [...]« (SW9, 176). Methodisch nun ist daran interessant, dass Jünger seine Theorie der »Bewegung« als Signum des alles bestimmenden »Lebens« nicht nur zum Kern einer Theorie politischer Organisation machen kann, sondern auch direkt zum Prinzip der Textorganisation. Vor diesem Hintergrund entwirft Jünger seine Poetik der Fassungen (s. Kap. IV.6). Das Entscheidende spielt sich in ihr zwischen den Worten und Werken ab, denn diese Werkästhetik gehorcht keiner Logik des Statuarischen oder Identischen, sondern einer Logik der Bewegung und der Differenz, und diese Logik ist für Jünger ein Überbleibsel aus der Gefechtsordnung des Ersten Weltkriegs (Martus 2000, 230ff.). Jüngers Ästhetik des Beziehungssinns gilt daher in gewisser Weise auch für das Verhältnis der ersten zur zweiten Fassung des *Abenteuerlichen Herzens*. Der Bearbeitungsprozess, wie Jünger ihn in »Die Kiesgrube« und in »Zur Kristallographie« schildert, soll die Sprache weiter »durchsichtig« machen, so dass an ihr »Tiefe und Oberfläche zugleich einleuchten« und die »geheime Konsonanz« der Dinge ersichtlich wird (SW9, 181ff.; Figal 1999, 179f.). Vor diesem Hintergrund gewinnt der nur leicht geänderte Passus aus der ersten Fassung, der sich mit der parteilosen Organisation der »einsamen« Nationalisten und in diesem Zusammenhang auch mit der Werkkonzeption befasst, in der zweiten Fassung an Relevanz für das eigene literarische Schaffen. Für die Kontinuität zwischen den beiden Fassungen spricht dabei nicht zuletzt der durchgehaltene Bezug auf das Kriegserlebnis (SW9, 188ff. im Vgl. zu SW9, 38ff.). Unter der Überschrift »Der kombinatorische Schluß« schreibt Jünger:

Die hohe Einsicht wohnt nicht in den einzelnen Kammern, sondern im Gefüge der Welt. Ihr entspricht ein Denken, das sich nicht in abgesonderten und abgeteilten Wahrheiten bewegt, sondern im bedeutenden Zusammenhang, und dessen ordnende Kraft auf dem kombinatorischen Vermögen beruht. (SW9, 193)

Die für die Schreckensästhetik des *Abenteuerlichen Herzens* überhaupt charakteristische »Sturz«-Metapher (Bohrer 1978, 168ff.; Meyer 1993, 120ff.) überträgt ins Bild, wie sich Sinn durch Sprachbewegung konstituiert (SW9, 35f., 73).

Jünger kann also an jeder Stelle des Textes mehrstufige Isotopien erzeugen. Der Text organisiert sich durch Assoziationsnetze, die Jünger über bestimmte Motive knüpft und die die einzelnen Stücke miteinander in Beziehung setzen, so dass in der Tat eine textuelle Traumwelt aus »Ahnung, Anklang und Ähnlichkeit« entsteht. Um dies am Beispiel des Bildfelds »Wärme« in der ersten Fassung zu illustrieren: Gleich anfangs zeigt Jünger sich fasziniert vom dem »scheinbar ganz nüchternen Leben, [...] das sich an einem Punkte seiner Oberfläche erwärmt, ohne selbst zu wissen, warum, zwecklos, aber keineswegs ohne Sinn [...]« (SW9, 35). Dieses lebensphilosophische Prinzip wird kurz darauf zur Qualität des Betrachters, der sich durch »Wärme des Blutes« auszeichnet (SW9, 40), wodurch wiederum der Bezug zum Titel, dem »abenteuerlichen Herzen«, hergestellt wird. Die politische Dimension erweist sich an demjenigen, der »sich an Ideen entflammt« (SW9, 43). Die direkte biographische Umsetzung findet in den Passagen statt, die das Hitzebedürfnis des Jugendlichen behandeln und auf Jüngers Flucht zur Fremdenlegion hinauslaufen (SW9, 44, 48). Die historische Erweiterung erfährt das Motiv durch das Wärmebedürfnis einer ganzen Generation, die sich von der Welt des Bürgertums gefangen fühlt (SW9, 64) und im Krieg einen »Zustand erhöhter Temperatur« durchlebt (SW9, 91). Der wahrnehmungstechnische Aspekt ergibt sich durch die Theorie der Rauschmittel im Sinn der bereits erwähnten Verbindung von »Rausch«, »Schlaf« und »Tod«, denn in den Drogen speichere sich eine »heißere Sonne« (SW9, 138). Der naturkundliche Blick schließlich kettet sich an diese Reihe durch die unmittelbar erfahrbare vitalisierende Kraft der Wärme im Insektenreich (SW9, 63f.). Damit ist nun freilich nur ein möglicher Gang durch den Text skizziert. Weder sind alle Stellen genannt noch die unübersehbare Zahl von Querverweisen durch die Verschränkung mit anderen Motivketten.

Die analytische Funktion dieser traumlogischen Verfahren liegt darin, dass Jünger Phänomene, die – wie der Erste Weltkrieg – durch ihre Gewaltsamkeit sinnlos scheinen, in ein untergründig arbeitendes Entwicklungsschema einbetten kann (Seferens 1998, 154ff., 165ff.). Der das *Abenteuerliche Herz* grundierenden Lebensphilosophie (Staub 2000, 50ff.) entspricht die literarische Form. Während Jünger in seiner politischen Publizistik die normative Kraft des Faktischen oft genug nur beschwört, will er diese nun phänomenologisch und eben auch literarisch plausibel machen.

»Stereoskopie« und Gegenwartsdiagnose:
»Sizilischer Brief an den Mann im Mond«

Jünger fasst sein Analyse-, Wahrnehmungs- und Darstellungsprinzip im Terminus der »Stereoskopie«. Neben den Stücken aus der zweiten Fassung des *Abenteuerlichen Herzens*, die sich mit der »Kristallographie«, dem »kombinatorische[n] Schluß« oder dem »stereoskopische[n] Genuß« beschäftigen, ist der »Sizilische Brief an den Mann im Mond« die wichtigste methodische Schrift in diesem Zusammenhang. Der Text erscheint zuerst kurz nach der ersten Fassung des *Abenteuerlichen Herzens* unter der Überschrift »Sizilianischer Brief an den Mann im Mond« in dem von Franz Schauwecker eingeleiteten Band *Mondstein. Magische Geschichten* (1930), wird dann in Jüngers Sammlung *Blätter und Steine* übernommen (1934) und steht später in den Werkausgaben den beiden Fassungen des *Abenteuerlichen Herzens* gleichsam als Vorwort voran (Katzmann 1975, 15ff.; Quarch 1995, 194ff.; Gaudin 1996; Staub 2000, 292ff.). Das »Stereoskop« nun ist ein Instrument zur Erzeugung dreidimensionaler Bilder, bei denen in eine Apparatur für das rechte und das linke Auge zwei je leicht verschobene Bilder montiert werden: »Im gleichen Augenblick, in dem sie in ein einziges Bild zusammenschmolzen, brach auch die neue Dimension der Tiefe in ihnen auf (SW9, 22). Im *Abenteuerlichen Herzen* zählt Jünger in einem metaphorischen Sinn auch die Synästhesie zu den »stereoskopischen« Wahrnehmungen (SW9, 83, 197; Draganović 1998, 86ff.). Der »Mann im Mond« dient Jünger dabei auf zweifache Weise als Symbol. Zum einen steht das Bild für die Vereinbarkeit von wissenschaftlichem Interesse und Empfänglichkeit fürs Wunderbare, indem die Topographie der Mondlandschaft zugleich eine menschliche Gestalt zeigt – beides sind »Masken ein und desselben Seins«. Zum anderen markiert der »Mann im Mond« jene außerirdische Beobachterposition, auf die Jünger sich versetzt und von der aus er sich betrachtet fühlt, ein Erlebnis, das Jünger auf die Todesnähe im Krieg zurückdatiert (s. Kap. II.1.1 u. II.3). Diese Distanz bildet die Voraussetzung für die Erzeugung jener Kippbilder und jener Tiefenschärfe, auf die Jünger mit dem »stereoskopischen Blick« zielt. Wo sich der Nahperspektive nur Unordnung darbietet, erkennt die Fernsicht Muster. Im *Abenteuerlichen Herzen* hatte Jünger sein Leitbild im Einleitungsstück verschlüsselt, in dem er von einem »exzentrischen« Beobachter handelt, der das irdische Geschehen mit einem »mokanten Lächeln« verfolge. Später nennt er den »Mann im Monde« dann explizit und vergleicht dessen Blick mit der Selbstwahrnehmung im Traum (SW9, 33, 90ff.). In einem weniger mystizistischen Bild formuliert er die Theorie des »stereoskopischen Blicks« im »Sizilischen Brief«:

An verfallene Zäune und Kreuzwegpfähle sind Zeichen gekritzelt, an denen der Bürger achtlos vorübergeht. Aber der Landstreicher hat Augen für sie, er ist ihrer kundig, sie sind ihm Schlüssel, in denen sich das Wesen einer ganzen Landschaft offenbart, ihre Gefahren und ihre Sicherheit. (SW9, 12)

Auch hier greift Jünger auf den vormodernen Bilderkosmos zurück, markiert aber durch die Semiologisierung des Unbedeutenden und Katastrophischen das zeitgemäße Potential seines Modells, das im *Arbeiter* zum Tragen kommen wird.

Während Jünger den direkten Bezug zur Gegenwart in der ersten Fassung des *Abenteuerlichen Herzens* durch biographische oder politische Einspielungen noch klar kenntlich macht, zielt die zweite Fassung ins Überzeitliche (Quarch 1995, 201f.; Schumann 1995). Sie enthält zwar ausführliche methodische Passagen, die narrativen Stücke werden nun jedoch oftmals ohne explizites Deutungsangebot in ihrer unaufgelösten Enigmatik dargeboten. Hinweise auf den Status des Protokollierten (wie beispielsweise »Traum«) fallen fort, so dass Reales und Irreales gleichberechtigt nebeneinander steht. Gleichwohl finden sich auch hier Stücke, in denen Jünger die Gesten seiner Zeit auf ihre Bedeutung hin befragt. In »In den Kaufläden 1« entwickelt er so am Beispiel der Verpackung und der Bedienungsformen die Unterschiede zwischen der »ständische[n] Welt« und der Moderne (SW9, 202ff.). Charakteristisch sind jedoch jene Stücke, in denen eine »Beschreibung« sich allmählich als »Betrachtung« zu erkennen gibt, ohne dass die Symbole explizit aufgeschlüsselt werden. Das Einleitungsstück zur zweiten Fassung des *Abenteuerlichen Herzens* erfüllt aus dieser Perspektive die Funktion einer Exposition (Loose 1952; Loose 1957, 63ff.; Katzmann 1975, 89ff.; Bluhm 1987, 28): Jüngers ›Beschreibung‹ der »Tigerlilie« steht in der Tradition der dekadenten Lust an der Sinnlichkeit, die ins »Entsetzen« überleitet (Bohrer 1978, 256). Sie verbindet im Sinne der »Stereoskopie« verschiedene Sinneseindrücke (Sehen – Hören – Fühlen – Riechen), Lebensbereiche (Pflanze – Tier – Mensch) und Deutungsebenen (z.B. durch Vergleich und Anthropomorphisierung) und schreibt dieser Umwertung der Pflanze zum Symbol zudem im letzten Satz eine poetologische, aber auch eine historische Linie ein: »Im Anblick erwächst die Vorstellung eines indischen Gauklerzeltes, in dessen Inneren eine leise, vorbereitende Musik erklingt« (SW9, 179).

Bereits dieses Einzelstück öffnet einen politischen Assoziationsraum (Meyer 1993, 263ff.). Die eigentliche analytische Stärke von Jüngers traumlogischen Verfahren erweist sich jedoch auch in der zweiten Fassung des *Abenteuerlichen Herzens* erst im Blick auf die übergreifenden Ähnlichkeitsbeziehungen. Die Tigerlilie taucht ein weiteres Mal in »Der Erfinder« auf und wird dort über die Farbsymbolik mit der »schwarz-

rot-schwarzen Bande der Mauretanier« assoziiert, die ein »Doktorchen«
trägt, das einen »Schlachtschnitt« ausführt (SW9, 215f.). Im übernäch-
sten Stück (»In den Treibhäusern«) heißt es, in der Tigerlilie verbänden
sich das »Schöne« und das »Gefährliche«, »wenngleich die Hoheit fehlt«
(SW9, 217). Die Schlachtszenerie und die Farbsymbolik verknüpfen »In
den Wirtschaftsräumen« mit dieser Reihe, eines der äußerst drastischen
Folter-Stücke des *Abenteuerlichen Herzens*. Drei Stücke, die sich der
Symbolik der blauen bzw. der Symbolik der roten Farbe widmen (»Die
blaue Farbe«, »Die rote Farbe«, »Notizen zur roten Farbe«), reichern die
Bedeutung weiter an, wobei der Zusammenhang nicht nur über die
Farbsymbolik, sondern auch über die räumliche Ordnung (innen – außen, offensichtlich – verborgen), über die entsprechende Verletzungs-
bildlichkeit sowie über die »geschlechtlichen Beziehungen« hergestellt
wird. Durch die Erweiterung der Farbpalette von Rot und Schwarz um
die Farbe Weiß, die bereits in »In den Wirtschaftsräumen« eine Rolle
spielte, durch den Bezug zum »Besitz[ ] tödlicher Macht«, zur »rote[n]
Fahne des Aufruhrs« und zur Ausschmückung von Gebäuden mit diesen
Farben stellt sich unwillkürlich das politische Bildfeld der nationalsozialistischen Repräsentationspolitik ein. Der bereits genannte Bezug auf die
»Mauretanier« wird nun zudem ergänzt um die Verbindung mit dem
»roten Tuch der Jagdröcke« und somit mit der Figur des »Oberförsters«,
der an einem »Tisch aus rötlichem Erlenholz« sitzt (SW9, 212f.). Sowohl der »Oberförster« als auch die »Mauretanier« gehören zum Personal der *Marmorklippen*, werden aber im *Abenteuerlichen Herzen* zuerst
eingeführt. Auch wenn ihre Entschlüsselung in der Forschung durchaus
umstritten ist, so sind die Verbindungen zur SA, SS oder Reichswehr
sowie zu Hermann Göring naheliegend (s. Kap. III.3).

Wie im oben umrissenen Bildfeld der »Wärme« in der ersten Fassung des *Abenteuerlichen Herzens* gilt auch hier, dass mit der Auflistung
von möglichen Reflexen, Ähnlichkeitsstrukturen und Überblendungen
nur ein erster Schritt zur Analyse gemacht ist. Die Bezüge zwischen den
genannten Stücken sind noch wesentlich feiner, sie verbinden sich mit
den anderen, nicht erwähnten Stücken über weitere Motivketten, und
zudem bleibt die Eigenlogik der einzelnen Stücke interpretationsbedürf-
tig (Draganović 1998, 108ff.). Gleichwohl wird deutlich, wie Jünger
über Motivkumulation Bedeutungen aufbaut und wie sich *zwischen* den
auf verschiedenen Komplexitätsstufen isolierbaren Elementen sinnvolle
Bezüge ergeben. Die mögliche prognostische Qualität der ersten Fassung, die sich z.B. im Bild der kommenden »Rattenfänger« niederge-
schlagen hat (SW9, 149), verwandelt sich in die diagnostische Qualität
der zweiten Fassung. Wo die erste Fassung die Direktive ausgab, bei allem Unbehagen an der Moderne sei »Dampf hinter ihre Erscheinungen«
zu machen (SW9, 80), plädiert die zweite Fassung für eine quietistische

Ruhestellung und die Hinnahme des Unabänderlichen (Bohrer 1978, 429ff.).

Eigentümlicherweise nimmt Jünger also, indem er die direkten Bezüge zu den Zeitereignissen kappt, eine zunehmend kritische Position ein, auch wenn die stoischen Aushaltepraktiken sich nicht immer von einem stillen Einverständnis unterscheiden lassen, da Lust und Schrekken sich bei Jünger verbinden (Kaempfer 1981, 84ff.). Gleichwohl markiert Jünger deutlich seine Distanz zu den Phänomenen des »entmenschten Zustands« (Bohrer 1978, 249ff.). Bereits in der ersten Fassung des *Abenteuerlichen Herzens* hatte Jünger wie in *Sturm* (s. Kap. II.3) von konservativer Warte aus Kritik am »Kältetod[ ]« der ›Zivilisation‹ geübt, an der utilitaristischen Einstellung, an der Ausdifferenzierungsform der modernen Gesellschaft oder – mit Jüngers eigenen Worten – an der »Auszehrung der Erbsünde durch Sterilität«, selbst wenn sich noch immer eine gleichsam futuristische Faszination für die Maschinenwelt erhalten hat (SW9, 78, 154). Nun treten neue Maßstäbe hinzu und ersetzen den nationalrevolutionären und den vitalistischen Kriterienkatalog: das »Theologische«, die »Heiterkeit« und die »Désinvolture«, das Verhaltensideal der Renaissance (SW9, 260ff., 271, 311f.; Bohrer 1978, 423ff.; Burke 1996, 43f.). Insgesamt aber lassen sich die Differenzen zwischen den beiden Fassungen auf der inhaltlichen Ebene nur schwer greifen, weil im Detail immer wieder Gedankenfiguren oder Motive auftauchen, so dass man von zwei unterschiedlichen Büchern sprechen muss, die jedoch eher eine Verschiebung des Standpunktes, keinesfalls aber einen radikalen Wechsel anzeigen. So war zwar beispielsweise die theologische Dimension bereits in der ersten Fassung durch die Bezugnahme auf die mystische Tradition (Jakob Böhme, Angelus Silesius, Swedenborg, Hamann) impliziert, erhält nun jedoch erst programmatischen Stellenwert (z.B. SW9, 66f. u. 191f.) und verweist auf die folgenden Werke, auf die *Marmorklippen* und insbesondere auf die *Strahlungen*, in denen die Bibellektüre für Jünger zu einem zentralen Leseerlebnis wird (s. Kap. III.3 u. 4.2). Die Kritik an der vitalistischen Emphase hingegen bezieht sich direkt auf die politischen Verhältnisse: »Die Vorstellungen vom Muskulösen, Vollblütigen und Unbedenklichen, das triumphierend den Kampfplatz des Lebens betritt, gehen aus den lüsternen Träumen des Schwindsüchtigen hervor« (SW9, 272). Generell hat die Erfahrung des Nazi-Terrors zu einer Problematisierung des Schreckens sowie zu einer veränderten Haltung dem zuvor scharf attackierten »Bürger« gegenüber geführt. Jüngers anarchistische Katastrophenbejahung verwandelt sich in ein negatives Katastrophenbewusstsein, die »Grausamkeit« wird einer moralischen Kritik zugänglich (Bohrer 1978, 244, 282, 287, 440ff.; Staub 2000, 329ff.).

5. Der Arbeiter. Herrschaft und Gestalt

Deskription oder Präskription?

Mit dem *Arbeiter* legt Jünger seinen anspruchsvollsten theoretischen Entwurf neben *An der Zeitmauer* (1959; s. Kap. IV.2.2) vor. Die Schrift markiert den Übergang in die zweite Werkphase, in der Jünger seine Rolle als distanzierter Beobachter einnimmt. Entsprechend erklärt Jünger 1932, im Erscheinungsjahr, in einer Rundfunksendung:

> Meine Aufgabe stellte ich mir lediglich dahin, die heute überall sichtbar werdenden Perspektiven etwas zu verlängern, und, wenn sich mir bei dieser Arbeit eine besondere und zunächst nicht beabsichtigte Überzeugung aufdrängte, so besteht sie darin, daß alle diese Perspektiven auf einen gemeinsamen Schnittpunkt gerichtet sind. Diesen gemeinsamen Ort, an dem die Veränderungen ihren chaotischen Charakter verlieren und als sinnvoll zu erkennen sind, nenne ich die Gestalt des Arbeiters. (Paetel 1962, 50)

Diese methodische Einstellung weist auf die erste Fassung des *Abenteuerlichen Herzens* zurück: Wie dort wird auch im *Arbeiter* der »Mann im Mond« zum Vorbild des Betrachters (SW8, 69). Der distanzierte Blick präsentiert sich als entmoralisierter Blick, der die gefährlichen und bedrohlichen Dimensionen auch der scheinbar befriedeten Zivilisationswelt wahrnimmt. Gegen die bürgerliche »Maskierung« des »Elementaren« wendet sich das »abenteuerliche Herz«, das im Dichter und im Krieger schlage, wie überhaupt auch dem *Arbeiter* zufolge allein der Dichter dazu in der Lage sei, die Gegenwart adäquat darzustellen und zu deuten – dass Jünger, der sich am Autormodell von Baudelaires »L'Albatros«-Gedicht aus *Les Fleurs du Mal* orientiert, bei aller Polemik gegen die »Kultur« des Bürgertums ein zutiefst dem 19. Jahrhundert verpflichteter Denker ist, wird in einigen Unstimmigkeiten der Argumentation deutlich (SW8, 56ff., 64).

Neben Motiven und Gedankenfiguren aus dem *Abenteuerlichen Herzen* gehen die Grundgedanken aus »Die totale Mobilmachung« in den *Arbeiter* ein (s. Kap. II.2.3). Bezeichnenderweise gehört zu den vorbereitenden Schriften des *Arbeiters* auch der Beitrag »Die Arbeits-Mobilmachung« in *Die Kommenden* (Jünger 1930c), in dem Jünger die Gedanken aus dem *Krieg und Krieger*-Band auf das Zeitalter des »Arbeiters« bezieht (Meyer 1993, 171ff.). Von der aufgewärmten und ›stereoskopisch‹ reformulierten Dolchstoßlegende bis zur Propaganda des »heroischen Realismus« finden sich die entsprechenden Motive im Text verstreut (z.B. SW8, 44, 70). Auch dem *Arbeiter* liegt die paradoxe Gedankenfigur einer »Dialektik der Aufklärung« zugrunde, wonach alle humanitären, liberalisierenden oder pazifizierenden Maßnahmen zwangsläufig auf ihr Gegenteil hinauslaufen. Darin spricht sich, so Jünger, die »Maßnahme eines metaphysischen Angriffs aus, dessen unwiderstehliche Kraft darin beruht, dass der Angegriffene selbst, und scheinbar freiwillig, sich die Mittel seines Unterganges wählt« (SW8, 169) – nicht umsonst hat Max Hildebert Boehm seine Replik auf den *Arbeiter* unter die Überschrift *Der Bürger im Kreuzfeuer* (1933) gestellt.

Die Kritik (und auch die Zustimmung), die Jünger von allen Seiten erntet – nur Niekisch zeigt sich rückhaltlos begeistert (Baumer 1967, 44f., 51) –, mag der Stellung über den Parteipositionen entsprechen. Dennoch gilt Jünger mit dem *Arbeiter* nach 1933 als Prophet insbesondere des ›Dritten Reichs‹. In der Tat hängt die Einschätzung des Werks nicht zuletzt davon ab, ob man es als Deskription (z.B. Bein o.J.) oder als Präskription einordnet (z.B. Werth 1997, 148). Jünger selbst gesteht, dass Hitler seinen Ausführungen zwar kein Verständnis entgegengebracht habe, dass dieser aber gleichwohl zumindest rhetorisch daran anschließen konnte (SW3, 615), auch wenn dazu eine selektive Wahrnehmung des Gesamtkonzepts notwendig war (Hasselbach 1995a). Jedenfalls aktualisiert Jünger mit seiner Gegenwartsdiagnose die apokalyptischen Denkmuster der 1920er Jahre und liefert keine ›neutrale‹ Schau, sondern betrachtet den Untergang der bürgerlichen Welt mit Genugtuung (Prümm 1974, 401ff.; Brokoff/Hitz 1994, 591ff.; Vondung 1996, 651ff.; Honold 1998a, 34). Noch im Vorwort zur Neuausgabe von 1963 stellt Jünger klar, dass es ihm um einen Punkt geht, »von dem aus die Ereignisse [...] nicht nur zu begreifen, sondern, obwohl gefährlich, auch zu begrüßen sind« (SW8, 11). In den *Strahlungen* fasst Jünger aus der Retrospektive die Zielrichtung des *Arbeiters* zusammen:

Der »Arbeiter« erschien 1932; das Buch schildert unter anderem die zugleich nachholende und vorbereitende, jedoch nur Geburtshilfe leistende Aufgabe der beiden großen Prinzipien des Nationalismus und des Sozialismus für die endgültige Struktur der neuen Staaten, insbesondere des Weltimperiums, an dessen Bildung Kräfte und Gegenkräfte mitwirken und dem uns inzwischen der Zweite Weltkrieg sichtbar genähert hat. Es wurde im »Völkischen Beobachter« unfreundlich besprochen; der Redakteur stellte fest, daß ich mich »der Zone der Kopfschüsse« nähere. (SW3, 615)

Im *Arbeiter* betont Jünger wie in der ersten Fassung des *Abenteuerlichen Herzens*, die Tendenzen des Zeitalters insgesamt seien zu befördern (SW8, 207). Dem steht allerdings entgegen, dass Jünger von der Übermächtigkeit der historischen Vorgänge ausgeht (Manthey 1990, 47f.). Von hier aus rechnet er »das Wort von der Ergreifung der Macht zu den Phrasen, hinter denen sich die Unfähigkeit eines geschwächten Lebens mit Vorliebe verbirgt«. ›Macht‹ kann man Jünger zufolge nicht ›ergreifen‹, sondern nur ›repräsentieren‹; die »Arbeitsdemokratie« darf daher nicht mit einer »Diktatur« verwechselt werden (SW8, 76ff., 286; Rupprecht 1995, 172ff.). Nach der 1933 pompös inszenierten ›Machtergreifung‹ der Nazis liest sich das anders als 1932. Gleiches gilt für die seltsame Parteinahme gegen die »Vergewaltigung kleiner und schwacher, ihrem alten Naturboden verwurzelter Völkerschaften durch Mächte von sekundärem Rang [...]« (SW8, 309). Am eingestandenen und programmatischen Zynismus und an der Inhumanität der Argumentation ändert das freilich nichts.

»Der Arbeiter« als Theorie der Moderne

Im *Arbeiter* weitet Jünger den gedrängten Gedankengang der »Totalen Mobilmachung« zu einem panoramatischen Epochenüberblick und einer Prognose künftiger Entwicklung aus, in der bisweilen in der Fülle der Betrachtungen und aperçuhaften Bemerkungen nur schwer ein kontinuierlicher Gedankengang zu entdecken ist. Vielmehr umspielt Jünger in mehr oder weniger lockerer Bindung Leitmotive und -konzepte, die immer wieder im Text auftauchen, variiert und neu perspektiviert werden und in deren Zentrum die »Gestalt« des »Arbeiters« steht – insofern handelt es sich um den »Entwurf eines ästhetischen faschistischen Modernitätskonzeptes« (Ketelsen 1990 u. 1995). Einer virulenten Gedankenfigur der 1920er Jahre entsprechend koppelt Jünger die politischen von den ökonomischen und sozialen Zusammenhängen ab und bezieht sie – wie Werner Sombart, Max Scheler oder Oswald Spengler – auf »elementare« Prozesse (Bohrer 1978, 477; Meyer 1993, 190, 194f.): Der »Arbeiter« ist demnach kein Vertreter eines »Standes« oder einer »Klasse«; er kann weder ökonomisch noch im Rahmen einer Theorie von der »Gesellschaft« begriffen werden (SW8, 22ff.). Vom Denken in ständischen und ökonomischen Kategorien nimmt Jünger Abstand, weil er die Welt des Bürgers im Zeichen historischer Alterität bzw. Inkommensurabilität endgültig hinter sich lassen will. Die Abwertung der »Gesellschaft« versteht sich vor dem Hintergrund einer eigenwilligen Adaptation der von Ferdinand Tönnies eingeführten Dichotomie von »Gemeinschaft« und »Gesellschaft«, die ähnlich wie die um 1900 virulente Dichotomie von »Kultur« und »Zivilisation« funktioniert: »Gemeinschaft« wird verstanden als organische Einheit, »Gesellschaft« als ausdifferenzierter, arbeitsteilig organisierter Zusammenhang. In *Sturm* hatte Jünger sich mit beiden Modellen explizit auseinandergesetzt (s. Kap. II.3). In diesem gesellschaftstheoretischen Kontext gelangt man dann auch zum rationalen Kern des »Elementaren«, zu dem der Arbeiter, anders als der Bürger, in inniger Beziehung stehe.

    Die Welt des »Bürgers« unterscheidet sich von der Welt des »Arbeiters« durch die Ordnung der Beziehungen mittels vertraglicher Vereinbarungen, mithin durch das Vertrauen auf Regelbarkeit, wie es sich in der Idee der »Kündbarkeit« sowie umfassender »Versicherung« ausdrückt. Aus den Zusammenhängen im »Arbeiterstaat« kann man jedoch nicht willkürlich ein- oder austreten, und der Arbeiter akzeptiert die Unkontrollierbarkeit des »Gefährlichen«, die Jünger z.B. im Verkehr am Werk sieht. Dessen Todesopfer fallen wie im Weltkrieg »in einer moralisch neutralen Zone; die Art, in der sie wahrgenommen werden, ist statistischer Natur«, oder wie Jünger in »Über den Schmerz« ausführt (s. Kap. III.1): Die Todesform des Verkehrsopfers sei eine gleichsam zeitgemäße Form des Todes, von der verhältnismäßig wenig Aufhebens gemacht und die als selbstverständlich akzeptiert werde (SW8, 103; SW7, 179f.). Es ist kein Zufall, dass der »Verkehr« zu einem der zentralen Bildfelder des *Arbeiters* avanciert. Bereits zuvor hatte Jünger sein Modell der nicht-parteiförmigen Organisation in Parametern permanenter Bewegung und Fluktuation gefasst. Er greift damit auf ein omnipräsentes Wahrnehmungsmodell der 1920er Jahre zurück, das sich bei Helmuth Plessner oder Siegfried Kracauer, bei Erich Kästner oder Arnolt Bronnen findet: Der Verkehr verwandelt einerseits Moral in Sachlichkeit, auf der anderen Seite führt das Bild der Zirkulation – wie im Falle von Jüngers »Elementarem« – unter der Hand quasi-naturale Formen wieder ein, nun allerdings auf dem Niveau einer durchtechnisierten Moderne (Lethen 1994, 44ff.; Lethen 1995, 21f.). Aus diesem Grund stellt Jünger der »Gesellschaft« auch nicht die »Gemeinschaft«, sondern einen hierarchischen, nach militärischen Führungsprinzipien gegliederten »Staat« gegenüber (Bräcklein 1965, 42ff.; Obermair 1989, 222ff.).

Was zunächst im Gewand der (nicht-biologistischen) »Blut«- und »Rasse«-Theorie mythisch-verbrämt daherkommt, wird transparent auf eine Theorie der Moderne und der entsprechenden Technologie (Pompa 1991). Das gilt insbesondere für die »organische Konstruktion«, eines der zentralen konzeptionellen Derivate des Mobilmachungsmodells, in dem sich Technizität und Natürlichkeit wie bereits in der ›Stahlnatur‹ der Frontsoldatenideologie verbinden (SW8, 191; Koslowski 1991, 63ff.; Segeberg 1995c). Jünger löst die ›bürgerliche‹ Gesellschaftstheorie, die von der Verfügbarkeit des Individuums über sich selbst ausgeht, durch das Bild eines zwingenden Funktionszusammenhangs ab:

Einer organischen Konstruktion gehört man nicht durch individuellen Willensentschluß, also durch Ausübung eines Aktes der bürgerlichen Freiheit, sondern durch eine tatsächliche Verflechtung an, die der spezielle Arbeitscharakter bestimmt. So ist es, um ein banales Beispiel zu wählen, ebenso leicht, in eine Partei einzutreten oder aus ihr auszutreten, wie es schwierig ist, aus Verbandsarten auszutreten, denen man etwa als Empfänger von elektrischem Strom angehört. (SW8, 123f.)

Das Individuum sieht sich einer »ständig verschärfende[n] Beschlagnahme durch den Staat« ausgesetzt. So entscheidet beispielsweise über den Wert des Eigentums nicht der Besitzer, sondern der staatlich gesicherte Verkehrswert. »Luxus«, bemerkt Jünger entsprechend, »treibt übrigens heute derjenige, der auf den Besitz eines Wagens, eines Radios, eines Fernsprechers nicht angewiesen ist« (SW8, 228, 292f., 302). Wie im Fall des »Verkehrs« als eines der Leitmodelle der Gegenwartsanalyse greift Jünger sich auch die Zentralmetapher des elektrischen Schaltkreises als Modell der »organischen Konstruktion« aus dem etablierten Motivbestand heraus. Unter Einfluss der Naturwissenschaften beginnt seit der Jahrhundertwende die Faszinationsgeschichte der »Kraftfelder« in Philosophie und Literatur. Für Jünger bietet sich die elektrifizierte Welt gleichsam als ›exakt-wissenschaftliche‹ Seite der unfassbaren Energie des »Lebens« an und hat zugleich den Vorteil, eminent politisch zu sein, da die Netzwerke der Elektrizität der Staatsgewalt unterstehen (Lethen 1994, 209ff.; Lethen 1995, 23ff.). Auch wenn der *Arbeiter*, wie erwähnt, nicht umstandslos zum Brevier der Nationalsozialisten werden konnte (Koslowski 1991, 65ff.), ebnete Jünger zumindest rhetorisch der Nazi-Ideologie den Weg, so wenn er die Ausweitung der nationalstaatlichen »organischen Konstruktion« zur »organische[n] Konstruktion der Welt« im Zeichen des Imperialismus verkündet (SW8, 157). Die Kritik des Nationalismus im Zeichen der »planetarischen Herrschaft«, die Jünger dem »Arbeiter« als Ziel setzt, erwägt zwar die Möglichkeit von »Kriegen ohne Pulver« und hofft auf die Einsetzung eines »Weltgericht[s]« (SW8, 309f.), schließt aber den Krieg keinesfalls als unzeitgemäßes Mittel aus. Immerhin streicht Jünger nach dem *Arbeiter* die nationalistischen Passagen seiner Kriegsbücher (Kaiser 1961, 146ff.; Obermair 1989, 260ff.; Sieferle 1995, 159ff.).

Nach den Begriffsbestimmungen des ersten Teils entfaltet der zweite Abschnitt des *Arbeiters* eine »Phänomenologie der Moderne« in einer unübersehbaren Fülle von Beobachtungen und aphoristischen Bemerkungen (Brenneke 1992, 289ff.). Jedes Geräusch und jede Bewegung ist hierfür potentiell relevant – das verbindet die Stadt mit dem Krieg (Lethen 1994, 211f.). Entsprechend entfesselt die Kultursoziologie um 1900 eine regelrechte Deutungswut. Auch für Jünger wird gerade das ›Unbedeutende‹ zum Bedeutenden und zum Beleg seiner Theorie der Arbeiterwelt. Überall sieht er die Arbeitswelt heraufkommen: In den Veränderungen der Garderobe und der Arbeitskleidung, im Freizeitverhalten der Massen, im Körperkult, in den stilistischen Entwicklungen der darstellenden Kunst und den Formen der Literatur, in der Ablösung des Theaters durch das Kino, in der Physiognomie des Städters und der Landschaft, in den Veränderungen des Kultischen etc. In diesen Passagen liegt zweifellos die originellste und bislang nicht hinreichend gewürdigte Leistung Jüngers.

Für Jüngers literarische Verfahren gewinnt dabei vor allem der Subtext einer umfassenden Auslöschung von Individualität an Bedeutung, wie er sie beispielsweise in der um sich greifenden Maskenhaftigkeit des Arbeitertypus findet, einerseits wortwörtlich in der neuen ›Rolle‹ der Maske als Gasmaske im Krieg, als Schutzmaske bei der Arbeit oder als Gesichtsmaske beim Sport, andererseits in übertragener Bedeutung in der »Durchbildung des Körpers« und im Anachronismus des »bürgerliche[n] Anzug[s]«, in der Typenhaftigkeit des Filmschauspielers sowie in der gestiegenen Bedeutung der »Ziffer« (SW8, 126f., 138f., 148). Von hier aus gesehen hält Jünger bei aller Kritik am *Arbeiter*, die er seit Ende der 1930er Jahre übt, nicht zuletzt in der schattenrissartigen Verfassung seiner Romanfiguren noch immer am Befund selbst fest und schreibt damit letztlich das Programm der Typendarstellung fort, das der Protagonist in *Sturm* entworfen hatte (s. Kap. II.3; z.B. SW8, 221).

Wie bei den anderen Schriften Jüngers ist im Falle des *Arbeiters* das mögliche intertextuelle Bezugssystem ebenso weit wie die Beziehungen ungenau sind – von Nietzsche über Proudhon, Trotzki und Sorel bis zu den Futuristen reichen auch hier die Filiationen. Lediglich über den – wie vage auch immer gefassten – Einfluss eines Autors ist sich die Forschungsliteratur einig: Oswald Spengler (Meyer 1993, 164ff., 181ff.). Jüngers *Arbeiter* und Spenglers Schriften von *Preußentum und Sozialismus* (1919) über *Der Mensch und die Technik* (1931) bis *Jahre der Entscheidung* (1933) zeichnet ein vergleichbares Katastrophenbewusstsein aus, ein verwandter ›preußischer‹ bzw. heroischer Gestus, schwankend zwischen der Position des Opfers und derjenigen des Täters, der sich gegen die Welt des sentimentalen Bürgers wendet und eine supranationale Ordnungswelt heraufkommen sieht (Koebner 1982; Lübbe 1994). Von daher verwundert es wenig, dass Jünger den *Arbeiter* am 5. September 1932 an Spengler schickt mit der Widmung »Für Oswald Spengler, der im Anschluß an die Deutsche Abrüstung die ersten neuen Waffen schmiedete« Spengler schreibt allerdings nach flüchtigem Durchblättern des Werks zurück: »Sie haben wie viele andere den Begriff des Arbeiters nicht aus der Phraseologie der Marxisten lösen können« (Lübbe 1994, 137f.). Jünger geht Jahrzehnte später in den 1964 veröffentlichten »Adnoten zum ›Arbeiter‹« unter dem Titel *Maxima – Minima* und in *Die Schere* (1990) mit einer Gegenkritik darauf ein (SW8, 373ff.; SW19, 569) und zeigt in *An der Zeitmauer* (1959) die Defizite der morphologischen Methode von seinem in der Nachkriegszeit neu gewonnenen Standpunkt aus (s. Kap. IV.2.2). In einem Prospekt der Hanseatischen Verlagsanstalt wird jedenfalls zum Erscheinen des *Arbeiters* mit diesem Bezug geworben: »Was für den alternden Nietzsche noch erste Vision war, wird bei Ernst Jünger zu einer grandiosen Darstellung der zerstörenden u. aufbauenden Mächte unseres Jahrhunderts, deren

Wirkung auf unsere Zeit nicht geringer sein wird als Spenglers ›Untergang des Abendlandes‹« (Schwilk 1988, 134).

Wenn sich im Inhaltlichen durchaus Unterschiede zwischen Spengler und Jünger finden lassen, so verbindet sie doch die Art der Betrachtung. Jünger selbst erklärt seine Faszination für Spengler auf diese Weise, und er beruft sich für sein wichtigstes Kriterium zur Abqualifizierung der Bürgerwelt, die »Langeweile«, auf den Untergangsdenker (Jünger 1927g, 9; Schwilk 1988, 91; s. Kap. II.2.2). Bereits im *Abenteuerlichen Herzen* spielte das Kriterium der Langeweile eine bedeutende Rolle (z.B. SW9, 50), wie dort überhaupt viele der phänomenologischen Miniaturen aus dem *Arbeiter* vorweggenommen sind (z.B. SW9, 90; SW8, 139). In diesem letztlich ästhetischen Zugang zum Politischen und Sozialen (Hasselbach 1994 u. 1995b), das nach Maßgabe des Lächerlichen, der Langeweile oder der geschmäcklerisch festgesetzten Absurdität qualifiziert wird, kann man dann auch eines der Zentralprobleme des *Arbeiters* sehen. Mit analytischem Scharfsinn betitelt Leopold Schwarzschild nicht umsonst seine Replik auf Jüngers Erklärung des Neuen Nationalismus im *Tagebuch* mit »Heroismus aus Langeweile« (Schwarzschild 1929).

Gestaltschau

Den abgekühlten Blick auf die Oberfläche der Dinge fasst Jünger konzeptionell in seiner Theorie von der »Gestalt«, die er unter dem Einfluss von Spenglers morphologischem Denkstil formuliert (beide berufen sich im übrigen auf die Goethesche »Urpflanze«) und an der er bis ins Spätwerk festhält (SW19, 607ff.; Franz 1995, 5f.). Nennt Jünger den *Arbeiter* im Untertitel »Herrschaft und Gestalt«, so Spengler den ersten Band von *Der Untergang des Abendlandes* »Gestalt und Wirklichkeit« (Merlio 1996a, 666f.u. 1996b, 50f.). Unberührt von der Selbstkritik an der theoretischen Basis des *Arbeiters* (SW8, 318ff.) sieht Jünger auch zur Zeit der Neuausgabe 1962 in der »Konzeption der Gestalt« den »unveränderlichen Kern des Buches« (SW8, 12) und geht in der ein Jahr später im Rahmen der ersten Werkausgabe veröffentlichten Studie »Typus, Name, Gestalt« noch einmal gesondert auf die Grundbegriffe des *Arbeiters* ein (SW13, insbes. 143f.; Draganović 1998, 19ff.). Die Theorie der »Gestalt« impliziert zweierlei: Zum einen erlaubt sie methodisch die ungehemmte Entfaltung einer Welt der Analogien und Funktionszusammenhänge, in der alles Teil einer unentrinnbaren Ordnung wird. Zum anderen deutet diese einheitliche »Prägung« der Welt auf ein »ruhendes Sein« unterhalb der Vielfalt der Erscheinungen (SW8, 37ff.). Diese und andere Bestimmungen greifen deutlich auf die seit den 1890er Jahren von Christian von Ehrenfels, Wolfgang Köhler oder Max Wertheimer formulierte Gestalttheorie zurück, wie sie in den 1920er Jahren im Kon-

text eines verbreiteten vitalistischen Philosophierens in verschiedene
Kontexte diffundiert, etwa in die »Gestalt«-Theorie von Ludwig Klages,
in Theodor Lessings Konzept der »Geschichte als Gestaltwissenschaft«
oder auch in die Modelle der intellektuellen Mentoren Jüngers wie
Hans Driesch, Hugo Fischer oder Felix Krüger – Jünger selbst weist im
übrigen auf Keyserlings *Reisetagebuch eines Philosophen* hin (Kaiser
1962, 116ff.; Bastian 1963, 310; Sonn 1971, 34; Metzger 1974, 547f.;
Bohrer 1978, 476; Lindner 1994, 103f.; Franz 1995, 7f.). Die Gestalttheorie, deren psychologische Dimensionen Jünger zugunsten einer metaphysischen Interpretation ausblendet, bietet sich für ihn nicht zuletzt
deswegen an, weil sie sowohl die in der Wahrnehmung hervorgebrachte
Geschlossenheit und Einheitlichkeit analysiert als auch den Vorrang des
Ganzen vor dem Teil und vor allem die hierarchische Anlage dieser
Ganzheit, so dass die Wahrnehmung selbst schon gleichsam politisch
bzw. sozialtheoretisch wird.

Das »Sehen von Gestalten« bedeutet für Jünger einen »revolutionäre[n] Akt«: »Die beste Antwort auf den Hochverrat des Geistes
gegen das Leben ist der Hochverrat des Geistes gegen den ›Geist‹; und
es gehört zu den hohen und grausamen Genüssen unserer Zeit, an dieser
Sprengarbeit beteiligt zu sein« (SW8, 47). Dieser revolutionäre Anspruch versteht sich noch vor dem Hintergrund der Diskussion um den
Vorrang von »Tat« und »Gedanke«, in die Jünger um 1930 verwickelt
war (s. Kap. II.2.2); er wird jedoch auch plausibel im Blick auf die radikalen Umwertungen, die Jünger vornimmt, etwa bei der Historisierung
des »Menschen schlechthin«, den er für nichts weiter als »eine der Scha-
blonen des Verstandes« hält (SW8, 38). Zugleich partizipiert Jünger an
einer epochalen Semantik der Sachlichkeit, in der die zersplitterten
Menschen des Expressionismus wieder klare Konturen zurückgewinnen.
Der neue Kult der Sichtbarkeit mit seinen Leitmedien Fotografie und
Film fixiert den Blick an der Körperoberfläche und stilisiert sich damit
als zeitgemäße Beobachtung und. Weniger das Innenleben als vielmehr
– wie bei Jünger – die Äußerlichkeiten, die Gesten und Bewegungsab-
läufe, avancieren zum Studienobjekt. Alles wird differenzlos einem Programm subsumiert (Kaempfer 1984, 107ff.). Diese technokratische Attitüde, die sich mit dem dandyhaften »Kult des Bösen« verbündet,
versteht Aggressivität als Teil des Programms der antipsychologischen
Wahrnehmungsschärfe. Zwar wird die »Ideologie des Kameraauges« um
1930 bei Bertolt Brecht oder bei Siegfried Kracauer bereits wieder kritisch behandelt, und auch Jünger hält die »Phantasie« für eine unent-
behrliche Zugabe zur Interpretation der Bilder (Jünger 1930a, 11). Zunächst aber profitiert das Pathos der Genauigkeit von der Konjunktur
der Typologie in den 1920er Jahren, wie sie sich paradigmatisch in Ernst
Kretzschmers *Körperbau und Charakter* (1921) widerspiegelt. Wo Max

Weber, an dessen Definitionsstil Jünger sich im *Arbeiter* direkt anlehnt
(SW8, 75) und mit dessen These von der »Entzauberung« der Welt in der
Moderne er sich permanent auseinandersetzt (Kiesel 1994), Idealisierung
als heuristische Mittel nutzt, behauptet die Gestalttheorie im *Arbeiter* die
direkte Sichtbarkeit des »Typus« (Lethen 1994, 50ff., 187ff.).

So sehr Jünger den komplexen Vorgang der Wahrnehmung in seiner
Gestalttheorie verkürzen mag – dass er damit kein quasi-religiöses Seher-
tum propagiert, machen die von ihm mitverantworteten Bildbände deutlich. Sie wurden bislang nur am Rand von der Forschung in die Analyse
des *Arbeiters* einbezogen. Über die bereits erwähnte Theorie der Fotografie
hinaus, wie Jünger sie beispielsweise in »Krieg und Lichtbild« als Vorwort
zu *Das Antlitz des Weltkrieges* formuliert (Jünger 1930a, 9ff.), sollte dabei
die praktische Umsetzung des theoretischen Anspruchs analysiert werden.
Um 1930 fungiert der Fotoapparat einerseits als Abwehrtechnik gegen die
Schocks der modernen Welt, andererseits ermöglicht der Schnappschuss
ein ästhetisches Verhältnis zu den im Bild gebannten Bedrohungen (Kaes
1993, 107ff.). Für den *Arbeiter* ist dabei insbesondere der von Edmund
Schultz mit einem Vorwort Jüngers 1933 herausgegebene Band *Die veränderte Welt. Eine Bilderfibel unserer Zeit* relevant. Bezeichnenderweise formuliert Jünger im Vorwort zur Erstausgabe des *Arbeiters* als Programm:

> Der Plan dieses Buches besteht darin, die Gestalt des Arbeiters sichtbar zu
> machen, jenseits der Theorien, jenseits der Parteiungen, jenseits der Vorurteile
> als eine wirkende Größe, die bereits mächtig in die Geschichte eingegriffen hat
> und die Formen einer veränderten Welt gebieterisch bestimmt. (SW8, 13)

Die von Jünger anvisierte »Sichtbarkeit« der »veränderten Welt« wird im
Fotoband durch eine suggestive Bildzusammenstellung sowie durch die
Kombination aus Bild und Bildunterschriften hergestellt, die Formulierungen aus dem *Arbeiter* aufgreifen und vielleicht sogar von Jünger
selbst verantwortet werden (Werneburg 1995, 47). Jünger merkt dann
auch im Vorwort zu *Die veränderte Welt* an, dass »technische Verfahren«
wie ein »Filter« nur »eine ganz bestimmte Schicht der Wirklichkeit«
durchlassen. In diesem Sinn wird die Fotografie zum Selektionsinstru-
ment für Gegenstände, die zeitgemäß und somit fotografisch erfassbar
sind. Hellsichtig bemerkt Jünger, es sei »heute sehr wohl ein Einwand
gegen einen Politiker, daß er schlecht zu photographieren ist« (Jünger
1933, 7, 9). Dass Jünger sein Material im Sinne einer »heroischen Zensur« tatsächlich auch politisch zurichtet, wird zudem im Vergleich mit
anderen Bildbänden (z.B. Ernst Friedrichs *Krieg dem Kriege*, 1924/26)
deutlich – die Erbärmlichkeit des Krieges wird bei Jünger nicht sichtbar
(Kittsteiner/Lethen 1979, 35f.).

Die veränderte Welt gliedert sich in mehrere Teile. Ausgehend vom
»Zusammenbruch der alten Ordnung«, wo eine Welt aus Aufständen,

Arbeitslosigkeit und ökonomischen Umwälzungen präsentiert wird, illustrieren die Fotografien »das veränderte Gesicht der Masse« und des »Einzelnen« sowie unterschiedliche Aspekte unter Überschriften wie »Das Leben«, »Innenpolitik«, »Die Wirtschaft«, »Nationalismus«, »Mobilmachung«. Der Band endet mit einem Blick in die Zukunft, beim »Imperialismus«. Das Arrangement der Bilder folgt dabei unterschiedlichen Intentionen: Teils geht es um das Verhältnis von traditionellen und modernen Lebensformen; teils visualisieren die Bildkombinationen die Gleichförmigkeit der planetarischen Lebensverhältnisse oder disparater Bereiche (etwa durch Analogien zwischen »der Hygiene, der Statistik und der Reklame«); teils dokumentieren sie die Grausamkeit der zivilisierten Welt. Durch die Kombination unterschiedlicher Typen von Bildfolgen sowie variabler Schrift- und Bildformate baut der Band sowohl inhaltlich als auch räumlich differente Bezüge auf (Bilder können längs, quer sowie überkreuz auf einer Seite sowie auf einer Doppelseite oder in einer längeren Serie verbunden werden). Im Grunde ist dieser kombinatorische Bedeutungsaufbau und die variable Bedeutungsgliederung die ideale zweidimensionale Umsetzung des assoziativen Argumentationsstils von Jünger, bezogen auf die zugrundeliegende Gestalttheorie, die Gleichförmigkeit und interne Hierarchisierung verbindet.

Wie »Die totale Mobilmachung« den *Arbeiter* vorbereitet, bereitet der Essay »Über den Schmerz« aus der Sammlung *Blätter und Steine* von 1934 (s. Kap. III.1) den *Arbeiter* nach und kommt folgerichtig auch auf die Fotografie zu sprechen. Jüngers Fotografietheorie, die sich ohnehin in auffälliger (polemischer) Nähe zu den Entwürfen von Walter Benjamin und Siegfried Kracauer bewegt (Lethen 1994, 193f.; Werneburg 1995; Llanque 1996, 110), kehrt hier ihre kritischen Komponenten deutlich heraus, die bereits im *Abenteuerlichen Herzen* explizit gemacht worden waren, dort allerdings in seltsamer Spannung zu den gleichzeitig mitverantworteten Bildbänden (SW9, 118). Explizit gilt nun in »Über den Schmerz« die Fotografie als mediales Pendant zum ferngestellten Blick des »Manns im Mond«. Im Vordergrund steht jedoch weniger die dadurch ermöglichte Sinngebung, als vielmehr die Gewalt der Fotografie, die im politischen und militärischen Zusammenhang als »Waffe« fungiert, sowie die Amoralität und die Gleichgültigkeit der Technik gegenüber menschlichem Leid (die Fotografie hält gleichermaßen eine »Kugel im Fluge fest wie den Menschen im Augenblick, in dem er von einer Explosion zerrissen wird«) (SW7, 181ff.) – auch hier ist Jüngers bereits erwähnter Essay zu »Krieg und Lichtbild« von 1930 aufschlussreich (Jünger 1930a, 9ff.). In den *Strahlungen* schließlich revidiert Jünger seine Haltung gegenüber den Medien weiter: Das »Maschinenwesen« diene der Einsicht in das, »was wir *nicht* sind«. Weder erfasse die Fotografie »das Eigentliche und Wunderbare«, noch auch könne sie als

Maß »geschichtliche[r] Treue« fungieren (SW2, 255; SW3, 155, 498). Nach dem Tod seines Sohnes im Zweiten Weltkrieg (s. Kap. III.1) schreibt er dann:

In diesen Tagen betrachtete ich oft Bilder von Ernstel mit neuen Gedanken über Photographie. Kein Lichtbild kann mit einem guten Gemälde wetteifern in der Domäne, in der die Kunst regiert und wo Ideen und Bewußtsein herrschend sind. Doch ist den Photographien eine andere, dunklere Qualität eigen – das Lichtbild ist ja im Grunde ein Schattenbild. Es gibt etwas von der Substanz des Menschen, von seiner Ausstrahlung, ist ein Abdruck von ihm. In diesem Sinn ist es der Schrift verwandt. Wir blättern zur Erinnerung in Briefen und Lichtbildern. Dazu ist Wein dann gut. (SW3, 363)

Noch aufschlussreicher verschiebt sich die Perspektive auf die neuen Medien im Falle des Films. Hatte im *Arbeiter* der neue »Typus« über die chaplineske Komik gelacht, weil er dort den traditionellen Menschen in einer gleichsam arbeitsförmigen Umgebung scheitern sieht, so erkennt sich der Zuschauer nun in den gepeinigten Figuren des Films wieder (SW8, 139; SW3, 612). Freilich scheint sich Jüngers Haltung zur Fotografie nach 1945 erneut zu verschieben, dafür spricht u.a. die Tatsache, dass er zu den Fotobänden *Bäume* sowie *Gestein* von Albert Renger-Patzsch 1962 und 1966 jeweils Essays beisteuert (SW12, 289ff.) und 1960 in seiner Besprechung von Ewald Ritters *Der Käfer. Ein Wunder der Schöpfung* der Farbfotografie die Möglichkeit zur Entfaltung »organische[r] Kraft« zuerkennt (SW10, 345f.). Zudem lässt sich ein durchgehendes Interesse aufzeigen, denn der Untertitel zum Fotoband *Gestein* von Renger-Patzsch kündigt »Photographien typischer Beispiele von Gesteinen aus europäischen Ländern« an (Renger-Patzsch 1966).

Vom *Arbeiter* jedenfalls distanziert sich Jünger im folgenden und von der Zeit, in der er sich »mit der Schere der Begriffe [...] das Leben der Papierblumen zurechtstutzte« (SW3, 141f.). *Der Arbeiter*, so beschließt er, müsse durch einen »theologischen Teil« ergänzt werden (SW3, 337; Loose 1957, 124ff.; Sonn 1971, 119ff.; s. Kap. III.4.2). Über wenige Notizen, die im Deutschen Literaturarchiv in Marbach a.N. liegen, sind die Bemühungen um einen zweiten Teil des *Arbeiters* von 1957 jedoch nicht hinausgekommen. Jünger erklärt seine Diagnose von 1932 also nicht für verfehlt, sondern nur für einseitig, und entsprechend stellt sich für ihn die Denkaufgabe, wie man unter Bedingungen der Arbeiterwelt Reservate für den »Einzelnen« finden könne (s. Kap. III.2.2 u. 4.1). Jüngers lakonischer Schlusskommentar zum *Arbeiter* in *Maxima – Minima* lautet: »Auf irgendeinem trüben Bahnhof mußte man in den Zug einsteigen – als Nationalist oder als Bolschewik, als Revolutionär oder als Soldat, im Dienst obskurer Geister oder Theorien – es fragt sich nur, wie weit man mitfahren will« (SW8, 322).

III. ›Drittes Reich‹

Im Jahr der Machtergreifung kehrt Jünger sich demonstrativ von seiner politischen Karriere als Nationalrevolutionär ab (Schwarz 1962, 133ff.). Am 16. November verlässt er mit seiner Familie Berlin in Richtung Goslar, wo im folgenden Jahr auch sein zweiter Sohn Alexander geboren wird (SW10, 160ff.). Im Dezember 1936 zieht die Familie nach Überlingen und im April 1939 weiter nach Kirchhorst. Seine Aufzeichnungen über die politischen Ereignisse hat Jünger gemeinsam mit den Tagebüchern seit 1919, mit Gedichten und mit dem größten Teil seines Briefwechsels nach einer Hausdurchsuchung der Gestapo 1933 vernichtet (SW3, 147f., 518, 528; Schwilk 1988, 140; Noack 1998, 124f.). Als wichtige Dokumente haben sich die bereits erwähnten ablehnenden Briefe z.B. an den *Völkischen Beobachter* sowie seine brieflichen Gutachten für Freunde erhalten, die von den neuen Machthabern verfolgt werden (s. Kap. II.2.2). An der Distanz Jüngers zum Nazi-Regime kann bei aller Nähe zur Nationalsozialismus vor 1933 kein Zweifel bestehen. Seine fatalistische Einschätzung der politischen Geschichte und die entsprechende Zurückhaltung in Widerstandsfragen treiben ihn in die »innere Emigration« (Kiesel 1997b, 164ff.; s. Kap. III.3). Elemente des *Abenteuerlichen Herzens* (s. Kap. II.4), Passagen aus der Sammlung *Blätter und Steine* (s. Kap. III.1) sowie aus den *Strahlungen* (s. Kap. III.4.2) und vor allem der Roman *Auf den Marmorklippen* (s. Kap. III.3) lassen sich als mehr oder weniger offensichtliche Kritik am herrschenden politischen System verstehen und wurden auch von den Machthabern in dieser Weise wahrgenommen. Auch Friedrich Georg Jünger formuliert in seinem berühmt gewordenen Gedicht »Der Mohn« aus den in Ernst Niekischs Widerstands-Verlag erschienenen *Gedichten* von 1934 seinen Protest gegen die Entwicklungen in diesem Sinne: »Schmerzend hallt in den Ohren der Lärm mir, mich widert der Taumel / Widert das laute Geschrei, das sich Begeisterung nennt« (F. G. Jünger 1934, 63; Noack 1998, 133).

Am 30. August 1939 wird Jünger – mittlerweile zum Hauptmann befördert – erneut einberufen. Nach kurzer Zeit übernimmt er verschiedene Abschnitte des Westwalls bis er 1940 mit nach Frankreich einrückt. Zwar schreibt er in dieser Zeit in einem Brief an Manfred Schwarz, sein »Ehrgeiz, soweit er sich auf militärische Dinge richtet«, sei erloschen, und tatsächlich ist sein kriegerisches Selbstbewusstsein von nun an gebrochen (Schwilk 1988, 164:; Grazioli-Rozet 1999), aber er

wird sogleich wieder ausgezeichnet, diesmal für die Bergung eines Ver-
wundeten (SW2, 119f., 188f.). Wie 1914 befürchtet Jünger anfangs,
»nichts mehr von den Gefechten abzubekommen« (SW2, 135; s. Kap.
III.4.2). 1941 wird er in Paris – vermittelt über den Stabschef Hans
Speidel – in den Kommandostab des Militärbefehlshabers in Frankreich
(Otto von Stülpnagel bzw. dessen Nachfolger Carl-Heinrich von Stülpnagel) versetzt. Er ist hier mit der Briefzensur, mit der Bearbeitung der
Akten zur Invasion Englands sowie mit der (nach dem ›20. Juli‹ vernichteten) Dokumentation der Auseinandersetzung zwischen den Militärbe-
fehlshabern und den Parteistellen in Frankreich befasst (SW2, 266;
SW3, 15, 550f.).

Jünger, der bereits bei einem Paris-Besuch im Jahr 1937 über den
Schriftsteller Joseph Breitbach mit einigen französischen Autoren bekannt geworden war, darunter mit André Gide, auf den er 1951 einen
Nachruf verfasst (Schwilk 1988, 154f.; SW14, 39ff.), bewegt sich aber
nicht nur in den elitären Zirkeln der Wehrmacht, sondern auch im gesellschaftlichen und kulturellen Leben der Metropole. Er verkehrt im
Salon von Florence Gould sowie im Haus des mit ihm eng befreundeten
Marcel Jouhandeau, trifft Künstler und Schriftsteller wie Picasso, Geor-
ges Braque, Sacha Guitry, Jean Cocteau, Henry de Montherlant, die
langjährige Freundin Umm-el Banine sowie Paul Léautaud, aus dessen
Werk er später übersetzt (SW14, 330ff.). Auch dem Umgang mit zwei-
felhaften Persönlichkeiten, etwa mit Louis-Ferdinand Céline oder Pierre
Drieu la Rochelle, ging Jünger nicht aus dem Weg (Loose 1957, 209ff.;
Jouhandeau 1965; Hervier 1978; Plard 1979; Heller 1985, 88ff., 207ff.;
Bargatzky 1987, 40ff., zu Jünger 80ff.; Schwilk 1988, 180ff., 192ff.;
Banine 1971 u. 1989; Chatwin 1990, 308ff.; Plard 1990b, 148ff.; Grif-
fiths 1993, 104f., 109ff.; Boal 1993; Nevin 1996, 180ff.; Noack 1998,
166ff., 177ff.; Gumbrecht 2000, dazu SV5, 139ff.).

Von 1942 an wird das Papier für Neuausgaben von Jüngers Werken
in Deutschland wegen einer regimekritischen Passage in dem Tagebuch
Gärten und Straßen (1942) nicht mehr genehmigt (s. Kap. III.4.2), was
allerdings nicht für die Ausgaben seiner Werke im Ausland und für die
Frontbuchhandlungen gilt (Noack 1998, 163f.). Dabei wird Jünger erst
während der 1930er Jahre zu einem wirklich populären Autor. Sein Werk
findet Eingang in Schulbücher und Anthologien, Auswahlausgaben werden veranstaltet, der Reclam-Verlag übernimmt *Feuer und Blut* in sein
Programm, und die Verkaufszahlen der *Stahlgewitter* – gereinigt vom nationalistischen Eifererton – steigen, insbesondere zur Zeit des Zweiten
Weltkriegs, sprunghaft an (Liebchen 1977, 86ff.; Dornheim 1987, 57ff.,
123ff.; Dietka 1994, 67, 134; Nevin 1996, 141f.; Noack 1998, 138).

1942 wird Jünger zu einer Informationsreise an die Ostfront abkom-
mandiert, die er in den »Kaukasischen Aufzeichnungen« beschreibt. Im

Januar 1943 kehrt er zur Beerdigung seines Vater zurück. Wieder in Paris, stellt Jünger *Der Friede* fertig, ein »Wort an die Jugend Europas und an die Jugend der Welt« zur produktiven Umsetzung des Kriegs. Seit 1941 hatte er an seinem Aufruf gearbeitet, »seit 1944«, so die Bemerkung in der Ausgabe der *Sämtlichen Werke*, wird das Programm »in Abschriften und Typogrammen verbreitet«, bis es 1946 in einer ersten offiziellen Ausgabe im Druck erscheint (SW7, 194; s. Kap. III.5). Im Februar 1944 erreicht Jünger die Nachricht von der Verhaftung seines Sohnes: Die Richter werfen »Ernstel« die Gründung eines Widerstandskreises vor – vielleicht hat er die Gedanken der Friedenschrift seines Vaters verbreitet (Michler 1948, 2; Michler 1949, 83f.; SV4, 256f.; s. Kap. III.5). Der Inhaftierte wird zu einem Freiwilligenunternehmen ›begnadigt‹ und fällt bei der ›Frontbewährung‹ im November 1944 in Carrara unter ominösen Umständen (Neaman 1999, 47; s. Kap. III.1).

Jünger selbst gerät in der Zwischenzeit in Paris in die Ereignisse um den ›20. Juli‹ hinein, weil er mit den Verschwörern (neben den bereits genannten Namen z.B. Caesar von Hofacker, Adam von Trott zu Solz oder Fritz-Dietlof von der Schulenburg) in Kontakt steht, auch wenn er sich stets von den Attentatsplänen distanziert hat (Neaman 1999, 122ff.; s. Kap. III.4.2). Im September 1944 kehrt er nach Kirchhorst zurück, am 27. Oktober wird er aus der Armee entlassen. Als Kommandant des Volkssturms im Kreis Burgdorf sorgt er für einen widerstandsfreien Einmarsch der Alliierten (Mühleisen 1995, 339). Zwar erscheinen Schriften Jüngers in englischen, niederländischen und Schweizer Verlagen, in Deutschland erhält er jedoch zunächst bis 1948 Publikationsverbot, weil er sich den Auflagen im Rahmen der »Entnazifizierung« verweigert (s. Kap. IV.1). 1949 werden die *Strahlungen* im Tübinger Heliopolis-Verlag publiziert. Als letzter der Tagebuchbände zu diesem Lebensabschnitt kommt 1958 *Jahre der Okkupation* heraus (später unter dem Obertitel »Die Hütte im Weinberg« in *Strahlungen II* aufgenommen).

1.   Blätter und Steine

Neuansatz

Die Schriftensammlung *Blätter und Steine* (1934), die Jünger in den Werkausgaben wieder aufgelöst und auf verschiedene Bände verteilt hat, dokumentiert seinen endgültigen Rückzug ins intellektuelle Reservat der Gestaltschau. Sie dient gleichsam als Filter zwischen der ersten und der zweiten Werkphase, die sich konzeptionell und auch von den literarischen Verfahren her unterscheiden lassen (Beltran-Vidal 1996c u.

1996d). Jünger versammelt in *Blätter und Steine* die Teile seiner Publizi-
stik, denen seiner eigenen Einschätzung zufolge die »Eigenschaft der
Dauer innewohnt« (»Feuer und Bewegung«, »Sizilischer Brief an den
Mann im Mond«, »Die totale Mobilmachung«, »Die Staub-Dämonen«).
Beide Seiten des Werks, die sich Ende der 1920er Jahre ausgeprägt ha-
ben, werden damit weitergeführt, wie Jünger betont: »Der Titel erklärt
sich aus stilistischen Gründen; der ›Sizilische Brief‹ dürfte als ein Blatt,
›Feuer und Bewegung‹ als ein Stein zu betrachten sein« (SW14, 159).
Die »rein politischen Schriften« scheiden bislang aus dem eigentlichen
›Werk‹ aus (s. Kap. I.).

Der »Epigrammatische Anhang«, den Jünger für die zweite Auflage
von 1941 eingehend bearbeitet (Loose 1957, 135), gibt in Andeutungen
weitere Auskunft über das autorschaftliche Selbstverständnis, insbesondere
mit der in der Forschung oft zitierten Schlusssentenz: »Wer sich selbst
kommentiert, geht unter sein Niveau« (Jünger 1934, 226). In der zweiten
Auflage verschiebt Jünger den Merkspruch auf den vorletzten Platz und
endet mit der Behauptung: »In Stürmen gereift«, einer Formel, die auf
seinem Ex libris wieder auftaucht und seine zentrale Sinngebungsstrategie
aphoristisch fasst (Jünger 1942a, 228; SW12, 514; Noack 1998, 257). Zu
einiger Prominenz gelangte der »Epigrammatische Anhang« weiterhin
wegen der von staatlicher Seite erzwungenen Streichung des 44. Epi-
gramms: »Die schlechte Rasse wird daran erkannt, daß sie sich durch den
Vergleich mit anderen zu erhöhen, andere durch den Vergleich mit sich
selbst zu erniedrigen sucht« (Jünger 1934, 220; SV3, 235f.; Jünger/
Schmitt 1999, 34f.; Mühleisen 1986; Kiesel 1999a, 858).

Ebenso wie die »Revision« von *In Stahlgewittern* gehört Jünger zufolge auch *Blätter und Steine* zu den »Vorarbeiten« für eine Edition der
gesammelten Schriften, die er »noch unter Dach zu bringen hoff[t], ehe
die Entwicklung der Dinge andersartige Ansprüche stellt« (SW14, 159).
In diesem Kontext bemerkt er auch in einem Brief an seinen Bruder
vom 24. April 1935, dass die Bearbeitung seiner Weltkriegsbücher der
»Herausschälung des Kernes« gelte. Er habe mittlerweile den
»zweifelhafte[n] Charakter« der aus dem nationalistischen Diskurs aufgegriffenen Worte bemerkt (Schwilk 1988, 148). Jene Arbeit an einer
Neudefinition der eigenen Position, die die erste Fassung des *Abenteuerlichen Herzens* von der zweiten unterscheidet und die Jünger zur weitge-
henden Streichung der nationalistischen Passagen in den Tagebüchern
des Ersten Weltkriegs bewegt (s. Kap. II.1.1 u. 4), läßt sich daher in
Blätter und Steine auf engem Raum nachvollziehen. Insbesondere »Dalmatinischer Aufenthalt«, Jüngers erstes veröffentlichtes Reisetagebuch
(s. Kap. III.4.1), und »Lob der Vokale« verzichten beinahe ganz auf den
Gestus des nationalrevolutionären Programmatikers und inszenieren
den überzeitlichen Standpunkt des Sehers, wohingegen »Über den

Schmerz« in Stil und Thematik noch einmal virtuos den *Arbeiter* weiterführt.

Anzeichen für eine veränderte Position gegenüber dem historischen Prozess bietet allerdings zunächst »Die Staub-Dämonen«, eine Alfred Kubins bildnerischem Werk gewidmete »Studie zum Untergange der bürgerlichen Welt« (Gerhards 1999; Plumyène 1976). Kubin ist Jüngers wichtigster bildkünstlerischer Bezugspunkt neben A. Paul Weber, Rudolf Schlichter (Jünger/Schlichter 1997; Heißerer 1997; Fröschle 1998) und Hieronymus Bosch, auf den er sich an vielen Stellen seines Werks bezieht (Poncet 1997a). Zu den Künstlern, die sich mit Jünger auseinandergesetzt haben, zählen vor allem HAP Grieshaber (Schwilk 1988, 264f.) und Horst Janssen (Schwilk 1988, 274; Petersen 1995, 141ff.). Jünger datiert sein Interesse an Kubin auf die Zeit des Ersten Weltkriegs zurück, wo sich ihm zunächst Kubins Federzeichnung »Der Krieg« tief eingeprägt und wo er dann dessen Roman *Die andere Seite* gelesen habe (Jünger/Kubin 1975, 93ff.). Mehrmals beschäftigt er sich von da an in Besprechungen und kleineren Beiträgen mit Kubins Werk, und dieser illustriert umgekehrt die *Myrdun*-Ausgabe von 1948. Kubins Bilderwelt wird für Jünger zu einer Art malerischen Vorstudie zu den *Marmorklippen*, denn die Erzählung handelt wie die malerischen Visionen vom »Einbruch der zerstörenden Mächte in den überkommenen Raum«. Insbesondere die von Jünger mit Blick auf Kubins Werk beschriebene Topographie des Verfalls und des Untergangs prägt die Raum- und Landschaftsphantasien des Romans. Wie Jünger später für seine literarische Aufzeichnung des Ordnungszerfalls in den *Marmorklippen* einen unmittelbar kritischen Rückbezug auf die historischen Ereignisse abwehren wird, stellt er auch bei Kubin eine umso eindringlichere Wirkung fest, »als kein irgendwie gesellschaftskritischer Standpunkt beabsichtigt« sei (SW14, 33, 36; Pekar 1991, 122ff.). Der »Epochenargwohn«, den Karl Heinz Bohrer in Jüngers Werk aufgedeckt hat (s. Kap. II,4), wird dabei in »Staubdämonen« durch die charakteristischen Erfahrungen der Schreckensästhetik – den »Taumel«, den Verlust des »Gleichgewichtes« und das »Erschrecken« – angezeigt und genauer expliziert: Kubin, so erklärt Jünger, mache am scheinbar stabilen Epochengefüge die »Sprünge, Ritzen und Fugen« sichtbar, er lasse »das Ungeziefer, die Scharen der Ratten und Mäuse ahnen [...], die unter den Böden und in den Gewölben und Kellern verborgen sind« (SW14, 34). Bezeichnenderweise setzt der Briefwechsel von Jünger und Kubin (nach einem kurzen Vorspiel zu Beginn der 1920er Jahre) 1929, also gleichsam begleitend zum *Abenteuerlichen Herzen*, ein und dreht sich um die von Jünger projektierte Studie zum »Dämonischen« bei Kubin (Jünger/Kubin 1975, 14ff.). Auch Jüngers Aufsatz zu Kubins Roman *Die andere Seite* erscheint in demselben Jahr im *Widerstand* (Staub 2000, 262f.).

»Über den Schmerz« und das »Lob der Vokale«

Während Jünger mehr als ein Jahrzehnt lang den geistigen Stoßtruppführer gegeben hatte, räumt er nun das Feld und gesteht in gewisser Weise seine Rückwärtsgewandtheit ein. Nicht, dass Jünger die geschichtliche Entwicklung mittlerweile für steuerbar hielte oder eine andere Haltung als die eines gleichgültigen Einverständnisses mit den Geschehnissen propagierte. Aber dass die kommende Welt nicht mehr die seine sein wird, spricht er doch offen aus. Am Ende des *Blätter und Steine*-Essays »Über den Schmerz«, jener Analyse, die Jünger für seine avancierteste hielt (SW14, 163), heißt es dazu:

Wir befinden uns in einem Zustande, in dem wie noch fähig sind, den Verlust zu sehen; wir empfinden noch die Vernichtung des Wertes, die Verflachung und Vereinfachung der Welt. Schon aber wachsen neue Generationen auf, sehr fern von allen Traditionen, mit denen wir noch geboren sind, und es ist ein wunderliches Gefühl, diese Kinder zu beobachten, von denen so manches das Jahr 2000 noch erleben wird. Dann wird wohl die letzte Substanz des modernen, das heißt: des kopernikanischen Zeitalters entschwunden sein. (SW7, 188f.)

Bemerkenswert ist daher auch, dass in diesem Zusammenhang jenes das Spätwerk beherrschende Wort fällt: der »Nihilismus« (SW7, 190; Figal 1995a, 188f.; s. Kap. III.5; IV.2.1). In seinem Essay illustriert Jünger eine von Schmerz durchdrungene Welt in der Manier des *Arbeiters* am Beispiel einer Fülle von Phänomenen (der Mode und der Physiognomie, der neuen Formen der Kriegsführung, des Verhältnisses von Mensch und Technik oder der Körperpolitik). Zwar spielt der »Schmerz« bereits im Frühwerk eine Rolle, jedoch eher am Rand, so beispielsweise im *Kampf als inneres Erlebnis* (Jünger 1922b, 92) oder im *Abenteuerlichen Herzen* (z.B. SW9, 113f.; Staub 2000, 195ff.; 299ff.). Nun tritt diese Kategorie an die Stelle des »Gefährlichen« im *Arbeiter*, wo noch das Versprechen einer gewissermaßen ›abenteuerlichen‹ Haltung mitschwingen konnte, und die Stelle des ›realistischen Heroismus‹ wird ersetzt durch eine Form von ›realistischem Stoizismus‹.

Inwiefern die Schmerz-Philosophie die Funktion einer Gelenkstelle in der Werkentwicklung übernimmt, wird erst im Blick auf die *Strahlungen* deutlich, wo Jünger sich nach dem Tod seines Sohnes »Ernstel« erneut auf dieses Thema konzentriert. An den betreffenden Passagen fällt zunächst das seltsam disparate Verhältnis zwischen der Beschreibung der eigenen Befindlichkeit und der Deutung der Ereignisse auf. Der insistierende »Schmerz« über den Verlust scheint sich der interpretierenden Trauerarbeit zu widersetzen. In diesem Sinn bemerkt Jünger erstaunt über seinen gefallenen Sohn: »Sein Tod bringt eine neue Erfahrung in mein Leben: die einer Wunde, die sich nicht schließen will«, das

Ereignis füge »einen der Angel- und Wendepunkte« in sein Leben ein (SW3, 361, 382). Auf der Deutungsebene, die schon durch die Militärmetaphorik eine gewisse Nähe zu den Sinngebungsschemata der 1920er Jahre bewahrt (z.B. SW3, 391), glaubt Jünger nun erst eine angemessene Beziehung zum Zweiten Weltkrieg gefunden zu haben, und das durchaus mit neuen nationalistischen Tönen, wenn er das Erlebnis des Schmerzes als Grund des Gemeinschaftsbewusstseins und als lehrhafte Episode einordnet (SW3, 360, 372, 392). Die für die *Strahlungen* typische theologische Erweiterung erfährt das Thema durch den kanonischen biblischen Bezug auf Hiob und Jeremias (SW3, 416, 467).

Während Jünger im *Arbeiter* das »Gefährliche« gleichsam auf seiner produktiven Seite, als Zeichen des Neuen, ansieht, betrachtet er den »Schmerz« als eine Art Warnung. Die entsprechenden Formulierungen greifen direkt auf den Bildbereich der Kubin-Studie zurück, auf die »Risse und Fugen«, die an der bürgerlichen Welt sichtbar werden (SW7, 152). Die Bürger stehen nicht mehr im »Kreuzfeuer« des lustvoll seine Sätze abschießenden Diagnostikers, vielmehr scheint dieser sich nun um sein vorhergehendes Feindbild zu sorgen. Ähnlich wie bei der Reinterpretation der Slapstickfilme (im *Arbeiter* machte sich das neue »Arbeiter«-Publikum über die anachronistischen Figuren lustig, in den *Strahlungen* erkennt sich der Zuschauer in den Figuren wieder) ordnet Jünger sich bei der historischen Schlussabrechnung eher auf der Verlustseite ein, auch wenn er erneut die apokalyptische Figur der Einheit von Zerstörung und Neuerschaffung als Sinngebungsverfahren verwendet (SW3, 400f.; s. Kap. II.1.1, 1.2, 2.1; II.5). Bemerkenswert ist also weniger eine klare ›Kehre‹ Jüngers als vielmehr eine gewisse Reibung der Interpretationsmuster, die in ähnlicher Weise im Frühwerk bei der widersprüchlichen Einschätzung des Kriegs – insbesondere in *Sturm* (s. Kap. II.3) – zu bemerken war. Der Abstand, der »Über den Schmerz« von den *Strahlungen* trennt, wird indes deutlich, wenn Jünger, nachdem er den neuen, als Kanonenmunition brauchbaren Menschenschlag vorgestellt hat, auf einen General zu sprechen kommt, der »mit tiefer Zufriedenheit« die Nachricht vom Kriegertod seines Sohnes »begrüßt« (SW7, 161) – ein solcher »Held« ist Jünger in den 1940er Jahren nicht mehr. Dennoch kann Jünger in *Der Gordische Knoten* (1953) diese Passage des Schmerz-Essays aufgreifen, denn sie dokumentiert durchaus seinen veränderten Standpunkt in der Unterscheidung des Harakiri-Ethos, bei dem sich der Selbstmörder zu einem symbiotischen Teil der Waffen mache, vom Prinzip der Wahlfreiheit und dem Glücksanspruch, demzufolge selbst bei aussichtslosen Unternehmen noch die Möglichkeit der Rettung des eigenen Lebens und damit eine Trennung von Mensch und Maschine konzeptionell einbezogen werden müsse (SW7, 161, 424).

Der planetarische Blick rechnet allerdings hier wie dort mit einem
Gleichgewicht des Schmerzes, das sich historisch immer wieder einstel-
le: Wo die eine Zeit am Schmerz spare, müsse eine andere dafür bezah-
len (z.b. SW3, 373, 411f.). Während Jünger diese Gedankenfigur später
in den *Strahlungen* sub specie aeternitatis behandelt, fügt er sie in »Über
den Schmerz« noch in seine im *Arbeiter* entwickelte Zivilisations- und
Kulturtheorie ein und schreibt an einer Art Geschichte des Schmerzes.
Der ›heroische Realist‹ entdeckt auch in bezug auf den Schmerz die
Logik der »totalen Mobilmachung«, die »List des Schmerzes«: Der
Schmerz verschwindet nämlich nicht aus der Welt, wie es das Konzept
des Fortschritts impliziert, sondern er verändert nur seine Form. Er beginnt zum einen diffuser zu werden und sich in der Zeit in Form von
»Langeweile« oder »Seelenschmerz« aufzulösen, zum zweiten wird er
räumlich an die Ränder der bürgerlichen Welt verdrängt, zum dritten
aber sammelt er ein Bedrohungskapitel an (SW7, 156, 158). Jünger interessiert dabei insgesamt, dass der Schmerz durch das Raster der bürgerlichen Ordnungsstruktur fällt: weder ist er einer vertraglichen noch
einer moralischen Kontrolle zugänglich. Der Schmerz lässt sich konzeptionell verdrängen oder verurteilen, faktisch vermeiden lässt er sich
nicht. Aufgrund dieser Amoralität findet der Schmerz in der Fotografie
seine adäquate Aufzeichnungstechnik (s. Kap. II.5; SW7, 147f., 181f.).
Hinter dieser Schmerztheorie lassen sich deutlich zwei Interpretationsmuster entdecken: Neben der Theorie der Arbeiterwelt steht das von
Freud formulierte und von Jünger in *Der Kampf als inneres Erlebnis* auf-
gegriffene Modernisierungsmodell, demzufolge die Reduktion der Le-
bensenergie auf ein gleichförmiges Mittelmaß im Prozess der Zivilisation zu Entladungshandlungen führe (s. Kap. II.2.1). Der Bezug zum
übergreifenden Konzept der »totalen Mobilmachung« ergibt sich, wenn
man sieht, wie Jünger in seinen Kriegsbüchern das Moment der Bedrohung und des Zufalls einbaut: Der Erste Weltkrieg ist ein Grabenkrieg
und wird in der Nacht geführt. Er zeichnet sich über weite Strecken
durch eine unfassbare und permanente Gefahrensituation, durch die
»Wahllosigkeit der Bedrohung« aus (SW7, 149). Von dieser Anspannung ›erlöst‹ Jünger zufolge erst der direkte Anblick des Feindes. Anders
gesagt: Das Verhältnis von gleichförmiger Anspannung im Zivilleben
und Gewaltexzess im Krieg wiederholt sich im Krieg selbst noch einmal,
so dass umgekehrt die Normalisierung der Bedrohung den (scheinbaren) Frieden zu einem potentiellen Kriegszustand macht – Jünger verdeutlicht das z.B. direkt am Beispiel der Militarisierung des Städtebaus,
in dessen Konzept der Luftangriff als feste Größe eingeplant werde
(SW7, 166). Der einzige Unterschied liegt darin, dass mit epiphaniehaf-
ten Durchbrucherlebnissen entweder nicht mehr gerechnet werden
kann oder dass diese sich nicht mehr – wie in den *Stahlgewittern* – ins-

besondere bei Verletzungen, Todeserlebnissen oder Gewaltszenen einstellen. Im Gegenteil: Der Gewalt des Kriegs müssen Sinnerfahrungen in den *Strahlungen* abgetrotzt werden (s. Kap. III.4.2). Von den beiden Sinngebungsverfahren des Frühwerks, der dionysischen Einswerdung und der apollinischen Distanznahme, setzt sich letztere bei Jünger durch.

Diese Neuakzentuierung spiegelt sich in *Blätter und Steine* insbesondere in dem in den folgenden Ausgaben stark überarbeiteten Essay »Lob der Vokale«, einer mehrfach auch einzeln veröffentlichte Untersuchung (Mühleisen 1996, 32, 122), die Jünger offensichtlich sehr wichtig gewesen ist. Kaum größer könnte der Unterschied zwischen dem kühl durchgeführten phänomenologischen Angriff auf die Epoche der »Empfindsamkeit«, die den Schmerz auszuschalten und zu ignorieren versucht, zu Jüngers esoterischer Feinsinnigkeit sein, wie sie diesen Entwurf einer Sprachmystik in nuce kennzeichnet. Er selbst spricht dem neuen Ton dieser Schrift in einem Brief an seinen Bruder vom 19. Januar 1934 programmatische Qualitäten zu:

Nach dem »Arbeiter«, in dem ich mich allen Gepäcks entledigt hatte, und dem die konsumierende Großstadtluft zuträglich war, ist es jetzt vielleicht an der Zeit, ein wenig neues Fleisch anzusetzen. Wenn man von einer weiteren Steigerung des Willens nichts mehr erwarten darf, muß man sehen, ob sich das Mehr nicht durch die tieferen Kräfte der Zauberei, und müheloser erreichen läßt. Dies versuche ich im Augenblicke mit einer Schrift über die Vokale, und empfinde dabei zuweilen das Gefühl stark zuströmender Kraft. (Schwilk 1988, 146).

Der Werkzusammenhang stellt sich gleichwohl durch das eingespielte Initiationserlebnis des Kriegs sowie durch die Suggestion einer permanenten Bedrohung ein (SW12, 22f.): Die Dämonik der Welt, auf die Jünger in einer später gestrichenen Anmerkung direkt Bezug nimmt, entfaltet er von der Seite der Geräusche her (Jünger 1934, 84). Das katastrophische Bewusstsein, in dessen phantastischer Ausprägung im Bilderkosmos Kubins sich Jünger spiegelt und das die Studie »Über den Schmerz« durchdringt, tritt hier tendenziell zugunsten der metaphysischen Faszination in den Hintergrund, dass der Welt eine einsehbare Ordnung zugrunde liegt. Jünger schreibt damit gegen den von ihm diagnostizierten Zeitgeist an:

Persönlich ist mir diese Arbeit vor allem wertvoll als ein Nachweis, daß auch in einem Zeitalter, in dem das Mosaik der Wissenschaften fast lückenlos den Boden bedeckt, sich Zusammenhänge erschließen lassen, die vom Stande der wissenschaftlichen Feststellung ganz unabhängig sind. Der hier angewandte Zugriff stellt ein Muster dar, das sich auch auf andere Gebiete übertragen läßt. (SW14, 161)

Gegen das Programm der wissenschaftlichen Zugänglichkeit und der fotografischen Sichtbarkeit stellt Jünger die Esoterik einer Sonderbegabung, denn das von ihm anvisierte »Urbild« ist »seinem Wesen nach unbeschreiblich und nur aus den Wirkungen seiner Kräfte zu erraten« (SW12, 32).

Auch mit dieser Studie kann Jünger direkt auf das *Abenteuerliche Herz* zurückgreifen (Jünger 1934, 47; Staub 2000, 176ff., 286ff.). Er expliziert hier nichts anderes als eine Traumlogik der Sprache, in der Anklänge und Ähnlichkeiten ein Netz von Beziehungen stiften, das vom Dichter in seinen Träumen eingesehen werde (SW12, 19) und entwikkelt diesen Zusammenhang im Medium einer in vielen seiner Schriften behandelten »antinominalistischen« Sprachphilosophie (Draganović 1998, 30ff.), die sich in mehreren Punkten auf durchaus traditionelle Motive und Gedankenfiguren bezieht, etwa auf Überlegungen Hamanns oder auch Rimbauds (Meyer 1993, 238f.; Gajek 1996, 686f.). Das vitalistische Paradigma wendet er dabei auf die Sprache an, indem er die Worte zu Wortkörpern macht: Konsonanten entsprechen dem »Knochengerüst«, Vokale dem »Fleisch«, der Konsonant individualisiere, der Vokal vertrete das »Allgemeine«. Unklar ist, auf welche Prätexte Jünger sich hier genau bezieht, denn die Theorie der Wortkörper hat eine lange sprachmysthische Tradition, die u.a. Richard Wagner in seiner Sprachphilosophie aufgreift. Wagner wird in der Erstausgabe des Schmerz-Essays immerhin erwähnt (Jünger 1934, 50), und die Worttheorie in *Oper und Drama* weist auffällige Parallelen in der vitalistischen Metaphorik, in der Funktionsbeschreibung von Vokal und Konsonant sowie in der Bezugnahme auf den »Stabreim« auf (SW12, 16; Wagner 1994, 279ff.). Wagner wiederum wird von Carl Schmitt, mit dem Jünger seit Ende der 1920er Jahre in engem Kontakt stand (s. Kap. IV.2.3), in seiner Untersuchung von Theodor Däublers *Nordlicht*-Epos (1916) als Referenz angeführt. Hier findet sich nicht nur eine mit Jünger vergleichbare Lichtmetaphysik, sondern auch eine durchaus vergleichbare Sprachmystik (Schmitt 1991a, insbesondere 41ff.; Meyer 1993, 400ff.; Jünger/Schmitt 1999, 559f.).

Herder jedenfalls ist in der Erstausgabe von Jüngers Sprachessay der Gewährsmann für ein emphatisches Dichterbild: »Der Dichter entziffert die Urlaute der Welt [...]« (Jünger 1934, 51, auch 62). Weitere explizit erwähnte theoretische Referenzen neben den bereits genannten sind J. Grimm, Pascal, Hölderlin, Leibniz, Vico, Angelus Silesius, E.T.A. Hoffmann und Poe (SW12, 13, 15, 18, 21f., 24, 32, 34f.; zu Vico vgl. Draganović 1998, 46ff.), wobei es jedoch erneut weniger um konzise Übernahmen auf programmatischer Seite als vielmehr um das zur Schau gestellte Spiel mit dem Bildungsinventar geht. Jünger bleibt Eklektizist. Die Forschung hat bislang den genauen Ort von Jüngers Sprachphilosophie in den zeitgenössischen Diskursen nicht bestimmt, und auch die

Relevanz der Ausführungen für die Auslegung von Jüngers eigenen Werken ist nur versuchsweise in Betracht gezogen worden (Beltran-Vidal 1995, 195), obwohl Jünger in den folgenden Tagebüchern (z.b. SW3, 499; Brandes 1990, 106ff.; Sader 1996, 211ff.) sowie in der 1947 veröffentlichten Studie *Sprache und Körperbau* die sprachphilosophische Linie wieder aufgreift, erneut auf einen »Logos« bezugnehmend, der »die Welt erfüllt« und den Menschen mit einer Einsicht begabt, die die individuellen Kräfte des Sprechers übersteigt (SW 12, 50).

2. Kindheitsmuster

Das Vertrauen in ein einigendes Band, das den ganzen Kosmos durchzieht, bestimmt die analogische Denkordnung des Jüngerschen Werks. Seit dem *Abenteuerlichen Herzen* spielt dabei die Reflexion auf die Kindheit als zeitlich perspektivierte Form der Analogie eine besondere Rolle, weil sich hier einerseits ein typologisches Muster aufzeigen und zugleich – am Sprung vom 19. ins 20. Jahrhundert – ein Epochenbruch festmachen lässt. Vier Werke entfalten die Gedankenfiguren und thematischen Konstellationen, die Jünger mit der Adoleszenz verknüpft, besonders deutlich: die *Afrikanischen Spiele* (1936), die *Zwille* (1973), die *Annäherungen* (1970) und die *Subtilen Jagden* (1967), wobei letztere zugleich in die Entomologie, also in die Insektenkunde, als zentrales Interessengebiet Jüngers einführen.

2.1 Afrikanische Spiele

Mit den zwischen 1933 und 1936 entstandenen (Meyer 1993, 241) *Afrikanischen Spielen* (1936) beginnt Jüngers erzählerisches Werk, sieht man von dem lange Zeit vernachlässigten Frühwerk *Sturm* (s. Kap. II.3) ab. Die Geschichte der gescheiterten Flucht Herbert Bergers nach Afrika wird von der Forschung gelegentlich als biographische Quelle verwendet (z.B. Müller 1986, 214ff.; Nevin 1996, 30ff.; Noack 1998, 23ff.; Konitzer 1993, 77ff.), obwohl Jünger nicht nur durch den Namen oder durch das Alter des Protagonisten auf den Abstand zur eigenen Erlebniswelt aufmerksam macht (Berger ist zwei Jahre jünger als der Autor in der vergleichbaren Situation), sondern auch durch die programmatische Linie des Textes, die sich direkt aus dem *Arbeiter* ableitet (Brenneke 1992, 93ff.; Crescenzi 1995).

Für diesen konzeptionellen Zusammenhang spricht auch, dass Jünger seine Karl Rickert gewidmete Schrift »An einen verschollenen

Freund«, die er in den *Sämtlichen Werken* nach dem *Sizilischen Brief* und
vor dem *Abenteuerlichen Herzen* einordnet, auf das Jahr 1930 datiert.
Rickert taucht in den *Afrikanischen Spielen* unter dem Namen Charles
Benoit auf. Sein eigener Rückblick auf die Zeit mit Jünger in der Fremdenlegion und den gemeinsamen Fluchtversuch ist ein wichtiges biographisches Dokument (Die Schleife 1955, 42ff.), und das nicht zuletzt
deswegen, weil damit die Romantisierung der Geschehnisse bei Jünger
offensichtlich wird (Loose 1957, 147). Diese literarische Überformung
der Ereignisse liegt aber zunächst weniger an Jüngers Faible für die Verklärung der eigenen Vergangenheit als vielmehr an der zugrundeliegenden Problemstellung und an der Funktion der Erzählung. Abgekoppelt von
der Biographie erst zeigt sich die eigentliche Zielsetzung Jüngers, denn
im Werkzusammenhang illustrieren die *Afrikanischen Spiele* einen ähnli-
chen epochentypischen Vorgang der Desillusionierung wie der Beginn
der *Stahlgewitter* (s. Kap. II.1.1). Jeweils wird das Zeitalter des ›Bürgers‹
verabschiedet, nur macht Jünger nun deutlich, dass dieses Reservat ver-
meintlicher Sicherheit nicht aufgrund eines historischen Ereignisses wie
des Ersten Weltkriegs endet, sondern aufgrund von Mechanismen, die
auch dem Krieg nur den Status eines Epiphänomens zuweisen. ›Afrika‹
ist gleichsam ein philosophischer Ort. Diese programmatische Ausrichtung hatte Jünger in einer anderen unveröffentlichten literarischen Version seines Ausbruchversuchs noch deutlicher im Titel festgehalten: *Die
letzte sentimentale Reise oder die Schule der Anarchie* (Paetel 1949, 77).
Eine Passage aus dem *Abenteuerlichen Herzen* liest sich wie ein Kommentar zu dieser Überschrift: »Afrika, das war für mich die prächtige
Anarchie des Lebens, die doch unter ihrer wilden Erscheinung eine tiefe, tragische Ordnung erfüllt und nach der wohl jeder junge Mensch zu
einer bestimmten Zeit Sehnsucht besitzt« (SW9, 50f.).

Aus »Überdruß« an seiner vom Geist des »Nützlichen« geprägten
Umgebung und aus Sehnsucht nach dem »Geheimnisvollen« beschließt
der Schüler Herbert Berger, sich zunächst als Fremdenlegionär zu ver-
dingen, um dann auf eigene Faust ins Innere Afrikas vorzustoßen. Nach
seiner nächtlichen Flucht aus dem Elternhaus begibt er sich über mehrere Stationen zu Fuß und per Bahn nach Verdun und lässt sich dort re-
krutieren. Hier und im folgenden lernt er eine Reihe weiterer Legionäre
kennen, deren eingeblendete Kurzbiographien von nun an die Erzählung zu einem wesentlichen Teil rhythmisieren (Günther 1966, 39ff.).
Vor seiner endgültigen Einberufung aber wird der Ausreißer in Marseille
von Goupil, einem Militärarzt, ein letztes Mal gewarnt: »Mein lieber
Berger, Sie sind in dem Alter, in dem man die Wirklichkeit der Bücher
überschätzt. [...] Sie sind noch zu jung, um zu wissen, daß Sie in einer
Welt leben, der man nicht entflieht« (SW15, 145f.). Seine Flucht werde,
so prophezeit der Arzt, wie Arthur Rimbauds Ausbruchversuch schei-

tern. Und tatsächlich: In Bel-Abbès angekommen, macht sich der ent-
täuschte Berger (»Es gab hier zuviel Sand und zu wenig Bäume für meinen Geschmack«; SW15, 191) gemeinsam mit Charles Benoit aus dem
Staub, wird jedoch sogleich wieder eingefangen. Inzwischen hat sein
Vater interveniert, der ihn zuvor bereits mit Geld versorgt hatte und
damit auf die nach wie vor bestehende Bindung zur Welt der Eltern
hinweist. Berger kann von seiner Illusion eines »willkürlich[en]« Lebens
geheilt nach Hause zurückkehren: »Der Vorstoß in das Gesetzlose ist
lehrreich wie der erste Liebeshandel oder wie das erste Gefecht; das
Gemeinsame dieser frühen Berührungen liegt in der Niederlage, die
neue und stärkere Kräfte weckt. Wir werden ein wenig zu wild geboren
und heilen die gärenden Fieber durch Tränke von bitterer Art« (SW15,
244f.).

   In vergleichsweise lakonischem Stil verwandelt Jünger hier die im
Arbeiter formulierten Einsichten in die moderne Welt in eine Erzählung,
die außer dem ideellen Gehalt mit den vorangegangenen und folgenden
literarischen Werken wie dem *Abenteuerlichen Herzen* oder den *Marmorklippen* und deren traumlogischen Verfahren nur wenig gemeinsam hat.
Lediglich einige eigentümlich surrealistische »Traumbild[er]« (SW15,
100) stellen ein Verbindungsglied dar, wie z.B. die Figur der Dorothea,
die Berger auf der Flucht begleitet, ihm Ratschläge erteilt und sich am
Ende wie seine romantischen Hoffnungen auflöst. Sie ist eine Verkörpe-
rung des »doppelten Bewußtseins«, das Jünger im *Abenteuerlichen Herzen* ebenfalls personalisiert, einerseits als »Mann im Mond«, andererseits
aber auch als ein Kind, »das man in sich trägt« (SW9, 92). Freilich wirft
die Verabschiedung Dorotheas nicht geringe interpretatorische Probleme auf: Markiert Jünger damit den Übergang auf eine andere, weniger
kindliche Bewusstseinsstufe? Distanziert er sich hier ein letztes Mal von
seiner Hauptfigur? Vielleicht deutet Jünger damit den Prozess an, den er
im *Abenteuerlichen Herzen* als Entzauberung der Welt im Alter beschreibt und dem er mit der Wiederverzauberung durch die Magie des
»stereoskopischen Blicks« entgegnet (SW9, 58f.). Im Finale sowohl der
Erstfassung als auch der Werkausgabe, die beide erheblich voneinander
differieren, erklärt Jünger das Verschwinden Dorotheas jeweils mit dem
Ende der Kindheit (SW15, 244; Jünger [1937], 218), und in den *Strahlungen* verabschiedet sich Dorothea, die hier als autobiographische Figur
eingeführt wird, mit den Worten: »Mein armer Freund, mit der Freiheit
ist es vorbei« (SW2, 282).

   Die Kindheitserinnerungen im *Abenteuerlichen Herzen* gehören in
diesen konzeptionellen Zusammenhang (SW9, 43ff.). Bereits in *Das
Wäldchen 125* behandelt Jünger sein im ganzen Werk merkliches exoti-
stisches Interesse (Jünger 1926a, 37, 188f.; Pekar 1999), und im *Abenteuerlichen Herzen* bekommt dieses Interesse einen Ort im traumlogi-

schen Epochenzusammenhang, der sich durch die Rebellion der Jugend
gegen die von ›bürgerlichen‹ Grenzziehungen umrahmte Welt der Väter
auszeichnet. Die Flucht zur Fremdenlegion wird auf diese Weise zum
»Protest gegen die Mechanik der Zeit« (SW9, 43). Im Hitzebedürfnis –
die »Wärme« ist ja eines der motivischen Gravitationszentren in der
Ähnlichkeitsordnung des *Abenteuerlichen Herzens* (s. Kap. II.4) – findet
Jünger den Schlüssel zur Interpretation der biographischen Episode im
historischen Kontext. Im *Arbeiter* schließlich erläutert Jünger die Unzu-
länglichkeit von Bergers Haltung als prinzipielles Problem der historischen Situation:

Fast ist es dem Bürger gelungen, das abenteuerliche Herz davon zu überzeu-
gen, daß das Gefährliche gar nicht vorhanden ist und daß ein ökonomisches
Gesetz die Welt und ihre Geschichte regiert. Den jungen Leuten, die bei
Nacht und Nebel das elterliche Haus verlassen, sagt ihr Gefühl, daß man sich
auf der Suche nach der Gefahr sehr weit, über See, nach Amerika, zur Fremdenlegion, in die Länder, in denen der Pfeffer wächst, entfernen muß. So werden Erscheinungen möglich, die ihre eigene, überlegene Sprache kaum zu
sprechen wagen, sei es die des Dichters, der sich selbst dem Albatros vergleicht, dessen mächtige, für den Sturm geschaffene Schwingen in einer fremden und windstillen Umgebung nur ein Ziel der lästigen Neugier sind, sei es
die des geborenen Kriegers, der als Taugenichts erscheint, weil ihn das Leben
der Krämer mit Ekel erfüllt.

Das Zeitalter des Bürgers und damit auch des »romantischen Protestes«
sieht Jünger durch den Ersten Weltkrieg jedoch endgültig beendet.
»Sehr bald stellt sich dann heraus, daß die von der Ferne oder der Vergangenheit gespeisten Kraftquellen, etwa die der abenteuerlichen Träu-
merei oder die eines konventionellen Patriotismus, unzulänglich geworden sind« (SW8, 59f.). Diese Epochenerfahrung wollen die
Afrikanischen Spiele vermitteln (SW15, 201f.). Wie im *Arbeiter* wird
daher auch die Lächerlichkeit des Verhaltens zum Kriterium historischer
Verspätung (SW15, 221, 228).
    In dem später nicht wieder abgedruckten Nachwort zur Erstausgabe
der *Afrikanischen Spiele* macht Jünger in der Diktion des *Arbeiters* diese
Zusammenhänge selbst deutlich. Die *Afrikanischen Spiele* führen demnach eine Unternehmung vor, der der »Mißerfolg das einzig angemessene ist, wenn man nicht zur immer noch beliebten romantischen Täuschung seine Zuflucht zu nehmen gedenkt« (Jünger [1937], 222). Die
Verworrenheit der zeitgenössischen Lage kommentiert er hier mit einer
Sentenz Théophile Gautiers: »La barbarie nous vaut mieux que la platitude«, wobei ihm die Allianz von Barbarei und Platitüde zur historischen Signatur der Gegenwart wird (später übersetzt Jünger »platitude«
bezeichnenderweise mit »Nihilismus«; SW2, 423). Dass Jünger sich auf
Oswald Spenglers *Jahre der Entscheidung* beruft, passt jedenfalls in das

Bild des Gegners sowohl der Weimarer Republik als auch der Nationalsozialisten (Breuer 1995, 175ff.). Die Niederschrift der Erzählung, so
erklärt er abschließend, habe ihm auch als Erholung in der Vergangenheit gedient – sein »Koordinatensystem« allerdings bleibt das der »Totalen Mobilmachung« (Jünger [1937], 220f., 224f.).

Für den »stereoskopischen Blick« sind räumliche und zeitliche Distanzen gleichgültig (Meyer 1993, 248). Im Zuge der Bearbeitung fügt
Jünger am Ende der Erzählung eine entsprechende Sentenz ein: »Im
Grunde war die Zukunft Vorgeschautes und Vorgewußtes: sie war Erinnerung« (SW15, 244). Daher steht Bergers Fluchtversuch von Beginn
an unter dem Vorzeichen des Scheiterns. Sein Grundirrtum besteht im
Glauben an einen geographischen Fluchtpunkt, wohingegen das wahre
Ziel in einer bestimmten inneren Einstellung liege. Seine Wunschbilder
sind der Wirklichkeit unangemessen, wie Jünger an mehreren Desillu-
sionierungserlebnissen des Protagonisten zeigt (z.B. SW15, 171f., 222,
239f.; Kunicki 1991, 254f.). Jünger demonstriert mit seiner Erzählung
die Vergeblichkeit einer an Räumen orientieren Flucht und empfiehlt
die intellektuelle Variante des jugendlichen Eskapismus. Immer wieder
weist die Erzählung auf geistige Auswege hin, und zwar insbesondere im
Zusammenhang mit Rauscherfahrungen als »schnellste Art zu reisen«
(SW15, 128). Hier kann man »Millionen Jahre wie ein Minute« zubrin-
gen und sieht jene »Figuren«, »nach denen die Welt errichtet ist« und
die Jünger mit dem »stereoskopischen Blick« im *Abenteuerlichen Herzen*
anvisiert (SW15, 160, 162). In den *Annäherungen* (1970) wird Jünger
diesen Komplex genauer behandeln (s. Kap. III.2.2).

Bergers Verwechslung von Traum und Wirklichkeit, seine nicht zuletzt durch Bücher wie Henry Mortons *Die Geheimnisse des dunklen Erd-
teils* übersteigerte Phantasie, machen ihn zu einem Don Quijote der
Moderne (SW15, 89). Im *Abenteuerlichen Herzen* gab Jünger unter anderem im Blick auf Cervantes' Romanhelden die Parole aus: »Mögen
wir niemals so alt werden, daß wir das rechte Lachen verlieren über die
Taten derer, die plötzlich als Taugenichtse auf und davon gingen, weil
ihnen die Bücher den Kopf verdrehten« (SW9, 56; Kindt/Müller 1995).
Als Rebellion gegen eine aus Sicht Jüngers verkürzte Form des aufkläre-
rischen Denkens behält Bergers Flucht ihr Recht. Die Ablehnung des
verzweifelten romantischen Protests ist durchaus gebrochen (Crescenzi
1995, 180f.). Selbst wenn Jünger in den *Afrikanischen Spielen* vor dem
Horizont seiner tiefgreifenden Geschichtsanalyse im *Arbeiter* die Welt
der Kindheit in einem umfassenden Sinn verabschiedet, bleibt diese
Lebensphase ein Bezugspunkt, auf den er geradezu obsessiv immer wieder zu sprechen kommen wird

2.2   Exkurs: Kinder, Käfer, Kokain

»Die Zwille«

Im zweiten Band von *Siebzig verweht* erklärt Jünger im Tagebucheintrag
vom 1. April 1972: »Die Schule hängt mir immer noch nach, viel inten-
siver als das Militär« (SW5, 76). Das trifft in der Tat die Bedeutung
dieses Themenkomplexes in seinem Werk. Jünger konzipiert die Weltgeschichte und das Leben des Einzelnen an verschiedenen Stellen als »Prüfung« (s. Kap. II.1.2), so wenn er beispielsweise in den *Strahlungen* von
der historischen »Examensangst« der ihn umgebenden Menschen
schreibt (SW2, 48) oder seine »Examensträume« als aufschlussreiches
Zeichen interpretiert (SW2, 73), das weit über die individuelle Erinnerung hinausreiche (SW3, 340). Auf diese Weise kann die Schule zum
Repräsentanten des Ganzen avancieren, und genau das geschieht in *Die
Zwille* (Reitenbach 1976; Koslowski 1991, 144ff.). In diesem 1973 zunächst in Fortsetzungen in der *Frankfurter Allgemeinen Zeitung* und im
selben Jahr als Buch erschienenen Roman entwirft Jünger erneut wie im
Abenteuerlichen Herzen, im *Arbeiter* und in den *Afrikanischen Spielen*,
denen das Buch auch in der entspannten Tonlage folgt, die lebensgeschichtliche Episode der Adoleszenz als historisch in mehrfacher Weise
symptomatische Phase.

Der Roman erzählt von der schwierigen Schulzeit Clamor Eblings,
der zu Beginn des 20. Jahrhunderts als Waise von seinem Dorf in die
Stadt kommt. Der ältere Teo, in vielem eine Komplementärfigur zu Clamor (Meyer 1993, 585f.), nimmt ihn unter seine Fittiche und macht
ihn zu seinem »Leibschütz« – diese Figurenkonstellation sowie Teile der
Handlungsstruktur hatte Jünger bereits in *Gläserne Bienen* (1957) in der
Geschichte von Clamor Boddsiek verwendet (SW15, 525ff.). Von nun
an muss Ebling Nachforschungen für seinen Beschützer anstellen, die
dieser für Erpressungen ausnutzt. Als sie Konrektor Zaddeck mit ihren
Zwillen die Fenster einschießen, wird Ebling erwischt. Zugleich aber
kommt heraus, dass der Konrektor einen Schüler mit sadistischer Lust
schwerstens misshandelt hat, weswegen dieser Selbstmord verübt. Am
Ende wird Ebling vom Zeichenlehrer Mühlbauer adoptiert. Inhaltlich
verhandelt der Roman damit eine Reihe der Jüngerschen Zentralthe-
men, die kompositorisch so vielfältig und raffiniert eingeblendet werden, dass hier nur Andeutungen möglich sind: So kämpft Clamor Ebling beispielsweise mit dem Zwiespalt von Aktion und Kontemplation,
den Jünger in *Sturm* ausführlicher behandelt (z.B. SW18, 255; s. Kap.
II.3). Zum Außenseiter wird der Neuankömmling nicht nur wegen seiner ungelenken Manieren, sondern vor allem auch wegen seines akausa-
len Denk- und Wahrnehmungsstils (z.B. SW18, 19), der das *Abenteuer-*

liche Herz (s. Kap. II.4) und der vor allem das kaleidoskopische Darstellungsverfahren der *Zwille* selbst bestimmt. Schließlich wird auch das große Thema der Flucht vor der Moderne ins Exotische, das die *Afrikanischen Spiele* vorführen, am Beispiel von Teo reflektiert, der mit dem Liebhaber seiner Mutter in den Orient geflohen war, bevor er Clamor auf der Schule trifft (z.b. SW18, 145f.).

Beherrschendes und übergreifendes Thema ist dabei bis ins Detail der Übergang von der Vormoderne in die Moderne, den Jünger im *Arbeiter* dargestellt hatte (s. Kap. II.5) und dessen Konsequenzen nun in der *Zwille* an einer bis in ihre Grundfesten erschütterten Gesellschaft vorgeführt werden (Beltran-Vidal 1995, 25ff.; Beltran-Vidal 1996c, 93ff.; Beltran-Vidal 1996d, 782ff.). Clamor etwa reagiert mit Überängstlichkeit sowohl auf die gestörte Beziehung zum Vater (Gauger 1997, 101ff.) als auch auf die immer größer werdende Bedrohlichkeit der modernen Welt: Was auf dem Dorf noch zaghaft durch die Mechanisierung des Mühlbetriebs beginnt, ist in der Stadt bereits in Potenz verwirklicht (z.b. SW18, 20). In *An der Zeitmauer* (1959), der Fortführung des *Arbeiters* (s. Kap. IV.2.2), schreibt Jünger nicht umsonst: »Furcht ist Erziehungssache [...]« (SW8, 522). Ähnliche Belegstellen aus Jüngers Werk nach 1945 ließen sich hinzufügen. Zwar zieht Clamor sich auf Plätze zurück, die die »stille, uralte Zeit« konservieren (SW18, 19), aber im urbanen Raum findet er bloß noch den Abtritt als Zufluchtsort. Auch Clamors Gastgeber, Professor Friedrich Quarisch, stemmt sich gegen die Modernisierung, weiß aber um die Vergeblichkeit dieses Widerstands: Er wird sich an die Strom-, Gas- und Wassernetze anschließen lassen mussen und somit Teil der »organischen Konstruktion« der Arbeiterwelt werden. Dass gerade die Spinner, also die Arbeiter, das Grundwasser abgraben, ist ein mehr als überdeutliches Signal für den Epochenumbruch (SW18, 92ff., 103). Das Gelächter, das Clamor wegen seines Verhaltens und seines »alten« Namens wegen erntet, ist also das den *Arbeiter* durchhallende Gelächter der neuen Zeit über die alte (SW18, 30, 96, 115). Wenn nun aber am Ende ein Vertreter der Tradition seine Stärke unter Beweis stellt und aus Clamors Dorf in die Stadt reist, um die verworrenen Verhältnisse zu ordnen, dann demonstriert auch die *Zwille*, dass – anders als im *Arbeiter* – die im Prozeß der Modernisierung marginalisierten Fähigkeiten nach wie vor von großer Bedeutung sind (SW18, 262).

Wenngleich somit inhaltlich für Jüngers Werk durchaus Konventionelles durchgespielt wird, bleibt die Spiegelung dieser Problembereiche im Erotischen und in der Sexualität doch bemerkenswert. *Die Zwille* führt in eine Welt der bürgerlichen Bigotterie und der entsprechenden Tabus: Sadismus, Onanie, Homophilie, Päderastie, Prostitution und Ehebruch sind Themen, um die das Geschehen kreist. Zunächst dürfte

dabei der zweifache Hinweis auf Max Stirner von Bedeutung sein: Über
Stirner, der in *Eumeswil* eine große Rolle spielt (s. Kap. IV.3.2), lernt
Teo nämlich das Denken nach Maßgabe der Genealogie der Moral ken-
nen. Er nutzt die schulischen Wissensformen und die bürgerlichen
Moralmaßstäbe strategisch aus, frei nach der Maxime: »Erkenne die
Grenze, ohne sie anzuerkennen [...]« (SW18, 137f. sowie 135f.). Bereits
hier wird klar, dass es Jünger wiederum weniger um die Psychologie sei-
ner Figuren als um das Reflexionsverhältnis von Phylogenese und Onto-
genese geht, gleichsam um die mythologischen Struktur der Erzählung
(Rutschky 1973).

Zwei Episoden, die zugleich auf zwei Bedeutungsebenen des Romans
spielen, markieren dieses überindividuelle Interesse besonders deutlich:
So erklärt der Zeichenlehrer Mühlbauer, dass »das bildhafte Sehen [...]
gemeinhin mit der Pubertät« erlösche (SW18, 229) – wenn Mühlbauer später Clamor adoptiert, dann ist die nicht zuletzt erotische Sympathie zwischen den beiden darin begründet, dass der Knabe »auf einer
frühen Stufe der Entwicklung stehen geblieben« ist (SW18, 267, 250).
An einer anderen Stelle wird der tiefgreifende Konflikt zwischen Teo
und seinem Vater geschildert, der den Heranwachsenden schließlich
auf die Seite des »Neuen« und zur Flucht mit seiner ehebrecherischen
Mutter treibt: Teo setzt sich gegen seinen prügelnden Vater durch einen Biss in die Genitalgegend zur Wehr, was von diesem – gemessen
an der Ohnmacht der betroffenen Romanfigur – nicht ohne Ironie auf
die Entmannung und den Sturz von Uranos durch seinen von der Mutter aufgewiegelten Sohn Kronos umgedeutet wird (SW18, 61f.). Immer
also verweist das vordergründige Geschehen auf die großen, sich für
Jünger im Mythos spiegelnden welthistorischen Umbrüche (Pekar 1999,
68ff., 88ff.), die im Fall des Uranos-Mythos sogar die Epochenkonstruk-
tion des *Arbeiters* übergreift und zu dem von Jünger in den 1950er Jahren entwickelten Modell der Posthistoire gehört (SW8, 592f.; s. Kap.
IV.2.2).

»Subtile Jagden«

Das in der *Zwille* omnipräsente Thema des Erotischen, das Jünger aus
dem Vitalismus übernimmt (s. Kap. II.2.1 u. 2.), ist für sein Werk auf
zweifache Weise von Bedeutung: Auf der einen Seite findet Jünger in
der sexuellen Attraktion ein weiteres Exempel seiner Korrespondenzme-
taphysik, für die ein Netz geheimer Beziehungen alles verbindet (das ist
beispielsweise der konzeptionelle Hintergrund für Jüngers amouröses
Verhältnis zu Paris sowie für die geradezu erotomanen Streifzüge durch
die Straßen der französischen Metropole während des Zweiten Weltkriegs) (s. Kap. III.4.2). »Eros«, »Neigung«, »Sympathie« und ähnliche

Begriffe umkreisen diesen Zusammenhang (Beltran-Vidal 1995, 27). Auf der anderen Seite strukturiert Jünger durch die Prinzipien des »Männlichen« und »Weiblichen« den antagonistischen Aufbau der Welt im Anschluss an Johann Jacob Bachofens Thesen zum Matriarchat und Patriarchat (Pekar 1991, 25ff.; 58f.). Dieser Aspekt spielt in der *Zwille* nur eine nachgeordnete Rolle, in den *Subtilen Jagden* (1967) hingegen bestimmt er das biographische Ordnungsmuster. Dort steht nämlich der eigene Vater nicht nur für die überkommene Kultur des 19. Jahrhunderts, sondern auch für das überhistorische Prinzip des Geistigen, Ordnenden und Kategorisierenden, wohingegen die Mutter das Prinzip der »Anschaulichkeit« vertritt (SW10, 11ff.; vgl. auch SW14, 47ff., 62ff.; s. Kap. II. u. IV.2.2).

Wichtiger aber als diese stereotype Verteilung von Geschlechtereigenschaften, wie sie z.B. auch die Vorstellungen patriarchaler und matriarchaler Ordnungen in den *Marmorklippen* definieren (s. Kap. III.3), sind die verstreuten Hinweise auf die »große Mutter« als schöpferische Kraft kosmischen Ausmaßes (z.B. SW10, 33) und vor allem der Zusammenhang von Kindheitserinnerung und Entomologie. Denn was an den *Subtilen Jagden* zunächst auffällt, ist die durchaus eigenwillige Kombination von Autobiographie, Anekdotensammlung, Reisetagebuch, mythologischen, poetologischen und entomologischen Reflexionen. Und eben diese Kombination unterschiedlicher Themenfelder, die wechselseitige Transparenz der Bereiche aufeinander, stimuliert Jüngers Ähnlichkeitsdenken nicht zufällig in Konzentration auf die Natur und die Naturwissenschaft, wofür sich eine diffuse ideengeschichtliche Traditionslinie von Heraklit über Paracelsus und Goethe bis in Jüngers Gegenwart ziehen lässt (Zissler 1990; Arzt 1999).

Jüngers Interesse an Käfern ist legendär und reicht weit über ein skurriles Faible hinaus, vielmehr war er eine anerkannte Größe auf diesem Gebiet. Die Bibliographie von Mühleisen zählt allein 24 Insekten, die nach Jünger benannt worden sind (Mühleisen 1996, 164ff.). Seine Beiträge zu Fachzeitschriften, vor allem zu den *Entomologischen Blättern*, setzen bezeichnenderweise im Jahr 1932 ein (Mühleisen 1996, 162ff.), also zu dem Zeitpunkt, als er seine Karriere als nationalrevolutionärer Publizist beendet (s. Kap. II.2.2), wobei – ebenso aufschlussreich – erste Hinweise auf die Bedeutung dieses Bereichs bereits im *Abenteuerlichen Herzen* gegeben werden (SW9, 63f., 128f., s. Kap. II.4). Dass Jünger in den *Subtilen Jagden* neben der Schulzeit vor allem auch auf die Zeit um 1933 zu sprechen kommt, als er von Berlin nach Goslar zieht, und dass er in diesem Kontext eine kleine Theorie des Sammlers, Antiquars und Bibliophilen als Widerständler gegen die Zeit entwirft, fügt sich in diesen Zusammenhang (SW10, 148ff.) und deutet auf das Selbstbild, das er in den *Strahlungen* von sich zeichnet (s. Kap. III.4.2).

Knapp zusammengefasst, ist die Entomologie aus sechs Gründen für
Jünger ein zentrales Feld: Erstens verbindet sie den analysierenden
Denkstil mit synthetisierender Anschaulichkeit, kombiniert also gleichsam das väterliche und mütterliche Erbteil (SW10, 22). Zweitens entspricht die Sammelleidenschaft einer traditionsorientierten Wissensform
des 18. und 19. Jahrhunderts (als beinahe schon mythische Instanz figuriert dabei der schwedische Naturforscher Carl von Linné mit seinem
1735 erstmals veröffentlichten *Systema naturae*). Die Entomologie zeigt
eine erstaunliche Resistenz gegen die moderne »exakte Naturwissenschaft« (und gegen die vor allem von Charles Darwin beförderte Verzeit-
lichung der Natur), auch wenn selbst hier – wie Jünger angesichts der
Schädlingsbekämpfung zugeben muss – die Imperative der Arbeiterwelt,
die Maximen der Nützlichkeit und Unifizierung, ihre Herrschaft zu entfalten beginnen (z.B. SW10, 113, 116). Entscheidend ist für ihn, dass
man die Machtstrukturen des Arbeiterzeitalters anerkennen und gleichwohl Gegenwelten finden kann. Dies zeigt sich – drittens – am deutlichsten an der Bedeutung der Reisen für die entomologischen Erkundungen (z.B. SW10, 117): Wie in den Reisetagebüchern bedeutet die
Flucht aus der Landschaft der Moderne in den Mittelmeerraum oder in
exotische Länder auch eine Flucht aus der Zeit in die Vergangenheit (s.
Kap. III.4.1). Zugleich aber hält Jünger an dem im *Arbeiter* und in den
Afrikanischen Spielen formulierten Befund fest, dass geographischer Eskapismus ein vergebliches Unterfangen ist. Daher verbindet die Entomologie die Reise in die Ferne mit der Erweiterung des Horizonts im
Kleinen (z.B. SW10, 179). Nicht zuletzt auf den Reisen erfährt Jünger
viertens, dass die Ordnung der Tierwelt mit der Ordnung der Pflanzen-
welt eine Einheit bildet – diese Korrespondenztheorie führt Jünger u.a.
in »Grenzgänge«, einem kleineren Essay von 1965, genauer aus (SW13,
174ff.). Indem Jünger nun fünftens von einer inneren Affinität von Forscher und Forschungsgegenstand ausgeht, gliedert sich auch die Men-
schenwelt an diesen Zusammenhang an (z.B. SW10, 44, 144). Zu den
Spezifika der Entomologie gehört dabei, dass ohnehin ein ausgeprägtes
Interesse der Insektenkundler an ihren Kollegen, sei es durch persönliche Kontaktaufnahme, sei es durch die Anlage der Nomenklatur u.ä.,
festzustellen ist (z.B. SW10, 59f.; zu Jüngers Metaphysik der Benennung vgl. »Typus, Name, Gestalt«, 1963; SW13, 83ff.; Mattenklott
1996, 853ff.). Daher spielt sechstens der ganze Komplex des »Erin-
nerns«, der von lebensgeschichtlichen Reflexionen bis zur platonischen
Anamnese reicht, eine so große Rolle in den *Subtilen Jagden* (z.B.
SW10, 51).

Hier liegt der Schlüssel für den Zusammenhang von Entomologie
und Autobiographie, denn Jünger geht – so erklärt er z.B. in seiner »Ansprache vor den Bayerischen Entomologen« (1965) – von der prägenden

Wirkung einer kindlichen Faszination aus, die als »Erinnerung« den Insektenkundler sein ganzes Leben hindurch begleite. Umgekehrt binden sich wiederum an jedes einzelne Fundstück Assoziationen der je spezifischen Entdeckungssituation (SW10, 328f., 335, vgl. auch 144). Dabei verbirgt sich im kindlichen Blick eine bestimmte Qualität der Wahrnehmung, womit wiederum der Rückbezug auf die *Zwille* möglich wird. Denn in seinen Erinnerungen an die Schulzeit in den *Subtilen Jagden* nähert sich Jüngers autobiographisches Ich seiner Romanfigur Clamor nicht nur durch den ängstlichen Charakter oder das träumerische Wesen und andere inhaltliche Momente an, sondern vor allem auch über den bildlichen, parataktischen Denkstil (z.b. SW10, 71). Bezeichnenderweise fordert Jünger in seinem »Geleitwort zu Adolf Horions ›Käferkunde für Naturfreunde‹« (1949), die »beschreibenden Naturwissenschaften« in den »pädagogischen Plan« der Schulen als Gegengewicht zu den »angewandten Disziplinen« zu integrieren (SW10, 351).

Für beide Werke nun, den Pennälerroman und die Entomologiestudie, stellt sich eine zentrale Frage: »Und wie kam ich hier herein?« (SW10, 101; SW18, 11, 247). Dabei ist weniger die inhaltliche Beantwortung relevant als vielmehr das strukturhomologe Verfahren der Beantwortung. In der *Zwille* und in den *Subtilen Jagden* konstruiert Jünger einen Assoziationsraum, der sich zwar in groben Zügen an eine zeitliche Abfolge hält (die *Zwille* erzählt ja durchaus eine Geschichte, und die *Subtilen Jagden* beginnen in der Jugend und enden bei Reflexionen über die Vergänglichkeit der Sammlungen), aber dieser Assoziationsraum folgt keiner kausalen Ordnung (Meyer 1993, 552, 563). Daher stellt Jünger die Erinnerungen an seine Schulzeit als nachgeholte Einleitung und diese Verkehrung der konventionellen Ordnung als seine Art der Problembewältigung vor (SW10, 97). Die Darstellungsstruktur verwirklicht somit formal das, was sie thesenhaft nicht zuletzt im Bereich der Entomologie verkündet, nämlich eine Welt aus »Ahnung, Anklang und Ähnlichkeit«, wie es das *Abenteuerliche Herz* formuliert (SW9, 66; vgl. SW10, 32).

Auf diese Weise kann Jünger eine Art Poetologie der Entomologie konstruieren, also das Thema der »Subtilen Jagd« auch ins Literarische verschieben. Das beginnt bei Überlegungen zu einer Hieroglyphenschrift der Natur, wie sie sich in unspezifischer Weise in der Tradition der Natursprachenlehre, bei Jakob Böhme, Novalis u.a., finden (Pekar 1991, 130ff.; vgl. auch Gaudin 1997), und endet bei Überlegungen zur poetischen Lektüre der Natur (die selbstverständlich immer auch Leseanweisungen für die Schriften Jüngers implizieren), wenn er von der plötzlich aufscheinenden »Harmonie« der Natur schreibt:

Es ist ein Geheimnis dabei, das sich hinter der, gleichviel wie gearteten, Mannigfaltigkeit verbirgt. So besteht der Text eines großen Autors aus Buchstaben, Zeichen, Sätzen und Abschnitten, und mancher liest ihn, ohne daß er die Komposition begreift. Aber auch die Komposition will an ganz anderes heranführen. Hat sich dem Leser dies eröffnet, so wird er die Lektüre unterbrechen und sich dem Glück eines wortlosen Einverständnisses hingeben. Wir haben Lesen und Schreiben gelernt, dazu mancherlei Fächer, die dem Verständnis von Gedanken und Ideen dienen – das alles wird vergessen und darf vergessen werden wie die auf einen Vorhang gedruckten Muster, wenn die Dinge aus dem Namenlosen antworten.

Zu nächtlicher Stunde, von »angerauchtem Papier« umgeben, sich in ein Stückchen geformter Materie zu vertiefen, das heißt anklopfen. Es heißt auch, die Zeit vergessen, nicht nur die unsere, sondern die Zeit als solche, die so viel Widriges birgt. (SW10, 85f.)

Die Rede vom Unaussprechlichen, vom Geheimnis oder vom Namenlosen scheint zunächst auf die inhaltsleere Geste eines verspäteten poeta vates zu verweisen. Was auch immer man jedoch letztlich davon halten mag: Sie führt – und das ist ja nicht das Geringste – zu literarischen Konsequenzen auf allen Ebenen des Jüngerschen Werks. Denn die Poetik des Beziehungssinns bestimmt nicht nur die Ähnlichkeitsordnung jeweils einzelner Schriften, sondern motiviert jene Fassungspoetik, die den Interpreten die größten Probleme bereitet (s. Kap. IV.6).

Der Konservatismus Jüngers, zu dem er sich als Sammler in den *Subtilen Jagden* bekennt (SW10, 169; Andersch 1972, 323f.), ist also ein Konservatismus unter Bedingungen der Moderne, für Jünger bedeutet das: unter Bedingungen des Arbeiterzeitalters. Daß Jünger bei aller Beharrlichkeit des kategorialen Apparats eine gewisser Flexibilität bewahren will, zeigen bereits seine Reflexionen zu Naturphänomenen, die ein etabliertes Ordnungsschema sprengen und aufgrund ihrer Monstrosität zur Revision eines Gedankensystems veranlassen (z.B. SW10, 146ff.). Der Befund aus den frühesten veröffentlichten Vorstudien zu den *Subtilen Jagden* aus dem Jahr 1938, also in direkter zeitlicher Nähe zu der zweiten Fassung des *Abenteuerlichen Herzens* sowie zu den *Afrikanischen Spielen* formuliert, bleibt für ihn die conditio sine qua non seiner Überlegungen:

Oft will es mir auch scheinen, als ob in solchen Neigungen und Zeitvertreiben ein findiger Zug oder eine Art von Notwehr des Geistes verborgen sei. Die Wissenschaft, weit von ihrem Ursprung der reinen Erkenntnis entfernt, belastet uns durch eine immer zwingendere Fronherrschaft. Längst ist auch der Glaube verschwunden, daß man sich in Räume zurückziehen könnte, die ihrem Angriff, ihrer Gegenwart entzogen sind. [...] Wohl könnte es uns noch gelingen, einen Nebenfluß des Amazonas zu entdecken [...]. Aber wir brächten doch unsere Augen und unsere Fingerspitzen, unsere Art, zu sehen, zu fühlen

und zu denken, mit. Und in dieser Beziehung weiß heute jeder nicht ganz
Naive, daß er die Unschuld verloren hat. [...] Man soll von einer Landschaft
keine anderen Früchte fordern, als in ihr gedeihen. Indessen ist die unsere
nicht so karg, wie man gewöhnlich denkt. (SW10, 283)

Unter dieser Prämisse entsteht Jüngers literarischer Beitrag zur Zeit des
Hitler-Regimes, der zugleich ein großer philosophischer Versuch über
den Sinn der Naturkunde ist: *Auf den Marmorklippen* (s. Kap. III.3).
Die Betrachtung und Ordnung der Naturphänomene wird hier in einem vielfachen Sinn zum Widerstand gegen die Zeit, zu einem Widerstand, der zwar auch politische Konnotationen hat, aber zumal aus Jüngers eigener Perspektive nicht auf die historisch spezifische Situation der
1930er Jahre festgelegt werden kann.

»Annäherungen. Drogen und Rausch«

Das dritte Werk Jüngers, das Einblicke in die von den Tagebüchern aus-
gesparte Zeit der Jugend sowie der 1920er und 1930er Jahre vermittelt,
sind die *Annäherungen* (1970), eine weit ausgreifende Reflexion auf die
jeweiligen Stellenwert von »Drogen und Rausch« in unterschiedlichen
historischen, gesellschaftlichen und geographischen Zusammenhängen
sowie auf Jüngers eigene Erfahrungen im Umgang mit diversen Rausch-
giften (das Buch trägt seinem Autor immerhin eine Anfrage der Staats-
anwaltschaft ein; Schwilk 1988, 258). Das umfangreiche Werk fußt auf
einem Beitrag Jüngers zum Geburtstag Mircea Eliades, der 1968 in der
gemeinsam herausgegebenen Zeitschrift *Antaios* erscheint (SW11, 21; s.
Kap. IV.2.2), und ordnet sich in eine lange Tradition der Drogenlitera-
tur ein, auf die immer wieder Bezug genommen wird (z.B. Thomas De
Quincey, Charles Baudelaire oder Aldous Huxley). Erneut führt Jünger
in eine Welt der Analogien und Bezüglichkeiten, und erneut reflektiert
die Assoziationsordnung des Werks selbst das darin behandelte Thema,
das Jünger sein ganzes Leben und Werk über begleitet (Kaiser 1962,
insbes. 51ff.; Baron 1990; Baron 1995). An einer zentralen Stelle über
die Methode, den Gegenstand in immer neuen »Annäherungen« zu
umkreisen, kommt Jünger scheinbar unvermittelt auf die Entomologie
und deren biographischen Ort zu sprechen (SW11, 125f.); wieder ist
der Zusammenhang der einzelnen Themenfelder weniger kausal organisiert bzw. richtet sich weniger nach einer Ordnung von Ursache und
Folge, sondern vollzieht vielmehr die Ordnung eines von sympatheti-
schen Korrespondenzen durchzogenen Kosmos nach. Der in der *Zwille*
und in den *Subtilen Jagden* waltende »Eros« prägt – in direktem Bezug
auf Ludwig Klages' *Vom kosmogonischen Eros* (1922) – die geheimen Ver-
wandtschaftsverhältnisse (SW11, 45, 61). Dass Jünger in den *Annähe-*

rungen auch die Problembereiche von Verbrechen und Erziehung einspielt, also die Zentralmotive der *Zwille*, und die in den *Afrikanischen Spielen* behandelte Fremdenlegionszeit erwähnt, verdeutlicht zudem das motivische und konzeptionelle Geflecht der Texte, die sich den »Kindheitsmustern« widmen.

Der Titel *Annäherungen* könnte daher auch als methodischer Leitbegriff figurieren, bezieht sich aber bei Jünger zunächst auf eine im »Rausch« ermöglichte »Annäherung« an den Tod als der letzten Grenze (Baron 1990, 89f.). Wie sehr sich die beiden Ebenen des Leitbegriffs ineinander schieben, wird an einer Bemerkung Jüngers deutlich, in der »Erinnerung« sei ihm die Unterscheidung zwischen den toten und den noch lebenden Freunden zunehmend weniger möglich (SW11, 229). Er arbeitet an einer traumlogischen Verschleifung von Topographien und Chronologien, die letztlich die Zeit überhaupt aufheben will (Meyer 1993, 530ff.): »Das Wagnis, das wir mit der Droge eingehen, besteht darin, daß wir an einer Grundmacht des Daseins rütteln, nämlich an der Zeit« (SW11, 38). Über die Vergeblichkeit dieses Unterfangens macht sich Jünger keine Illusionen. Der »Rausch« bleibt ebenso wie das Kunstwerk nur »Gleichnis« (s. Kap. IV.6). Dem geläufigen Vorwurf, Drogenkonsum sei nur Ersatz substantieller Erfahrungen, entgegnet Jünger daher ebenso lakonisch wie souverän: »Was ist denn auf Erden kein Surrogat? [...] Die Welt ist unvollkommen – das ist einer der wenigen Gemeinplätze, die von allen geteilt werden« (SW11, 346).

Auch wenn Jünger also verschiedene biographische Epochen (die Wandervogelzeit, die Zeit nach dem Ersten und nach dem Zweiten Weltkrieg) und Themen behandelt (darunter vor allem auch Fragen der bildenden Kunst am Beispiel van Goghs, des Kubismus und des Surrealismus), bleibt die Darstellung von »Drogen und Rausch« im ganzen doch einer klaren Ordnung verpflichtet, die durch fünf große Kapitelüberschriften markiert wird: Nach einer prinzipiellen Einführung in das Thema (»Eingang«) geht es um die beiden Gegenmodelle »Europa« und »Orient«; dann folgt unter dem Rubrum »Übergänge« die im *Zeitmauer*-Essay entfaltete Theorie des anstehenden Zeitenwechsels (s. Kap. IV.2.2), die im abschließenden Teil (»Mexiko«) phänomenologisch unterfüttert wird (SW11, 394). »Mexiko« steht dabei für eine »Eigenart des Rausches, der Entfernung aus der meßbaren und zählbaren Welt« (SW11, 345), die einer bestimmten Gruppe von Drogen korrespondiert (darunter LSD, mit dessen Erfinder Albert Hofmann Jünger mehrfach Drogenexperimente durchführt; Hofmann 1990, 158ff.; Baron 1995, 205ff.). Dass gerade diese starken Drogen sich als zeitgemäß herausstellen, liest Jünger als Bestätigung seiner Theorie eines gesteigerten transzendenten Bedürfnisses, das die kommende Zeit der »Erdvergeistigung« ankündige (SW11, 297; s. Kap. IV.2.2).

Die traumlogische Methode der Beschreibung historischer Epochen und Epochenumbrüche gewinnt ihr spezifisches Profil aus einer erklärten Abkehr von moralischen oder sozialen Qualifizierungen. Ihr eignet zudem ein für Jünger charakteristisches Widerstandspotential, denn die im Rausch verbrachte Zeit wird der alles durchdringenden modernen Rationalisierung und dem entsprechenden Imperativ der Nützlichkeit bzw. der Systemkonformität entwendet (z.B. SW11, 208). Freilich muss Jünger einen deutlichen Akzent auf das Zeitgemäße des Drogenkonsums legen, will er den Habitus des kühl diagnostizierenden Beobachters aufrecht erhalten. Aus diesem Grund bettet er seine eigenen Rauschgiftexperimente in den zeit- und lebensgeschichtlichen Rahmen ein. Die symptomatologische Entzifferung historischer Phänomene kann zwar Verschiebungen im Sinne von Vorgriffen oder Verspätungen einbeziehen, konzentriert sich aber auf die Kongruenz der Erscheinungen. Das gilt auch für das literarische Werk: So konzediert Jünger den zur Erscheinungszeit geringen Erfolg der Erzählung *Besuch auf Godenholm* (1952), in der Jünger seine erste LSD-Erfahrung verarbeitet hat (s. Kap. IV.4), verzeichnet aber auch ein steigendes Interesse daran, das dem »Übergang« in die neue Zeit der »Erdvergeistigung« korrespondiere (SW11, 373; s. Kap. IV.2.2). Er greift damit das Modell der allmählichen »Annäherung« von Zeitgeschichte und Poesie auf, das in der Diskussion um die *Marmorklippen* zur Disposition steht. In den *Annäherungen* schreibt er über die historische Einlösung seiner literarischen Untergangsvision: »Daß die kleine Schrift sogleich und selbst während der ersten Kriegstage auf das lebhafteste politisch kommentiert wurde, war unvermeidlich und insofern zutreffend, als das Schicksal sich *auch* politisch instrumentiert« (SW11, 395).

3.   *Auf den Marmorklippen*

Die »Marmorklippen« – ein »Widerstandsbuch«?

Die *Marmorklippen* (1939) gehören zu den umstrittensten Büchern Jüngers (Denk 1996, 364ff.), weil sie zum Prüfstein für die in der Jünger-Forschung behauptete »Wandlung« ihres Autors geworden sind (s. Kap. IV.1). Hansjörg Schelles »kritische Interpretation« sieht in ihnen gar ein weiteres »Tagebuch« Jüngers (Schelle 1970, 30ff.). Die parabolisch-vieldeutige Anlage der Fabel hält bis heute die Frage offen, inwieweit Jünger eine kritische Vision der nazistischen Gewaltverhältnisse formuliert und inwieweit er mit einer faschistischen Ästhetik im Bunde steht bzw. einen »faschistischen Stil« jenseits der nationalsozialistischen Ideologie eta-

bliert (Neaman 1999, 114f.). Die Analyse der Macht, die Jünger in den
Marmorklippen vorlegt, zieht keine klaren Grenzen und trifft keine klaren Werturteile. Sie stellt vielmehr ein Kräftediagramm vor, in dem die
Handlungen der Personen ineinander greifen. Das traumlogische Verfahren von Jüngers Differenzästhetik (s. Kap. II.4) entspricht auch hier
seiner Vorstellung von der Tektonik historischer Abläufe, die sich nicht
durch einfache Kausalzuordnungen und nach Maßgabe individueller
Verantwortlichkeiten entschlüsseln lassen.

Die in einer unbestimmten Zeit angesiedelte Geschichte (Hohendahl 1968, 133ff.; Schelle 1970, 54ff.; Katzmann 1975, 114ff.) beschreibt aus einer distanzierten Position (Suck 1992, 477ff.; Meyer
1993, 311f.) das Leben zweier Brüder, des Erzählers und Othos, die sich
ganz der geistigen Existenz, der Bibliothek und dem Herbarium, ge-
weiht haben. Sie wohnen in der sogenannten Rautenklause »auf den
Marmorklippen« gemeinsam mit Erio, dem Sohn des Erzählers, und
dessen Großmutter, der Haushälterin Lampusa. Von dort aus bemerken
sie im Blick über das Land, wie sich allmählich die Herrschaft des
»Oberförsters« ausdehnt, dessen anarchische und grausame Willkürherr-
schaft – anfangs kaum merklich – die ganze Region überzieht und die
vom Erzähler prätentiös dargestellte archaische Ordnung auf eine schlei-
chende Weise zerstört – eben dies hatte Jünger als Epochensignatur im
Werk Kubins entdeckt (s. Kap. III.1) und bebildert es nun, dabei
Spenglers Theorie des schicksalshaft-notwendigen Kulturverfalls folgend
(Herzinger 1995b, 530f.):

Zunächst vernahm man nur Gerüchte, wie eine Seuche, die in fernen Häfen
wütet, sich dunkel anzukünden pflegt. Sodann verbreiteten sich Meldungen
von nahen Übergriffen und Gewaltsamkeiten, die von Mund zu Munde gingen, und endlich geschahen solche Taten ganz unverhüllt und offenbar.
(SW15, 269).

Die von Jüngers bis in Details imaginierte patriarchal-hierarchische
Ordnung (Schieb 1997, 88ff.) geht in einen rechtsfreien Raum über, in
dem die marodierenden Truppen nach Gutdünken agieren – »die Bewohner wurden bei Nacht und Nebel abgeführt« (SW15, 282). Das tak-
tische Geschick des Oberförsters liegt darin, dass er immer wieder Zeiten der scheinbaren Normalität einkehren lässt. Unter seiner Leitung
findet eine seltsame Koalition zusammen von alten Hirten, unzufrie-
denen Offizieren, Literaten, »Söhne[n] von Notabeln und junge[n]
Leute[n], die die Stunde einer neuen Freiheit gekommen glaubten [...]«
(SW15, 276).

Die Brüder waren früher selbst Soldaten in Diensten des Ordens der
Mauretanier und kämpften gegen die »freien Völker von Alta Plana«,
von denen sie am Ende der Erzählung aufgenommen werden (Beltran-

Vidal 1999a, 169ff.). Ihr Soldatentum erläutert der Erzähler aus der spezifischen historischen Situation und gibt damit auch ein Psychogramm der nationalrevolutionären Gemütslage, des »Heroismus aus Langeweile«, wie Leopold Schwarzschild es formuliert hat (s. Kap. II.2.2 u. II.5):

Wir spürten Sehnsucht nach Präsenz, nach Wirklichkeit und wären in das Eis, das Feuer und den Äther eingedrungen, um uns der Langeweile zu entziehen. Wie immer, wo der Zweifel sich mit Fülle paart, bekehrten wir uns zur Gewalt – und ist nicht sie das ewige Pendel, das die Zeiger vorwärtstreibt, sei es bei Tage, sei es in der Nacht? (SW15, 266)

Während der Militärzeit haben die Brüder auch den Oberförster kennen gelernt: »Er zählte zu den Gestalten, die bei den Mauretaniern zugleich als große Herren angesehen und als ein wenig ridikül empfunden werden [...]«. Der Erzähler bemerkt nicht ohne Respekt den »Hauch von alter Macht«, der diese Herrscherpersönlichkeit umgebe und die Nähe zur »Grandezza«, der »angeborenen Désinvolture«. Freilich lässt der berühmt gewordene Blick auf die mit menschlichen Körperteilen ausstaffierte »Stätte der Unterdrückung«, »auf die Rodung von Köppelsbleek«, keinen Zweifel daran, mit wem man es zu tun hat (SW15, 265f., 318, 308).

Im Rückblick auf die Mauretanierzeit fällt jenes in der Jünger-Forschung oftmals zitierte Diktum, ein Irrtum werde erst dann zum Fehler, wenn man auf ihm beharre (SW15, 265). Der Rückzug entspricht somit der Selbstkritik, ohne dass an der Zwangsläufigkeit des Geschichtsverlaufs Zweifel aufkommen würde. Der topographisch erhöhte Standort in der Rautenklause verbindet dabei die politische Position der Brüder mit dem naturkundlichen Interesse: »[W]ir suchten, wenn ich so sagen darf, im Chaos uns an Linnaeus' Wunderwerk zu halten, das einen der Säulentürme stellt, von denen der Geist die Zonen des wilden Wachstums überblickt« (SW15, 303). Beides, die Betrachtung der Natur wie der Blick über die Landschaft der Marmorklippen, wird zum Medium der Entzeitlichung, zur Übung in der Fähigkeit, »die Zeit ab[zu]saugen« (SW15, 262, 271). Als Vorbild und Ratgeber dient ihnen Pater Lampros, der wie eine aus dem *Abenteuerlichen Herzen* entsprungene Figur »gleich einem Träumer hinter Klostermauern lebte« – nicht umsonst wird Nigromontan, den das *Abenteuerliche Herz* einführt und hinter dem sich Jüngers philosophischer Mentor Hugo Fischer verbirgt, als Lehrer des Erzählers vorgestellt (SW15, 295, 300f.; II.2).

Nachdem der Mauretanier Braquemart und der Fürst von Sunmyra, der »Techniker der Macht« und der »edle Geist« als zwei Seiten des Menschen (SW15, 321f.), sich gegen die Macht des Oberförsters aufgelehnt haben und hingerichtet worden sind, greift auch der Erzähler in

den Krieg ein, aber die finale Schlacht entscheidet sich zugunsten der
Unterdrücker. Der Erzähler rettet den Schädel des gemarterten aufstän-
dischen Fürsten, dessen Gesichtszüge im Tod »noch edler und von jener
höchsten, sublimen Schönheit [sind], die nur das Leid erzeugt«. Dieser
Anblick wird ihm zum vorausweisenden Zeichen für die Existenz von
Menschen, »in deren Herzen die Kenntnis der großen Ordnung lebte
und sich bestätigte« (SW15, 337f.), wobei dem in der ganzen Erzählung
ausgeprägten lustvollen Interesse am Toten die Verschränkung von Vernichtung und Schöpfung entspricht (Schieb 1997, 52ff.). Die Brüder
verbrennen ihre Bücher und ihre Sammlung und fahren gemeinsam mit
anderen Flüchtlingen mit einem Schiff nach Alta Plana: »Da schritten
wir durch die weit offenen Tore wie in den Frieden des Vaterhauses ein«
(SW15, 351).

Die Diskussion, die vor allem nach 1945 um den politischen Standort und die ideologische Orientierung der *Marmorklippen* entbrennt,
wird mit äußerster verbaler Radikalität geführt und dauert – in versach-
lichter Form – bis heute an (Keller 1997, 24ff.). Dass man den Roman
überhaupt in einer diametral entgegengesetzten Weise als letztlich fa-
schistoide Phantasie und zugleich als literarische Widerstandshandlung
gegen den Faschismus interpretiert hat, ist zunächst ein erster Hinweis
auf dessen ästhetische Struktur: Ohne diese in der Darstellung selbst
angelegte Mehrdeutigkeit hätte das Buch jedenfalls nicht kurz vor Ausbruch des Zweiten Weltkriegs erscheinen können. Die Diskussion um
Jünger gehört damit in den größeren Rahmen der Diskussion um die
»innere Emigration« (Bluhm 1991, 5ff.; Freschi 1998; Neaman 1999,
104ff.).

Für die Jünger-Verteidiger sind die *Marmorklippen* neben *Blätter und
Steine* das eindeutige Zeichen einer »Wende« nach dem *Arbeiter* (z.B.
Sonn 1971, 124ff.; s. Kap. IV.1), einer Absage an den militanten Modernismus des Frühwerks. Für die anderen zeigen sie die Kontinuität im
Jüngerschen Denken an, einen durchgehaltenen ästhetizistischen Amo-
ralismus (z.B. Kaempfer 1981, 35ff.). Auf der Seite der Jünger-Kritiker
stehen beispielsweise Bertolt Brecht, Thomas Mann, Kurt Hiller, Wolfgang Weyrauch oder Peter de Mendelssohn, auf der Seite der Verteidiger
Alfred Andersch, Carl Zuckmayer (Nickel 1997) oder Stefan Andres,
dann auch diejenigen, die über biographische Berührungspunkte Jünger
nahe stehen wie Ernst Niekisch, Karl O. Paetel oder Armin Mohler. Im
(westlichen) Ausland galt dabei die antifaschistische Einstellung Jüngers
im großen und ganzen für gesichert. Während man in Frankreich, wo
Sur les falaises de marbre 1942 bei Gallimard erscheint, unter Beobachtung der Besatzer zurückhaltend bleibt, wird in England *On the Marble
Cliffs* (1947), so der Titel der bereits 1945 begonnenen Übertragung,
immerhin beiläufig wahrgenommen und dort ebenfalls als Buch der

politischen Opposition eingeordnet. Jünger selbst berichtet 1945 von einer Radiobesprechung der *Marmorklippen* in einem »Londoner Sender«, die das Buch »zunächst in billiger Weise [...] als eine Tendenzschrift gegen Hitler« ausgelegt, zugleich aber auch Kritik am »Autor als Exponenten der Militärkaste« geübt habe (SW3, 484; Nevin 1996, 157). In den USA schließlich war man sich über die antinazistische Stoßrichtung der *Marmorklippen* einig (Scholdt 1979, 554f.). Demgegenüber setzt sich eine positive Einstellung zu Jünger in der BRD erst im Laufe der 1950er Jahre durch, bis dann Ende der 1960er Jahre eine neue Welle der Jünger-Kritik aufbrandet (s. Kap. IV). Die DDR-Germanistik hält durchgehend an dem insbesondere von Wolfgang Harich und Paul Rilla 1946 formulierten ablehnenden Urteil fest. Als Günter Scholdt 1979 diesen Befund in apologetischer Absicht konstatiert – für ihn sind die *Marmorklippen* der »klassische Widerstandsroman im ›Dritten Reich‹« –, bemerkt er resignierend, die negativen Wertungen setzten sich langsam durch (Scholdt 1979, 547f.). Die Rezeption in den 1980er und 1990er Jahren hat ihm darin nicht recht gegeben, weiterhin wechseln sich positive mit eher kritischen Stellungnahmen ab, wobei sich eine Tendenz zum abgewogenen, historisch interessierten Urteil abzeichnet (z.B. Kiesel 1989; Esselborn 1997). Alle Deutungen der *Marmorklippen* haben von dieser in der Textstruktur angelegten Heterogenität der Rezeptionszeugnisse auszugehen.

Zunächst fällt an den *Marmorklippen* im Vergleich zu anderen Prosatexten der inneren Emigration auf, dass sie das Problem der Tyrannis offensiv angehen, dass Jünger die Herrscherpersönlichkeit (anders als z.B. in Werner Bergengruens *Der Großtyrann und das Gericht* [1935] oder Jochen Kleppers *Der Vater* [1937]) nicht verklärt und dass hinter der zeittypischen Einkleidung der Handlung ins mythologisch-archaische Kostüm die Bezüge zur Gegenwart des Autors und seiner Leser überdeutlich erkennbar sind und zu einer dechiffrierenden Lektüre geradezu einladen (Scholdt 1979, 548f.). Eines der in der Forschung oft zitierten Rezeptionszeugnisse von Dolf Sternberger belegt das sehr eindringlich: Er erinnert sich, dass die *Marmorklippen* für ihn »wie ein Signal« gewirkt haben und wie ein »Mittel der Verständigung unter denen, die gegen die Bedrohung oder Versuchung der Tyrannei sich festigten«, und er berichtet von der Verwunderung, »daß dergleichen möglich war« (Sternberger 1987, 306). Ähnlich erklären auch Alfred Andersch oder Heinrich Böll, der Jünger und der literarischen Qualität der *Marmorklippen* mit merklicher Distanz gegenübersteht, es sei bei der Lektüre kein Zweifel an der regimekritischen Haltung des Autors aufgekommen (Scholdt 1979, 558; Kunicki 1995b).

Die zeitgenössischen Rezensionen sind in diesem Zusammenhang aufschlussreich, auch wenn sie weniger eine bestimmte Interpretation

rechtfertigen können, als vielmehr auf die Markierung des Dechiffrie-
rungsappells hinweisen: Während des ›Dritten Reichs‹ erscheinen Besprechungen der *Marmorklippen* in Deutschland. Ebenso wie die Besprechungen von *Gärten und Straßen* deuten sie mit »provokatorischer
Zweideutigkeit« Jüngers Distanz zum herrschenden Regime an und
müssen die Nationalsozialisten auf eine bestimmte Rezeptionslinie aufmerksam gemacht haben. So schreibt beispielsweise Bruno E. Werner,
der leitende Feuilleton-Redakteur der *Deutschen Allgemeinen Zeitung*,
man glaube beim Lesen oftmals »am wetterleuchtenden Himmel eine
Paraphrase unserer Gegenwart zu erkennen« (Sternberger 1987, 308).
Verständlicherweise verwendet sich der für die Literaturkontrolle zuständige Reichsleiter Philipp Bouhler nach Erscheinen augenblicklich
für eine Indizierung der *Marmorklippen*. Goebbels – so bekommt Jünger später zugetragen – habe die sofortige Inhaftierung des Autors und
dessen Einweisung in ein Konzentrationslager beantragt, und nur Hitlers Einspruch habe das verhindert (Jünger 1992a, 140; Scholdt 1979,
555ff., 561; Berglund 1980, 89f.; Mühleisen 1986). »So genoß«, wie
Sternberger die signifikant paradoxe Lage Jüngers zusammenfasst, »der
Verfasser der *Marmorklippen* den Schutz ebenderjenigen Gewalt, welcher er das literarische Urteil sprach« (Sternberger 1987, 310). Benno
Ziegler und Paul Weinreich, der Verlagsleiter und der zuständige Lektor
der Hanseatischen Verlagsanstalt, eines Unternehmens, das in den
1930er Jahren sowohl zum Hausverlag der Nationalsozialisten als auch
der inneren Emigration wurde (s. Kap. II.4), kalkulieren die Gefahren
bei ihrer Publikationspolitik ein: Zwar erwarten sie kein Verbot des
Romans, denn damit hätten die Machthaber die Rechtmäßigkeit der
Zeitbezüge bestätigt, legen ihn aber auch nicht der »parteiamtlichen
Prüfungskommission zum Schutz des NS-Schrifttums« vor. Auf Betrei-
ben Heinz Grubers, des damaligen Leiters im Zensurreferat des Propa-
gandaministeriums, werden die *Marmorklippen* als »Nicht zensurpflich-
tig« eingeordnet. Werner Best erinnert sich allerdings, dass sich um
1940 die Vorstöße gemehrt hätten, die von Parteiseite aus eine Reaktion
auf die *Marmorklippen* als einen gefährlichen »Schlüsselroman« forder-
ten. Best habe daraufhin durch ein Gutachten für Jünger bewirkt, dass
Martin Bormann, der Leiter in der Parteikanzlei, von Schritten gegen
den Roman bzw. den Autor abgesehen habe (Sternberger 1987, 309f.;
Keller 1997; Schwilk 1999b, 32; SW3, 615f.; SV3, 232ff.).
　　Nachdem für Jüngers Werke ab 1942 kein Papier mehr in Deutschland genehmigt wird (s. Kap. III.4.2), erscheinen die *Marmorklippen* als
Lizenzausgabe in der Schweiz und werden im selben Jahr dort mehrfach
besprochen. Der *Öffentliche Dienst* erklärt die *Marmorklippen* zum Dokument der wahren Meinungsäußerung eines durch Zensurbestimmun-
gen geknechteten Volkes; die *Neue Zürcher Zeitung* rechtfertigt wie an-

dere Zeitungen die formale Gestaltung des Romans aus der Notwendigkeit zur Verschlüsselung unter Bedingungen der geistigen Kontrolle;
und selbst die kritischen Besprechungen, die die später massiv vorgebrachten Vorwürfe der ästhetischen Verbrämung von Gewalt vorweg-
nehmen, konzedieren, Jünger habe – so das *Luzerner Tagblatt* – eine
»Allegorie der Vorgänge im heutigen Europa« formulieren wollen
(Scholdt 1979, 553f.). Jünger konnte diesen Besprechungen wenig ab-
gewinnen. Am 4. Januar 1942 notiert er in seinem Tagebuch, dass ihn
die Kritiken der Schweizer Zeitungen unter Druck gesetzt haben (SW2,
285, auch 293). Als er im Dezember 1944 in seinen Unterlagen auf die
Rezension von Hans Näf in der *Weltwoche* von 1942 stößt, bemerkt er:
»Wenn ein neutraler Kritiker, der über die Lage in Deutschland nicht
im Zweifel sein kann, den Inhalt des Buches auf unsere politischen Verhältnisse bezieht, so muß, wenn nicht Bösartigkeit, so doch Fahrlässig-
keit mitwalten« (SW3, 342).

Die Selbstkommentierung Jüngers beschäftigt sich immer wieder
mit dem Gegenwartsbezug der *Marmorklippen*, wobei er diese als ein
offenes Werk in die historischen Prozesse einfügt: Das Buch setze sich in
den Ereignissen fort und umgekehrt wirkten diese wieder auf das Buch
zurück. Insofern spricht er dem Roman traumartige Qualitäten zu
(SW2, 288f.). Wenig später bemerkt Jünger, dass man in Deutschland
aus »Köppelsbleek«, der »Schinderhütte«, bereits »Göbbelesbleek« gemacht habe (SW2, 311). Insbesondere auf Rußland bezieht er immer
wieder seine Darstellung der »Schinderwelt« in den *Marmorklippen* (z.B.
SW2, 431, 486; SW3, 99, 284). In einem Brief vom 13. September
1939 an Carl Schmitt schreibt Jünger unmissverständlich: »Mein neues
Buch heißt ›Auf den Marmor-Klippen‹; es enthält eine Geheim-Ansicht
unserer Zeit [...]« (Jünger/Schmitt 1999, 88). Obgleich Jünger somit
anfangs der 1940er Jahre die Ausdeutung der *Marmorklippen* im Lichte
der Zeitereignisse für durchaus plausibel gehalten zu haben scheint,
wendet er sich seit 1945 immer wieder gegen diese Interpretationsweise.
Am 8. Mai 1945 klärt er beispielsweise, dass er den Goebbels-Bezug
nicht beabsichtigt habe – die interpretatorische Phantasie sei hier deutlich über das vom Autor Intendierte hinausgegangen (SW3, 435). Diese
Perspektivierung der *Marmorklippen* betrifft allerdings nicht nur im spe-
ziellen den Roman, sie zeigt vielmehr die generelle Richtung an, aus der
Jünger sein Werk wahrgenommen wissen will. In der Art eines Rechen-
schaftsberichts erklärt Jünger gegen Ende der *Strahlungen* am 2. April
1946:

Bei Ausbruch des Krieges erschien »Auf den Marmorklippen«, ein Buch, das
mit dem »Arbeiter« das eine gemeinsam hat, daß die Vorgänge in Deutschland
zwar in seinen Rahmen paßten, daß es aber nicht speziell auf sie zugeschnitten
war. Ich sehe es daher auch heute ungern als Tendenzschrift aufgefaßt. Den

Schuh konnten und können sich manche anziehen. Daß es auch bei uns geschehen würde, war mehr als wahrscheinlich, und daß ich gerade hier als Augenzeuge Anregungen erfahren hatte, ließ sich nicht abstreiten. Mich beschäftigte vor allem der Ausgang der Partie. Wie würde sie enden? Immer noch gibt es ja keine stärkere Beschwörung als die durch vergossenes Blut. Später, inmitten der Katastrophe, wollte es mir zuweilen scheinen, als ob der Traum, die Ahnung das Künftige selbst in den Einzelheiten eindringlicher erfaßt hätten, als es sich im Erlebnis verwirklichte. (SW3, 615)

Katalysatorische Funktion für dieses Deutungsmuster, das dem Roman im Sinne der ›Gestalt‹- oder ›Typen‹-Schau überzeitliche Geltung zumisst, hatten für Jünger die Ereignisse des 20. Juli 1944, über die er in Paris genau informiert war (s. Kap. III.4.2). Hier findet er sein Geschichtsbild bestätigt: Demzufolge können individuelle Handlungen die historischen Strukturen nicht beeinflussen, weswegen Attentate als Versuche einer Aushebelung geschichtlicher Notwendigkeiten sinnlos sind. Das, so Jünger, habe er in den *Marmorklippen* in der Schilderung Sunmyras angedeutet (SW3, 288). Nachdem er von Hitlers Strafaktion gegen die Verschwörer gerüchteweise gehört hat, stellt Jünger freilich auch, gleichsam von sich selbst überrascht, fest: »Die Schinderhütte, das ist die Realität« (SW3, 344).

Für die autorintentionale Klärung der interpretatorischen Frage, ob die *Marmorklippen* als »Widerstandsbuch« oder als »Renommierbuch« des ›Dritten Reichs‹ zu lesen sind, muß also zweierlei festgehalten werden: Jüngers Einschätzung des Werks scheint sich im Lauf der Zeit verschoben zu haben. Während er anfangs wesentlich weniger Schwierigkeiten mit den möglichen zeitgeschichtlichen Bezügen gehabt hat, wofür auch die exakte, beinahe überpenible Datierung auf dem Deckblatt der Erstausgabe spricht (»Begonnen Ende Februar 1939 in Überlingen am Bodensee[.] Beendet am 28. Juli 1939 in Kirchhorst bei Hannover[.] Durchgesehen im September 1939 beim Heer« [Jünger 1941, 4]), weist er diese zurück, als Widerständigkeit gegen das Nazi-System opportun gewesen wäre. Diese Zurückweisung darf allerdings nicht im Sinne der Ausschließlichkeit verstanden werden, sondern vielmehr als Hinweis auf die Vielfalt der Deutungsmöglichkeiten (Hohendahl 1968). Entsprechend antwortet Jünger 1977 in einem Fernsehinterview auf die Frage, ob die *Marmorklippen* zu Recht von den Lesern als Widerstandsversuch gedeutet worden seien: »Na ja, ist ja auch ganz selbstverständlich, und nebenbei war es auch als solches gedacht, und wurde sofort auch als solches empfunden« (Scholdt 1979, 567).

Vieldeutigkeit und Zeitbezug

Die Rezeptionslage spricht dafür, dass die *Marmorklippen* auf »systematische Mehrdeutigkeit« hin angelegt sind. Helmut J. Gutmann (1987) schlägt eine Einteilung in vier Deutungsebenen vor: die politisch-zeitgeschichtliche, die historische-typische, die kosmisch-mythische sowie die psychisch-archetypische. Bereits die Landschaftskomposition (Suck 1992; Beltran-Vidal 1996b, 106ff.), die das Verständnis des Romans topographisch festlegt, verweist auf die Modellhaftigkeit der *Marmorklippen*, auch wenn als direktes Vorbild die Umgebung von Jüngers Wohnhaus in Überlingen gedient haben sollte (Rothe 1996): Verschiedene geographische Regionen (von der mediterranen Szenerie bis zu Hochgebirgslandschaften, Steppen und urwaldähnlichen Gegenden) und entsprechende Gesellschaftsformen bzw. Kulturstufen (Hirten, Bauern, und Kriegervölker, Städter etc.) werden zu einem überblickbaren Ganzen zusammengesetzt, gleichsam der raumzeitlichen Vergegenwärtigung einer traumlogischen Vision allgemeiner Gesetzmäßigkeiten. Die Erzählform gleicht einem Mosaik (Loose 1957, 151f.; Friedrich 1964, 41ff.; Schelle 1970, 43ff.; 64ff.; Katzmann 1975, 110ff.; Segeberg 1995b, 112ff.), und tatsächlich erinnert Jünger sich in den *Strahlungen*, wie er aus »*Elementen* der Erinnerung« an unterschiedliche Landschaften die Szenerie der *Marmorklippen* zusammengesetzt habe (SW2, 34) – in den *Subtilen Jagden* wird Jünger näher auf diese Kompositionstechnik eingehen (SW10, 40, 62, 82).

Die mythomane Überblendung von Erneuerung und Verfall, von Historischem und Kosmischem, von Natur und Kunst, die analogische Ordnung der erzählten Welt der *Marmorklippen* also, setzt ein einheitliches Grundmuster hinter verschiedenen Phänomenen in Szene. Bis in Details der Ausstattung (Farbgebung, Formung etc.) insinuiert Jünger die Bedeutsamkeit seines Textes und gibt in den *Marmorklippen* wie im *Abenteuerlichen Herzen* und den folgenden erzählerischen Texten zu vielfältigen Assoziationen bei der Feststellung und Deutung von Symbolen Anlass (Kranz 1968). Dass eine kritische Lektüre auf den sinnbildlichen Prunk abwertend reagiert, mag einleuchten, gleichwohl sollte dabei die historische Perspektive nicht aus den Augen verloren werden. Der aristokratische Gestus einer Einteilung der Welt in »Hohes« bzw. »Edles« und »Niedriges«, den Peter de Mendelssohn als »Gedankenkitsch« abqualifizierte, bot in den 1930er und 1940er Jahren ein durchaus gängiges Einteilungsmuster (Mendelssohn 1949, 162; Schelle 1970, 110ff.; Kiesel 1989, 139f.). Das bedeutet zudem, Jüngers Text nicht nur in seiner möglichen Widerständigkeit, sondern auch in seiner zeitsymptomatischen Qualität wahrzunehmen, denn die Abwehr von ›aufweichenden‹ Tendenzen, die den Kampf der Protagonisten gegen den Ordnungszerfall bestimmt, gehört zum ideologischen Rüstzeug der Nazis ebenso wie zum nun antinazistisch gewordenen Krisenvokabular der Konservativen Revolution in den 1920er Jahren (Suck 1992, 475; Schieb 1997, 93).

Nicht zuletzt die traumlogischen Verfahren verbinden die *Marmorklippen* mit der Prosa der zweiten Fassung des *Abenteuerlichen Herzens*, das einige der Romanfiguren erstmals einführt (den Oberförster, die geheimnisvolle Figur Nigromontans sowie die Mauretanier) und das auch die symbolische Textur in Teilen entfaltet (z.B. die Schlangen, den Kuckuck, die Wärme bzw. Flamme oder das Lachen) (z.B. SW9, 212ff., 265ff.; Meyer 1993, 305ff.). Dass Jünger den Personen und der Bilderwelt in seinen Träumen wieder begegnet (z.B. SW3, 283, 297), ist ein aufschlussreiches Phänomen und spricht für einen weiten, durchaus auf die aktuellen Geschehnisse applizierbaren Deutungshorizont, wie überhaupt das Ähnlichkeitsgefüge des *Abenteuerlichen Herzens* einen Einblick in die Hervorbringung von Vieldimensionalität durch Beziehungssinn gewährt (s. Kap. II.4; Loose 1957, 164ff.). Der Eindruck eines historischen Interims, das durch Ordnungsverlust destruktiven Kräften Raum gibt, prägt beide Werke (z.B. SW9, 227). Und noch ein weiteres, wesentliches Moment verbindet die *Marmorklippen* insbesondere mit der zweiten Fassung des *Abenteuerlichen Herzens* und dann auch mit den *Strahlungen*, nämlich die Wende hin zum Gedankenhorizont des Christentums (Sonn 1971, 139ff.). In der Erstausgabe der *Strahlungen* hatte Jünger unter dem Datum des 16. Septembers 1942 sein Werk in diesem Sinn aufgegliedert, und zwar nicht umsonst im Anschluss an Überlegungen zum »Reiz der Sammlung«: »Zum Opus: meine Bücher über den ersten Weltkrieg, der Arbeiter, die Totale Mobilmachung und zum Teil noch der Aufsatz über den Schmerz – das ist mein altes Testament« (Jünger 1949a, 166; vgl. auch Schwilk 1988, 187).

Der emphatische Deutungsappell wird von Jünger nicht nur inhaltlich, also durch die auffällige Ausstaffierung der Landschaft und der Personen oder durch Andeutungen über geheimnisvolle kosmische Zusammenhänge, markiert, sondern auch stilistisch (Gutmann 1987, 68; Garman 1990, 91). Die Verwendung passivischer Satzkonstruktionen etwa und der Übergang in ein kollektives »Wir«, wie es der Romananfang inszeniert, spiegeln den geschichtsphilosophischen Fatalismus und den Anspruch auf eine gleichsam prophetische Begabung ebenso wider wie der altertümelnde Sprachgestus die Ausrichtung an überzeitlichen Strukturen. Auch die häufigen Vergleiche, die emblematischen Elemente, verallgemeinernde Wendungen und die Neigung zur aphoristischen Engführung bauen eine Ähnlichkeitsordnung auf. Ein besonderes Stilmerkmal Jüngers ist die Satzeinleitung mit der Anschlusspartikel »so«, die einerseits auf eine gewisse Zwangsläufigkeit der Geschehnisse verweist, andererseits auf die prinzipielle Anlage der Textur. »In meinem

Lebensgefühl«, erklärt Jünger diese Eigentümlichkeit in Reaktion auf eine Kritik an den *Marmorklippen*, »spielt es [das Wort »so«, S. M.] eine Rolle – als Relation auf ein Höheres, in den Objekten und ihrem Zusammenhange Waltendes, das anschaulich sichtbar wird« (SW3, 342). Bei der im Detail signifikanten Überarbeitung der *Marmorklippen* von 1949 hat Jünger im übrigen, ohne einen Grund dafür anzugeben, die Verwendung dieser Stilfigur stark zurückgenommen (Loose 1957, 173f.; Katzmann 1975, 107; Schieb 1997, 101).

Entgegen der prätendierten Überzeitlichkeit führt die Suche nach konkreten Entschlüsselungsmöglichkeiten immer wieder zu Zurechnungen der Romanfiguren auf historische Gestalten und zur Auslegung der *Marmorklippen* als »Schlüsselroman« (Schelle 1970, 35ff.; Katzmann 1975, 238ff.), obgleich diese in ihrer eindeutigen Typenhaftigkeit, wie sie der *Arbeiter* in einer poetologischen Passage als literarisches Projekt verkündet (s. Kap. II.5), gerade nicht zur Individualisierung einladen (Katzmann 1975, 136ff.). Auch die Symbolik der Namen bleibt unspezifisch (Hohendahl 1968, 137ff.). Jünger setzt sich mit den historischen konkretisierenden Interpretationen auseinander, wehrt sie ab und regt sie zugleich an. So zieht er bei der Figur des Oberförsters zwar ins Kalkül, dass sie auf (den »Reichsjägermeister«) Göring, auf Stalin oder Hitler bezogen werden würde, will das aber nicht beabsichtigt haben. In die Konzeption der *Marmorklippen* sei der nächtliche Besuch des 1944 als Widerständler zum Tod verurteilten Heinrichs von Trott zu Solz in Überlingen eingeflossen, vermutlich in die Besuchsszene von Braquemart und Sunmyra in der Rautenklause (SW3, 110; SW15, 313ff.; Jünger 1992a, 139f.; Schwilk 1988, 200). Allerdings erscheint Jünger auch ein Bezug zwischen Braquemart und Goebbels nicht völlig abwegig, selbst wenn er eine andere Person ins Spiel bringt (»ein Fähnrich v. L., den ich aus dem Krieg kannte«) (SW3, 435f.). An dieser Stelle wird am deutlichsten, wie Jüngers Strategie der Leserlenkung konkrete interpretatorische Festlegungen durch gegenläufige Bemerkungen entkräftet, wobei diese aber zugleich so vage bleiben, dass die Deutungshoheit weiterhin bei ihm bleibt. Auch in den Interpretationshinweisen in den *Adnoten* zu den *Marmorklippen*, die Jünger der Ullstein-Ausgabe beifügt, pendelt er zwischen der überzeitlichen und der zeitgeschichtlichen Lesart (Jünger 1992a, 140f.).

Die Parallelisierungen der Jünger-Forschung gehen noch weiter. Um nur einige Beispiele zu nennen: Die Protagonisten symbolisieren Jünger selbst und seinen Bruder Friedrich Georg; hinter dem Oberförster erscheint u.a. Bismarck, hinter dem Capitano der Freikorpschef Erhardt, hinter Biedenhorn Hindenburg – auch hier gibt Jünger einen anderen Hinweis (SW2, 351f.) – sowie hinter dem Totenkult der Propagandapolitik des Oberförsters die Horst-Wessel-Verehrung; auch eine Anspie-

lung auf Guernica – versteckt hinter dem Ort Sagunt (SW15, 267) –
wurde in Betracht gezogen (Loose 1957, 162; Katzmann 1975, 242ff.;
Scholdt 1979, 559f.; Kiesel 1989, 133, 138, 162; Sternberger 1987,
315; Brekle 1994, 338ff.; Esselborn 1997, 51; Noack 1998, 146f.; Neaman 1999, 108ff.).

Die »Anwendung geistiger Mittel« als Widerstand

Jüngers abwehrende Haltung gegenüber der direkten Zuordnung der literarischen Figuren zu historischen Personen erklärt sich wiederum vor
dem Hintergrund seiner Geschichtsphilosophie, die sich – wie im Falle
des Attentats auf Hitler (s. Kap. III.4.2) – gegen eine Überschätzung
individueller Handlungsmächtigkeit wendet und eine eher fatalistische
Haltung empfiehlt. Die *Marmorklippen* können daher zurecht auch als
groß angelegte Demonstration der »Vergeblichkeit konkreten Widerstandes« gelesen werden (Esselborn 1997, 48; Kiesel 1989, 161ff.; Herzinger 1995b, 526ff.). Zugleich votieren die *Marmorklippen* für die Anwendung der ›geistigen‹ Waffen, deren Wirksamkeit freilich eher auf
einer programmatischen Ebene zu suchen ist. Wiederum gegen eine einfache Identifikation von Roman und Zeitgeschichte geschrieben, erklärt
Jünger in den *Strahlungen*:

Die Identität von Typen unterliegt anderen Gesetzen als die der Individuen im
Gesellschaftsroman. Jedenfalls gibt es keinen Zustand, in dem die Anwendung
geistiger Mittel unmöglich wird. Die Wirkung steigert sich mit dem Risiko,
das mit dem Erlöschen der Preßfreiheit beginnt« (SW3, 436).

Dieses Votum für den ›Geist‹ findet sich bereits in der nationalrevolutionären Publizistik Jüngers, dort vor allem in der Wendung gegen den
Aktivismus der Nationalsozialisten bzw. zur Verteidigung gegen den
Vorwurf einer bloß literarischen Protesthaltung der Nationalrevolutionäre zur Weimarer Republik (s. Kap. II.2.2). Eine eventuelle Selbstkritik
Jüngers an seiner radikale Vergangenheit, die hinter der Abwendung der
beiden Protagonisten von den Mauretaniern zu finden sein könnte,
muss also differenziert werden, wobei die (durch die Aladin-Geschichte
aus *1001 Nacht* inspirierten) Mauretanier (SW19, 522) – teils gedeutet
als Nationalrevolutionäre, teils als SA, SS oder als Reichswehr – den
neuen Menschentypus des 20. Jahrhunderts symbolisieren, getrieben
vom ›Willen zur Macht‹, technisch begabt und moralisch unqualifiziert,
»Polytechniker der Macht« eben, wie Jünger es im *Abenteuerlichen Herzen* formuliert (SW9, 201; Katzmann 1975, 197ff.; Hervier 1978,
189ff.; Kaempfer 1981, 36; Pekar 1999, 113ff.).
    Die Frage, inwieweit die beiden Protagonisten in den Destruktions-
prozess involviert sind und inwieweit sich bei einer entsprechenden bio-

graphistischen Lesart eine ausgeprägt selbstkritische Linie im Blick auf Jüngers Einschätzung seiner Rolle in den Ereignissen der jüngeren Zeit in den *Marmorklippen* finden lassen, wird in aufschlussreichen Teilaspekten bei Helmut J. Gutmanns Analyse der Romanhandlung als eines parabolischen psychischen Prozesses beantwortet (Gutmann 1987, 59ff.): Topographisch und personell, so Gutmann, entspannt sich die Handlung zwischen dem Wald, in dem der Oberförster haust, und einer hochkultivierten Landschaft, der sogenannten Marina, deren Exponent Pater Lampros ist, zwischen den Symbolen des Unbewussten und Irrationalen also und denen des Geistes und der Rationalität. Diese umfassende Ordnung wiederholt sich noch einmal in der Rautenklause, die sich nach einer Ordnung von oben/geistig (Bibliothek) und unten/sinnlich (die Höhlenküche Lampusas) gliedert. Der Erzähler zeigt dabei deutliche Neigungen zum Tellurischen, denn während die Bibliothek der Raum seines Bruders ist, wird er stärker dem Herbarium und dem Garten zugeordnet. Beiden erwächst jedoch aus ihren Studien die Kraft, »den heißen Lebensmächten standzuhalten und sie zu bändigen, so wie man Rosse am Zügel führt« (SW15, 259). Der Knabe Erio schließlich vereinigt beide Aspekte in sich, wie sich an seiner Herrschaft über die Schlangen als Symbol von Erde und Sonne, von Bewusstem und Unbewusstem zugleich sehen lässt (Plard 1955, insbes. 107ff.; Hohendahl 1968, 147ff.). Im Lauf der Handlung wird die Ordnung der gegensätzlichen Sphären aufgehoben. Das Brüderpaar begibt sich in den Wald, der Erzähler wendet am Ende die Gewaltmittel des Oberförsters an und gerät in den Sog der kollektiven Regression. Als er unterliegt, bricht sich schließlich die Macht des Oberförsters Bahn. Die Niederlage des Erzählers repräsentiert den katastrophischen Zustand des ganzen Landes. Erst durch die Rückbesinnung auf den rational-geistigen Aspekt gewinnt er wieder Handlungsmächtigkeit zurück, auch wenn ein Zurückdrängen des Oberförsters faktisch allenfalls außerhalb der geschilderten Handlung stattfindet. Dass bei der Rettung des Erzählers vor den Kampfhunden des Oberförsters Erio eine zentrale Rolle spielt, dessen weiteres Schicksal dann offen bleibt, deutet abschließend noch einmal auf die Aufgabe einer Vereinigung der entgegengesetzten psychischen Möglichkeiten hin. Am Ende emigrieren die Brüder, sie ziehen sich in der symbolischen Raumordnung der *Marmorklippen* auf eine ältere Stufe (von der kultivierten Marina zur kargen Landschaft von Alta Plana) zurück.

Für die Einschätzung des politischen Ortes der *Marmorklippen* sind vor allem zwei Szenen wichtig geworden: der Blick des Brüderpaars auf die Lichtung von Köppelsbleek sowie der Brand der Marina. Für Dolf Sternberger wie für viele andere Interpreten steht fest, dass Jünger mit der Köppelsbleek-Beschreibung im 19. Kapitel der *Marmorklippen* ein geradezu visionärer Einblick in die »Welt der Konzentrationslager« ge-

lungen sei (Sternberger 1987, 307). Auch wenn Jünger diesen direkten
Bezug aufweicht – zumal die »Technizität« der nationalsozialistischen
Tötungsmaschinerie wird ihm erst nach und nach deutlich (SW12,
470) –, hat er selbst im Blick auf die Besatzungspolitik in Russland die
Realisierung der »Schinderstätte« beobachtet (s.o.). Abgesehen von der
dichten Symbolstruktur, die die Beschreibung bestimmt, und abgesehen
von den möglichen Dechiffrierungen sind es jedoch auch hier die ästhe-
tisierenden Verfahren, die die Darstellung fragwürdig machen und einen
Hiatus von Kunst und Moral andeuten. Die Ausstattungselemente des
Raums als Signale des Grauens und der Gefahr sind auch »Farbliefe-
ranten einer Ästhetisierung, die das zu bannende Grauen zunächst einmal
verschönt« (Kiesel 1989, 145f.), so wie die archaisierende Stilisierung
nicht nur die Barbarei der Nazis gleichsam als Folie unterlegt, sondern
die Szenerie in gewisser Weise auch romantisiert (Neaman 1999,
117ff.).

Dasselbe gilt in noch größerem Maß für die Schilderung des Mari-
na-Brands im 26. Kapitel und für das Verhalten des Erzählers gegenüber
dieser Situation der Zerstörung und der gewaltsamen Auslöschung der
Zivilisation durch die Horden des Oberförsters: »So flammen ferne
Welten zur Lust der Augen in der Schönheit des Unterganges auf«, erklärt der Erzähler und spiegelt dann diese äußere »Feuerwelt« in seinem
Innern wieder, wobei zuvor auch der nach außen gerichtete Blick auf
Köppelsbleek traumartig auf die Seelenlandschaft der Betrachter transparent wurde (Schieb 1997, 76ff.). Durch die Zusammenführung von
»Schönheit« und »Untergang« rechtfertigt Jünger einerseits die Gewalt
als Moment im zyklischen Prozeß von Niedergang und Wiederaufstieg,
wie es die folgenden Feuerszenarien – der Brand der Rautenklause und
der Feuertod von Pater Lampros (Schelle 1970, 76ff.) – ins Bild setzen.
Andererseits personalisiert der Erzähler den Habitus der Kälte, den Jünger aus der Gewalterfahrung des Ersten Weltkriegs herschreibt und der
ihn der Epoche der Neuen Sachlichkeit zuordnet (s. Kap. II.1.1 u. II.5;
Lethen 1994; Schelle 1970, 12ff.). Dass Jünger hier wie an anderen
Stellen eine bedenkliche Neigung zum »Kitsch« sowie zum Totenkult
und zur Pyromanie im ›Dritten Reich‹ zeigt, bietet Anlass zu begründe-
ter Kritik (Kiesel 1989, 157f.). Die Modernität der Darstellung darf
man allerdings nicht im Inhaltlichen suchen, sie liegt – gemessen am
medientechnischen Stand der Fotografie – in der Form, in der für Jünger charakteristischen teleskopischen Perspektive (s. Kap. II.2.3 u. II.5;
Segeberg 1995b, 118ff.).

Der Habitus der Kälte nun wird im Lauf der 1930er Jahre von der
Neuorientierung Jüngers an einer Mitleidsethik gebrochen (Kiesel 1989,
149ff., 154ff.). Gemeinsam mit der am meisten diskutieren Passage aus
den *Strahlungen*, dem von Jünger lustvoll geschilderten Bombardement

von Paris (s. Kap. III.4.2), stehen die Köppelsbleek-Beschreibung und
der Marina-Brand daher nicht nur für die durchgängige moralische
Fragwürdigkeit von Jüngers Perspektive, sondern gerade auch für eine
veränderte Funktion der ›Ästhetik des Schreckens‹. Während sich im
Frühwerk scheinbar mühelos literarischer Gewinn aus dem erlebten
Grauen ziehen ließ, dient die Poesie nun als Bewältigungstechnik. Was
sich in *Blätter und Steine* angekündigt hat und in den *Marmorklippen*
seine Fortsetzung fand, wird allerdings erst in einer integralen Deutung
der betreffenden Passagen aus den *Strahlungen* deutlich, die diese nicht
losgelöst von ihrem Kontext betrachtet. In den *Marmorklippen* schreibt
Jünger über den Abschied der Protagonisten von den Mauretaniern: »In
diesem Orden hoch emporzusteigen, hätte es uns wohl nicht an Mut
und Urteilskraft gefehlt; doch war die Gabe uns versagt geblieben, auf
das Leiden der Schwachen und Namenlosen herabzusehen, wie man
vom Senatorensitze in die Arena blickt« – auch das ändert freilich nichts
daran, dass Jünger in der Abfolge von Ordnung und Zerstörung die
unabänderliche Sinnstruktur der Geschichte sieht (SW15, 287f.). Gewalt behält einen besonderen Reiz für Jünger, und die Frage bleibt bestehen, inwieweit jene die Gewaltbeschreibungen prägende Faszination
die Absage an den Genuß des Leidens dementiert (Baumer 1967, 60f.;
Schieb 1997, 54ff.). Als sich Jünger am 16. April 1939 entschließt, seinen Roman von »Schlangenkönigin« zu »Auf den Marmorklippen« um-
zubenennen, begründet er das immerhin mit der »Einheit von Schönheit, Hoheit und Gefahr«, die sich im neuen Titel ausdrücke (SW2, 37).

4. Tagebücher

Die Vielfalt der Erscheinungsformen erschwert eine trennscharfe Gat-
tungsbestimmung des Tagebuchs (Bluhm 1991, 15ff.). Entsprechend
fehlt eine mehr als lockere Einbindung von Jüngers *Strahlungen* und
seinen Reiseaufzeichnungen in die Literaturgeschichte des Tagebuchs, so
dass der Begriff des »Diaristischen« im Sinne »einer Selbstbeziehung einer Reflexivität des nach Selbstgewißheit suchenden Subjekts« in aller
Vagheit als erster Anhaltspunkt ausreichen muss (Sader 1996, 28ff.).
Für Jünger selbst jedenfalls ist das Tagebuch gerade nicht Medium der
persönlichen und offenen Aussprache, sondern ein Instrument zur Bewahrung von Haltung inmitten instabiler Verhältnisse (Loose 1957,
178ff.). Lothar Bluhm grenzt in diesem Sinne in einer typologischen
Zuordnung die *Strahlungen* als ein an die Öffentlichkeit gerichtetes und
überformtes »literarisches Tagebuch« vom bloß »fiktiven«, aber auch
vom »authentischen Tagebuch« ab. Gerade im Vergleich zu anderen Ta-

gebüchern der »inneren Emigration« (z.b. von Jochen Klepper, Gerhard Nebel oder Erich Kästner) fällt der »betont literarische[ ] Charakter« auf (Bluhm 1995, 132ff., 151). Die Poetik des Tagebuchs, so erklärt Jünger bereits im Vorwort zu *Blätter und Steine* mit Blick auf den »Dalmatinischen Aufenthalt« (s. Kap. III.4.1), betreibe keine Seelenkunde. Das Verdikt gegen den Psychologismus der klassischen Romankunst (s. Kap. III.3) gilt gleichermaßen für das Tagebuch, das Jünger zufolge eher produktiv auf Gestaltung als rezeptiv auf Erkundung eines gewissermaßen ungeformten und unverstellten Selbst zielen sollte. Wie schon im Vorwort zu den *Stahlgewittern* (s. Kap. II.1.1) propagiert er auch hier das epochentypische Ideal der Sachlichkeit, nun mit offen eingestandenen und selbstbewusst verkündeten schriftstellerischen Ambitionen (SW14, 159). Aus diesem Grund zitiert Jünger implizit und in aufschlussreich abgewandelter Form Nietzsches Diktum aus der *Geburt der Tragödie*, demzufolge das »Dasein und die Welt« nur als »ästhetisches Phänomen« gerechtfertigt seien: »Wir glauben, daß in der Bildung eines neuen Stils die einzige, die sublime Möglichkeit, das Leben erträglich zu machen, sich verbirgt« (SW2, 21).

Bei aller Kritik an der technischen Manipulation des Sinneseindrucks klingt in der Überschrift seines bedeutendsten Tagebuchwerks, den *Strahlungen*, neben den Elementen einer »Licht-Metaphysik« (Sader 1996, 48) das Ideal einer gleichsam fotografischen Wahrnehmung nach (Brandes 1990, 157ff.). Daher figuriert das Tagebuch einer Polarexpedition aus dem 17. Jahrhundert auch als Menetekel für die Erkundung einer zu Eis erstarrten Moderne und der diesen Bedrohungsverhältnissen angemessenen Blickkälte (SW2, 11; Hüppauf 1997, 27f.). Unmittelbar politisch wird diese Einstellung durch die Negation individueller Einflussmöglichkeiten auf den Geschichtsverlauf, wie sie insbesondere bei der Einschätzung des Attentats auf Hitler am 20. Juli 1944 zum Ausdruck kommt. Für Jünger liegt gerade in einer quietistischen Haltung ein spezifisches Oppositionspotential (SW2, 11f.; s. Kap. III.4.2). Für die Poetik des Tagebuchs ist das insofern relevant, als das Tagebuch – und in diesem Sinn spricht Jünger vom »Tagebuchcharakter« der Literatur überhaupt – zum Medium des Widerstands gegen die Beschleunigung der Zeit wird. Die zentralen literarischen Bezugspunkte sind für Jünger dabei neben einer Reihe von Autoren (wie Poe, Dostojewski oder Kierkegaard) insbesondere die Werke Léon Bloys (Plumyène 1976; Meyer 1993, 503ff.; Beltran-Vidal 1997) und die Bibel (SW2, 13f.). Beide werden in den *Strahlungen* immer wieder angeführt und reflektiert.

Das Tagebuch hat die Funktion, die Eindrücke (»Strahlungen«) aufzunehmen und gleichsam prismatisch zu bündeln, »die Strahlengarben zu richten, zu harmonisieren, zu Bildern zu erhöhen« (SW2, 15). Die

Überarbeitung folgt in diesem Sinne der Fassungspoetik (s. Kap. IV.6).
»Retuschen«, um in Anbetracht der erwartbaren Kritik »den Text zu
mildern«, lehnt Jünger ab und versteht die Trennung zwischen der »pri-
vaten Sphäre und jener der Autorschaft« auch nicht in diesem Sinn
(SW2, 22), was sich allerdings durch die genaue Analyse des Bearbeitungsprozesses nicht bestätigen lässt (s. Kap. III.4.2). Für die Bestimmung von Autorschaft greift er dabei erneut auf den emphatischen Begriff vom Dichter zurück, der bereits im Frühwerk verschiedentlich
aufgetaucht war (z.B. Kap. II.3), nun aber gesteigert bis hin zur Lehre
von der poetischen Eucharistie – auch das mag ein Aspekt von Jüngers
Affinität zum Katholizismus sein (s. Kap. IV.1):

Das Amt des Dichters zählt zu den höchsten dieser Welt. Wenn er das Wort
verwandelt, umdrängen ihn die Geister; sie wittern, das Blut gespendet wird.
Da wird Zukünftiges nicht nur gesehen; es wird beschworen oder auch ge-
bannt. Die unteren, noch dunklen Ränge der Wortbeherrschung sind magisch
[...]. Magie wird jedoch immer beim Worte bleiben müssen, wenn es wirken
soll. Nur muß sie in die Tiefe, in die Krypta versenkt werden. Auf ihr erhebt
sich das Gewölbe der Sprache zu neuer Freiheit, die das Wort zugleich verwandelt und erhält. Dazu muß Liebe beitragen; sie ist das Geheimnis der Meister-
schaft. (SW2, 16f.)

Die praktische Umsetzung dieses raunenden Programms einer Sprach-
magie bewegt sich in den Bahnen der literarischen Verfahren, die Jünger
in den beiden Fassungen des *Abenteuerlichen Herzens* als Poetik des Beziehungssinns entwickelt hat (s. Kap. II.4). In *Atlantische Fahrt*, dem
Reisetagebuch der Brasilienreise schreibt Jünger daher nicht nur wie
andernorts andeutungsweise von »Verwandlungen« (SW6, 60), sondern
formuliert auch explizit den methodischen Leitgedanken einer poetischen Liturgie: »Jede moralische Wahrheit hat ja im Physiologischen
und selbst im Physikalischen ihre Entsprechung; die Welt ist eins. ›Das
ist mein Blut‹« (SW6, 163f.)

4.1   Reisetagebücher

Mit dem Ausflug nach Sizilien im Jahr 1929 (»Aus der Goldenen Muschel«, 1944) beginnt eine ausgeprägte Reisetätigkeit Jüngers, die bis
ins hohe Alter anhalten wird. 1931 fährt er auf die Balearen, 1932
nach Dalmatien (»Dalmatinischer Aufenthalt«, 1934), 1935 nach
Norwegen (*Myrdun*, 1943), 1936 nach Brasilien, auf die Kanarischen
Inseln und nach Marokko (*Atlantische Fahrt*, 1947), 1937 besucht er
Paris und 1938 schließlich Rhodos (*Ein Inselfrühling*, 1948). Dann
erlaubt der Krieg Jünger vorerst nicht mehr, seine Reiselust zu befrie-
digen, und erst nach 1945 beginnt er erneut, Länder rund um den

Globus zu erkunden (s. Kap. IV.5). Den Aufenthalt in Paris und im
Kaukasus während des Zweiten Weltkriegs wird man schwerlich als
›Reisen‹ einordnen können, auch wenn es – der Grundhaltung distanzierter und stets von der Umgebung faszinierter Aufmerksamkeit entsprechend – bisweilen den Eindruck macht, als befinde Jünger sich
inmitten des Kriegs auf Urlaub.

Dass die Sizilienfahrt von 1929 neben dem Reisetagebuch »Aus der
Goldenen Muschel«, das erst 1944 in dem vom Deutschen Institut in
Paris herausgegebenen Zeitschrift *Deutschland – Frankreich* erschien,
auch den »Sizilischen Brief an den Mann im Mond« (s. Kap. II.4) her-
vorgebracht hat, ist bezeichnend, denn so eröffnet die erste Reise sowohl
theoretisch als auch praktisch jene planetarische Perspektive, die den
Gestus des Jüngerschen Schreibens fortan bestimmt. Die Erkundungen
fremder Länder werden gleichsam zur Probe aufs Exempel für den visionär erfundenen und im Lauf der Werkentwicklung zunehmend perhor-
reszierten Zustand einer gleichförmigen Welt (z.B. SW6, 365ff.), und
das gilt auch und insbesondere für die Reisen, die Jünger in den *Siebzig-
Verweht*-Bänden festhält (Segeberg 1991b; Schröter 1993, 151ff.; s.
Kap. IV.5). Das freilich ist nur die eine Seite: Auf der anderen Seite dienen die Reisen Jünger auch immer wieder zur Erholung vom Zustand
der durchrationalisierten Moderne (Michel 1990, 259f.) – die politische
Situation bleibt dabei so gut wie ausgeblendet, allenfalls in einer kurzen
Bemerkung schreibt Jünger in den 1930er Jahren von dem »Niedrigen,
das uns umgibt« (SW6, 183), oder erwähnt später das große Thema der
Nachkriegszeit, die Atombombe (SW6, 318). Als historischer Maßstab
fungiert nun nicht mehr das Kriterium des »Lächerlichen«, das im Arbeiter zur Abqualifizierung der überkommen bürgerlichen Restbe-
stände gedient hatte (s. Kap. II.5), sondern das Mehr oder Weniger an
»Glück« (z.B. SW6, 255, 367). Die Flucht aus der Zeit als Flucht in
andere Räume, jene Bewegung also, die die *Afrikanischen Spiele* als über-
holte Romantik entlarvt hatten (s. Kap. III.2.1), bestimmt literarisch die
Reisebewegung. Wie in einer Art Abrechnung verzeichnet Jünger beispielsweise zu Beginn von »Spitzbergen« (1964/66/82), dem Tagebuch
seiner Norwegenreise, an welchen Orten die »Entzauberung« der Welt
im Laufe der Modernisierung festzustellen sei und welche Orte sich unverändert zeigten (SW6, 447ff., vgl. auch 365ff.). Dass viele der Jüngerschen Reisen Inseln gelten, deren Form und Abgeschlossenheit geradezu
als Gegensatz, Beruhigung oder Aufhebung der Reisebewegung erscheint, hat Henri Plard nicht umsonst vor dem Hintergrund der Jüngerschen Symbolwelt, in der die »Insel« zu einem Bild weiterer Zusammenhänge wird (*San Pietro*, 1957; SW6, 327ff.), als Versuch einer
»regressio in uterum« gedeutet (Plard 1990a; Poncet 1995, 1996a,
1996c, 1996d, 732ff. u. 1996e). Aber auch hier muss Jünger feststellen,

dass die Flucht vor der eigenen Gegenwart »selbst auf den Inseln immer schwieriger wird« (SW6, 448).

In der Abfolge der Reisetagebücher lassen sich zwar Veränderungen im Schreibgestus und bei den Themen feststellen; so mindert Jünger ab der *Atlantischen Fahrt* den »hohen Ton«, wie er ihn paradigmatisch in den *Marmorklippen* entfaltet, auf das vergleichsweise kühle Mittelmaß der *Strahlungen* herab, oder er baut die Bemerkungen zu »Blut und Boden« etwas zurückhaltender ein. Je nach Ort setzt Jünger auch andere Akzente. Während er im Luxusbetrieb an der Côte d'Azur etwa über den Bikini als »natürliche Verhüllung des weiblichen Körpers seit dem Sündenfall« reflektiert (*Ein Vormittag in Antibes*, 1960; SW6, 398), widmet er sich im »Nachtrag« (1981) zu seinem Griechenlandtagebuch »Xylókstraton« (1982) den mythischen Symbolen für die große welthistorische Bewegung, dem Kampf zwischen »Göttern« und »Titanen« (SW6, 438ff.; s. Kap. IV.2.2). Im Prinzip aber richtet sich das Erkenntnisinteresse Jüngers gleichbleibend vor allem auf die basalen Ordnungsmuster der Welt und stellt diese Zusammenhänge mit den literarischen Verfahren der Traumlogik dar. Wie diese Verfahren das ursprüngliche Notizenmaterial entfalten, lässt sich am Vergleich der handschriftlichen Aufzeichnungen von der Brasilienreise im Jahr 1936, die im Anhang der Sonderausgabe der *Afrikanischen Spielen* für die »Deutsche Hausbücherei Hamburg« auszugsweise faksimiliert worden sind (Jünger [1937], unpag.), mit der Ausarbeitung in *Atlantische Fahrt* erkennen (Loose 1955, 88ff.; Loose 1957, 242f.). Folglich wird – wie bei den *Strahlungen* (s. Kap. III.4.2) – vor allem im Bearbeitungsprozess, der bei vielen der Reisetagebücher erst erhebliche Zeit nach der Reise selbst erfolgte, die Tiefenschärfe des »stereoskopischen Blicks« und die stilistische Glätte erzeugt, die den Eindruck einer distanzierten Weltschau vermittelt.

Die Reisetagebücher gehören also konzeptionell und hinsichtlich der bestimmenden literarischen Verfahren zu den Werken, die auf der im *Abenteuerlichen Herzen* ausgestalteten Traumlogik und den entsprechenden epistemologischen Grundsätzen einer Ordnung der Ähnlichkeiten basieren (s. Kap. II.4). Augenscheinlich wird das etwa in *Atlantische Fahrt*, dem Reisetagebuch zur Brasilienreise von 1936, und zwar zumal in jenen Passagen, die sich mit den »Fliegenden Fischen« befassen, denn in der zweiten Fassung des *Abenteuerlichen Herzens* rückt Jünger eine mit eben diesem Titel überschriebene Traumsequenz als zweites Stück ein (SW9, 179; Quarch 1995, 186f.). Der Struktur nach ein Angsttraum, der sich mit der im eigentlichen Sinne Unfassbarkeit der Fische beschäftigt, erzeugt der Anblick der Tiere beim Träumenden doch eine für die »Figuren und Capriccios« typische Form der Heiterkeit, weil diese sich – im Sinne der »Stereoskopie« (s. Kap. II.2.4) – in zwei Elementen bewegen. Entsprechend »erinnert« Jünger der in der Luft schwirrende Fischschwarm auf einer Amazonasfahrt im »Sonnenlicht« an ein »Schneegestöber« (SW6, 125). Charakteristisch ist dabei weiterhin, wie Jünger sich mit methodisch zergliederndem Blick den Bewegungsabläufen eines Phänomens widmet, das zunächst wie ein »Augentrug« und wie »ein reines Erzeugnis der Phantasie« wirkt (SW6, 115, 117).

Die genau beobachtende Erkundung der fremden Natur, sowohl des Tier- als auch des Pflanzenreichs, verbindet sich auf den Reisen mit dem »stereoskopischen« Interesse an entfernten Kulturen (Kunicki 1991), wobei diese Entfernung eben sowohl topographische als auch zeitliche Differenz zur eigenen Gegenwart impliziert: »[W]ir können durch räumliche Veränderungen uns verflossenen Zeiten annähern« (SW6, 99; Loose 1957, 231ff.). Idealtypisch lässt sich das an »Dalmatinischer Aufenthalt« aus *Blätter und Steine* sehen, dem ersten der von Jünger veröffentlichten Reisetagebücher (Loose 1955, 79f.). Im Vorwort zu der Sammlung wertet Jünger den Reisebericht wie das Tagebuch generell als eine antipsychologische »Übung im Sehen«, wobei er den »Dalmatinischen Aufenthalt« für den Teil seiner Reisetagebücher hält, der – zumindest von den zu dieser Zeit vorhandenen Diarien – »am besten gelungen« sei (SW14, 159).

Ein wesentlicher Grund dürfte in der beinahe aufdringlichen Entfaltung eines raum-zeitlichen Beziehungsgefüges im Medium der Landschaftsbeschreibung liegen. Immer wieder vergleicht Jünger die Szenerie mit Traumbildern: »Das eigentliche Glück, das uns sein [des »Wunderbaren«, S.M.] Anblick bietet, liegt darin, dass wir die Wirklichkeit unserer Träume bestätigt sehen« (SW6, 35). So stehen beispielsweise die Tiere oder Pflanzen in besonderem Verhältnis zu den landesspezifischen Erscheinungsformen der Elemente; die Phänomene werden durch verschiedene Sinneserlebnisse vermittelt (nicht zuletzt durch den Genuss des Weins und der Speisen); Benennungen geben Anlass zu sprachspekulativen Überlegungen in der Art des an den »Dalmatinischen Aufenthalt« anschließenden »Lobs der Vokale« (s. Kap. III.1; vgl. auch III.2.2); Außenräume gehen in Innenräume über, die Gegenwart in die geschichtliche Vergangenheit und in die Erinnerung an die Kindheit. Dieses Beziehungsnetz entflicht sich vor dem Hintergrund von Überlegungen zu Techniken der Literatur und Naturkunde. Bereits der Eingangspassus versammelt eine Reihe der genannten Elemente, so das charakteristische Erlebnis der Desillusionierung, dem eine Wiederverzauberung folgt, die Verbindung verschiedener Bereiche wie des menschlichen Körperbaus mit der Landschaftsgestalt oder der Gegenwart mit der Vergangenheit bzw. die Überblendung topographisch getrennter Landstriche:

Ich fühlte mich durch den ersten Eindruck fast enttäuscht. Die karstigen Felsmassen, die sich, vielfach zerklüftet, zum Brandungsstreifen niedersenkten und

sich dort wie geschmolzenes Blei verästelten, erschienen mir nur als der Kno-
chenbau einer Landschaft, der die gefällige Rundung und der fleischige Ansatz
mangelten. Später merkte ich freilich, daß dieses Land seine geheimen Kräfte
besitzt; es belebt sich in der Erinnerung und ruft ein Gefühl von Heimweh
hervor. Entfernt schien es mir der Lüneburger Heide verwandt. (SW6, 11)

Der negative Bezug zur anatomisch sezierten Landschaft, die als bloßes
Knochengerüst erscheint, ist nicht zufällig, denn die Verlebendigung der
Natur, die Jünger im Lauf der Zeit gelingt, entspricht in gewisser Weise
dem Übergang von der Anatomie zur Physiognomik. Das Pathos der
Oberflächlichkeit, das Jüngers Theorie der »Gestalt«-Schau im Sinne der
Sachlichkeitsforderung prägt (s. Kap. II.5), bestimmt in scheinbar para-
doxem Verhältnis zur Tiefenschau des stereoskopischen Blicks Jüngers
Wahrnehmungshaltung. Was er an einem Brief Kubins im Vorwort zu
Blätter und Steine vorführt, nämlich ein physiognomisches Verständnis
der literal unlesbaren Schriftzüge aus dem »graphische[n] Gesamtbild«
(SW14, 162), das wiederholt sich im »Dalmatinischen Aufenthalt« beim
Hören der fremden Sprache eines Einheimischen: »Rein aus seinem
Mienenspiel, seinen Gesten und dem Klang seiner Stimme« erschließt
sich den Besuchern der Sinn der Rede (SW6, 28). Diese Unmittelbar-
keit der Einsicht, die selbstverständlich in einem hohen Maß kulturell
determiniert ist, versucht Jünger literarisch plausibel zu machen. Selbst
wissenschaftliche Codierungen verlieren in gewisser Weise ihre Künst-
lichkeit, wenn die »Nomenklatoren« die beste mögliche Bezeichnung
finden, als gäbe es eine motivierte Beziehung zwischen Benennung und
Benanntem (SW6, 17f.).

Die literarische Erschaffung einer zweiten Natur bzw. die Renaturalisierung der Kultur erstreckt sich im »Dalmatinischen Aufenthalt« bis
in die Welt des »Arbeiters«, die – wie im *Abenteuerlichen Herzen* –
traumartige Qualitäten gewinnt. In einer von der surrealistischen Flane-
rie inspirierten Formulierung (die zudem ein aufschlussreiches Licht auf
die oben erwähnten »Fliegenden Fische« wirft) bemerkt Jünger, dass
»unseren großen Städten [...] neben vielen anderen Eigenschaften ein
submariner Charakter eigentümlich ist« – man durchwandle sie bisweilen in einer »Stimmung«, die »an die des Tauchers gemahnt« (SW6, 23;
vgl. dazu Aragon 1969, 28ff.). Diese Rückwirkung der räumlich und
damit auch zeitlich von der modernen Lebenswelt entfernten Gegenden
auf die »Werkstättenlandschaften« kann aber nicht darüber hinwegtäu-
schen, dass das historisch gewordene Gesicht dieser Landstriche sich allmählich in die Maskenhaftigkeit der Arbeiterphysiognomie wandelt. So
bemerkt Jünger beispielsweise in *Atlantische Fahrt* an den Brasilianern
Züge des »modernen Menschen«, der – sobald mit »technische[m]
Spielzeug« hantierend – die »Kultur des Landes« vergesse (SW6, 130).
Deutlicher noch wird Jünger in *Myrdun*, dem Tagebuch der Norwegen-

reise (Loose 1955, 80ff.): Jünger und sein Reisebegleiter Hugo Fischer kommen bei einem Arzt unter, dessen Heilungsmethoden in etwa dem heutigen Begriff der ›Alternativmedizin‹ entsprechen, also ein Therapie-verständnis, das auf dem Bild des ›ganzen Menschen‹ gründet. Dem stellt Jünger das langsam auch in die entlegenen Gebiete Einzug halten-de Bild der modernen Medizin entgegen. Erneut wird er zum diagnosti-zierenden Autor des *Arbeiters*: Bäder verwandeln sich in »Schnellrö-stungsmaschinen«, der Therapieerfolg wird an der »Steigerung der Arbeitsleistung«, nicht an der »Heilung« bemessen, die Ärzte empfangen die von den Krankenkassen zu »Angestellten« degradierten Patienten im »weißleinenen Monteurkittel« (SW6, 68f.). Bei sich selbst aber vertraut Jünger darauf, dass er sich »ein unangetastetes Stück elementarer Frei-heit bewahrt« habe, um »den Wert aller guten, natürlichen Dinge zu schätzen [...]« (SW6, 67).

Das Interesse am Natürlichen muss freilich überraschen, wenn man sieht, wie Jünger seine Natur durch die Literatur hindurch erfindet. So streut er beispielsweise im »Dalmatinischen Aufenthalt« immer wieder Lese- und Bildungsfrüchte in die Darstellung ein, in denen er seine Vorbilder für die »Übung im Sehen« benennt (z.B. SW6, 24, 32). Gleichwohl zielt er auf eine überkulturelle Ursprünglichkeit und renatu-ralisiert gerade durch die Erzeugung eines viel dimensionalen Bezie-hungsgefüges den Gegenstand der Beschreibung – in *Myrdun* spricht Jünger sich »ein wenig ungeformte Intelligenz« zu (SW6, 67), im »Dal-matinischen Aufenthalt« ergreift ihn ein »Gefühl der Zeitlosigkeit«, und er sieht sich in einen »Zustand pflanzenhafter Müdigkeit« eingehen (SW6, 25f.). Das betrifft auf der einen Seite noch ein historisches Mo-ment, insofern die Reisen eben auch Zeitreisen sind, sei es in die Welt der Kindheit oder der weiteren Vergangenheit. Auf der anderen Seite geht es Jünger um ahistorische Perspektiven, um die Schau des »Typus«. Auch in dieser Hinsicht ist es bemerkenswert, dass er seine Reisebiogra-phie mit dem Besuch Siziliens beginnt. Denn seit dem 18. Jahrhundert, insbesondere seit Goethe, ist Sizilien das Land des klassischen Bildungs-erlebnisses, der topographische Rahmen für die Initiation in den geisti-gen Raum des Abendlandes über den Weg sowohl einer fremden Kultur als auch den einer Natur klassischer Harmonie, wobei für Jünger der kunstkennerische Aspekt zugunsten der Flucht aus der eigenen Zeit zu-rücktritt. Die Baudenkmale werden daher zum organischen Teil der Landschaft, so dass die Architektur Palermos von der »Nähe Afrikas« beherrscht wird oder sich der »Tempel von Segesta« – dessen Besuch vor dem Hintergrund von Goethes Eintragung auf der *Italienischen Reise* vom 20. April 1787 zu sehen ist – mit der Landschaft zur »Einheit« verbindet (SW6, 93f.). In den *Strahlungen* schreibt er: »Was die Grie-chen waren, habe ich nicht im Anblick der Säulen dieses Tempels ge-

ahnt – ich sah es durch sie hindurch, in den Wolken, als ich auf seinen
Stufen stand« (SW2, 103). Tatsächlich ist es so, dass die Antike erst in
den 1930er Jahren zu einem Fixpunkt in Jüngers intellektuellem Koordinatensystem wird (Engel 1965). Deutlicher noch als in den Reisetagebüchern wird diese Renaturalisierung der Kultur dann bei der Beschreibung seines Parisaufenthaltes in den *Strahlungen*. Der Aufenthalt in der
Metropole scheint Jünger aus der Welt des »Arbeiters« zu befreien und
in die Vormoderne zu versetzen, wären da nicht die unliebsamen Zeichen des Kriegs und einer brutalen Besatzungspolitik, die Jünger den
Genuss der Käfer, Antiquitäten und schöngeistigen Beobachtungen ver-
derben bzw. diesen Genuss zum gezielt eingesetzten therapeutischen Instrument machen. Auf jeden Fall muss Jünger sich nicht nur zu einer
distanzierten Haltung (s.u.), sondern auch immer wieder explizit zur
Reflexion des ihn umgebenden Leids ermahnen (z.B. SW2, 347, 356,
471).

4.2   *Strahlungen* im Zweiten Weltkrieg

Tagebuch- und Fassungspoetik

Bevor die Tagebücher aus der Zeit zwischen 1939 und 1948 unter dem
Titel *Strahlungen* 1962 bzw. 1963 im zweiten und dritten Band der
Werke sowie 1979 im zweiten und dritten Band der *Sämtlichen Werke*
zusammengefasst werden (wo dann 1982 auch noch die ersten beiden
Siebzig verweht-Tagebücher der Jahre 1965 bis 1980 als dritter und vier-
ter Band der *Strahlungen* hinzukommen), trägt nur das mittlere der Tagebücher diesen Titel, das das »Erste« und »Zweite Pariser Tagebuch«,
die »Kaukasischen Aufzeichnungen« sowie die »Kirchhorster Blätter«
umfasst (18. Februar 1941 bis 11. April 1945). Abgesehen von einigen
Teilvorabdrucken in diversen Zeitschriften sowie in einem Sammelband
zum *Erlebnis des deutschen Soldaten* in Frankreich (Mühleisen 1995,
123), erscheint als erstes Werk aus diesem Zusammenhang noch 1942
Gärten und Straßen (3. April 1939 bis 24. Juli 1940) und als letztes
1958 *Jahre der Okkupation* (11. April 1945 bis 2. Dezember 1948).
    Die Tagebucheinträge werden mit wechselnder Konstanz und Dichte
gesetzt (zwischen *Gärten und Straßen* und dem »Ersten Pariser Tagebuch« klafft beispielsweise eine Lücke von ungefähr sieben Monaten),
insbesondere im letzten der genannten Tagebücher wird der Rhythmus
der Eintragungen lockerer. Generell gehört das Diskontinuierliche zum
Darstellungsprinzip von Jüngers Tagebüchern, und zwar in spannungs-
vollem Gegensatz zu den großen Kontinuitäten, die der »stereoskopische
Blick« auch hier hinter den Ereignissen wahrnimmt (Hüppauf 1997).

Jünger entfaltet ein multiples Tagebuch-Ich mit den entsprechend unterschiedlichen Wahrnehmungsformen, die zwischen der moralischen Abqualifizierung von Gewalt und der für Jünger typischen Form der ›kalten‹ Wahrnehmung, zwischen den Rollen des Dandys und Flaneurs, des Chronisten, politischen Zeitzeugen oder Militärstrategen, des Metaphysikers, Entomologen und Bibliophilen pendeln. Das die Darstellung bestimmende Moment des »Antinomischen« kann dabei als Indiz für eine tiefgreifende Erosion der Jüngerschen Haltung im Verlauf des Zweiten Weltkriegs gedeutet werden (Sader 1996, 9ff., 76ff.).

Jüngers Notizen darf man – wie bei den Reisetagebüchern und entsprechend der von Jünger selbst formulierten Tagebuchpoetik (s. Kap. III.4) – nicht mit der aus dem Augenblick geborenen Selbsterklärung eines Subjekts verwechseln, vielmehr handelt es sich erneut um eine langwierige Bearbeitung der ursprünglichen diarischen Notizen. Auch die publizierten Fassungen werden von Ausgabe zu Ausgabe in einem komplizierten gestaffelten Prozess permanent umgestaltet: So erscheint beispielsweise *Gärten und Straßen*, also das chronologisch erste der Tagebücher, nach der Ausgabe der folgenden Tagebücher von 1949 unter dem Titel *Strahlungen* erst 1950 in einer »3., durchgesehenen Auflage« in erweiterter Fassung, bevor es – erneut überarbeitet – in eben diese Sammlung der *Strahlungen* eingeht. Jünger schreibt dazu: »Zum Tagebuch: die kurzen, kleinen Notizen sind oft trocken wie Tee in Krümeln; die Abschrift ist das heiße Wasser, das ihr Aroma erschließen soll« (SW2, 475).

Aus einem von Armin Mohler veröffentlichten Paralleldruck der Originaleinträge eines Notizbuchs vom 2. und 3. Januar 1943 während der Kaukasusreise und der in den *Strahlungen* veröffentlichten Fassung lässt sich auf den gesamten Bearbeitungsprozess schließen. Immerhin bestätigt diese Synopse teilweise Jüngers eigene Sicht, denn neben der stilistischen Korrektur fällt die Ausweitung der Deutungsebene in den Blick. Gleichen die ursprünglichen Notate bisweilen bloßen Merkworten, aus denen dann im Lauf der Bearbeitung die einzelnen Stücke erst entfaltet werden, so lassen sich doch durchaus auch Kürzungen bei Details der Beschreibung verzeichnen (*Die Schleife* 1955, 97ff.). Die wichtigste Bearbeitungsstufe nach dem Übergang von der Handschrift in den Druck liegt zwischen den ersten drei Auflagen und der vierten Auflage der *Strahlungen* von 1955. Während Jünger *Gärten und Straßen* zwar in der dritten Auflage von 1950 auch durchgesehen hat, wird dieser Teil im Vergleich zu den *Strahlungen*, bei denen Jünger den Text um etwa ein Sechstel seines Umfangs kürzt, nur geringfügig bearbeitet. Folgt Jünger hier noch der Kritik an der Länge des Tagebuchs (z.B. Gehlen 1950), so erweitert er bei den Fassungen der Werkausgaben von 1962/63 und 1979 den Text der *Strahlungen* dann wieder beinahe auf den Umfang der Erstausgabe.

Bei der Bearbeitung der *Strahlungen* zeigt sich vor allem ein »Zug zur ›Entpersönlichung‹« – so nimmt Jünger Stellungnahmen zum eigenen Werk, Kommentare zu dessen Kritik und zu schriftstellerischen Plänen zurück, oder er berichtet etwas zurückhaltender von seinen Frauenbekanntschaften. Weiterhin gleicht er die Traumberichte mit den Notizen zur Bibellektüre ab und drängt Bemerkungen zu den Schreckenspraktiken des ›Dritten Reichs‹ weiter in den Hintergrund. Auch Eintragungen zu Ereignissen, Personen oder Lektüreerlebnissen, die dem Leser ohne Verständnishilfen unklar bleiben müssen, fallen dem Rotstift zum Opfer. Weiterhin schreibt Jünger Abkürzungen aus, passt Fremdwörter der deutschen Orthographie an oder korrigiert Flüchtigkeitsfehler, er glättet umständliche Formulierungen, stimmt die Tonlage auf eine vergleichsweise prosaische Mittellage herunter und feilt an der aphoristischen Pointierung von Notaten (Bluhm 1991, 155ff.), wobei die aphoristische Denkform bei Jünger stark von der französischen Moralistik beeinflusst ist (Schumacher 1986). Nicht umsonst gibt er 1956 die von ihm übersetzten Maximen Rivarols heraus (SW14, 256ff.), in dem er – so die Kritik zur Zeit der Veröffentlichung – seine eigenen Situation spiegelt (Dietka 1987, 149ff.; Neaman 1999, 197ff.). Aussagekräftiger als die stilistischen Verbesserungen der Tagebücher sind jedoch die Streichung und Hinzufügung mehrerer Eintragungen sowie die Verschiebung von Eintragungen von einem Datum zu einem anderen, so dass die zeitliche Struktur der Tagebuchführung zur bloßen Fiktion wird. Selbst die Traumprotokolle sind zielgerichtet auf die Wirkung beim Leser hin umgeformt (Loose 1957, 182ff.; Böhme 1972, 104ff.; Brandes 1990, 69ff., 93f., 97ff.; Bluhm 1991, 143ff.).

Idealtypisch lässt sich die Entwicklung eines von Jünger selbst anvisierten »neuen Stils« (SW2, 21) im Ablauf der Tagebuchfolge der *Strahlungen* nachvollziehen: *Gärten und Straßen* erscheint 1942 wieder im Verlag E.S. Mittler & Sohn in Berlin, also jenem Verlag, der Jüngers frühe Militaria veröffentlicht hatte. Der Verlag wirbt auf dem Klappentext mit Jüngers militärischen Kompetenzen und stellt das neue Tagebuch in die Tradition von *In Stahlgewittern, Das Wäldchen 125* sowie *Der Kampf als inneres Erlebnis*. Dem »Soldat und Dichter« habe »es keine Ruhe gelassen; er griff wieder zum scharfen deutschen Schwert und steht heute als Hauptmann im Felde. [...] Ernst Jünger ist der Dichter des Krieges, ein Dichter, wie ihn der Deutsche gerade heute braucht« (Jünger 1942b, unpag.). In diesem Kontext wirbt der Verlag für andere Kriegstagebücher oder Sammlungen von Erlebnisberichten, so für Wilhelm Doms' *Vormarsch in Polen*, Christian Kinders *Männer der Nordmark an der Bzura*, Hans Joachim Kitzings *Wir liegen in Paris* oder dem von Kurt Bernhard herausgegebenen Band *Panzer packen Polen*. Tatsächlich lassen sich auch bei Jünger sprachlich wieder Anleihen an die

Kriegsseligkeit der *Stahlgewitter* entdecken (z.B. SW2, 146). Zwar unterscheiden die sich die Tagebücher des Ersten und des Zweiten Weltkriegs überdeutlich voneinander, aber gleichwohl findet Jünger erst im
»Pariser Tagebuch« zu jener zwischen Beobachtung und Deutung oszil-
lierenden Distanz, auf die bereits die Zunahme der Traumprotokolle
sowie der Notate zur Bibelexegese im Lauf der *Strahlungen* verweist
(Brandes 1990, 18ff.; Kron 1998, 161ff.).

Konzeptionell verbindet die Reisetagebücher mit den *Strahlungen* die
jeweilige Ausrichtung gegen die unruhigen Zeitläufte (SW2, 12; SW6,
225), worauf bereits der eigentümliche Titel *Gärten und Straßen* verweist.
Im »Ersten Pariser Tagebuch« schreibt Jünger, der »Sinn der Gärten« liege
– wie der »Sinn des Lebensweges überhaupt« – darin, »in der Vielfalt
Aussichtspunkte zu gewinnen, die um das Zentrum der schöpferischen
Energie geordnet sind« (SW 2, 378). Entsprechende Lehren, wie sie vor
allem der Eintrag vom 19. Juni 1940 reflektiert, hatte Jünger seine pflan-
zenverliebten Protagonisten in den *Marmorklippen* verkündigen lassen.
Stilistisch hingegen fällt der Abstand zwischen dem Roman und den verschiedenen Tagebüchern der 1930er und 1940er Jahre auf, wobei das bei
den Reisetagebüchern vor allem für diejenigen gilt, deren Ausarbeitung
(wie bei *Atlantische Fahrt* oder *Ein Inselfrühling*) zeitlich nahe bei der Ausarbeitung der *Strahlungen* liegt (s. Kap. III.4.1). Jeweils nimmt Jünger die
aufdringlich markierte Symbolizität und den prätentiös hohen Ton zurück
(Loose 1957, 189f.). Gleichwohl weist ein gewisser Mystizismus der Andeutungen auch auf durchgehende Verbindungslinien. »Jünger spielt«, wie
Gerhard Loose zurecht bemerkt, »mit Offenheit und Maske, Nacktheit
und Hülle, Bekenntnis und Mystifizierung« (Loose 1957, 184). Er fügt in
den *Strahlungen* immer wieder Eintragungen ein, die den Leser in ihrer
Enigmatik gezielt auf Distanz halten. Selbst wenn die Chiffrierung von
Namen teilweise dem Schutz französischer Bekannter vor dem Vorwurf
der Kollaboration sowie Jüngers eigener Absicherung vor kritischen Ein-
wänden gegen den Umgang mit problematischen Persönlichkeiten gedient haben sollte, deuten auch die – freilich oftmals leicht zu entschlüs-
selnden – Namen wie z.B. Kniébolo (Hitler), Grandgoschier (Goebbels),
Cellaris (Ernst Niekisch) oder Merline (Louis-Ferdinand Céline) noch
einmal auf die symbolischen Valenzen der *Marmorklippen* zurück (die
Tagebücher sind im übrigen mittlerweile durch ein Namensregister er-
schlossen: Wimbauer 1999). Im Lauf der Tagebuchbearbeitung löst Jünger einige dieser Decknamen auf, was sich – wie andere Änderungen – als
Reaktion auf die Entspannung der politischen Lage beziehen lässt. Nicht
zuletzt gilt diese Anpassung an das wechselnde intellektuelle Klima für die
Diktion des ›Dritten Reichs‹ (so werden »Führer des Flugzeugs« zu »Piloten« oder eine Unterhaltung »aus Stammesgründen« wird zu einer Unterhaltung mit einem »Landsmann«) (Brandes 1990, 79ff., 93f.).

Die zentralen, bis heute immer wieder gegen Jüngers Tagebücher aus der Zeit des Zweiten Weltkriegs vorgebrachten Kritikpunkte werden (wie die entsprechenden Pluspunkte) gleich nach Erscheinen der *Strahlungen* formuliert. Auf engstem Raum stehen sich in der Nachkriegszeit positive und negative Einschätzungen gegenüber (Dietka 1987, 82ff.), so 1950 in den *Frankfurter Heften*, wo zunächst Erich Kuby die Hälfte der *Strahlungen* als »Beiträge zu einem Kompendium unfreiwilligen Humors« verabschiedet und Alfred Andersch an gleicher Stelle im direkten Anschluss – bei aller Distanz gegenüber dem ebenfalls angemerkten Prätentiösen – Jüngers Tagebuch als eine Vereinigung von »Bild, Logos und Sprache« feiert, bei der »der Autor alle Tradition verläßt, um in seine eigene Radikalität des Gedankens einzutreten« (Kuby 1950, 206; Andersch 1950, 210). Jüngers Bearbeitungen der Tagebücher jedenfalls – dafür gibt es direkte Hinweise – werden wohl auch im Blick auf die harsche stilistische Kritik zu betrachten sein (Bluhm 1995, 127). Insbesondere Peter de Mendelssohns *Gegenstrahlungen* setzen sich 1949 auf eine zwar scharf polemische, aber dennoch um Fairness bemühte Weise mit dem Tagebuchschreiber Jünger auseinander: Auf der einen Seite stehen so die Anerkennung der »Genauigkeit« der Beobachtung und der »superben sprachlichen Schönheiten« sowie Notizen zu Jüngers politischer Selbstdarstellung (der Kritisierte schippere durchaus nicht zu jenem Eiland, »wo man sich nichts vorzuwerfen hat«); auf der anderen Seite werden schonungslos die stilistischen Verfehlungen, die Eitelkeiten des Autors, die Geheimnistuerei und die Informationsarmut der Darstellung sowie die politische und moralische Ignoranz Jüngers aufgedeckt. Wenig Verständnis auch bringt der Kritiker für Jüngers Betonung seiner gefährdeten Position auf, wo der Paris-Besucher doch auffallend oft mit den »Kreaturen Hitlers und Goebbels'« zusammentreffe und ein bohèmehaftes Leben führe (Mendelssohn 1949, 156, 164; vgl. auch Plard 1990b, 151f.).

Paris – die Kapitale des 19. Jahrhunderts

Das Tagebuchwerk des Zweiten Weltkriegs verbindet die Beschreibung alltäglicher Ereignisse, die Kommentierung des Kriegsgeschehens und der Okkupationspolitik (der eigenen sowie nach 1945 der Alliierten) und (welt-)historische Reflexionen mit literarischen Erörterungen fremder und eigener Werke, Naturanalysen und Traumprotokolle in einem Netz durchgängiger Verwiesenheit und Übergänglichkeit der Notate untereinander (Bluhm 1991, 140ff.; Brandes 1990, 253ff.), kurzum: in einem Ähnlichkeitsgewebe vergleichbar der Textur des *Abenteuerlichen Herzens*. Wie in einem Brennpunkt laufen in den *Strahlungen* die Linien des Jüngerschen Werks zusammen (D'Hugues 1976). Der »stereoskopi-

sche Blick« folgt nun einer lebensgeschichtlich vorgezeichneten Linie,
allerdings nur, um zu zeigen, dass eine individualbiographisch fixierte
Sicht das Wesentliche verfehlt. Bezeichnenderweise gliedert Jünger einige Notate aus *Jahre der Okkupation* aus und formiert sie zu dem eigenständigen Band *Sgraffiti*, also der direkt in Nachfolge des *Abenteuerlichen Herzens* verfassten Schrift (Bluhm 1995, 136ff.; Schneilin 1996a u.
1996b). Im Vorwort zu *Jahre der Okkupation* nennt Jünger diese Sammlung »die dritte Stufe«, sie solle »die beiden Fassungen von ›Das Abenteuerliche Herz‹ vervollständigen« (Jünger 1958, 7). Auf den Werkzusammenhang machen nicht zuletzt die in den Tagebüchern verstreuten
Sprachreflexionen aufmerksam, die die Gedanken aus »Lob der Vokale«
weiterführen (Brandes 1990, 106ff.; Sader 1996, 211ff.). Auch die zentrale Funktion der Natur und die für Jünger typischen Beobachtungs-
und Beschreibungsverfahren deuten auf diese Bezüge: Es geht um die
Flucht vor den unmittelbaren historischen Vorgängen in die Welt der
überzeitlichen Ordnungsmuster als Strategie der Selbstbewahrung
(Bluhm 1987). In *Gärten und Straßen* wiederholt Jünger daher die
aphoristische Formulierung aus dem *Abenteuerlichen Herzen*, der zufolge
in allem »ein Körnchen vom Gewürz der Ewigkeit enthalten« sei (SW9,
93, 199; SW2, 109).

   Freilich muss auf den ersten Blick eines überraschen: Dass Jünger
diese Flucht aus der Gegenwart gerade in einer Metropole gelingt, wo er
zuvor doch den Raum der Städte – ein Gegenstand, der auch im Spätwerk von einiger Bedeutung ist (vgl. Bolle 1992) – zur Welt der »Arbeiter« erklärt hatte. Jünger steht zunächst ganz unter dem Einfluss
expressionistischer Stadtrepräsentation, wenn er in *Sturm* oder in *Der
Kampf als inneres Erlebnis* die Stadt als Moloch beschreibt. Um 1930
erscheint ihm das urbane Leben in dieser Tradition wie die Hölle
(SW9, 79). Die Stadt führt den Krieg mit zivilen Mitteln fort. Die
Physiognomie des Großstädters trage den »Stempel« von »Angst« und
»Traum«, und die »völlig erstarrte, automatische und gleichsam narko-
tisierte Haltung des modernen Menschen« zeige das Antlitz der Zukunft: den »Typus«, hinter dem das bürgerliche »Individuum« in der
Arbeiterwelt verschwindet. Zumal die Gefährdungsverhältnisse in
Krieg und Großstadt gleichen sich, sie werden auditiv sinnfällig durch
die im Lärm auf Permanenz gestellte Bedrohung (SW9, 80f., 90;
SW8, 102f.; Honold 1998b, 51ff.). Dass Jünger am Straßenverkehr
und an der Choreographie der urbanen Menschenflüsse die Signatur
der Moderne abliest, wurde bereits erwähnt (s. Kap. II.2.3 u. 5). In
den *Annäherungen* wird Jünger diesem Zusammenhang eine kurze biographische Anmerkung anfügen, als er über seine studentischen Stadt-
erkundungen schreibt:

Ökonomisch gesehen, fielen diese Exkursionen in die Hochblüte der Inflation, stilistisch in eine Zeit, da der Expressionismus auf das Stadtbild übergriff. Die Schäbigkeit der Straßenzüge, der überfüllten Häuser, deren Fassaden abblätterten, der sich umtreibenden Massen, die zum Teil noch in zurechtgeschneiderten Uniformen gingen, wurde durch neue Effekte brutalisiert. Die Leuchtröhren kamen auf – weißes, blaues und rotes Neonlicht, das den Gesichtern eine Leichenfarbe gab. Kirchner hatte das schon 1912 gesehen; auch hier ging die Vision des Künstlers dem Scharfsinn der Techniker voraus. (SW11, 120f.)

Am 24. April 1941 nun betritt Jünger erstmals während des Kriegs die französische Hauptstadt zu einem kurzen Besuch, im August wird er endgültig einquartiert. Paris erscheint ihm als genaues Gegenbild der »Arbeiter«-Städte. Der Umgang mit der Haute Collaboration und der Verkehr in den exklusiven Restaurants der Stadt verhelfen Jünger zu einer neuen Form des exponiert genießerischen Habitus, die im »Zweiten Pariser Tagebuch« durch die bedeutende Rolle von Florence Gould und ihres Salons weiter profiliert wird (Brandes 1990, 31ff., 42ff.; Hervier 1995; Neaman 1999, 142ff.).

Tatsächlich ist Paris für Jünger auf zweifache Weise die gewissermaßen urbane Verwirklichung des *Abenteuerlichen Herzens*, ein Stein gewordener Assoziationsraum: Auf der einen Seite führt er dort eine Existenz, die gleichermaßen von den Greueln des Kriegs abgeschottet wie durch eine unablässige Bedrohung durch die Parteistellen ausgezeichnet ist – Distanz und Gefährdung verbinden sich auf eine für Jüngers Selbstbild ideale Weise (Noack 1998, 174; SV3, 566). Auf der anderen Seite fungiert der auratisch besetzte Ort als Medium der Zeitflucht. Dass Jünger die Attitüde des Dandys aus dem Rollenrepertoire der frühen 1920er Jahre wieder aufgreift, fügt sich dabei nur mit Einschränkungen ins Bild, denn das selbst gesetzte Programm der Überwindung des »Nihilismus« ist nicht Sache des lediglich registrierenden amoralischen Betrachters. Umgekehrt wird es eben für Jünger zunehmend schwieriger, die dandyistische Distanz einzuhalten – er wird, ob er will oder nicht, zum Mitspieler (Griffiths 1993, 106ff.; Sader 1996, 105ff.).

Dennoch sieht Jünger in Paris, mit einem Wort Walter Benjamins, die »Kapitale des 19. Jahrhunderts«: »In einem fast wichtigeren Sinne als früher ist sie noch immer Kapitale, Sinnbild und Festung altererbter Lebenshöhe und auch verbindender Ideen, an denen es den Nationen jetzt besonders fehlt« (SW2, 247). Die Stadt fungiert als eine Art Schleuse, die aus der Moderne herausführt. Dieser räumliche und zugleich zeitliche Eskapismus verbindet die Parisaufzeichnungen mit der Fluchtbewegung der Reisetagebücher (s. Kap. III.4.1). Für das in der Forschung diskutierte Verhältnis von Benjamin und Jünger (Zons 1984; Vismann 1994; Werneburg 1995; Kielinger 1995; Stiegler 1996; Llanque 1996; Bullock 1998) könnte die Pariserfahrung bei aller politischen

Opposition ein weiterer gemeinsamer Anhaltspunkt sein. Denn nicht nur bezieht Jünger sich auf Baudelaire (SW3, 124; Figal 1997), auch Benjamins Analysetechnik weist Bezugspunkte zur Modellierung der Stadt als eines Assoziationsraums in Jüngers Schriften auf. So beschreibt Benjamin 1929 in einem Zeitschriftenbeitrag *Paris, die Stadt im Spiegel*, als »große[n] Bibliotheksaal«: In dieser Stadt wirke ein »Geist«, der »den Büchern verwandt ist«. Das sich vervielfältigende Erscheinungsbild der Metropole – Reflexionen der Stadt in Augen, auf den Boulevards und dem Asphalt, auf den Glasverschlägen und den Wandspiegeln der Bistros – macht den »Spiegel« zum »geistige[n] Element dieser Stadt« (Benjamin 1991, 356, 358). Entsprechend erscheint Jünger Paris wie ein »Spiegelkabinett« (SW2, 296). Von hier aus ließen sich Ähnlichkeiten und Differenzen in den surrealistischen Verfahren der Prosa beider Autoren und im methodischen Zugriff auf eine Welt der Analogien genauer bestimmen.

Die urbane Aura von Paris erschließt Jünger scheinbar mühelos eine assoziative Ordnung, was nicht zuletzt einen erotische Beiklang hat, wenn Jünger einerseits die »Stadt als Freundin« (SW2, 259) und andererseits als idealen Raum amouröser »Verknüpfungen« wahrnimmt (SW2, 238) – wie die erotomanen Protagonisten seiner *Sturm*-Erzählung streicht Hauptmann Jünger durch die Straßen. Entscheidend ist jedoch die Verschränkung von Raum und Zeit: »Die Stadt ist eine zweite geistige Heimat für mich geworden, wird immer stärker zum Inbild dessen, was an alter Kultur mir lieb und teuer ist« (SW2, 382). Bezeichnenderweise phantasiert Jünger sich in der spät fertiggestellten Erzählung *Eine gefährliche Begegnung* (s. Kap. IV.3.3) ins Paris des 19. Jahrhunderts zurück, und wie Jünger bewegt sich dort der Protagonist durch Paris als einen Ort der Vergangenheit (Jünger 1985, 8f.). Bereits der von den französischen Beobachtern registrierte Auftritt Jüngers in Zivil (Plard 1990b, 148; Noack 1998, 166, 171) ist angesichts der Polemik gegen den Anzug als anachronistischen Rest des bürgerlichen Zeitalters im *Arbeiter* bemerkenswert (s. Kap. II.5). Tatsächlich deutet das spezifische Verhältnis, in das Jünger sich zu Paris setzt, auf eine Verschiebung der Kriterien hin: weg von der Feier des unbedingt Zeitgemäßen hin zur mehr oder weniger offen eingestandenen sentimentalen Ungleichzeitigkeit mit den Zeitläuften.

Der von Jünger kultivierte Habitus des Flaneurs hängt mit der Rolle des Sammlers zusammen: »Wieder bestätigte sich hier mein Eindruck von den Pariser Straßen, Häusern und Wohnungen: sie sind Archive einer von altem Leben durchwebten Substanz, bis zum Rande gefüllt mit Belegstücken, mit Erinnerungen aller Art« (SW3, 22f.). Im Vordergrund stehen dabei die Entomologie, also Jüngers »Subtile Jagden«, und die prätentiös zur Schau gestellte Bibliophilie (Brandes 1990, 144f.; Sader

1996, 179ff.). Durch die Naturalisierung der Stadt verschränkt Jünger die von ihm favorisierten Themenfelder (z.B. SW3, 68). Die Bibliophilie ist dabei in zweierlei Hinsicht wichtig: Zum einem sammelt der Buchliebhaber wie der Tagebuchschreiber das pretiose Besondere. Die ins Tagebuch eingegangenen Erlebnis- und Gedankensplitter werden aufbewahrt, womit Jünger einen Programmpunkt seiner Poetik erfüllt: Schreiben als Widerstand gegen die Zeit. Sein auch symbolisch zu verstehendes Engagement für die Bewahrung der Kulturdenkmäler und Bibliotheken auf dem Marsch durch Frankreich (Poncet 1999a) steht in dieser Linie und bricht mit dem im Ersten Weltkrieg kultivierten Bild vom barbarischen Deutschen, der die Vernichtung von Bibliotheken und Kathedralen als Zeichen teutonischer Wahrhaftigkeit verstanden wissen will (SW2, 160f., 164f., 179; s. Kap. II.2.3).

Zum zweiten entfaltet Jünger in seiner Bibliophilie eine Materialästhetik, die den Fokus der schriftstellerischen Tätigkeit vom Inhaltlichen hin auf die äußere Erscheinungsform verschiebt. Wenn Jünger in die Originaltagebücher Blumen und Blätter einklebt und – zumindest in der Erstausgabe der *Strahlungen* – ostentativ Einband (z.B. »das Schlangenhaut-Journal« und »das rote Nashorntagebuch«; Jünger 1949a, 600, 643), Papierqualität (die Manuskripte werden teilweise aus altem, bei Pariser Antiquaren erstandenem Material gefertigt; z.B. SW3, 59) oder Schreibutensilien behandelt (z.B. die Zubereitung der Tinte; Jünger 1949a, 320), dann verwandelt sich auch das Buch zu einem Objekt des stereoskopischen Genusses, in dem verschiedene Sinneseindrücke zusammenwirken. Dass viele der Originaltagebücher sehr schlichte Hefte sind oder auf nur einfachem Papier niedergeschrieben werden, macht diese Hinweise umso bemerkenswerter. Jünger deutet damit erneut auf die dandyistische Tradition zurück, zumal auf Des Esseintes, den Helden von Joris-Karl Huysmans *A rebours* (1884), der die Qualität der Bücher nicht nur an deren inhaltlicher Exklusivität, sondern auch an der erlesenen Ausstattung bemisst. Die kostbaren Sonderausgaben von Jünger-Büchern nach 1945 – allen voran die Pergamenthandschrift der »Fassungen« von 1961 (Mühleisen 1996, 341) – sind folglich nicht nur nebensächliche Ausnahmeeditionen, sondern markieren das Zentrum von Jüngers Autorschaft, auch wenn die Streichung einiger der zitierten Passagen auf eine Wendung hin zum Unauffälligen und Geistigen weisen könnte (Böhme 1972, 113ff.; Schwilk 1988, 247; Brandes 1990, 87ff., 118, 217f.).

Der ›20. Juli‹

1949 versteht Jünger das Tagebuch-Sextett der *Strahlungen* als seinen »geistigen Beitrag zum zweiten Weltkrieg, [...] soweit ihn die Feder leistet« (später schwächt er diese Formulierung ab) (Jünger 1949a, 12; SW2, 17). Zwar sind die Diarien aufschlussreiche historische Zeugnisse (Boal 1993), dennoch bemerkt Peter de Mendelssohn völlig zu Recht zur konzeptionellen Aufarbeitung der Geschichte in den *Strahlungen*: »Nirgends finde ich in diesen sechshundert Seiten auch nur einen Hinweis darauf, dass Jünger den Zweiten Weltkrieg als eine von Hitler willentlich begangene Untat sieht« – lediglich die aus Jüngers Sicht falsche, nämlich »unritterliche« Führung des Kriegs wird von ihm verzeichnet (Mendelssohn 1949, 166; Kaiser 1962, 200ff.; Neaman 1999, 146ff.). Aus einer kritischen Perspektive ist damit die Geschichtsphilosophie umrissen, die Jünger bereits im programmatischen Vorwort der *Strahlungen* skizziert (s.o.) und die jedes Notat und vor allem die Inszenierung des aufzeichnenden Beobachters prägt. Jünger versteht den Krieg nicht als individuell zurechenbares und damit auch vom Einzelnen verantwortetes Ereignis, sondern als Ausdruck eines umfassenden weltgeschichtlichen Prozesses, dem der einzelne unterworfen ist. Wie andere, ideologisch von ihm weit entfernte Tagebuchautoren (z.B. Günter Anders oder Max Frisch) nimmt Jünger für sich in Anspruch, lediglich eine Art »Seismograph« zu sein (SW2, 13; Brandes 1990, 115f.; Misik 1995), eine überparteiliche Instanz (Segeberg 1995a). Das wird am deutlichsten sichtbar am Beispiel von Jüngers Verhältnis zu den Verschwörern des ›20. Juli‹, mit denen er in Paris in engstem persönlichem Kontakt stand.

Bereits vor dem 20. Juli 1944 hatte Jünger seinen Kredit bei der Führungsriege des ›Dritten Reichs‹ verspielt: Für die zweite Auflage von *Gärten und Straßen* wird ihm auferlegt, einen Passus zu ändern – im Notat zum 29. März 1940, an seinem 45. Geburtstag also, hatte er, angeregt durch Rudolf Schlichter (Jünger/Schlichter 1997, 154, 157), den 73. Psalm zitiert, in dem der anfängliche Erfolg und das schreckliche Ende der Prahler und Frevler behandelt wird (SW2, 19, 118). Jünger weigert sich, die NS-Propagandaämter setzen *Gärten und Straßen* in den vertraulichen Informationen auf die Liste derjenigen Bücher, die nicht rezensiert werden dürfen (Berglund 1980, 89). In Deutschland wird dem Autor das Papier für weitere Ausgaben seiner Bücher verweigert (in Frankreich erscheint das Tagebuch im übrigen gleichzeitig mit *Sur les Falaises de Marbres* 1942 in Paris bei Plon unter dem Titel *Jardins et routes* in der Übersetzung von Maurice Betz; Taureck 1987, 219ff.). Jünger publiziert von nun am im Schutz der Wehrmacht, seine Bücher kommen in Ausgaben fürs Ausland und für die Frontbuchhandlungen heraus (s. Kap. III.).

Diese Spannungen zwischen der Wehrmacht und der politischen Führung bilden das zentrale Arbeitsfeld Jüngers in Paris. Dort beschäftigt er sich – ohne dass er in den *Strahlungen* detaillierte Angaben darüber machte – neben der Bearbeitung der Akten zur Invasion Englands und neben der Briefzensur mit dem Kompetenzgerangel der verschiedenen Instanzen um die Vorherrschaft in Frankreich (SW2, 266; SW3, 15, 550f.). Immer wieder macht er Notizen zu Gesprächen über die Einschätzung der Lage und beschäftigt sich mit der Okkupationspolitik, von den Geiselerschießungen bis zur rassistischen Eliminationspolitik der Nazis. Aber auch das spielt bisweilen im Vergleich zu den schöngeistigen Betrachtungen nur eine provozierend nachgeordnete Rolle (schon in *Gärten und Straßen* hatte Jünger das Kriegsgeschehen in darstellerische Spannung zu den Naturbetrachtungen, Lektürenotizen und metaphysischen Spekulationen gesetzt) (Taureck 1987, 255ff.). Gemessen an den nach dem Frankreichfeldzug vielfach publizierten Erlebnisberichten und Tagebüchern (z.B. K. Krowein: *Festung Frankreich fiel*, 1940; K.G. von Stackelberg: *Ich war dabei, ich sah, ich schrieb*, 1940) wird auch das als widerständiges Moment lesbar, denn Jünger räumt der Feier deutscher Heldentaten und der chauvinistischen Selbstbespiegelung keinen Raum ein. Wenn er schließlich seine Verbindungen zu Frankreich herausstellt, dürfte auch das kaum in die Konstruktion eines klaren Feindbildes passen (Mayser 1988, 124ff.).

Freilich ändert das alles nur wenig an der soldatischen Einstellung Jüngers: Nach dem Scheitern des Attentats auf Hitler am ›20. Juli‹ schwebt er in größter Gefahr. Am 14. August 1944 verlässt er Paris in Richtung Kirchhorst, wird durch ein fingiertes ärztliches Gutachten untauglich geschrieben und am 27. Oktober 1944 endgültig aus der Wehrmacht entlassen, und zwar »ehrenhaft«, was Jünger sehr wichtig war. Er reagiert nämlich äußerst gereizt auf den 1960 in der *Deutschen Soldatenzeitung* erhobenen Vorwurf, er sei »wehrunwürdig« aus der Armee entlassen worden. Ganz entgegen seiner sonstigen Haltung schreibt Jünger einen Leserbrief und erklärt, man habe ihn »wegen Krankheit aus dem Heer verabschiedet und sogleich mit der Führung einer Volkssturmeinheit beauftragt« (zit. nach Brandes 1990, 49; Schwilk 1988, 170f., 306f. Mühleisen 1996, 338f.; Noack 1998, 200).

In »Jahre der Okkupation« bzw. »Die Hütte im Weinberg«, also dem letzten Teil der *Strahlungen*, der teilweise zu einer Sammlung kleiner historischer Charakterskizzen und Memoirenfragmente wird, kommt Jünger ausführlich auf seine Rolle im Strudel der geschichtlichen Ereignisse zu sprechen (s. Kap. II.2 u. 2.2). Er rekapituliert beim Ordnen der Papiere sein Verhältnis zu Goebbels, beschreibt die Zirkel, in denen er in den 1920er Jahren verkehrte, sowie das geistige Klima dieser Zeit, die Erwartung eines »wohltätigen« Umbruchs, und kommt auf die politische Situation in Paris zu sprechen (insbesondere SW3, 426ff., 515ff., 524ff., 548ff.). Vorbereitet von Überlegungen zur Entstehung des Faschismus als Reaktion des »Bürgers« auf die Bedrohung durch die »Linke« (SW3, 513f.), betrachtet Jünger unter dem Stichwort »Provokation und Replik« schließlich in den Einträgen vom 28. März bis zum 2. April 1946 seine Beziehung zu Hitler und formuliert zugleich erneut das von ihm zugrunde gelegte Geschichtsmodell:

Provokation und Replik. Ihre Ablösung, ihr Pendelschlag gehört zu den großen Motiven der Geschichte; jedem Ausschlag folgt der Rückschlag, jeder Maßlosigkeit die Korrektur.
Nach 1918 war Deutschland in die Rolle des Provozierten geraten, und Hitler machte sich zu seinem Anwalt, übernahm die Replik. Es lag in seinem Charakter, daß er aus der Replik heraus zur maßlosen Provokation überging und damit wiederum zur massiven Replik herausforderte. (SW3, 605)

Für Jünger gilt seit der Machtergreifung der Nationalsozialisten ein Programm, das er in einem Brief an seinen Bruder Friedrich Georg vom 11. November 1934 formuliert hat: »Ein logischer Gedanke, ein reines Metron, eine edle Tat, ja selbst die Nichtbeteiligung am Niedrigen – das sind heute Dinge, die sich erheben wie drohende Waffen, die um so schärfer wirken, je weniger man sie auf die Zeit bezieht« (Schwilk 1988, 146). Die Aufwertung geistigen Widerstands erklärt sich neben allen anderen metaphysischen Spekulationen aus einer Geschichtsphilosophie, die von der Ohnmächtigkeit des Einzelnen gegenüber dem umgreifenden Geschichtsprozess ausgeht (z.B. SW2, 48, 176, 285, 321; SW3, 195). Freiheitsräume des »Einzelnen« – so Jünger in den kritischutopischen Schriften nach 1945 – lassen sich nur unter Einberechnung des Unabänderlichen ausloten (s. Kap. IV.2). Die von ihm visionär, also durch den »stereoskopischen Blick« erfasste Macht der Strukturen schließt den Glauben an individuelle Handlungsmächtigkeit aus. Attentate, erklärt Jünger am 21. Juli 1944, ändern wenig, wie er am Beispiel Sunmyras in den *Marmorklippen* zu zeigen versucht habe (SW3, 288; s. Kap. III.3). Gleichwohl könne der emphatisch verstandene »Einzelne« (also beispielsweise Jünger bzw. das Protagonisten-Paar in den *Marmorklippen*) durchaus in sich etwas zur Besserung beitragen (z.B. SW3, 468). Im programmatischen Vorwort zu den *Strahlungen* schreibt Jünger entsprechend: »Wir überschätzen die Bedeutung der politischen Figuren und der einzelnen Schachzüge«, und einige Seiten später heißt es: »Im Menschen, nicht in den Systemen, muss neue Frucht gedeihen« (SW2, 11, 18). In bezug auf die »Vernichtungstendenzen« seiner Zeit notiert er dann am 8. Februar 1942: »Kein Zweifel, daß es Einzelne gibt, die für das Blut von Millionen verantwortlich sind« (SW2, 303) – auch zu diesem Diktum findet sich eine genau gegenteilige Äußerung in den *Strahlungen* (SW3, 455). Wie sich diese beiden Geschichtsmodelle genau zueinander verhalten, ist schwer zu sagen, jedenfalls prägen in der Jüngerschen Metaphysik durch das Konzept eines allumfassenden Korrespondenznetzes nicht nur überindividuelle Bewegungen den Menschen, auch umgekehrt antwortet die Geschichte auf dessen innere Ausbildung, eben im Sinne der Ähnlichkeitsordnung des *Abenteuerlichen Herzens* (SW2, 109, 189).

Diese ins Allgemeine weisenden Geschichtsspekulationen sind nur die eine Seite. Auf der anderen Seite spricht Jünger sich selbst und den Verschwörern vor allem auch ganz pragmatisch die persönliche Disposition für die zu einem Umsturz notwendige Radikalität und »Brutalität« ab. In diesem Zusammenhang zieht er die Linie auch über 1945 hinaus: Ohne einen »Sulla«, erklärt er im Vorwort der *Strahlungen*, müsse »jeder Angriff auf die plebiszitäre Demokratie notwendig zur weiteren Stärkung des Niederen führen [...], wie es denn auch geschah und weiterhin geschieht«. Er fügt allerdings auch hinzu, dass der Erfolg in bestimmten »Lagen« nicht der Gradmesser von Handlungen sein dürfe, dass also eine historische Niederlage durchaus als ein moralischer Sieg gelten könne. Lediglich Erwin Rommel, zu dem Jünger über seinen Aufruf *Der Friede* in Verbindung trat (s. Kap. III.5), hätte seiner Einschätzung zufolge die Aktion zum Erfolg führen können (SW2, 18; SW3, 273f.). Im übrigen deutet diese Wahrnehmung der Gegenwart im Lichte der römischen Geschichte (neben dem historischen Typus »Sulla« ist vor allem Herodots historiographisches Vorbild von Bedeutung; z.B. SW2, 68) auch auf eine geistesgeschichtliche Fluchtlinie, nämlich auf Jüngers Faible für stoische Philosopheme (z.B. SW6, 60; SW3, 274; Schwarz 1962, 152ff.). Wichtiger als der universalgeschichtliche Zugriff auf die Ereignisse ist dabei jedoch die theologische Wende Jüngers (s. Kap. III.1), also die Spiegelung des Aktuellen in der Bibel und die Befreiung von persönlicher Verantwortung durch Einordnung in ein typologisches Muster. Der Titel des abschließenden Teils der *Strahlungen*, also »Die Hütte im Weinberg«, spielt darauf an:

Regnum in dem Jesaja, der gleich im ersten Kapitel eine Lage schildert, die der unseren gleicht: die Hütte im Weinberg.

»Euer Land ist wüst, eure Städte sind mit Feuer verbrannt; Fremde verzehren eure Äcker vor euren Augen, und es ist wüst wie das, so durch Fremde verheert ist.

Was aber noch übrig ist von der Tochter Zion, ist wie ein Häuslein im Weinberge, wie eine Nachthütte in den Kürbisgärten, wie eine verheerte Stadt«. (SW3, 450)

Eine neue »Ästhetik des Schreckens«?

Notizen zur zweimaligen vollständigen Lektüre der Bibel und Jüngers Kommentar dazu durchziehen die *Strahlungen* (Loose 1957, 203ff.;

Böhme 1972, 127f.) und hängen eng mit der Kritik des *Arbeiters* zusammen (s. Kap. II.5): Der Zweite Weltkrieg zeigt für Jünger das Gesicht einer neuen Zeit, und zwar in deutlichem Abstand zu den Kriegsformen der Jahre von 1914 bis 1918. Er erkennt »einen Sieg des Arbeiters«, der sich zuvor ja lediglich angekündigt hatte. Deutschland ist sozusagen auf dem Niveau der »Totalen Mobilmachung« angekommen (s. Kap. II.2.3) und hat Frankreich dabei überrollt (SW2, 178, 211). Vor allem nach der Rückkehr aus Paris interessiert Jünger die »theologische« Dimension des Arbeiterzeitalters und damit eine Ergänzung oder Neukonzeption des Entwurfs von 1932 zur neuerlichen »Sinngebung« (SW3, 23, 337, 442, 467ff., 560, 638; Jünger 1949a, 149). Dabei spielt nicht zuletzt die Technikkritik eine zunehmend wichtige Rolle (Meyer 1993, 341f.), die Friedrich Georg Jünger in *Die Perfektion der Technik* (1946) ausführlich leistet (z.B. SW3, 506f.). In einer nach der Erstausgabe gestrichenen Stelle der *Strahlungen* schreibt Jünger über die ihm gleichermaßen suspekte Anhängerschaft wie Feindschaft, die ihm der *Arbeiter* eingebracht habe, und legt dann den biographiegeschichtlichen Sinn des Werks fest: »[...] er [der *Arbeiter*, S. M.] ist für mich das Denkmal meiner Auseinandersetzung mit der technischen Welt. Durch diese bin ich hindurchgegangen wie durch die großen Schlachten, und insofern gibt das Buch ein Beispiel, denn man kann ihr nicht ausweichen« (Jünger 1949a, 317).

Einen biographischen Anhaltspunkt vor dem Tod seines Sohnes »Ernstel« (s. Kap. III.1) für eine neue Haltung zu der Welt des »Arbeiters« und der entsprechenden Form des Krieges bietet die in den »Kaukasischen Aufzeichnungen« beschriebene Fahrt Jüngers an die Ostfront von Oktober 1942 bis Januar 1943, bei der er die Stimmung in Generalität und Truppe erkunden und unmittelbar den Entwurf der »Gestalt des Arbeiters« überprüfen sollte (SW2, 366; Speidel 1955, 186ff.; Mühleisen 1996, 338; Nevin 1996, 193ff.; Helbig 1997, 130ff.). Jünger erlebt in einer aufs Funktionieren der Technik abgestellten Landschaft jenen Vorgang, der im Zentrum von Max Webers Beschreibung der Moderne steht: die »Entzauberung« (SW1, 418, 420f.; Brandes 1990, 38ff.; Langendorf 1990, 50ff.; s. Kap. II.5). Der Erste Weltkrieg erscheint ihm als ein bloß noch episodisches Ereignis im Vergleich zur aktuellen Kombination der »Welt der Automaten« mit der »Erdkraft und ihrer Leidensfähigkeit«. Die Aufhebung des Phantasmas bürgerlicher Freiheit im Ersten Weltkrieg findet auf neuem Niveau statt, der Zweite Weltkrieg sei »wahrscheinlich die größte Auseinandersetzung über die Willensfreiheit, die es seit den Perserkriegen gegeben hat« (SW2, 459). Der Totengräber der Bürgerlichkeit gerät in dieselbe Situation wie sein vormaliges Feindbild: er wird lächerlich (SW2, 450).

Die »Potenzierung des Leidens« (SW2, 470) übersteigt die von Jünger zuvor in Anschlag gebrachten Bewältigungstechniken, die Überlegenheit gegenüber dem Schmerz (III.1) weicht dem demütigen Ertragen. Zumal die Eliminationspolitik der Nazis, in die Jünger nach und nach Einblick erhält (Noack 1998, 190f., 210), wird zur Herausforderung. Immer wieder kommt Jünger nun auch auf die Vernichtungsmaschinerie der Konzentrationslager zu sprechen, meist nur in kurzen Bemerkungen oder Andeutungen (Hüppauf 1996). Als am 6. Mai 1945 befreite KZ-Häftlinge zu ihm auf den Hof kommen, schreibt er:

Der Zug erschütterte mich; er war wie ein Fenster, durch das ich in die Tiefe der Beraubung sah. »Die Zahl der Leidenden ist bedeutungslos« – das ist auch einer der Sätze, durch die ich mich nutzlos exponiert habe. Er gilt aber selbst psychologisch, denn nur der Anblick des Einzelnen, des Nächsten, kann uns das Leid der Welt aufschließen. Er gilt theologisch, insofern ein Einzelner das Leid von Millionen auf sich nehmen, es aufwiegen, verwandeln, ihm Sinn verleihen kann. Es bildet eine Barriere, eine Oubliette inmitten einer statistischen, qualitätslosen, plebiszitaren, propagandistischen, platt moralistischen Welt, in einer Gesellschaft, in der das Wort »Opfer« die Geister erschreckt. Die ungeheure Summierung des Schmerzes kann jedoch auch heute nur Sinn gewinnen, wenn es Menschen gegeben hat, die aus der Zahl in die Bedeutung eintraten. Das allein überhöht die Katastrophe und führt sie über die leere Umdrehung hinaus, über den Wirbel, dem immer neue Rachescharen zuströmen. (SW3, 425)

Immerhin sieht Jünger Grund zu dezenter Selbstrechtfertigung, was ihn freilich nicht davon abhält, das konkrete Leid immer wieder in inhumaner Weise auf allgemeine Sinnstrukturen zurückzuführen (Sader 1996, 172ff.) – beinahe wirkt es so, als diene ihm der Anblick der Befreiten nur zum Anlass, um ein selbstläuferisches Phrasengetriebe anzukurbeln. Freilich muss auch gesehen werden, dass Jünger im Vergleich mit anderen zeitweiligen Sympathisanten der Nazis, etwa mit Gottfried Benn oder Martin Heidegger, in einem durchaus beachtlichen Maß öffentlich Selbstkritik geübt hat (z.B. SW2, 147; SW3, 42, 646f.; Kiesel 1993). Bereits 1942 konstatiert im übrigen eine Rezension im *Eckart*, Jünger distanziere sich in *Gärten und Straßen* von den »Raubtiergedanken« des *Arbeiters* (Mayser 1988, 122).

Und dennoch: Jünger richtet die Welt nach Maßgabe eines Programms methodischer Wahrnehmung zu, getragen von esoterischen Andeutungen und unter Ausblendung der politischen Zusammenhänge, so dass der einzelne Wahrnehmungssplitter ästhetisch verfügbar wird, sei es eine Pflanze, eine Mahlzeit oder die Grausamkeit der Besatzer. In der Tat reflektiert Jünger kaum, aus welchem Grund und auf wessen Veranlassung er in Paris ist, dass sich also die Möglichkeit zur unbeteiligten Distanz auch aufgrund der spezifischen historischen Situation für ihn

ergibt (Kaempfer 1981, 40ff., 98ff.; Bense 1950, 21ff.). Aus dieser Perspektive bleibt freilich außen vor, dass die *Strahlungen* einer Dramaturgie folgen und dass die Notate gerade nicht jener gleichförmigen Ne-
benordnung gehorchen, die alles der Manipulationsgewalt des Autors
anheim stellt. Vielmehr führt Jünger im Text die Arbeit vor, die ihn zu
eben jener Haltung bewegt.

Neben den immer wieder eingefügten Bemerkungen zu melancholi-
schen und depressiven Stimmungslagen gibt es in dieser Hinsicht zwei
Schlüsselstellen, die – ähnlich wie der Marina-Brand und die Köppelsbleek-Beschreibung in den *Marmorklippen* (s. Kap. III.3) – ebenso berühmt wie berüchtigt sind: zum einen Jüngers Beschreibung einer Exekution, zum anderen seine Darstellung eines Bombardements von Paris.
Am 29. Mai 1941 wird Jünger zur Hinrichtung eines Fahnenflüchtigen
befohlen. Dem immer wieder spürbaren Impuls, sich dem Geschehen
zu entziehen, widersteht Jünger, teil aus »höhere[r] Neugier«, teils aus
dem Glauben, er könne »manches menschlicher fügen, als es vorgesehen
war« (SW2, 244). Minutiös schildert er schließlich die Erschießungsszene:

Ich möchte fortblicken, zwinge mich aber, hinzusehen, und erfasse den Augenblick, in dem mit der Salve fünf kleine dunkle Löcher im Karton erscheinen, als schlügen Tautropfen darauf. Der Getroffene steht noch am Baum; in
seinen Zügen drückt sich eine ungeheure Überraschung aus. Ich sehe den
Mund sich öffnen und schließen, als wollte er Vokale formulieren und mit
großer Mühe noch etwas aussprechen. Der Umstand hat etwas Verwirrendes,
und wieder wird die Zeit sehr lang. Auch scheint es, daß der Mann jetzt sehr
gefährlich wird. Endlich geben die Knie nach. Die Stricke werden gelöst, und
nun erst überzieht die Totenblässe das Gesicht, jäh, als ob ein Eimer voll Kalk-
wasser sich darüber ausgösse. (SW2, 246f.)

Diese Beschreibung gilt in der Forschung – um nur drei Positionen zu
zitieren – als Beispiel für die Augenblicksästhetik und Wahrnehmungsintensität Jüngers (Bohrer 1978, 328ff.), als besonders prägnanter Fall
von Ästhetisierung und wollüstiger Selbstübergabe an den Schrecken
(Kaempfer 1981, 112) oder als symbolisch sorgfältig durchstrukturiertes
»Gemälde«, bei dem Jüngers Mittäterschaft durch Selbststilisierung zum
humanistischen Begleiter der Exekution ausgeblendet wird (Brandes
1990, 199f.). Neben den für Jünger typischen Verfahren der Traumer-
zählung wäre dabei vor allem nach der Auflösung des abschließend dem
Leser aufgegebenen Rätsels zu fragen: »Der Stabsarzt erklärte mir, daß
die Gesten des Sterbenden nur leere Reflexe gewesen sind. Er hat nicht
gesehen, was mir in grauenhafter Weise deutlich geworden ist« (SW2,
247) – auch dem Leser bleibt Jüngers Vision ein Geheimnis. Hier sollen
zunächst nur drei Momente festgehalten werden: zum einen Jüngers
Widerwillen gegen das Gewalterlebnis, dann die Ausbildung von Aus-

haltestrukturen und schließlich das Versagen der Distanzierungstechnik
(»Rückfahrt in einem neuen, stärkeren Anfall von Depression«, notiert
er gegen Ende der Eintragung).

Diese Problematisierung der Gewalt und die Arbeit an der Bewältigung von Gewalterlebnissen steht auch im Hintergrund der zweiten viel
zitierten und zu recht umstrittenen Passage aus den *Strahlungen*. Sie gilt
einem Bombardement von Paris am 27. Mai 1944, das Jünger vom
Dach eines Hotels aus beobachtet:

Alarme, Überfliegungen. Vom Dache des »Raphael« sah ich zweimal in Richtung von Saint-Germain gewaltige Sprengwolken aufsteigen, während Ge-
schwader in großer Höhe davonfolgen. Ihr Angriffsziel waren die Flußbrük-
ken. Art und Aufeinanderfolge der gegen den Nachschub gerichteten
Maßnahmen deuten auf einen feinen Kopf. Beim zweiten Mal, bei Sonnenun-
tergang, hielt ich ein Glas Burgunder, in dem Erdbeeren schwammen, in der
Hand. Die Stadt mit ihren roten Türmen und Kuppeln lag in gewaltiger
Schönheit, gleich einem Kelche, der zu tödlicher Befruchtung überflogen
wird. Alles war Schauspiel, war reine, vom Schmerz bejahte und erhöhte
Macht. (SW3, 271)

Dieser Passus, der in den Zusammenhang einer ganzen Reihe von Bom-
bardement-Beschreibungen gehört (z.B. SW3, 34ff., 154f.; Brandes
1990, 50, 200ff.; Sader 1996, 123ff.), setzt in Analogie zur Beschreibung des Marina-Brandes in den *Marmorklippen* (s. Kap. III.3) das zentrale Theorem von der Einheit von Zerstörung und Schöpfung literarisch um. Der Gedanke einer »tödlichen Befruchtung« reflektiert erneut
die Sexualisierung des Krieges, die insbesondere für *Der Kampf als inneres Erlebnis* charakteristisch war (z.B. SW7, 50; s. Kap. II.2.1 u. III.5).
Jünger bleibt auch in den *Strahlungen* bei einer Todesmetaphysik, die
das Ereignis des Todes als Übergang in eine neue, höherstufige Ordnung
feiert (z.B. SW2, 282f.; Brandes 1990, 224ff.; Porath 1995; Sader 1996,
93ff.). Entsprechend findet sich so gut wie alles, was man Jünger sowohl
künstlerisch als auch moralisch vorwerfen kann. Allerdings isoliert die
ästhetische Erfahrung der Kriegstechnik allein Jünger keinesfalls, wie
sich an Schlachtberichten unverdächtiger Beobachter zeigen lässt, sondern erst die Kombination aus Gewaltfaszination und Selbstdistanzie-
rung (Neaman 1999, 149ff.).

Erneut wäre bei der Interpretation – wie im Falle des *Abenteuerlichen
Herzens* (s. Kap. II.4) – die motivische Kombinatorik zu untersuchen,
denn das dandyistische Motiv (Bluhm 1991, 147) der »Erdbeeren im
Burgunder« gehören nicht nur »in einen Öldruck aus einem wilhelminischen Landwehrkasino« (Mendelssohn 1949, 160), sondern auch in die
von Jünger in den *Strahlungen* etablierte Symbolwelt (SW2, 137, 257).
Weiterhin wird eine zu direkte Kritik an dieser Ideologie des Ästheti-

schen, also an der Ausblendung der Gewaltsamkeit durch bestimmte
Darstellungsverfahren, problematisch, wenn man sieht, dass ein gewissermaßen kulinarischer Umgang mit der Gewalt dem Autor nicht unterläuft, sondern auf eine sehr bewusste Art erzeugt wird, gleichsam gegen
eine habitualisierte Form des selbstvergessenen Urteilens. Dabei ist die
in faksimilierter Form vorliegende Manuskriptfassung aufschlussreich,
denn sie zeigt erstens, wie genau Jünger korrigierend sein Werk bearbeitet und dabei sprachliche Konstellationen erzeugt – hinzugefügt wird
beispielsweise der dritte Satz, also die Bemerkung zum strategischen
Sinn des Bombardements, wodurch offensichtlich gezielt andere Möglichkeiten, die Ereignisse in einen sinnvollen (z.B. moralischen oder politischen) Rahmen einzuordnen, nicht aktualisiert werden. Die Handschrift zeigt zweitens, wie die Materialästhetik (unterschiedliche Tinten,
kostbare Van-Gelder-Büttenblätter) jene prätentiöse Geste des genießerischen Beobachters sekundiert.

Zieht man schließlich den Eintrag vom Vortag heran, stellt also den
Passus in den Kontext der Tagebuchdramaturgie, verschiebt sich der
Sinn des Zitats ein weiteres Mal: Jünger berichtet hier von drakonischen
Maßnahmen eines Bataillonskommandeurs und von seiner Reaktion:
»Übelkeit«. Eingeleitet wird diese Notiz von der Feststellung: »Ich muß
die Maximen ändern; mein moralisches Verhältnis zu den Menschen
wird auf die Dauer zu anstrengend«. Unabhängig von der Frage, in welcher Art das »moralische Verhältnis zu den Menschen« Jüngers erklärtermaßen kalten Blick zuvor bestimmt hat (Bluhm 1995, 143f.), bietet
diese Sequenz zur Methodik des Weltverhaltens einen Schlüssel für die
»Raphael«-Szene, denn sie endet mit der Empfehlung, man solle sich
»vor der infamen Rolle des Bürgers [hüten], der vom sicheren Dach aus
die Partner eines fürchterlichen Handels moralisiert. Wer nicht in den
Konflikt mit einbegriffen ist, soll Gott danken, doch ist er deshalb noch
nicht zum Richter legitimiert« (SW3, 270). Zweifellos ist auch diese
Formulierung zutiefst anrüchig, insofern sie die Kontrahenten gleich
ordnet und im Sinne der das Frühwerk bestimmenden Kriegsphilosophie Gewalt als Katalysator der Welthistorie betrachtet. Dennoch erscheint vor diesem Hintergrund Jüngers Haltung als »Ausprobieren einer selbstironischen Gegen-Pose zu der jenes ›vom sicheren Dache aus‹
moralisierenden Bürgers« (Meyer 1999). Ein Satz aus der ursprünglichen Fassung des Eintrags vom 26. Mai 1944 wurde im übrigen gestrichen, vielleicht wegen eines doch merklichen Widerwillens gegen die
Überheblichkeit, die sich hinter der Maske des Demütigen versteckt:
»Auch muß ich gütiger werden, auch den Mördern gegenüber gütiger,
denn sie sind allzu tief verstrickt« – dass Jünger am 28. Mai den ersten
Gesamtdurchlauf durch die Bibel kommentiert, kann jedenfalls kaum
überraschen.

In den genannten Zusammenhängen wird die Kategorie des »Ekels« wichtig (z.B. SW3, 261; Sader 1996, 91f.), die Jünger bereits in den 1920er Jahren als Wertungskriterium ins Spiel bringt (z.B. Jünger 1927b, 3) und die er später – u. U. unter Einfluss der Existenzphilosophie (Jean-Paul Sartre: *La nausée*, 1938) – in das Konzept der nihilistischen Enttäuschung als Vorbedingung einer metaphysischen Erneuerung einbaut (SW7, 242, 247; s. Kap. IV.2.1). Erneut ist das Erlebnis der Kaukasus-Reise einschneidend: »Ein Ekel ergreift mich dann vor den Uniformen, den Schulterstücken, den Orden, den Waffen, deren Glanz ich so geliebt habe. Das alte Rittertum ist tot; die Kriege werden von Technikern geführt« (SW1, 470) – Jünger hatte folglich seine Ideen vom »Rittertum« zuvor noch immer nicht abgelegt (wie sich in der Friedensschrift zeigt, wird er auch später darauf zurückgreifen; s. Kap. III.5). Diese Reaktion lässt sich erneut als eine Strategie der Sublimierung, der Überführung einer moralischen in eine ästhetische Wertung, kritisieren, transzendiert jedoch allemal die Grenzen des geregelten Genusses. Der Ekel führt die Körperlichkeit als wertendes Sensorium ein, wenn Jünger mit »Übelkeit« oder »Kopfschmerzen« auf Untaten reagiert (z.B. SW3, 270, 503f.). Gemäß der Jüngerschen Theorie eines den ganzen Kosmos durchziehenden Bandes ist der Betrachter so innig mit dem von ihm Wahrgenommenen verknüpft, dass Techniken der Reizabwehr nicht funktionieren und er mit seiner ganzen Person unmittelbar urteilt (SW2, 278f.). Erst auf zweiter Stufe wird der Ekel zum Anlaß erneuter und nach Möglichkeit bis zur Perfektion gesteigerter Abwehrmechanismen, zum Legitimationsgrund einer elitären Außenseiterposition. Am 15. November 1944 notiert Jünger:

Vielleicht gehts heute in Deutschland vielen wie mir, in dem die Kenntnis des Infamen einen Ekel gegen die Teilnahme an kollektiven Dingen überhaupt erzeugt, in der Voraussicht, daß auch die künftigen Gremien sich vom gleichen Stamm abzweigen. Auch jetzt, nach so gewaltigen Schicksalszeichen, überbietet die Verblendung des unüberschaubar gewordenen Pöbels noch jede Vorstellung, noch jedes Maß. (SW3, 326)

5. Der Friede

Am 9. November 1943 schließt Jünger die Arbeit an seinem »Wort an die Jugend Europas« und der »Welt« ab, an dem er eigenen Angaben zufolge im Herbst 1941 zu arbeiten begonnen hatte. Seit 1944 verbreitet sich der Aufruf in Form des Kettenbriefs. Im selben Jahr tritt Jünger mit Benno Ziegler, dem Verleger der Hanseatischen Verlagsanstalt, in Verhandlungen über eine Publikation ein. Die Friedensschrift sollte – so

Ziegler in einer Notiz vom 4. November 1946 – »im Augenblick des von
uns erwarteten Zusammenbruchs« erscheinen. Seit dem März 1945 trifft
Ziegler die Maßnahmen für den sofortigen Druck, aber die Gesetzgebung
der Alliierten – Hamburg wird am 4. Mai 1945 von britischen Truppen
besetzt – verhindert die Auslieferung bzw. erlaubt lediglich kurzzeitig die
Zirkulation von Korrekturabzügen, die wiederum in weiteren Kopien sowie in Form eines illegalen Drucks Marburger Studenten (den amerikanische Truppen im Frühjahr 1946 beschlagnahmen) und des Heider-Verlags
in Bergisch-Gladbach verbreitet werden (bezeichnenderweise auf Betrei-
ben von Heinrich Jansen Cron S. J., des Vorsitzenden des Verbands ka-
tholischer Publizisten Deutschlands). Nach Jüngers eigener Darstellung in
einem »Brief an die Freunde«, der die Geschichte der Friedensschrift rekapituliert, »machten sich Zahllose an die Abschrift«: Arbeiter, Studenten,
Soldaten im In- und Ausland, Geistliche, »kleine Schreibmaschinistin-
nen«, Widerstandsgruppen und viele mehr (Paetel 1962, 101). Die erste
offizielle Ausgabe der Friedenschrift erscheint schließlich 1946 im Am-
sterdamer Erasmus Verlag, im selben Jahr kommt eine französische
Übersetzung in Brüssel heraus. Der früheste, nur geduldete und daher
eigentlich noch immer bloß halboffizielle Druck von *Der Friede* in
Deutschland erfolgt in der Zeitschrift *Die Aussprache* im Mai 1948 mit
einem Vorwort zur »Vorgeschichte« der Friedensschrift (Michler 1948;
Michler 1949; Coudres 1965; Neaman 1999, 126ff.; SV5, 113ff.).

Der Frieden hat gewissermaßen einen rationalen Kern und eine spekulative Schale. Der konzeptionell nachvollziehbare Teil entwirft erneut
eine Theorie der Moderne in nuce, und zwar in den Bahnen von Jüngers frühen Modernisierungstheorien, der »Totalen Mobilmachung« und
des *Arbeiters* (s. Kap. II.2.3 u. 5.). So sieht Jünger erneut die ausge-
dehnten »Arbeitsheere« hinter den Fronten aufmarschieren und beschreibt die neue Form des Kriegs, die das »kalte Denken« erfunden
habe (SW7, 197, 200). Ziel der historischen Bewegung sei die Überwindung der Nationalstaaten und das Entstehen neuer »Imperien«, kurzum:
die Geburt eines planetarischen Zusammenhangs durch die Entwicklung der »Technik« in konsequenter Fortführung der »Totalen Mobilmachung« (SW7, 208, 211ff., 221f). Neu kommt nun im Vergleich zu
den Schriften der frühen 1930er Jahre der Gedanke der »Nihilismus«-
Überwindung durch den persönlichen Einsatz des »Einzelnen« hinzu,
das Konzept einer Beschränkung und Kanalisierung der »Totalen Mobilmachung« auf den Bereich der ›Technik‹ – hier sieht Jünger in einem
»autoritären Ordnungsstaat« die Lösung – und die Forderung nach der
Bewahrung eines Freiheitsraums für alles Kulturelle (SW7, 224ff.,
228ff., 235f.; Schwarz 1962, 169f., 172f.).

Diese Modernisierungstheorie bettet Jünger, sozusagen Fachmann
für die Interpretation verlorener Kriege, in einen groß angelegten Ver-

such der Sinngebung der Gewalt ein, der sich bereits in den Überschriften der beiden Teile des Aufrufs niederschlägt: »Die Saat« und »Die Frucht«. Durch die Naturalisierung der Geschichte suggeriert Jünger erstens die Unumgänglichkeit des Geschehenen und zweitens die »Fruchtbarkeit« und Zweckmäßigkeit der Verheerungen. Über allem schwebt ebenso unbestimmt wie allmächtig das »Schicksal« (z.B. SW7, 196), auch wenn aus Jüngers Sicht »noch im Jahre 1940« durchaus eine Umkehr möglich gewesen wäre (SW7, 216, anders SW3, 512). Der Weltkrieg wird zum Kampf »um Höheres als um die Grenzen des Vaterlandes«, hier sei »ein neuer Sinn der Erde ausgetragen« worden (SW7, 199), ganz im Rahmen des Konzepts der »tödlichen Befruchtung«, das Jünger anlässlich des Paris-Bombardements in den *Strahlungen* entworfen hatte (s. Kap. III.4.2). Am Ende des ersten Teils fasst Jünger zusammen: »[...] später, wenn der Kampf verstummt ist, wird man begreifen, daß der Verstand die neuen Ordnungen erkennen und erstreben konnte, doch daß zu ihrer Schöpfung das Zusammenspiel der Leidenschaften, des Schmerzes und des Feuers notwendig war« (SW7, 206; Renner 1988, 273ff.).

Gewiss: Jünger bekennt sich zur Schuld; er fordert eine Bestrafung der »Henker« und ihrer »Auftraggeber«; er entwirft das Bild eines konföderal organisierten Europa (Bräcklein 1965, 61ff.; Seubert 1996, 124ff.); und er verschweigt nicht die Untaten und das Leid, das in dieser neuen Ordnung auf eine verträgliche Weise bewältigt werden müsse. Aber die Form der Darbietung, die Entwertung des Leidens zum Material einer raunenden Metaphysik des Schmerzes und des Opfers, ist skandalös, selbst wenn man den Duktus der zeitgenössischen Weltanschauungsprosa, die sogar in Äußerungen von Autoren wie Bertolt Brecht, Hermann Broch oder Thomas Mann das geschichtsphilosophische Sinngebungsmuster einer apokalyptischen Reinigung verwendet, in die Bewertung einbezieht (Kiesel 1997b, 169f.; Kiesel 1999a, 860; Assheuer 2000) – das haben frühe Leser der Schrift nicht anders gesehen mit der Kritik an der »unechte[n] Souveränität, mit der Leiden, Schuld und Verantwortung als unwesentliches Beiwerk des Eigentlichen, des monumental Kosmischen schlechthin, abgetan« werden (so Manfred Michler, der Herausgeber der halboffiziellen Erstausgabe, in einem Referat der Kritik von Hoimar von Ditfurth; Michler, 1948, 4). Was bedeutet beispielsweise, es sei ein »großer Schatz von Opfern angesammelt« worden als »Grundstock zum neuen Bau einer Welt«? Für wen gilt, dass »keiner sich der Mitschuld entziehen kann«? (SW7, 196, 203) Das klingt entschieden, ist aber unbestimmt, suggeriert Radikalität im Urteil und bleibt unverbindlich. Die Friedensschrift ist zweifellos »auf eine schwer erträgliche Art erbaulich« und das »Maß der Abstraktion von jeder konkreten Schuld in den einleitenden Passagen unverständlich« (Meyer

1993, 352; Könnecker 1976, 32ff.; Taureck 1987, 262ff.; Seferens 1998, 78ff.). Auf der Fluchtlinie dieser Kombination von Gewalt und Geschichte sowie in Verlängerung der Opfermetaphysik, die Jünger aus der Sinngebung des verlorenen Ersten Weltkriegs übernehmen konnte (z.B. Jünger [1929c], 8), liegt dann eine der überraschendsten Seiten der Friedensschrift, nämlich der Stellenwert, den Jünger den Kirchen zumisst: »Die wahre Besiegung des Nihilismus und damit der Friede wird nur mit Hilfe der Kirchen möglich sein« (SW7, 230).

Interessant ist *Der Friede* nicht zuletzt im Blick auf die Werkfunktion. Indem Jünger in Andeutungen, also ohne es explizit zu machen, das konzeptionelle Gerüst seiner Schriften aus den 1930er Jahren zur Grundlage der Analyse und der Programmatik macht (Paetel 1962, 103ff.; Meyer 1993, 351, 356), wird nicht nur das Modell einer »Wandlung« Jüngers fragwürdig (das er selbst für sich immer abgelehnt hat), sondern er macht sich zudem selbst gewissermaßen zur seherischen Begabung. Weitere Motive deuten in diese Richtung, so die Zitation des 73. Psalms (SW7, 226), die Jünger dann zur Bestätigung der Widerständigkeit der *Strahlungen* gegen die nationalsozialistische Politik besonders hervorhebt, die neue Funktion der Bibel (SW7, 232f.), die ebenfalls in den Tagebüchern des Zweiten Weltkriegs von Jünger vorgeführt wird (s. Kap. III.4.2), und der Rückgriff auf die altertümelnde Diktion der *Marmorklippen* – so ist u.a. von der »Schinderhütte« die Rede (SW7, 200), von der »alte[n] Ritterschaft« (SW7, 236) und vom »Adel« (SW7, 227), von dem »Überfluß an wunderbaren Taten« und von »altbewährtem Waffenruhm« (SW7, 197; Herzinger 1995b, 533ff.). Muss vor diesem Hintergrund die konkretisierende Interpretation des Romans wirklich überraschen? Deutet Jünger nicht permanent, und zwar auch mit der Abwehr dieses Bezugs, auf eben diese Möglichkeit hin? Die Suggestion einer prophetischen Anlage der Friedensschrift liegt in der Logik der Selbstinszenierung. So weist Jünger im Vorwort zu den *Strahlungen* sowie im Geleitwort der Erstausgabe auch eigens darauf hin, dass *Der Friede* keinesfalls eine »Frucht der Niederlage« sei, sondern dass die Konzeption der Schrift »mit der größten Ausdehnung der deutschen Front« zusammenfalle (SW2, 17), wenngleich er die frühe Fassung vernichtet hat und erst im Juli 1943 die heute vorliegende Version zu schreiben beginnt (SW3, 110; Jünger 1948, 5; Nevin 1996, 234f.; Neaman 1999, 127; vgl. auch SW14, 124ff.). Wie auch immer die Friedensschrift entstanden ist: Angesichts der Rechtfertigungsmetaphysik der Gewalt wird die scharfe Kritik an diesem Konzept verständlich, allen voran jene Polemik, die Wolfgang Harich 1946 übt und die Jünger lediglich verwundert zur Kenntnis nimmt (SW3, 646f.; Paetel 1962, 101; Könnecker 1976, 123ff.; Dietka 1987, 70ff.; Neaman 1999, 132ff.).

IV. Posthistoire

1. Jünger nach 1945

Wie auch immer man die nach Jüngers eigenen Angaben vor der »Stunde Null« fertiggestellte Friedensschrift einordnet (s. Kap. III.5) – nach 1945 findet er darüber hinaus keine deutlichen Worten zur Situation, und er ist nicht bereit, einen Schlussstrich zu ziehen. Im Gegenteil: In einem als Rundbrief verbreiteten Schreiben vom 15. Juli 1946 erklärt Jünger offen und ohne Umschweife: »Überhaupt muß ich meine Leser bitten, meine Autorschaft als Ganzes zu nehmen, in dem zwar Epochen, nicht aber Widersprüche zu unterscheiden sind. Ich möchte nicht zu denen gehören, die heute nicht mehr an das erinnert werden wollen, was sie gestern gewesen sind« (zit. nach Paetel 1962, 105). Er zieht sich ostentativ zurück (Noack 1998ff.; Brandes 1990, 26ff.). Das deutlichste Zeichen dafür sind die vielen Privat- und aufwendig gestalteten Sonderdrucke, mit denen er bis zu seinem Tod an einen kleinen Kreis eingeschworener Leser herantritt. Erst 1958 reflektiert er in *Jahre der Okkupation* seine historische Rolle in ausführlichen Rückblicken, und auch hier rangiert die Analyse der Gesetzmäßigkeit und der großen geschichtlichen Bögen vor einer kritischen Einstellung zu den Vorgängen (s. Kap. III.4.2). Zunächst aber spiegelt sich dieser ostentative Rückzug in der Weigerung, den »Fragebogen« zur Entnazifizierung zu beantworten. Jünger wird in der britischen Besatzungszone mit einem Publikationsverbot belegt. Publikationen nach dem Krieg erscheinen zunächst im Ausland, so etwa die Friedensschrift 1946 in Amsterdam (s. Kap. III.5), *Atlantische Fahrt* (s. Kap. III.4.1) unter dem Patronat der Kriegsgefangenenhilfe des YMCA 1947 in England und *Sprache und Körperbau* in demselben Jahr im Schweizer Arche-Verlag. Jünger reagiert 1948 auf das Publikationsverbot mit der Verlagerung seines Wohnsitzes von der britischen in die französische Besatzungszone, von Kirchhorst nach Ravensburg, bis er dann 1950 nach Wilflingen (zunächst ins Stauffenbergsche Schloss, dann im April 1951 in die dazugehörige Oberförsterei) umzieht, wo er bis zu seinem Tod leben wird. Die positiven Beziehungen zu französischen Intellektuellen, so konnte er vermuten, würden hier seine schriftstellerische Lage verbessern, und auch die französischen Erfahrungen mit der Kollaboration trugen zur Entspannung des Verhältnisses zwischen Jünger und den Besatzern bei (Könnecker 1976, 25; Dietka 1987, 73f.; Schwilk 1988, 226, 308; Brandes 1990, 29; Kiesel 1999a, 869; Neaman 1999, 134).

In der zweiten Hälfte des Jahrhunderts bleibt es verhältnismäßig ruhig in Jüngers Leben, sieht man von den vielen Reisen ab, die ihn rund um den Globus führen und die er in seinen *Siebzig-verweht*-Tagebüchern ausführlich beschreibt (Noack 1998, 288ff.; s. Kap. IV.5). Dennoch halten ihn seine Veröffentlichungen im Gespräch. Er pflegt seine Bekanntschaften, mit dem in der Nähe wohnenden Martin Heidegger etwa (s. Kap. IV.2.1), dem langjährigen Diskussions- und Briefpartner Carl Schmitt (s. Kap. IV.2.3), mit Albert Hofmann, dem Erfinder des LSD, mit dem er seine kontrollierten Drogenexperimente durchführt, die dann in die *Annäherungen* (1970) eingehen (s. Kap. III.2.2), oder mit dem in Stuttgart ansässigen Verleger Ernst Klett, um nur einige wenige Namen zu nennen. Tatsächlich baut Jünger ein beachtliches Kontaktnetz auf. Zu dessen Stützen gehören in Deutschland anfangs beispielsweise Armin Mohler, neben seiner Lektorentätigkeit im Heliopolis-Verlag Jüngers Sekretär von 1949 bis 1953 und Verfasser eines Standardwerks zur »Konservativen Revolution« (Mohler 1989a u. 1989b; Mohler 1999; Schmitt 1995, 59f.), Karl O. Paetel, der um 1930 gemeinsam mit Jünger in den nationalistischen Jugendbünden tätig war und dann in die USA emigrierte (SW14, 44f.), oder der in Bibliotheksdiensten stehende SS-Offizier Hans Peter des Coudres, der mit seiner Jünger-Sammlung nach 1945 zur ersten Anlaufstelle der Forschung wird. Für die Verbreitung von Jüngers Werk in Frankreich sorgt vor allem Jüngers langjähriger Übersetzer Henri Plard, der publizistisch die Rezeption des von ihm verehrten Autors überwacht, die Übersetzungen nicht zuletzt politisch kompatibel macht und bisweilen auch auf Veranlassung Jüngers apologetisch tätig wird. 1988 zeigt dieses Bündnis allerdings Risse wegen Jüngers unscharfer Distanzierung von antisemitischen Äußerungen (Neaman 1999, 49, 69ff.)

Am 20. November 1960 stirbt Gretha Jünger nach einer schweren Krankheit. Am 3. März 1962 heiratet Jünger die promovierte Germanistin, Lektorin und Archivarin Liselotte Lohrer (Jünger/Schmitt 1999, 795). Einschneidende biographische Ereignisse gibt es im übrigen kaum. In den 1960er Jahren macht Jünger sich an die Fertigstellung seiner ersten Werkausgabe (W 1960-1965). Dieser folgt dann von 1978 bis 1983 eine zweite, die seit 1999 um Supplementbände ergänzt wird (SW). Ein weiteres wichtiges Forum bietet die gemeinsam mit Mircea Eliade von 1959 bis 1971 herausgegebene Zeitschrift *Antaios* (s. Kap. IV.2.2). Einen späten, in gewisser Weise konsequenten Einschnitt zieht Jünger mit seiner Konversion zum katholischen Glauben am 26. September 1996, wobei bereits aus den späten 1940er Jahren anekdotisch überliefert wird, Jünger habe auf die Frage, »ob er tatsächlich katholisch zu werden beabsichtige«, geantwortet: »ja, aber nur im Sommer« (Mendelssohn 1949, 151). Der Konfessionswechsel war zwar kein Geheimnis

– Jüngers Begräbnis fand nach katholischen Ritus statt, und er wurde auf einem katholischen Friedhof beigesetzt –, sorgte aber 1999 doch noch einmal für ein leises Rauschen im Blätterwald. Dass Jünger seine zweite Frau in einer katholischen Kirche heiratete, mag auf Affinitäten hinweisen ebenso wie das werkgeschichtlich relevante Interesse z.b. am literarischen französischen Katholizismus, allen voran an Léon Bloy, den er über Carl Schmitt kennen gelernt hatte, oder wie das Auftauchen der katholischen Mönche in den *Marmorklippen* und in *Heliopolis* als Vertreter eines »kosmische[n] Ordnungswissen[s]«. Alle Konsequenz der Konversion ändert jedoch nichts daran, dass Jüngers Glauben keinem religiösen Dogma strikt folgt (Kiesel 1999b; Nevin 1996, 218ff.; Noack 1998, 273; Schwilk/Wolff 1999). In einem Interview im Jahr 1989 antwortet er auf die Frage, ob er Christ sei: »Nein. Das ist gar nicht nötig. Der einzelne tritt [...] dem Verein ab und zu bei. Das kann die Nation sein, die Familie oder auch eine Glaubensgemeinschaft. Er sieht sich das an wie im Zirkus [...]« (Jünger 1989, 62).

Wenn Jüngers Leben und sein überaus produktives Schaffen nach 1945 somit gemessen an den von zwei Weltkriegen und vielen Umzügen verwirrten Lebensbahnen zuvor ein gewisses Gleichmaß erreicht, so bieten Affirmation und Kritik des Jüngerschen Werks von vor allem auch politisch verschiedenen Positionen aus ein beinahe unübersehbar weites Feld der Auseinandersetzung. Die Streitigkeiten sind in mehreren materialreichen und detaillierten Arbeiten untersucht worden, können im folgenden aber nur anhand einiger weniger signifikanter Beispiele im Blick auf die Jünger-Rezeption in der BRD umrissen werden (zum Forschungsüberblick und zur Jünger-Rezeption im Ausland vgl. Kap. I; zum folgenden insgesamt: Paetel 1949, 26ff.; Schwarz 1962, 254ff.; Könnecker 1976; Scholdt 1979, 544ff.; Dietka 1987; Dornheim 1987; Dietka 1996; Schieb 1996; Seferens 1998; Neaman 1993 u. 1999, 151ff.) Grundsätzlich ist es so, dass aufgrund der Diversität der angelegten Maßstäbe und verwendeten Kategorien die rezeptionsästhetische Qualifizierung des Werks vor beachtliche Probleme gestellt wird, auch wenn – wie nicht anders zu erwarten – der Zuspruch von seiten der »rechten« oder »(neo-)konservativen« Leser überwiegt. Die Attitüde des sich verweigernden Beobachters, mit der Jünger nach 1945 auftritt, steht jedenfalls in deutlichem Kontrast zu der zunächst überaus regen Aufmerksamkeit des Publikums (Paetel 1953, 66ff.). Er ist präsent, auch wenn – wie beispielsweise bei Jüngers (Nicht-)Verhältnis zur »Gruppe 47« (Nußbaum 1968) – eine kritische Einstellung zu ihm mehr oder weniger als reine Formsache gilt.

Die bis heute anhaltende Diskussion um Jünger beginnt bei der Uneinigkeit darüber, welcher Seite er denn zuzurechnen sei, ob man nun von einer »Wandlung« sprechen könne oder ob man es vielmehr mit einem unbelehrbaren Schrittmacher des Faschismus zu tun habe (z.B. Kiesel 1995). Immer wieder wird in diesem Kontext das Ergebnis einer »Diskussion am runden Tisch des ›Nordwestdeutschen Rundfunks‹« von 1946 erwähnt, das bei aller Uneinigkeit in anderen Fragen (etwa bei der Beurteilung der Friedensschrift oder Jüngers Vorbereiterrolle für den Nationalsozialismus) in drei Punkten einhellig ausfiel: Jünger sei ein »großer Sprachkünstler«, er sei ein »Bejaher« und »Förderer des Krieges«, und seine Schriften sollten nicht verboten werden (Schwilk 1988, 224).

Erst nach *Heliopolis* (1949) reagiert auch ein Teil der zuvor affirmativ eingestellten Leser gereizt auf die ausbleibende Distanzierung Jüngers von der eigenen Vergangenheit. Zwar nimmt das Interesse in der Nachkriegszeit kontinuierlich ab und flackert eher episodisch wieder auf, aber die Diskussion um Werk und Person reißt nicht ab. Jünger wird zum bundesrepublikanischen ›Fall‹ und bleibt es bis ins wiedervereinigte Deutschland hinein. Seine Leser (nicht zuletzt die ostentativ christlichen, aber auch die mehr oder weniger literaturwissenschaftlich oder philosophisch interessierten) reagieren mit schwärmerischen Laudationes, aber gleichermaßen muss Jünger unbarmherzige Kritiken ertragen. Für die gewissermaßen ideologische Versicherung Jüngers sind dabei im Kontext der Werkgenese die Friedensschrift (Neaman 1999, 134ff.) sowie vor allem die *Marmorklippen* von Bedeutung, die selbst von offensichtlichen Jünger-Kritikern (z.B. Heinrich Böll) als Aktion des Widerstands gedeutet werden (s. Kap. III.3) und somit als Zeichen einer ›Wandlung‹ figurieren können. Die Werke der 1950er Jahre mögen dann den einen oder anderen christlich ambitionierten Leser enttäuscht haben, im wesentlichen aber bestätigen sie entweder die Auffassungen der Kritiker oder man schließt seinen Frieden mit einem inzwischen kompatibel gewordenen ›Konservativen‹, der sich nun – etwa mit dem *Gordischen Knoten* (1953) oder mit *An der Zeitmauer* (1959) – auch wieder als Deuter der Gegenwart profiliert und dabei nicht zuletzt als Kritiker der Besatzungspolitik auftritt (Neaman 1999, 161ff.). Nicht nur von Alfred Andersch, der sich seit den 1940er Jahren immer wieder für ihn verwendet (Dietka 1987, 38ff.; Treichel 1989; Scherpe 1995; Neaman 1999, 96ff.), bekommt Jünger Zuspruch, sondern auch von unerwarteter Seite hört Jünger positive Worte, so im Blick auf den *Zeitmauer*-Essay 1960 von Hermann Hesse (Hesse 1995) sowie zum 70. Geburtstag von Siegfried Lenz und Erich Fried (Lenz 1970; Fried 1965). Seit den 1950er Jahren wird Jünger auch über Preisverleihungen und Ehrungen in den Kulturbetrieb integriert. Bereits 1955 veranstaltet die New Yorker Public Library eine Ausstellung über ihn, 1956 folgen dann der Kulturpreis der Stadt Goslar und die Verleihung des Literaturpreises der Stadt Bremen für das Jahr 1955 mit einer Rede von Rudolf

Alexander Schröder (dazu SW14, 169ff.). Von nun an wird Jünger mit beachtlicher Regelmäßigkeit mit insgesamt über 20 Preisen ausgezeichnet (Mühleisen 1996, 340ff.; Neaman 1999, 212ff.).

Die Veränderung der kritischen Landschaft wird sehr deutlich, wenn man die scharfen Angriffe und deutlichen Urteile direkt nach dem Krieg zum Vergleich heranzieht. Für Thomas Mann war – wenngleich weniger durch Sachkenntnis als durch die Information aus dem Familienkreis präpariert (Bluhm 1996) – die Sache klar: Jünger, so erklärt Mann 1945 in einem Brief, der seit 1963 öffentlich vorliegt, ist ein »geistiger Wegbereiter und eiskalter Wollüstling der Barbarei« (Mann 1992, 645). Er bleibt mit diesem kategorischen Urteil nicht allein, der Vorwurf der Mitverantwortlichkeit wird 1946 vielerorts erhoben. Wolfgang Weyrauch erklärt in der *Täglichen Rundschau*: »Jünger ist, als Urheber des Krieges, gewiß nicht allein, aber er steht voran«. In demselben Jahre sieht Paul Rilla in der *Weltbühne* Jünger als ebenso klaren Gegner wie »Schrittmacher« des Nationalsozialismus: »Der Nationalsozialismus verwirklichte, was Jünger verkündet hatte«. Wolfgang Harich schließlich attestiert Jüngers Werk im *Kurier* »die zum Himmel stinkende innere Verfaulung eines ins Bestialische entarteten Intellekts«. Die Friedensschrift empfindet er als anmaßend, die Widmung an »Ernstel« als peinlich; und Kurt Hiller schreibt über denselben Gegenstand im *Ulenspiegel*: »Dieser Verherrlicher des Massenmordes l'art pour l'art ist der unvornehmste Schreiber, der je drucken ließ« (Paetel 1949, 26ff.; Dietka 1987, 69ff.).

Während sich um 1960 eine verstärkte Hinwendung der inzwischen »wohlwollend« gewordenen Kritik zur »literarischen« Seite des Jüngerschen Werks feststellen lässt, dreht die 68er-Bewegung die Schraube wieder zurück, und das zu einem Zeitpunkt, als Jünger seine »Schriften zur Zeit« im Prinzip abgeschlossen hat. In den 1950er Jahren äußert Jünger sich mit dem *Waldgänger* (1951), dem *Gordischen Knoten* (1953) und dem *Weltstaat* (1960) noch einmal verhältnismäßig deutlich zu aktuellen Fragen (s. Kap. IV.1.3) und legt mit *An der Zeitmauer* (1959) ein Werk von der Komplexität und vom Anspruch des *Arbeiters* vor (s. Kap. IV.1.2). Von nun an wird Jünger jedoch zum Verwalter seiner eigenen Gedankenfiguren. Es zeichnet sich eine Wende ab oder doch zumindest eine größtmögliche Ausweitung des Blicks auf die kosmologischen, die Zeitereignisse überwölbenden Strukturen: 1960 erscheint *Sgraffiti* als dritter Teil des *Abenteuerlichen Herzens*, nunmehr weit entfernt von der »Ästhetik des Schreckens«, die das Frühwerk bestimmte. 1963 veröffentlicht Jünger dann ein Essay »Typus, Name, Gestalt« und 1964 *Maxima – Minima*, die »Adnoten zum ›Arbeiter‹«. Beide Essays heben Aspekte des deutlich zeitbezogenen *Arbeiters* auf jene metaphysisch-spekulative, dem Tagesgeschehen scheinbar ferngerückte Ebene, auf der Jünger sich

bei allem phänomenologischen Feinsinn von nun an bewegt. Die unter
dem Titel *Grenzgänge* 1966 versammelten Kontemplationen – z.b. »Der
Baum« (1962), »Steine« (1966), »November« (1959), »Dezember«
(1964); »Grenzgänge« (1965) – dokumentieren diese Richtung des sich
nun den *Subtilen Jagden* (1967; s. Kap. III.2.2) nach Käfern und Bildern
verschreibenden Autors. Jüngers Verlagspolitik fügt sich in gewisser
Weise in dieses Bild: Um 1950 wechselt Jünger vom Heliopolis-Verlag
zu Heideggers Hausverlag Vittorio Klostermann, der das Schwergewicht
auf die Bereiche Philosophie, Rechtswissenschaft, Bibliographie- und
Bibliothekswesen legt. Von diesem Verlag wendet er sich mit *Gläserne
Bienen* (1957) wieder ab und dem Ernst Klett-Verlag (später Klett-
Cotta) zu. Sicherlich wird die seit den 1930er Jahren bestehende Bekanntschaft mit Ernst Klett sowie dessen verlegerisches Engagement für
eine Betreuung des Gesamtwerks dabei eine Rolle gespielt haben
(Schwilk 1988, 244; Brandes 1990, 56f.; Noack 1998, 273f.).

Gewinnt in der Werkentwicklung ein esoterisches Moment an Gewicht, so ruft Jünger zugleich selbst seine Funktion in den Zeitläuften
wieder ins Gedächtnis, indem er in der ersten Werkausgabe sein Frühwerk – zwar nur in Auszügen und radikal veränderter Form, aber doch
noch ideologisch provozierend genug – wieder allgemein zugänglich
macht. Mit der Untersuchung von Hans-Peter Schwarz (1962) wird
zudem der Blick auf die in die Werkausgabe nicht aufgenommene Publizistik der 1920er Jahre gelenkt (s. Kap. II.2.2), und die 1963 erneut
veröffentlichte *Sturm*-Erzählung macht auf Jüngers belletristischen Erst-
ling aufmerksam (s. Kap. II.3). Mit der Werkausgabe sorgt Jünger jedoch auch dafür, dass er nun wieder von einem breiteren Publikum
wahrgenommen wird. Sein Einzug in den Deutschunterricht der Bundesrepublik ist bezeichnend (Hennig 1962; Friedrich 1964; Dornheim
1987, 211ff.), wobei Carl Schmitt bereits 1951 berichtet, seiner Tochter
sei eine Frage aus Jüngers *Heliopolis* als Abituraufgabe gestellt worden
(Schmitt 1995, 94). Jünger gehört zum Kanon. Und dennoch: Es ent-
zündet sich an der Werkausgabe erneut Kritik. Die Bemerkungen zu
Jüngers ausbleibender Distanzierung vom Frühwerk reißen nicht ab, so
dass die Polemik im Jünger-Dossier der *Streit-Zeit-Schrift* von 1968 aus
Anlass der Wahl von *Subtile Jagden* zum »Buch des Monats« durch die
»Darmstädter Jury« (darunter Karl Krolow, Georg Hensel, Rolf Michaelis, Fritz Usinger) nicht unvorbereitet kommt. Selbst hier allerdings ist
die Meinung nicht einhellig abwertend (vgl. z.B. Kielinger 1968; Arnold 1968), wenngleich die Zeitschrift mit Spott und harten Worten
unter der programmatischen Prämisse einer Generalabrechnung gegen
Jünger vorgeht. Dieser reagiert gewohnt lakonisch: »Die deutsche Literatur wird heute als ein Nebenzweig der Politik behandelt, oder als Ter-
rain der Soziologie«, notiert er im Blick auf den Angriff der *Streit-Zeit-*

Schrift am 3. Dezember 1968 in *Siebzig verweht*, und fährt fort: »Mir dagegen ist es um die Sprache zu tun – das ist mein *Dialog*« (SW4, 548). Auch diese Aufregung flaut ab. Aus Anlass seines 75. Geburtstags wird Jünger zum »Klassiker« erklärt, und die 1970 veröffentlichten *Annäherungen*, eine Mischung aus Erinnerungsband, Protokoll von Drogenexperimenten und Theorie des Rauschs (s. Kap. III.2.2), wird im allgemeinen sachlich behandelt. Mit der *Zwille*, 1973 in Fortsetzung in der *Frankfurter Allgemeinen Zeitung* und in demselben Jahr als Buchausgabe erschienen (s. Kap. III.2.2), erreicht die Auseinandersetzung mit Jünger schon allein von der Menge der Besprechungen her einen neuen Höhepunkt, wobei neben differenziertem Lob die Suche nach den verhängnisvollen Kontinuitäten im Werk steht. Zwei weitere Ereignisse regen die Diskussion an: Zum einen provozieren Äußerungen Jüngers in einem Interview in *Le Monde* im Jahr 1973, in dem er unter anderem auf die Feststellung Wert legt, er habe »gute Gründe« gehabt, »Nazi zu werden« (zit. nach Dietka 1987, 251; vgl. auch Neaman 1999, 248). Zum anderen hält Alfred Andersch die sogenannte »Amriswiler Rede« bei einer von Dino Larese initiierten Feier zu Ehren Jüngers. In seiner Laudatio klagt Andersch auf der einen Seite ein historisches Verständnis Jüngers ein und stellt andererseits dessen Modernität heraus (Andersch 1995), woraufhin Jünger von Thomas Kielinger 1975 im *Merkur* als Surrealist entdeckt wird (Kielinger 1995). Eine Kritik wie in Peter Wapnewskis Analyse des Jüngerschen Nachkriegswerks, die den »allzu hoch angesetzte[n] Ton« aufdeckt, wird zum Rückzugsgefecht (Wapnewski 1974), was in gewisser Weise bereits der Anlass dokumentiert: die Verleihung des Schiller-Gedächtnispreises (dazu SW14, 188ff.) an Jünger durch den damaligen baden-württembergischen Ministerpräsidenten Hans Karl Filbinger im Jahr 1974. Filbinger rückt 1977 noch Theodor W. Adorno in die Nähe des bundesdeutschen Terrorismus und erklärt dann 1978 – als Nazi-Marinerichter desavouiert – seinen Rücktritt. Der Laudator Karl Korn jedenfalls, Mitherausgeber der *Frankfurter Allgemeinen Zeitung*, sieht im Preisträger einen »Antinihilst[en]« und betont dessen ›Wandlung‹ (Korn 1995). Irritiert registriert Karl Prümm 1976, dass das Gleichgewicht von extremer Ablehnung und extremem Lob sich zugunsten einer positiven Einschätzung verschoben habe. Die Akzeptanz Jüngers stehe nun im Vordergrund, und zwar im Zeichen einer neokonservativen Wende (Prümm 1976, 7f., 28f.). Als Reaktion auch auf den RAF-Terrorismus, der in den 1970er Jahren die Innenpolitik der BRD bestimmt, vor allem aber als Zeichen der Resignation und eines erneuten radikalen Rückzugs wird schließlich *Eumeswil* (1977) von der Presse registriert. Dass Jünger freilich gerade in den 1970er Jahren in mehreren Zeitungsinterviews und Fernsehsendungen persönlich Stellung nimmt (Dietka 1987, 267, 277), fügt sich nicht

recht ins Bild des die Öffentlichkeit fliehenden »Waldgängers«, wie sich
ja auch von der Themenwahl zuvor (Ost-West-Konflikt, Technikproble-
matik etc.) nicht unbedingt der Wille zur Randständigkeit ablesen lässt.
Die Verkaufszahlen sprechen hier für sich, denn die Neuerscheinungen
bzw. die Neuauflagen älterer Werke erreichen durchweg mehrere und
beachtliche Auflagen, werden teilweise ins Taschenbuch übernommen
oder in Sonderausgaben vertrieben. Um nur das prominenteste und
vom Verkaufserfolg her freilich auch singuläre Beispiel zu nennen: 1961
gehen die *Stahlgewitter* mit der neuen Einzelausgabe in die 26. Auflage
und ins 235. bis 244. Tausend (Könnecker 1976, 43f., 50ff.). Jünger gilt
cum grano salis weiterhin als »Kriegsbuchautor«. Die Tagebücher der
beiden Weltkriege sowie die *Afrikanischen Spiele* (bis 1965 in einer Auf-
lagenhöhe von 122000) und die *Marmorklippen* (bis 1960 in einer Auf-
lagenhöhe von 85000) sind die gefragtesten seiner Werke. Lediglich die
Gläsernen Bienen (1957) können hieran anschließen (Dornheim 1987,
188f.).

1978 erscheint Karl-Heinz Bohrers provozierend strenge Aufwertung
des Frühwerks Jüngers, die in der »Ästhetik des Schreckens« ein die
rechte Programmatik übersteigendes Moment entdeckt und damit einen
dezidiert literarischen Zugang finden will. Dass damit die Phase einer
politischen Auseinandersetzung mit Jünger keinesfalls abgeschlossen
war, zeigt nicht nur Wolfgang Kaempfers Einführung in das Werk Jüngers (1981), die vor allem eine groß angelegte und tiefgreifende Kritik
des Werks und der Person ist (s. Kap. I.). Auch der Streit um die Verleihung des Goethepreises der Stadt Frankfurt im Jahr 1982 markiert die
nach wie vor funktionierenden Meinungsmechanismen des kritischen
Betriebs, wobei die Preisverleihung irritierender Weise am Beginn einer
erneuten politischen Aufwertung Jüngers steht.

Jünger wird im In- und Ausland immer wieder geehrt (1976 verleiht
ihm beispielsweise der Stamm der Vai in Liberia die Würde eines Hono-
rable Chief of Tallah, eines Ehrenhäuptlings, um eine etwas exotischere
Auszeichnung zu erwähnen; SW5, 288f.). Hohe Politiker der BRD ho-
fieren ihn bald nach dem Krieg: 1959 erhält er das Großkreuz des Bun-
desverdienstordens, verliehen durch Bundespräsident Theodor Heuss
(der in den Jahren von 1951 bis 1963 in brieflichem Kontakt mit Jünger steht, diesen bereits 1955 besucht und neben Carlo Schmid zu seinen Freunden unter den Politikern zählt), und 1977 den Stern zum
Großen Bundesverdienstkreuz. Zu seinem 70. Geburtstag treffen Tele-
gramme von Bundespräsident Heinrich Lübke (Lübke 1968) und Bundeskanzler Ludwig Erhard ein. 1980 lädt Bundespräsident Karl Car-
stens, der Jünger bereits 1975 als Frankreichexperten konsultiert hatte
(Neaman 1993, 119), zu einer Geburtstagsnachfeier in die Villa Ham-
merschmidt nach Bonn, und in demselben Jahr wird Jünger mit der

Verdienstmedaille des Landes Baden-Württemberg ausgezeichnet. Nachdem er bereits 1979 zum 63. Jahrestag der Verdun-Schlacht eine Ansprache gehalten hatte (SW7, 527ff.), begleitet er 1984 Bundeskanzler Helmut Kohl zu den großen Versöhnungsfeierlichkeiten nach Verdun und frühstückt mit dem französischen Staatspräsident François Mitterand, dem er mehrmals begegnet, unter anderem bei Besuchen des deutschen Regierungs- und des französischen Staatschefs in Wilflingen in den Jahren 1985 und 1993. Zum 90. Geburtstag erhält Jünger schließlich das Schulterband zum Großen Bundesverdienstkreuz mit Stern, die höchste Auszeichnung der BRD. Jünger allerdings quittiert die Angelegenheit sehr trocken. So bemerkt er am 28. Februar 1985: »Das Stierlein [d.i. Lieselotte Jünger, S.M.] ist in Stuttgart. Ich mußte selbst ans Telefon und hörte aus Bonn, daß mir der Bundeskanzler am Morgen des 29. März hier in Wilflingen gratulieren wird. Ich weiß es zu würdigen« (SV3, 493). Tatsächlich waren die Treffen mit Helmut Kohl wohl auch eine eher spröde Angelegenheit (Busche 1998, 9ff.). Die Widmung in Kohls Exemplar der gerade erschienenen *Gefährlichen Begegnung* (1985) jedenfalls ist mindestens mehrdeutig (»Dem Bundeskanzler Helmut Kohl nach unserer ungefährlichen Begegnung diese gefährliche«). Vielleicht wäre dem geschichtsbewussten Bundeskanzler die von ihm selbst inspirierte Dedikation an Mitterand im zweiten Band der französischen Ausgabe von *Siebzig verweht* lieber gewesen: »Dem guten Franzosen und guten Europäer François Mitterand in Erinnerung an das Frühstück im Elysée« (Mühleisen 1996, 99). Auf alle Fälle dokumentieren auch diese Ereignisse, dass Jünger in jeder Hinsicht salonfähig geworden war.

Mit Blick auf längere Distanz fragt daher Michael Christian Rutschky 1981 im *Spiegel* mit Recht: »Wo sind sie geblieben, die Debatten darüber, was er [Jünger, S. M.] zum deutschen Faschismus beigetragen hat?« (Rutschky 1981, 266). Kurzfristig gesehen allerdings – und die Frage reagiert auf die überaus positive Resonanz der 1980/81 veröffentlichten *Siebzig-verweht*-Bände –, erweist sich die Unterstellung einer bloß noch affirmativen Jünger-Rezeption als verfrüht, denn im folgenden Jahr kommt es zu einem Eklat, der sich nur mit dem Streit direkt nach 1945 vergleichen lässt. Die Fraktion der Grünen im Frankfurter Stadtparlament fordert 1982 eine öffentliche Diskussion zur Verleihung des Goethepreises an Jünger: Es sei unhaltbar, dass ein »ideologischer Wegbereiter des Faschismus und ein Träger des Nationalsozialismus von Kopf bis Fuß«, ein »Kriegsverherrlicher und erklärter Feind der Demokratie« – so die Formulierungen des entsprechenden Antrags (zit. nach Dietka 1987, 303) – auf diese Weise ausgezeichnet werde. Zornige Leserbriefe begleiten die Preisverleihung ebenso wie eine »Anti-Jünger-Demonstration«, viele prominente Politiker bleiben der Veranstaltung fern und selbst die Laudatoren, der Frankfurter Bürgermeister Walter Wallmann und der Verleger Wolf Jobst Siedler (der im übrigen 1944 gemeinsam mit Jüngers Sohn »Ernstel« wegen »Wehrkraft-Zersetzung« zur »Frontbewährung« geschickt worden war; SV4, 256f.), geraten unter Rechtfertigungszwang. Die Reaktionen der Presse reichen von der Würdigung Jüngers als einer Jahrhundertfigur bis zur knappen Generalformel: »Kälte und Kitsch« (Raddatz 1982; Seferens 1998, 50ff.; Noack 1998, 281ff.). Als ob sich jedoch hier die letzten Kräfte der Jünger-Gegner verbraucht hätten, reagieren die Rezensionen auf die in den folgenden Jahren veröffentlichte Erzählung *Aladins Problem* ebenso wie auf die Aphorismensammlung *Autor und Autorschaft* (1984) und den Kriminalroman *Eine gefährliche Begegnung* (1985) besonnen und oftmals positiv.

In den 1990er Jahren verschwimmen die Konturen der Intellektuellenkultur, man beruft sich von den unterschiedlichsten Seiten auf Jünger als eine Leitfigur. Dabei wirft unter anderem die Debatte um die »Neue Rechte« ihre Schatten auf ihn. Der von Heimo Schwilk herausgegebene Band *Die selbstbewußte Nation* (1994) spielt dabei eine gewisse Rolle, zumal dessen Autoren an der ebenfalls von Schwilk herausgegebenen Festschrift *Magie der Heiterkeit* zu Jüngers 100. Geburtstag einen erheblichen Anteil haben (Seferens 1998, 243ff., 314ff.). Der gewichtigste Autor, der sich auf Jünger beruft, ist in dieser Diskussion Botho Strauß – er hatte sich zu Beginn der 1980er Jahre resigniert von den linken Utopien verabschiedet und zieht sich 1993 mit seinem Essay *Anschwellender Bocksgesang* den Verdacht der Rechtslastigkeit zu (Strauß 1995; Herzinger 1995a, 100ff.; Seferens 1998, 273ff.). Wie breit allerdings das Spektrum der Schriftsteller ist, die sich mit Jünger beschäftigen, zeigt die (wiederum von Schwilk herausgegebene) Ehrengabe *Das Echo der Bilder* (1990), wo die Auseinandersetzung mit dem Jubilar von Seiten »jüngere[r] Autoren aus beiden Teilen Deutschlands« mit dem erklärten Willen zur Entideologisierung dokumentiert werden soll (Schwilk 1990). Daß Heiner Müller in dieser Zeit erneut für Jünger eintritt, mag symptomatisch für die nun auch bei »Linksintellektuellen« zu verzeichnende Aufwertung Jüngers sein (Herzinger 1998; dazu auch Kunicki 1997), die allerdings bereits eine längere Vorgeschichte hat (Kittsteiner/Lethen; 1979; Neaman 1999, 96ff.). Während Walter Jens als Präsident der Westberliner Akademie der Künste anlässlich von Veröffentlichungen Jüngers in der Zeitschrift *Sinn und Form* 1993 die Tradition der Jünger-Kritik wiederbelebt und an dessen antisemitische Äußerungen erinnert, verteidigt Müller als Präsident der Ostberliner Akademie das Interesse am zuvor Unzugänglichen (die Jünger-Rezeption hatte sich in der DDR auf die Literaturwissenschaft beschränkt; Scholdt 1979, 547f.; Dornheim 1987, 229ff.), und zwar auf eine recht nonchalante Weise. In der *Frankfurter Rundschau* schreibt er in einem

offenen Brief: »Die Jahrzehnte zurückliegende Äußerung solcher Irrtü-
mer kann nicht die Ausgrenzung eines bedeutenden Autors aus einer literarischen Zeitschrift rechtfertigen, deren Aufgabe es nicht ist, sich mit
früheren oder gegenwärtigen Ansichten ihrer Autoren zu identifizieren,
sondern die gehalten ist, ihre Leser mit bedeutenden Texten und relevanten Autoren bekannt zu machen« (Müller 1993). Bezeichnend ist
dabei, dass die sekundierenden Stellungnahmen in Heiner Müllers ent-
spannte Tonlage einstimmen – die Situation hat sich für Jünger seit
1982 definitiv verändert (Bullock 1994; Seferens 1998, 55ff.; s. Kap.
II.2.2).

Dieser Stimmungsumschwung liegt sicherlich auch an der dem Zeitgeist entgegenkommenden Jüngerschen Kulturkritik, am Faible beispielsweise für vitale Zerstörungsfaszination, gerichtet gegen die Sterilität der Zivilisation. Hierin treffen sich linke wie rechte Parteigänger.
Jünger ist modern genug, um interessant, und kritisch genug, um provokativ zu sein. Die Grenzen der ideologischen Lager jedenfalls und
damit auch die Grenzen zwischen den klaren Be- und Abwertungskrite-
rien werden endgültig unklar, daher die seltsame Allianz der Jünger-In-
teressierten vom *Neuen Deutschland* bis zur *Frankfurter Allgemeinen Zeitung*. Zudem fasziniert die Beobachter die einfache Tatsache, dass
Jünger seinen 100. Geburtstag feiert – bereits das macht ihn zum »Mythos« des 20. Jahrhunderts, gleichsam einer menschlichen Parallelaktion
zu den großen Ereignissen der jüngeren Geschichte (Misik 1995; Schieb
1996, 348ff.; Herzinger 1995a, 1997 u. 1998; Kröll 1997).

Nachdem frühere Feierstunden die Kategorie des »Klassikers« verbraucht haben, bleiben zum Zentenarium nur noch wenige Möglichkeiten der Steigerung, und so bricht eine teils ironische, teils wortwörtlich
gemeinte Geburtstagseuphorie unter Politikern und Medien aus. Schon
1985 war der »Ernst-Jünger-Preis für Entomologie« vom Land Baden-
Württemberg gestiftet worden, nun wird zudem ein mit 100 00 DM
dotiertes »Ernst-Jünger-Stipendium« für die wissenschaftliche Beschäftigung mit dem Werk Jüngers ausgeschrieben (im Überblick: Fachdienst
Germanistik 13, 1995, Nr.5, S. 6-11). Die Proteste bleiben zwar nicht
aus, fügen sich aber harmonisch ins Bild des »umstrittenen« Autors. An
dieser Situation ändert sich auch in den Nachrufen auf Jünger nach
dessen Tod am 17. Februar 1998 wenig, obschon mahnende Stimmen
deutlich vernehmbar bleiben (Seferens 1998, 59ff.). Jünger hat eine Position erreicht, auf der er Lob und Kritik gleichermaßen für sich verbuchen kann. Insofern führen die Kategorien ›links‹ und ›rechts‹, ›neokon-
servativ‹ oder ›kritisch‹ in der Tat nicht weiter. Bei der kleinen
Ansprache an seinem 100. Geburtstag sagt Jünger selbst: »Dank meinen
Freunden, und meinen Gegnern auch. Beide gehören zum Karma –
ohne sie kein Profil« (SV5, 169). Die Logik eines solchen Zustands

kann man immerhin aus der Analyse der »Totalen Mobilmachung« lernen (s. Kap. II.2.3). Wichtiger ist daher die Einsicht, dass Jünger von seinen – je nach Einschätzung – positiven oder negativen Gegenbildern zehrt, dass sich die Energie seiner Schriftstellerexistenz gerade aus jenen Quellen speist, die er beredt zum Versiegen bringen will, und dass eben dies sein spezifisches »Profil« bestimmt:

Ein Dichterfürstentum, für das es kein Territorium und keine Rechtstitel, um so mehr Landkarten und Anwälte gibt, einen Aristokratismus, wie ihn allererst die Industriegesellschaft massenhaft fabrizieren konnte, ein Vertrauen in die Realität des Unwirklichen, wie es nur je einer Mediengesellschaft vorauslaufen kann, gepaart mit einer Lust des Ordnens, Bezeichnens und Bedeutens wie sie nur in einer partikulär-anarchischen Beliebigkeitsgesellschaft entstehen kann. Kurz, das anachronistisch-utopische, nicht verallgemeinerbare Exempel für den Rettungsversuch des universalen im ästhetischen Intellektuellen. (Schütz 1995)

2. Essayistik

2.1 *Über die Linie* und »Über ›Die Linie‹«: Ernst Jünger und Martin Heidegger

Der Essay *Über die Linie* erscheint 1950 zunächst in der Festschrift *Anteile* zu Martin Heideggers 60. Geburtstag und dann in demselben Jahr als Einzeldruck in einer erweiterten Fassung. Jünger ordnet sich mit seiner Schrift auf der einen Seite in die Nachkriegszeit ein: Er reflektiert den »Nihilismus« unter den Bedingungen des Zweiten Weltkriegs sowie des Kalten Kriegs und der Atombewaffnung nach Maßgabe des zeitgenössischen existentialistischen Interesses am »Einzelnen« – immerhin wird Sartre erwähnt (SW7, 244), und dessen zentrale Kategorie des »Ekels«, die bereits in den *Strahlungen* für Jünger wichtig geworden war, spielt auch hier eine Rolle (SW7, 242, 247; s. Kap. III.4.2). In einer kurzen Besprechung von *Über die Linie* wird entsprechend kritisch bemerkt, das »Nichts« sei bereits »ein Hauptvokabel der philosophischen Journalistik« (Hansen-Löve 1950, 877). Zugleich ignoriert *Über die Linie* aber die Grenze des Jahres 1945, die in der ›Nullpunkt‹-Debatte gezogen wird, da der Essay einen großen Zusammenhang vom 19. Jahrhundert bis zur Gegenwart rekonstruiert. Für Jünger steht das Erreichen des »Nullpunkts« noch aus (womit er im übrigen einen Terminus und ein Konzept des *Abenteuerlichen Herzens* aufgreift) (SW9, 116f.; z.B. SW7, 257; Kaiser 1962, 288ff.). Aus dieser zweifachen Limitierung gewinnt *Über die Linie* ein polemisches Profil, das dem Jüngerschen

Typus des unbarmherzigen Beobachters entspricht. Konsequenterweise
knüpft er daher sowohl an die Friedensschrift sowie über die dort entwickelten Gedanken an den *Arbeiter* bzw. an »Über den Schmerz« an (s.
Kap. II.5, III.1 u. 5).

Im Zentrum steht die bereits im Frühwerk, im *Abenteuerlichen Herzen* beispielsweise oder in »Über den Schmerz« (SW9, 135; SW7, 190),
erwähnte »Nihilismus«-Problematik (Martin 1948; Grenzmann 1957,
181ff.; Gerber 1965; Sonn 1971; Hof 1974, 251ff.; Figal 1995b; Wilczek 1999), die wie in der Friedensschrift (dort im Kontext der Verbindung von Deutschland und Russland) an zwei Namen festgemacht
wird: an Nietzsche und an Dostojewski (Kranz 1952). Wieder zeichnet
Jünger das Bild der Arbeiterwelt, in der der Funktionalismus auf allen
Ebenen und in allen Bereichen die Herrschaft übernommen hat und
dem »Einzelnen« Freiräume beschneidet. Zwei Aspekte sind für seine
Position in der Nachkriegsdiskussion erwähnenswert: Jünger diskutiert
– erstens – die Schuld der Mitläufer vor dem Hintergrund einer Entwicklung, der sich der Einzelne nicht entziehen kann (SW7, 249). In
diesem Zusammenhang wird ihm – zweitens – die »Banalität des Bösen«
(Hannah Arendt) zum Beleg für einen in der Arbeiterwelt waltenden
»moralischen Automatismus«, für die Normalität des Unrechts (SW7,
256; Seferens 1998, 91ff.). In den *Strahlungen* hatte Jünger in diesem
Sinn über Himmler und dessen beamtenmäßige, unspektakuläre Erscheinung geschrieben:

Hieran wird [...] der Umfang deutlich, in dem das Böse in unsere Institutio-
nen eingedrungen ist: der Fortschritt der Abstraktion. Hinter dem nächstbe
sten Schalter kann unser Henker auftauchen. Heut stellt er uns einen einge-
schriebenen Brief und morgen das Todesurteil zu. Heut locht er uns die
Fahrkarte und morgen den Hinterkopf. Beides vollzieht er mit derselben Pe-
danterie, dem gleichen Pflichtgefühl. Wer das nicht bereits in den Bahnhofs-
hallen und im Koop smiling der Verkäuferinnen sieht, geht wie ein Farbenblin-
der durch unsere Welt. (SW3, 455)

Der Prozeß einer »Entwertung der höchsten Werte« wird von Jünger
jetzt aber nicht mehr als ausweglose Lage geschildert, der gegenüber nur
die Aushaltepraktiken des »heroischen Realismus« angemessen sind.
Daher hält die Gliederung der Erstausgabe noch den Dreischritt von
»Prognose«, »Diagnose« und »Therapie« fest (Jünger 1950, 45) – die
spätere Streichung der Zwischenüberschriften könnte auf eine briefliche
Kritik Heideggers zurückgehen, der das verwendete Vokabular mit Jüngers Abgrenzung des Nihilismus von der »Krankheit« für unvereinbar
hält (Heidegger 1998, 15). Jünger sucht in seinem Essay auf zweifache
Weise auch nach einem Ausweg aus der nihilistischen Lage, wobei er
dem Kräftepotential der Kirchen doch merklich skeptischer als noch in

der Friedensschrift gegenübersteht (SW7, 259, 267). Zum einen sucht er nach individuellen Möglichkeiten zum »Widerstand« und fragt, »wie der Mensch angesichts der Vernichtung im nihilistischen Sog bestehen kann« (SW7, 253). Es geht dabei um ein Grundproblem der Nachkriegsphilosophie (nicht zuletzt der französischen), insofern sie wie Jünger unter dem Eindruck der »Dialektik der Aufklärung« steht (Descombes 1981, 198ff.). Denn ausgehend vom Konzept der »Totalen Mobilmachung« stabilisiert direkter offener Widerstand lediglich das ›System‹, ja dessen Mächtigkeit zeigt sich genau darin, dass es sich auch scheinbar konträre Positionen einordnet (s. Kap. II.2.3). Als Mittel der Subversion rät Jünger daher zum »Schweigen« als einem Moment des unkalkulierbar Dysfunktionalen (SW7, 271ff.).

Zum anderen begreift er den Nihilismus selbst als positives Moment im Kontext der Opfermetaphysik, die die Friedensschrift formuliert hatte, und wie dort kommt er auf die Rolle Europas als einer »Dritten Macht« im sich ankündigenden »Weltstaat« zu sprechen (SW7, 262f.; s. Kap. IV.1.3). In dieser Perspektive werden alle Greuel »notwendig« und tragen zur »Läuterung« bei (SW7, 241, 246). Diese Bewegung bezeichnet den Schritt »über die Linie«, und keine Formulierung markiert dessen Stellenwert im Jüngerschen Gesamtwerk besser als die Rede vom »Wille[n] zum Opfer« (SW7, 269), die das nationalrevolutionär-nietzscheanische Programm des »Willens zur Macht« ablöst. Der Kunst kommt dabei eine besondere Rolle zu, wobei Jünger auf das christologische Modell zurückgreift, das er bereits in *Der Kampf als inneres Erlebnis* und in *Sturm* formuliert hatte (s. Kap. II.3): »Die geistige Überwindung und Beherrschung der Zeit wird sich nicht darin spiegeln, daß perfekte Maschinen den Fortschritt krönen, sondern darin, daß die Epoche im Kunstwerk Form gewinnt. Hierin wird sie erlöst« (SW7, 275).

Auch wenn Jünger sich in seiner charakteristischen Art des Argumentierens erneut an den Phänomenen entlang hangelt, verwischt er doch durchgehend die Spuren des Ereignishaften: Er nennt die historischen Erscheinungsformen nicht beim Wort, spricht eben nicht von der NSDAP (»großstädische[ ] Massenparteien«; SW7, 248), von der SS (ein »Totenkopfverband«; SW7, 254), von der Atombewaffnung (»schauerliche[ ] Horten von Geschossen«; SW7, 262) oder der entsprechenden Abschreckungspolitik (»unheilvolle[r] Schimmer, der von den Waffen ausstrahlt«; SW7, 243), sondern führt das alles in Andeutungen ein, so dass das noch immer erkennbar Konkrete zu einem diffusen Abstrakten wird, das eine planetarische Entwicklung illustrieren kann. Intersubjektiv vermittelbare Begründungen weist Jünger daher als Zeichen der Rückwärtsgewandtheit ab, hier gehe es um ein »Wissen, das tiefer reicht als die Gewalt der Tatsachen [...]« (SW7, 241). Die Ungenauigkeit der

Sprache reflektiert insofern die Unfassbarkeit und Allmächtigkeit einer globalen Entwicklung. Jüngers entschiedenes Interesse an der Modernität der eigenen Haltung, sieht man im übrigen nicht zuletzt an den Auslassungen zur Literatur, wo natürlich nicht mehr wie in den Frühschriften ein Hermann Löns auftaucht (s. Kap. II.1.2), sondern die Namen Kafkas, Hemingways, Faulkners, Benns, Graham Greenes oder Henry Millers fallen (SW7, 253, 274). Daß der Transzendentalontologe Heidegger mit dieser Mischung aus Kulturgeschichte und Existenzphilosophie nicht zufrieden sein kann, versteht sich beinahe von selbst, und so wird dann auch Jüngers Diskussionsangebot verhältnismäßig brüsk zurückgewiesen.

Für Jünger gibt es zunächst bestimmte biographische und auch rezeptionshistorische Gründe, sich mit Heidegger zu solidarisieren, denn beide werden aufgrund ihrer Rolle während des Nationalsozialismus in der Nachkriegszeit zum »Fall« (Jünger 1983, 150; SW4, 283; SV4, 248; Matz 1990; Palmier 1995, 51ff.; Hoeges 1996) und damit potentiell – bei ausreichendem Vertrauen in ihre Andeutungen – zu verkannten »Kündern« (Kohl 1990 u. 1993). Auch der Briefwechsel der Zeit zwischen 1949 und 1974, der sich im Deutschen Literaturarchiv befindet (s. Kap. I.), ist geprägt von dem Bewusstsein, gemeinsam im kritischen Fokus der Nachkriegsöffentlichkeit zu stehen. Sachlich liegt es für Jünger in dreierlei Hinsicht nahe, seine Überlegungen Heidegger zu widmen: Zunächst bezieht Heidegger insbesondere seit seinen Nietzsche-Vorlesungen einen Großteil seines Selbstverständnisses aus einer für sich in Anspruch genommenen Spezialkompetenz für Jüngers Zentralthema, den am Beispiel der Nietzsche-Kompilation *Der Wille zur Macht* entwikkelten »Nihilismus« (diese Kompetenz wird Heidegger sich im übrigen auch von Jünger nicht streitig machen lassen) (Lavaud 1996); beide Denker, der Philosoph und der Literat, entwerfen zudem jeweils das Modell einer radikalen Umkehr konventioneller Sichtweisen (bei Heidegger die Wendung vom »Seienden« zum »Sein«, bei Jünger die Wahrnehmung der Welt nach Maßgaben der Gestaltschau; s. Kap. II.5); und schließlich ist Jünger an Heidegger sympathisch, dass dieser die Lösung philosophischer Probleme im Sprachlichen, nicht zuletzt im Poetischen, sucht, und zwar in einer Reihe von Techniken der Wortverschiebung, die durchaus Affinitäten zu Jüngers Ähnlichkeitsästhetik aufweisen (vgl. z.B. SW4, 388f.). Aus diesem letztgenannten Grund wird Jünger dem verehrten Philosophen auch zu dessen 80. Geburtstag sowie in erweiterter Fassung zum posthumen Gedenken die Sprachbeobachtungen unter dem Titel *Federbälle* widmen (1969 in einem Privatdruck sowie 1970 bzw. um eine zweite Sammlung ergänzt 1979 als Erstausgabe). In einem dort veröffentlichten Brief lobt Heidegger Jüngers Widerstand gegen die zunehmende ›Verflachung‹ der Sprache und bemerkt ebenso emphatisch

wie hintersinnig: »Was darin [in *Federbälle*, S. M.] ungesagt bleibt, trifft
in das Innerste meiner Bemühungen im Denken« (SW12, 375).

Auf *Über die Linie* nun antwortet Heidegger 1955 mit einem Brief-
Essay »Über ›Die Linie‹« in der Festschrift *Freundschaftliche Begegnungen*
zu Jüngers 60. Geburtstag, der später in den Beitrag »Zur Seinsfrage« im
Band *Wegmarken* der Heidegger-Gesamtausgabe eingeht (Figal 1995a,
183; Söder 1995) und dessen Thesen bereits in einem Brief vom 18.
Dezember 1950 entwickelt werden (Heidegger 1998). Heidegger, der
auch in seinem politischen Vokabular um 1933 eine deutliche Affinität
zu Jüngers Diktion des »heroischen Realismus« zeigt (Zimmermann
1990, 71ff.), setzt sich bereits im Wintersemester 1939/40 mit Jüngers
Arbeiter auseinander – das Seminar sei »überwacht und schließlich un-
terbunden« worden (Heidegger 1955, 13). Spuren der Beschäftigung
mit der »Totalen Mobilmachung« und dem *Arbeiter* finden sich dann
auch in den *Beiträgen zur Philosophie* sowie in Vorlesungen im Sommer-
semester 1941 (Figal 1996, 718). Noch »Über ›Die Linie‹« ist über weite
Strecken eine Auseinandersetzung Heideggers mit dem Frühwerk Jüngers. In beiden Fällen kommt er zu demselben negativen Ergebnis und
kann daher in »Über ›Die Linie‹« aus den Notizen aus den 1930er Jahren zitieren:

Ernst Jüngers Werk »Der Arbeiter« hat Gewicht, weil es, auf eine andere Art
wie Spengler, das leistet, was bisher alle Nietzsche-Literatur nicht vermochte,
nämlich eine Erfahrung des Seienden und dessen, wie es ist, im Lichte von
Nietzsches Entwurf des Seienden als Wille zur Macht zu vermitteln. Freilich
ist damit Nietzsches Metaphysik keineswegs denkerisch begriffen; nicht einmal
die Wege dahin sind gewiesen; im Gegenteil: statt im echten Sinne fragwürdig,
wird diese Metaphysik selbstverständlich und scheinbar überflüssig. (Heidegger 1955, 13f.; Meyer 1993, 479, 487; Schwilk 1988, 131).

Dennoch hält Heidegger Jüngers Bestandsaufnahme von 1932 für eine
gelungene Beschreibung des technischen Zeitalters, und tatsächlich
dürfte hier auch der Anlass für ihn gelegen haben, sich überhaupt mit
einer für das Werk seit Mitte der 1930er Jahre charakteristischen Intensität mit der »Technik« auseinander zu setzen. Die eher nebensächliche
Bemerkung Heideggers, sein kurz vor Erscheinen der Jünger-Festschrift
gehaltener Vortrag »Die Frage nach der Technik« (1953) sei durch den
Arbeiter gefördert worden, ist insofern richtig, untertreibt aber gleichwohl (Zimmerman 1990, 67ff.; Meyer 1993, 476f.; Safranski 1994,
341f.; Saatdjan 1994; Figal 1995a, 185f.; Figal 1996, 718; Cacciari
1982/83). Jünger jedenfalls scheint sich mehr für das von Heidegger bei
aller Kritik gezollte Lob zu interessieren als für die Distanznahmen
(SW4, 389f.; SV3, 272; SV5, 147).

»Über ›Die Linie‹« ist in weiten Teilen eine strenge Kritik von Jüngers Essay *Über die Linie*, eine Kritik, die in gewisser Weise den alten,

seit Platon geführten Streit von Philosophie und Dichtkunst um ein Dokument bereichert (Figal 1995a, 184, 191f.). Jedenfalls lässt sich Heidegger Jüngers Verschränkung von »Dichter« und »Denker« (SW7, 276f.) so einfach nicht gefallen (Schultz 1968). Zwar betont er mehrfach die Zusammengehörigkeit beider Fragestellungen und gibt sich bescheiden, indem er anstelle der Frage der Überquerung der »Linie« (»über« die Linie) nur die »Linie« selbst thematisieren will (»von« der Linie) (Heidegger 1955, 9f., 44), das alles aber ist lediglich der Ausgangspunkt, um Jünger zu zeigen, dass dessen Analyseniveau Heideggers radikale Kritik an der abendländischen Metaphysik erheblich unterschreitet, dass Jünger somit den zweiten vor dem ersten Schritt macht und die Überwindung des »Nihilismus« in den Blick nimmt, bevor er noch den »Nihilismus« selbst angemessen verstanden hat.

Was aber könnte nun Heidegger überhaupt am *Arbeiter* interessiert haben? Zunächst scheint eben das Thema der »Technik«, Heidegger zu faszinieren, dann die Art der Fragestellung, die dem Philosophen zwar ausreichend Raum zur Kritik und damit zur Profilierung der eigenen Position gibt, aber doch auch auf zweifache Weise in seine Richtung läuft: Denn wie erwähnt propagiert Heidegger ähnlich wie Jünger eine radikale Umkehrung der Sichtweise, ist also ein Denker der Alterität, und wie er geht auch Jünger von einer Dezentrierung des Subjekts aus. Zwar wirft Heidegger Jünger vor, er bleibe mit dem »Gestalt«-Begriff der Tradition abendländischer Metaphysik verhaftet, aber die Frage nach der »Gestalt« und die Frage nach dem »Sein« zielen über die »subjektivistische Subjektität des Menschenwesens« hinaus (Heidegger 1955, 19), so dass bei aller Kritik Heideggers an Jünger Gemeinsamkeiten bestehen bleiben (Figal 1995a, 195f. u. 1996, 725). Aus diesem Grund treffen sich Heidegger und Jünger auch in der Ablehnung eines Denkens nach Maßgabe der »Vernunft« und der Maxime der Widerspruchsfreiheit (Heidegger 1955, 11f., 22).

Beide versuchen gewissermaßen, den Menschen unter unvordenklichen Bedingungen zu konstruieren, nur dass Jünger dabei seine Überzeugungskraft weniger durch Analyse, als durch die Evidenz der Beschreibung und concettistischer Kurzschlüsse gewinnt. Genau darin aber sieht Heidegger das Problem, nämlich im umstandslosen Argumentieren mit eingespielten Gedankfiguren. Das trifft insbesondere eine Formulierung aus Jüngers Essay *Über die Linie*, in der es heißt: »Der Augenblick, in dem die Linie passiert wird, bringt eine neue Zuwendung des Seins, und damit beginnt zu schimmern, was wirklich ist« (SW7, 267; Heidegger 1955, 27). In diesem Satz zeigt sich in der Tat »die fast unausrottbare Gewöhnung, ›das Sein‹ wie ein für sich stehendes und dann auf den Menschen erst bisweilen zukommendes Gegenüber vorzustellen« (Heidegger 1955, 31). Wenn schon dieser Vorwurf für den

Denker Jünger, der sich Heidegger ja als philosophischer Kompagnon angeboten hat, keine Kleinigkeit sein kann, so ist der sich daran anschließende Vorwurf für den *Dichter* Jünger desaströs: Denn Heidegger sieht das eigentliche Problem Jüngers im Sprachlichen. Er klärt Jünger darüber auf, »wie unabwendbar hier alles auf das rechte Sagen ankommt [...]« und dass dieser eben auch in den »Grundworten« der metaphysischen Tradition verhaftet bleibe, dass er somit zwar die »Linie« überschreiten wolle, aber Dies- und Jenseits der »Linie« auf ein und dieselbe Art spreche (Heidegger 1955, 16f., 24ff., 30; Lukacher 1982; Koslowski 1991, 151ff.; Neaman 1999, 180ff.).

Vielleicht gehen die Heidegger gewidmeten *Federbälle* auf diese Zurechtweisung durch Bemerkungen zur Selbstkritik ein und führen damit gewissermaßen die Kompetenz und Verantwortlichkeit Jüngers im Sprachlichen vor (Heidggers Dankschreiben für *Federbälle I* sowie Jüngers Antwort darauf sind, wie erwähnt, zu Beginn der zweiten Notizensammlung abgedruckt; SW12, 375ff.). Mindestens zwei Passagen lassen sich allerdings auch umgekehrt als Entgegnung lesen, einmal nämlich in der Frage des »Optimismus«, in der Jünger sich inzwischen bestätigt sehe (SW12, 334) – noch in *Siebzig verweht V* führt Jünger anlässlich der französischen Übertragung von *Über die Linie* (*Passage de la ligne*, 1993) bruchlos den Gedankengang des Essays bis zu seiner esoterischen Spätphilosophie fort (SV5, 97ff.). Zum anderen entgegnet er Heidegger in einer kurzen Notiz zur »Linie«: »Jede Verwendung von Worten zum Ziel absoluter Genauigkeit«, schreibt Jünger, »führt über Hilfskonstruktionen nicht hinaus. Das Wort *Linie* wird immer Mannigfaltigeres und Unbestimmteres einschließen als der mathematische Begriff der Linie« (SW12, 371). Auch hier also beharrt Jünger auf der Nutzung von Worten als »Hilfskonstruktionen«, und das mit gutem Grund. Denn Heidegger geht auf die Poetik und die ästhetische Struktur der Jüngerschen Texte überhaupt nicht ein und verfehlt damit das Moment, das wiederum in die Richtung seiner Fragestellung deutet. Welchen Sinn kann es haben, bei einer Ähnlichkeitsästhetik nach »Grundworten« zu fragen, wenn diese Wortgrenzen überspielt und Sinnfülle durch Verweisungen, Überlagerungen und Schichtungen erzeugt? Jüngers Sprachwelt aus »Ahnung, Anklang und Ähnlichkeit«, um erneut die Formulierung des *Abenteuerlichen Herzens* aufzugreifen (SW9, 66), überschreitet insofern sehr wohl jene Tradition des Rationalen, Widerspruchsfreien und Substantiellen, auf die Heidegger sich kritisch bezieht. Daher macht dessen Kritik erneut deutlich, dass die Modernität Jüngers nicht vorrangig im Aussagegehalt der Sätze und nicht in einer bestimmten »Philosophie«, sondern in den Verfahren des Beobachtens und Schreibens zu suchen ist. In gewisser Weise unterschreitet Heidegger somit seinerseits das von ihm eingeklagte Analyseniveau, denn abschließend fordert er in seiner raunenden Art eine Wendung des Blicks auf die »Sage des Denkens«: »Diese Sage ist nicht der Ausdruck des Denkens, sondern es selber, sein Gang und Sang« (Heidegger 1955, 43).

2.2 Schriften zur ›Zeit‹

Mit dem *Sanduhrbuch* beginnt Jünger 1954 eine Reihe von Schriften, die sich mit dem Problem der ›Zeit‹ und deren historischer Typologie beschäftigen (Merlin 1995). Er geht dabei von der Beobachtung aus, dass »wir an einer Marke stehen, welche die kopernikanische von einer neuen Zeit- und Raumauffassung trennt«. Aus diesem Grund sind für Jünger auch die »Elementaruhren«, also Quarz- und Atomuhren, in mehrfachem und höherem Sinn Zeichen der Zeit, denn sie deuten auf die Wende zur »Erdzeit« hin (als Gegenbegriff zur »meßbaren Zeit« bzw. zur Zeit der »Geschichte«), und zwar unter Bedingungen des Atomzeitalters (SW12, 107, 231ff.; dazu SW8, 581; Paetel 1962, 86ff.; Meyer 1993, 490ff.). Dass er über dieses Thema nachzudenken beginnt, als er sich an die Überarbeitung des *Arbeiters* macht (SW12, 107; Plard o.J.), ist signifikant. Dass hierbei neben den nach 1945 geläufigen konservativen Thesen vom Ende der Geschichte (u.a. bei Arnold Gehlen, der wie Jünger von Hans Driesch beeinflusst ist; vgl. Kamper 1988, 166f.; Niethammer 1989, 18ff.; Kamper 1990; Neaman 1999, 157ff.) die Überlegungen seines Bruders Friedrich Georg zur *Perfektion der Technik* (vor dem Krieg fertiggestellt und 1946 veröffentlicht) eine wesentliche Rolle gespielt haben dürften, ist zumal im Blick auf die Zeitproblematik deutlich, denn bereits dort findet sich eine Geschichte der Zeit und der Chronometrie (F.G. Jünger 1946, 34ff.).

Der *Zeitmauer*-Essay setzt die Überlegungen von *Über die Linie* fort und radikalisiert sie. Der Schritt »über die Linie« wird nun zum Schritt »über die Zeitmauer und durch sie hindurch« (SW8, 545). Auch hier hält Jünger in direktem Bezug auf die Vorgängerschrift an seinem »Optimismus« fest (SW8, 645), und von daher ist es ebenso folgerichtig wie provokativ, dass Jünger 1959 eine kompilatorische Zusammenfassung von *An der Zeitmauer* wiederum an Heidegger adressiert, diesmal in der Festschrift zu dessen 70. Geburtstag (Jünger 1959). Die Bedeutung des Entwurfs wird vor allem im Werkzusammenhang deutlich, denn die kritische Haltung gegenüber der eigenen Zeit, die in der Phase von »Über den Schmerz« bis zu den *Strahlungen* immer mehr hervorgetreten war, findet im *Zeitmauer*-Essay ihre Begründung. Daher könnte man *An der Zeitmauer* durchaus als jene Ergänzung des *Arbeiters* ansehen, die Jünger in seinen Tagebuchnotizen von sich selbst eingefordert hatte (s. Kap. II.5) – beide Schriften werden in jeweils einem Band der Werkausgaben

zusammengefasst, beide Schriften folgen im Abstand von 14 Jahren auf
die jeweiligen Weltkriege und ziehen die Konsequenzen aus den historischen Ereignissen. In einem Brief vom 18. März 1959 an seinen französischen Übersetzer Henri Plard schreibt Jünger während der Arbeit am
Zeitmauer-Essay: »Während der ›Arbeiter‹ sich mit soziologischen Fakten beschäftigte, untersuche ich nun jenen Abschnitt des Planes, der die
historischen Maßstäbe und die im Geschichtsraum gesammelten Erfahrungen verläßt. Das ist recht aufregend« (Plard o.J., 119).

Am *Zeitmauer*-Essay fällt jedoch zunächst ein scheinbarer Rück-
schritt auf, nämlich die Beschreibung der Gegenwart mithilfe der Kategorien der Konservativen Revolution. Von daher ist eine Beobachtung
für den Werkzusammenhang nicht uninteressant: Im *Arminius*, der
Kampfschrift für deutsche Nationalisten, hatte Jünger 1927 einen Artikel
mit der Überschrift »Die Schicksalszeit« publiziert, wo er diese bereits
von der »meßbare[n] Zeit« abgrenzt im Sinne der Differenz von »quan-
titativer« und »qualitativer« Zeit: »Es heißt *fühlen*, was die Uhr geschla-
gen hat«, erklärt Jünger und prophezeit, dass das »*Imperium germani-
cum*, als höchste und endgültige Form des Nationalcharakters«, noch
bevorstehe (Jünger 1927a, 5f.). Damit ist ein frühes Datum für jene
Unterscheidung gefunden, die dem ersten Teil von *An der Zeitmauer*
ihren Untertitel »Meßbare und Schicksalszeit« gegeben hat.

Wo jedoch im essayistischen Frühwerk die Provokation von Jüngers
Schriften neben dem politischen Extremismus immer von einer radikal
affirmativen Haltung gegenüber den historischen Ereignissen ausging,
greift in *An der Zeitmauer* das kritische Vokabular der Moderne-Kritik:
Wie in *Über die Linie* ist vom »Schwund« die Rede, die Massenhaftig-
keit, Gleichförmigkeit, Abstraktion und Verflachung wird angeklagt, die
Monotonie, Nivellierung und Entzauberung der Welt als Defizit verbucht (z.B. SW8, 448f., 463). Nie hätte Jünger 1932 behaupten können, dass die »Uniformierung« als Kennzeichen der Arbeiterwelt lediglich einen »Verlust verschleiert« (SW8, 539). Mit der begrifflichen und
kategorialen Neubestimmung geht eine Annäherung an das mythische
Denken einher, die bis heute vielfach als Zeichen von Jüngers Rückwärtsgewandtheit gilt (Segeberg 1996, 202f.). Besonders wichtig ist dabei der Kampf zwischen den Göttern und den Titanen mit seinem ma-
triarchalischen und patriarchalischen Aspekten der Zeitenwende à la
Bachofen (der von der Mutter aufgewiegelte Kronos entmannt Uranos,
seinen Vater) sowie der Mythos des aus der Berührung mit der Erde seine Kraft gewinnenden Antaios (SW8, 592f., 635; Plard o.J., 122, 124f.;
Koslowski 1991, 113ff.; Schröter 1993, 171ff.; Koslowski 1995a, 234ff.;
Segeberg 1996, 199f.; s. Kap. III.2.2). Wenn am Ende des *Zeitmauer*-
Essays ein kommendes Matriarchat prophezeit wird, dann bedeutet das
auch eine Abkehr vom Paternalismus der *Marmorklippen*, wo die Prot-

agonisten der Erzählung am Ende in den »Frieden des Vaterhauses« einkehren (SW15, 351; Plard o.J., 128; s. Kap. III.3). Zwar erklärt Jünger in *Der Weltstaat*, die Zukunft liege jenseits der Unterscheidung einer »paternitären« von einer »matriarchalen« Ordnung, aber auch hier bleibt es bei der Zurückstufung des »Vaters« und bei der Neukonzeption eines »große[n] Mutterbild[es] (SW7, 511).

Nicht zuletzt einer Interpretation der Gegenwart im Lichte des Mythos ist die von Ernst Jünger gemeinsam mit dem Religionswissenschaftler Mircea Eliade (Neaman 1999, 189f.) in den Jahren 1959 bis 1971 herausgegebene Zeitschrift *Antaios. Zeitschrift für eine freie Welt* gewidmet, die unter anderem Beiträge zur Religionswissenschaft, zur Philosophie, zu den Künsten, zur Symbolik (der Farben, der Zahlen, der Musik oder des Traums etc.) veröffentlicht, zu den Themen also, die bei Jünger selbst wieder auftauchen. Eine Interpretation seines Werks vor dem Hintergrund dieser Konstellation steht noch aus, dabei lässt sich hier in unvergleichbarer Weise konzentriert sehen, in welchem intellektuellen Klima seine Essays und Kontemplationen entstehen. Die Auslegung des Antaios-Mythos im Blick auf die Moderne übernimmt im ersten Band der Zeitschrift im übrigen Friedrich Georg Jünger (F.G. Jünger 1959), und zwar genau vor einem Abdruck von Friedrich Schlegels *Rede über die Mythologie* (1800), mit der sich *Antaios* bewusst in die Tradition der Frühromantik stellt. Das »Programm« des *Antaios*-Projekts nun spricht dem »Mythos« die Funktion einer Art von Aussichtspunkt zu und erklärt:

Die Freiheit wächst mit dem geistigen Überblick, mit der Gewinnung fester, erhöhter Standorte. Dort werden die Tatsachen erkannt und wiedererkannt, und damit wird es möglich, sie zu benennen, zu ordnen und in ihrem Gang zu bändigen. Dort und von dort aus nimmt auch die Sicherheit zu. Die Freiheit folgt nicht der Sicherheit, sie geht ihr als geistige Macht voraus. (SW14, 167)

Sowohl mit der Adaptation des Mythos als auch mit der Verwendung des konservativen Kriterienkatalogs verhält es sich komplizierter, als es auf den ersten Blick scheint: Jünger nutzt den Mythos lediglich, um durch Vergleich Aussagen über etwas zu treffen, über das sich (noch) nicht wirklich sprechen lasse, nämlich über den Zustand jenseits der »Zeitmauer«. In aller Bestimmtheit erklärt er: »Die Schwächung des Mythischen ist unwiderruflich [...]« (SW8, 477; Segeberg 1996, 192ff.). Und auch seine affirmative Haltung gibt Jünger letztlich nicht auf, er verschiebt vielmehr nur den Fokus – die »Adnoten zum Arbeiter« unter dem Titel *Maxima – Minima* (1964 als Teilabdruck in *Antaios*, vollständig in demselben Jahr in W6) leisten diese Transformation in direktem Bezug auf das Frühwerk (SW8, 321ff.). Konnte Jünger zuvor die Welt des Bürgers als historisch obsolete Phase einordnen, so kann er nun den

Arbeiter als Übergangsphänomen begreifen, indem er beide, den Bürger
und den Arbeiter, einem Paradigma zuordnet: dem geschichtlichen.
Dessen »Zeit« sei nun abgelaufen, der Mensch befände sich am Übergang zu einem »transhistorischen« oder »erdgeschichtlichen« Zustand
bzw. zur »Schicksalszeit«. Diese Grenze symbolisiert für Jünger die
»Zeitmauer«. Entsprechend gibt es auch mehrere Notate, in denen er
sich kritisch mit Spenglers Methode der »Morphologie« und folglich
auch mit seinem eigenen Frühwerk auseinandersetzt (s. Kap. II.2.2 u.
II.5): Die analogisierende Denkform sei zwar aufschlußreich, weil sie
zyklische Strukturen in den Blick bekomme und damit die Gültigkeits-
beschränkung der linearen Zeit aufzeige, sie finde ihre Grenze aber
deutlich in inkommensurablen Vorkommnissen, die sich eben nicht
mehr auf ältere Erscheinungen zurückführen ließen. Die Frage nach
dem »Weltplan« könne Spengler auf seine Weise nicht beantworten
(SW8, 401f., 433, 453ff., 606; Draganović 1998, 60ff.).
    Wieder sammelt Jünger Indizien für eine Zeitenwende und durch-
leuchtet gleichsam feuilletonistisch seine Zeit. Es ist signifikant für diese
Vorgehensweise, dass Jünger als ersten Schlüssel zur Gegenwartsdiagnose die Astrologie-Mode verwendet. Er erkennt darin ein metaphysisches
Bedürfnis, das in der Arbeiterwelt vollendeter Diesseitigkeit und Monotonie nicht gestillt werden könne. Auch hier also versucht Jünger, die
Kriterien nicht gegen, sondern aus der Zeit zu gewinnen, weshalb er
auch das Deutungsverlangen seiner Zeit – im übrigen anders als Carl
Schmitt in einer brieflichen Kritik (Jünger/Schmitt 1999, 326f., dazu
329) – nicht als Effekt und Korrelat der technischen Kultur verstehen
kann, sondern als deren Korrektur bzw. als Anzeichen von deren Überwindung deuten muss. Aus Jüngers Sicht kündigt sich eine Krise an: »So
entsteht beim Überfliegen der Zeitungen der Eindruck, dass sich mit
der astrologischen Sparte ein fremdartiges Gebilde ansiedelt« (SW8,
426). Es hat in der Tat den Anschein, als ›überfliege‹ Jünger permanent
die Zeitungen, um sein Material zu gewinnen: An die Seite des Versi-
cherungs- oder Verkehrswesens, also der Standardthemen des *Arbeiters*,
treten die telekommunikativen Medien sowie die Folgenabschätzung der
naturwissenschaftlichen Forschung, insbesondere im Blick auf die Gen-
technik sowie die Atomenergie. An der Arbeiterwelt entdeckt er jeweils
zwei Seiten, eine gefährliche und nach Möglichkeit zu begrenzende (zu
den Referenzen gehören nicht umsonst die negativen Utopien von Aldous Huxley und George Orwell; SW8, 612) sowie eine in die Zukunft
weisende – der elektrifizierte Planet gefährde nicht nur die Integrität des
Menschen, er beginne zugleich seine »magische« Seite zu zeigen
(Koslowski 1991, 113f. u. 1995a, 234f). Die Überwindung national-
staatlicher Grenzen durch eine globalisierte Kommunikationskultur und
deren Netzwerke liest Jünger, der in diesem Zusammenhang auch seine

kleine Geschichte des Blitzableiters schreibt, als Zeichen einer »Erdvergeistigung« (z.b. SW8, 492; Bräcklein 1965, 74ff.). Am Ende wird dieser Themenkomplex durch den Bezug auf Joachim de Fiores Lehre vom
»dritten Testament« sowie auf die »Ostkirche« in theologische Dimensionen überführt (SW8, 644).

Der Blitzableiter erscheint, an sich betrachtet, als eine jener einfachen Erfindungen, die man als »Ei des Kolumbus« zu bezeichnen pflegt. [...] Anders wird
es, wenn wir den Blitzableiter als erstes Organ, als frühe Sträubung einer be-
ginnenden antaiischen Unruhe auffassen. Dann sehen wir die Errichtung in
ihrer notwendigen Zeit, als erstes Steinchen eines Mosaiks, das sich über den
Erdball ausbreitet. Ihm folgen weitere und immer mannigfaltigere Ausbildun-
gen. Die Erde überspinnt sich mit einem immer dichteren Netz von Drähten
und Kabeln; ein Wald von Sendern und Empfängern wächst empor, von An-
tennen, die in winzigen Spitzen aufsprießen oder als Türme die Städte überhö-
hen. (SW8, 572; Segeberg 1996, 196ff.)

Nach diesem Modernitätsprogramm wäre es beispielsweise ein fataler
Fehler, wenn die Strahlenkraft der Atomenergie im Sinne der unzeitgemäßen Materialschlacht verwendet würde, und das nicht etwa aus humanitären Gründen, sondern weil dies die Zeichen der Zeit verkennen
hieße. Alle diese Phänomene, wie beispielsweise die historisch neuartige
Fähigkeit des Menschen, den Untergang der Welt selbst herbeizuführen
(SW8, 527, 536), hält Jünger für Wegweiser zur »Zeitmauer«. Sie seien
mit den Maßstäben der Geschichtlichkeit nicht mehr zu fassen.

Am Beispiel der Grenzauflösung sieht man deutlich, wie Jünger die
Gedanken des *Arbeiters* weiterführt, denn auch dort hatte er ja den Zei-
tenumbruch am Übertritt in eine Welt permanenter Bewegung und Fluk-
tuation festgemacht. Die Welt des Geschichtlichen wird für ihn durch
eine Reihe von Merkmalen bestimmt: die Fixierung auf die Person und
deren Freiheitsansprüche, die Orientierung am Staat, die Kriterien von
Bewusstheit, Recht u.a. – jeweils lässt sich ein Bezug zum Paradigma der
Grenze, also zur Konstruktion von Identität und den entsprechenden
Möglichkeiten der Zurechenbarkeit, festmachen (vgl. auch SW14,
178ff.). Was aber geschieht, wenn der Staat im »Weltstaat« aufgeht, wenn
Personalität – wie im Falle des »Unbekannten Soldaten« als Gegenbild
zum »Heros« – zu einem ungeeigneten Kriterium wird? Durch den Bezug
auf den Heroismus will Jünger in einer Figur fortgesetzter Selbstüberbie-
tung andeuten, dass die Überwindung der »Zeitmauer« keine Parallelaktion zur Verabschiedung des Mythos durch die Geschichte sei, sondern
dass sowohl der Mythos (und seine Form des Heroismus) als auch die
Geschichte zu einer Ordnung gehörten, die jetzt hinter dem Menschen
liege (Koslowski 1991, 103f; Koslowski 1995a, 223f.).

Diese wenigen Bemerkungen müssen genügen, um zumindest zweierlei zu zeigen: Mit *An der Zeitmauer* eröffnet Jünger ein unbegrenztes

Feld des Denkens und Spekulierens. Und: Die ins Kosmische und Mythische ausgreifenden Mutmaßungen und die Kritik an der durchtech-
nisierten Welt bedeuten nicht, dass Jünger sich von seiner Gegenwart
verabschiedet, vielmehr bleibt er ihr bei aller Esoterik auf eine geradezu
journalistisch um Aktualität bemühte Weise verbunden und erreicht bei
seinen Prognosen – so das Ergebnis einer Abrechnung von Hans-Peter
Schwarz zu Jüngers 100. Geburtstag – eine beachtliche Trefferquote
(Schwarz 1995). Auch wegen dieser Empfindlichkeit fürs Hier und Jetzt
wählt Jünger die Astrologie als Modellfall, denn ihr gelingt, was er seinerseits schriftstellerisch verwirklichen will. Im Blick auf die prophetischen Möglichkeiten, die sich aus dem ungewöhnlichen Auftauchen eines Vogels ergeben, schreibt Jünger: »Im Kombinationsschluß lassen
sich an sein [des Seidenschwanzes, S. M.] Erscheinen andere Daten we-
ben, von Sonnenflecken und kosmischen Störungen bis zu den Kohle-
preisen, dem Schiwetter« (SW8, 400) – und so entspannt Jünger dann
auch einen Motivbogen von der künstlichen Befruchtung bis hin zu at-
mosphärischen Störungen als Belege für die »antaiische Unruhe«.

Die folgenden Essays knüpfen dieses Datengewebe weiter. Um nur
einen kurzen Überblick zu geben:

Die entomologische Betrachtung *Das spanische Mondhorn* (als Ein-
zelpublikation 1962 und in demselben Jahr in einer erweiterten Fassung
in *Antaios* erschienen) meditiert über den Unterschied zwischen der Zeit
des Menschen und derjenigen des Tiers (z.B. SW13, 60).

In *Philemon und Baucis* (1972) – seit Goethes *Faust II* (V.11043ff.)
das Exempel für die zerstörerische Kraft des Neuen (Gajek 1999, 216f.)
– reflektiert Jünger über den *Tod in der mythischen und in der technischen
Welt* und fragt in diesem Zusammenhang unter anderem nach differen-
ten Möglichkeiten der Bezugnahme auf den Mythos, vor allem in den
Naturwissenschaften (z.B. SW12, 443) und in der Dichtung (z.B.
SW12, 451f).

»Zahlen und Götter« (in erster Fassung 1973 im *Merkur*, in erweiterter Fassung 1974 in der Zeitschrift *Scheidewege* sowie als Buchausgabe
gemeinsam mit *Philemon und Baucis* erschienen) schreibt am Beispiel
des sich wandelnden Verständnisses und der sich wandelnden Macht der
Zahlen durch die Einführung der Null eine Geschichte der Abstraktion
parallel zur Geschichte der Zeit im *Sanduhrbuch*. Jünger geht dabei von
Fragen nach »Schöpfung und Ursprung« aus, die auch hier an eine nur
in der Analogie des Mythos überwindbare »Zeitmauer« führen (SW13,
248).

»Rund um den Sinai« (1975 in *Scheidewege*) erkundet die Grenze
zwischen zyklischer und linearer Zeitvorstellung bzw. zwischen »Welt«
und »Erdgeschichte« und kritisiert in diesem Zusammenhang erneut
Spenglers morphologische Methode (SW12, 494ff.).

Und noch in den späten Schriften, etwa in der unter dem Titel »Gestaltwandel« veröffentlichten »Prognose auf das 21. Jahrhundert« von 1993, feilt Jünger am Umgang mit der »Entfernung des Menschen aus der Geschichte« (SW19, 615) und zitiert auch hier eine im *Zeitmauer*- und im »Zahlen und Götter«-Essay angeführte Vorhersage Léon Bloys: »Dieu se retire«, eine sanfte Korrektur von Nietzsches »Gott ist tot« (SW19, 615; SW8, 621, 629; SW13, 328; dazu SW3, 454; Safranski 1995, 252f.).

Entscheidend ist dabei nicht nur, welche spezifische Schattierung Jünger seinem Zeitbild hinzufügt, sondern auch und vielmehr, wie Jünger immer konsequenter seinen Darstellungsstil dem Gegenstand, der Methode und den gedanklichen Grundfiguren anpasst. Bereits *An der Zeitmauer* zeichnete sich durch literarische Verfahren aus, die von einem begründenden Darstellungsstil weit entfernt sind. Von der Faktur des *Arbeiters* her, seiner Technik der Verknüpfung von Bild- und Gedankennetzen, nähert Jünger sich zunehmend einem gleitenden Spekulieren. Es ist daher nur konsequent, wenn er in seiner letzten umfangreichen essayistischen Veröffentlichung, der von Jünger als letztgültige »Prognose kommender Dinge« verstandenen *Schere* (1990; SV5, 94), die Musik – wie im übrigen zuvor bereits in *Eumeswil* (s. Kap. IV.3.2) – als angemessenes Vorbild einer Ästhetik des Beziehungssinns wählt (SW19, 447f.) und die einzelnen Abschnitte, die oftmals direkten Bezug auf das Thema der »Zeitmauer« nehmen (SW19, 505, 531, 546f., 581, 587, 596), wie in »Gestaltwandel« immer stärker aphoristisch verkürzt.

2.3 Politische Schriften

Der Waldgang

Neben den genannten »Schriften zur ›Zeit‹« gibt es eine Gruppe von Essays, die sich im besonderen auf politische Fragestellungen einlassen bzw. politische Themen vor dem Hintergrund der skizzierten geschichtsphilosophischen Leitlinien durchdenken. Jünger ordnet diese Arbeiten in der Werkausgabe nacheinander: *Der Waldgang* (1951), *Der Gordische Knoten* (1953), *Der Weltstaat* (1960 zunächst in gekürzter Form in einem Sammelband zur Frage *Wo stehen wir heute?*, dann in demselben Jahr als Einzeldruck erschienen). Diese Reihe beginnt sogleich mit einer kalkulierten Provokation: *Der Waldgang* ist Jüngers Beitrag zum Leben sowohl unter diktatorischen als auch unter demokratischen Bedingungen sowie zum Umgang der Alliierten mit dem besiegten Deutschland. Der Essay, von der Kritik teils als Rückgriff auf die »soldatische« Tradition (Maiwald 1952, 38f.), teils als ebenso unbestimmter wie radikaler Kommentar zur Gegenwart eingeordnet (Dietka 1987, 122ff.), geht von einem neuen geschichtlichen Auftreten der »Frage« als Form der Sozialbeziehung aus. Der »Einzelne« sehe sich ununterbrochen mit »fragestellenden Mächten« konfrontiert, die nun allerdings nicht nach einer »Lösung« von Problemen, sondern lediglich nach einer »Antwort« suchten (SW7, 283f.). Beispiele dafür sieht Jünger einmal in der Funktion der Wahl in der Diktatur, wobei er allerdings immer im Präsens formuliert und von ›unseren Zeiten‹ redet, so dass man den konkreten historischen Fokus (also das ›Dritte Reich‹, die BRD, DDR oder das russische GULAG-System) nicht wirklich festlegen kann (Seferens 1998, 98ff.). Ein weiteres Exempel findet er in der Erhebungstechnik des »Fragebogens«: »Die Fragen rücken uns enger, dringender auf den Leib, und immer bedeutungsvoller wird die Art, in der wir antworten. Dabei ist zu bedenken, dass Schweigen auch eine Antwort ist. Man fragt uns, warum wir dann und dort geschwiegen haben, und gibt uns die Quittung dafür. Das sind die Zwickmühlen der Zeit, denen keiner entrinnt« (SW7, 284) – dahinter verbirgt sich eine kaum verschlüsselte Beschreibung der Affäre um den »Fragebogen« im Rahmen des Entnazifizierungsverfahrens, dem Jünger sich verweigert hat (s. Kap. IV.1) und das Ernst von Salomon, Jüngers Mitstreiter aus nationalrevolutionären Tagen, in seiner überpeniblen, zum erfolgreichen Roman ausgewucherten Beantwortung *Der Fragebogen* (1951) ad absurdum zu führen versuchte (Salomon 1961).

Wie in dem ein Jahr zuvor veröffentlichten Essay *Über die Linie* fragt Jünger von hier ausgehend nach der »Freiheit des Menschen gegenüber der veränderten Gewalt« und sieht im »Waldgang« den ersten Schritt »aus der statistisch überwachten und beherrschten Welt« (SW7, 294f.), und wiederum rechnet Jünger mit der List der »Totalen Mobilmachung«, die direkten Widerstand funktional integriert. Es mache demnach zwar keinen Sinn, vom fahrenden Schiff abzuspringen, aber der Widerstand des Waldgängers erschöpfe sich auch nicht in einer inneren Distanz zu den Geschehnissen: »Man kann sich [...] nicht darauf beschränken, im oberen Stockwerk das Wahre und Gute zu erkennen, während im Keller den Mitmenschen die Haut abgezogen wird« (SW7, 314). Was sich auf den ersten Blick wie eine Selbstkritik am Verhalten im ›Dritten Reich‹ ausnehmen könnte, wird im folgenden jedoch eher zu einer Art Selbstrechtfertigung Jüngers, der das Widerständlerische habituell verkörpert (Horia 1976). Denn der »Waldgang« bedeutet letztlich nichts anderes als eine veränderte Optik, wie Jünger sie seit dem *Abenteuerlichen Herzen* predigt, und die beredte Beschwörung, dass eben darin radikaler Widerstand bestünde, ein Widerstand allerdings – und darin liegt die eigentliche Pointe – nicht gegen die konkrete historische »Zeit«, sondern ein Widerstand gegen »jede Zeit überhaupt« (SW7,

333). An diesem Punkt wird der Ort von *Der Waldgang* in der Gedankenfolge von *Über die Linie* bis zu *An der Zeitmauer* deutlich, und zudem erweist sich *Der Waldgang* als Variation der Widerstandsauffassung der *Marmorklippen* (s. Kap. III.3):

> Zwei Eigenschaften werden also beim Waldgänger vorausgesetzt. Er läßt sich durch keine Übermacht das Gesetz vorschreiben, weder propagandistisch noch durch Gewalt. Und er gedenkt sich zu verteidigen, indem er nicht nur Mittel und Ideen der Zeit verwendet, sondern zugleich den Zugang offen hält zu Mächten, die den zeitlichen überlegen und niemals rein in Bewegung aufzulösen sind. (SW7, 316)

Dass Jünger den »Dichter« als »Waldgänger« begreift und am Ende in der Sprache sein Heil sucht, verwundert also kaum (SW7, 320, 371ff.).

Entsprechend seinem eklektizistischen Denkstil findet sich bei Jünger eine kaum entwirrbare Gemengelage von Gedankenfiguren der 1940er und 1950er Jahre, wobei wie bei den philosophischen auch bei den politischen Schriften eine Nähe insbesondere zu den existentialischen Stichwortgebern der Nachkriegszeit wie Heidegger oder Sartre auffällt – auf die »französischen Existentialisten« bezieht Jünger sich sogar direkt (SW7, 361), und der Bezug zu Heidegger wird (zumal vor dem Hintergrund von *Über die Linie*) mehrfach im Text deutlich, wenn etwa von der »Wendung von der Erkenntnis auf das Sein« die Rede ist oder am Ende des Essays von der »Wendung der Philosophie von der Erkenntnis auf die Sprache«, die eine konzertierte Aktion von Philosophie, Theologie und Poesie ermögliche (SW7, 330, 371). Die Zentralvokabeln des Texts: der »Einzelne«, das sich im »Anderen« erkennende »Ich«, der emphatisch verstandene »Mensch«, die »Begegnung« mit sich selbst, die Suche nach Möglichkeiten der »Freiheit«, die Forderung einer »Entscheidung«, die Konfrontation mit Fragen der »Schuld« und das grundlegende Gefühl einer alles betreffenden »Furcht«, zumal im Blick auf die Grenzerfahrung des »Todes« all das hat nach 1945 Konjunktur (Bense 1950, 55ff.). Jüngers Auseinandersetzung mit namentlich weder hier noch an anderer Stelle genannten »Theologen« markiert eine weitere ideengeschichtliche Bezugsgröße, denn die genannten Modebegriffe spielen in der Theologie des 20. Jahrhunderts ebenfalls eine große Rolle (vgl. z.B. bei Weischedel 1985), was nicht zuletzt die Akzeptanz der entsprechenden Begrifflichkeit bei der ostentativ christlichen Kritik nach 1945 bzw. deren Nähe zum Gegenstand belegt (Dietka 1987, 58ff.). Wenn Jünger auf ein »Entweder – Oder« abzielt und damit den Titel des Hauptwerks von Sören Kierkegaard zitiert, dann referiert er damit auf die zentrale Bezugsfigur beider Richtungen (SW7, 361, vgl. auch 340).

»Der Gordische Knoten«: Jünger und Carl Schmitt

Im *Gordischen Knoten*, einem Verkaufserfolg mit vier Auflagen in den Jahren 1953 und 1954 (Könnecker 1976, 51; Dietka 1987, 101, 128ff.), setzt Jünger nach den Schriften über die »Linie« und die »Zeitmauer« erneut an, um eine welthistorische Bruchstelle zu markieren. Der Essay, drei Jahre nach *Über die Linie* erschienen, arbeitet an Gedankenfiguren, die auf den *Zeitmauer*-Essay zulaufen, nur dass Jünger hier noch zwischen einer räumlichen Verteilung der Oppositionspaare auf den Gegensatz von Ost und West und einer zeitlichen schwankt. Zugleich versucht er wie in *Jahre der Okkupation* (die ja erst fünf Jahre nach dem *Gordischen Konten* erscheinen, auch wenn die Notate den Zeitraum der 1940er Jahre betreffen), Hitler als Phänomen zu begreifen und ihn in eine welthistorische Bewegung einzupassen (Seferens 1998, 95ff.), und zwar vor dem Horizont seiner in den »Kaukasischen Aufzeichnungen« festgehaltenen Russlanderfahrung, die eine wichtige biographische Gelenkstelle markiert (s. Kap. III.4.2). Daher lassen sich einige Passagen im *Gordischen Knoten*, die sich mit dem Einbruch der »Tyrannis« in eine Ordnung befassen, auch als Kommentar zu den *Marmorklippen* lesen, deren Schreckensvisionen in Jüngers Augen an der Ostfront ja Wirklichkeit geworden waren (z.B. SW7, 445f.; s. Kap. III.3).

Der Gordische Knoten geht von der Jahrhunderte langen Bedrohung bzw. – im Rahmen des Jüngerschen Systems – »Prüfung« des »Abendlandes« durch den »Osten« aus und knüpft daran eine Reihe von Dichotomien. Stehen auf der Seite des »Ostens« Begriffe wie »Materie«, »Bindung«, »Alter«, »Schicksal«, »Erdmacht« oder »Schicksalszwang«, so auf der Seiten des »Westens« vor allem »Geist«, »freies Licht« und »Freiheit« (Kaiser 1962, 303ff.). Das versucht Jünger insbesondere an Herrscherfiguren sowie am unterschiedlichen Verhältnis zur Herrschaft zu zeigen. Bisweilen sind die Darlegungen dabei von peinlich platten Zerrbildern durchzogen, die heute unfreiwillig komisch wirken könnten, wäre die heilsgeschichtliche Dramatisierung des Ost-West-Konflikts während des Kalten Kriegs mit ihren nationalistischen Klischees nicht noch in guter Erinnerung. So schreibt Jünger beispielsweise gleich anfangs:

> Mit den schlitzäugig Dunklen, den kleinen, lächelnden Gelben, den pferdehaarigen Reitern, den breitbackigen Riesen zieht eine andere Sonne auf. [...] Die großen Brände rauchen ihnen als Opferfeuer, das Blut von Massenmorden, der Schrei der Geschändeten verkünden die Geburt, den Anbruch ihrer Macht. (SW7, 377f.)

Stereotypen dieser Art müssen vor dem Hintergrund einer langen Tradition der Raumsemantik gelesen werden, die nicht zuletzt in den 1920er, 1930er und 1940er Jahren für die Bestimmung von »Ost« und »West« florierte, bei Spengler etwa oder bei den Nationalbolschewisten, mit denen Jünger, der in den 1920er Jahren zeitweise Mitglied in einer »Gesellschaft zum Studium der russischen Planwirtschaft« war, über den Kreis von Ernst Niekischs *Widerstand* in Beziehung stand (s. Kap. II.2.2). Schließlich spielt das Thema interessanterweise auch im brieflichen Austausch zwischen Jünger und Carl Schmitt eine Rolle (Jünger/ Schmitt 1999, z.B. 78, 142, 169, 172, 178, 190, 199f.), unter anderem im Blick auf Walter Schubarts *Europa und die Seele des Ostens* (1938). Schubarts Buch wird darüber hinaus auch in einem Motto in der Friedensschrift zitiert, also an exponierter Stelle, wo der »Osten« bereits eine wichtige Rolle spielt, sowie am Ende von *An der Zeitmauer*, einem nicht minder prominenten Ort (SW7, 207, 225ff.; SW8, 644; Sauermann 1984, 248ff.; Lindner 1994, 78ff.; Helbig 1996).

Der Schwertstreich, mit dem Alexander der Große den Gordischen Knoten durchschlägt, wird Jünger in seiner Gegenwartsdiagnose zum Zeichen einer bestimmten Auffassung von Raum und Zeit:

> Die Tat hat etwas Zwingendes und Starkes; es scheint sich mehr in ihr zu äußern als die paradoxe Antwort an ein Orakel und seine Priesterschaft. Sie ist das Sinnbild aller großen Begegnungen zwischen Europa und Asien. In ihr erscheint ein geistiges Prinzip, das eine neue und kürzere Verfügung über Zeit und Raum zu treffen weiß. [...] In diesem Schwertstreich leuchtet ein neues Bewußtsein von Zeit und Raum. [...] Es liegt auch Wissenschaft darin, ja frühe Aufklärung, die Schärfe des Zweifels, der die alte Welt entmachtet und in Stücke teilt. Der freie Geist durchdringt das Ruhende. (SW7, 380f.)

Zwar nennt Jünger diese Raum-Zeit-Vorstellung »neu« und ordnet dem »Osten« auch an anderen Stellen Vorgeschichtlichkeit bzw. eine Zeit zu, die die »meßbare« Zeit des »Westens« allererst ermögliche (SW7, 382f.), bleibt aber dabei, dass »Ost« und »West« zwei gleichursprüngliche Möglichkeiten des Menschen seien (SW7, 389f., 397, 439, 443f., 470; Pekar 1999, 182, 186f.). Der Essay lässt sich wegen dieser Unschärfe – die man im übrigen vielfach bei Jünger feststellen kann (Schwarz 1962, 210ff.) – als Brückenschlag zwischen den Werken um 1950 und *An der Zeitmauer* lesen. Jünger löst den geographischen Gegensatz weder in einen prinzipiellen auf, der für jeden Menschen zu jeder Zeit gilt, noch temporalisiert er ihn konsequent, auch wenn er in einem Nachtrag betont, die geographische Aufteilung sei der zeitlichen nachzuordnen (SW7, 474). Zu fragen bleibt dann freilich, warum Jünger überhaupt mit einem topographischen Raster arbeitet. Jedenfalls ergibt sich für ihn auf diese Weise die Möglichkeit, Hitler als »östlichen« Despotentypus, die Befehlsstruktur in der gleichgeschalteten Wehrmacht als »östliches« Führungsprinzip (SW7, 440, 448f., 468; Pekar 1999, 184f.) und die Auseinandersetzung an der Ostfront als Teil eines »Weltbürgerkriegs« zu interpretieren, in dem – im Unterschied zum geregelten kriegerischen

Konflikt – die Grenzen zwischen Kombattanten und Nichtkombattanten und ineins damit alle andere Hegungen der Gewalt wegfallen (SW7, 421f.).

Auf diesen Aufsatz antwortet nun Carl Schmitt 1955 – wie Heidegger auf *Über die Linie* – in *Freundschaftliche Begegnungen*, der Festschrift zu Jüngers 60. Geburtstag, mit dem Beitrag »Die geschichtliche Struktur des heutigen Welt-Gegensatzes von Ost und West«. Zunächst aber zum Verhältnis der beiden Denker generell: Wenn Heidegger für Jüngers philosophische Interessen von besonderer Bedeutung war, dann muss man ihm auf dem Gebiet des Politischen Carl Schmitt an die Seite stellen, ja man könnte – wie das in der Sekundärliteratur bisweilen getan wird – sogar von einem Dreigestirn ausgehen, das im Zeichen des dezisionistischen Denkstils (Krockow 1990, dazu Schneider 1987, 264ff.; Mohler 1989b, 33) und der Fronstellung gegen die Weimarer Republik zusammenfindet (Hoeges 1996, zu Schmitt und Jünger vgl. auch Steil 1984). Die Bekanntschaft von Schmitt wird Jünger über Hugo Fischer Ende der 1920er Jahre vermittelt (Schmitt/Jünger 1999, 464f.; vgl. auch Tommissen 1990). Die beiden treten in engen, bald auch familiären Kontakt, denn Schmitt wird der Taufpate von Jüngers Sohn Alexander. Eine erste tiefergehende Auseinandersetzung gibt es um Schmitts Verteidigung des sogenannten Röhm-Putsches in dem Aufsatz »Der Führer schützt das Recht« (1934), aber der Konflikt wird von Jünger in einem Brief überspielt (SV3, 574; Jünger/Schmitt 1999, 42, 679f.). Die beiden bleiben dauerhaft in Kontakt, auch nachdem Jünger sich zurückgezogen hatte, während Schmitt im Gegensatz dazu zum »Kronjuristen des ›Dritten Reichs‹« (Waldemar Gurian) aufsteigt. Der umfangreiche Briefwechsel, geprägt vor allem von wechselseitigen Lektüreempfehlungen, bietet dabei vermutlich nur einen kleinen Einblick in den Gedankenaustausch, der vor allem auch in Gesprächen stattgefunden haben dürfte, wie sich an vielen Eintragungen in Jüngers Tagebüchern sehen lässt. »Carl Schmitt«, so erläutert Jünger sein Interesse, »zählt zu den wenigen, die den Vorgang an Kategorien zu messen suchen, die nicht ganz kurzatmig sind, wie die nationalen, die sozialen, die ökonomischen« (SW2, 462). Allerdings: Schmitts Kategorien sind »nicht ganz kurzatmig«, dass sie mit dem durchtrainierten Gedankensystem Jüngers mithalten können, ist damit bezeichnenderweise nicht gesagt. Jünger und Schmitt ziehen wechselseitig die Modelle des anderen zur Beschreibung und Bestimmung von Sachverhalten heran. Jünger etwa adaptiert das Muster von Legitimität und Legalität (z.B. SW 17, 98; s. Kap. IV.2.2) oder baut Passagen aus Gesprächen oder Briefen in seine Arbeiten ein. Umgekehrt bringt Schmitt Jünger zur gegenbildlichen Profilierung der eigenen Position ins Spiel (Schmitt 1933, 10), greift beispielsweise die Formel der »Totalen Mobilmachung« (Schmitt

1931, 79; Schmitt 1940, 235; dazu Jünger/Schmitt 1999, 66, 526 u. 235f., 670) oder die Symbolwelt der *Marmorklippen* auf (z.B. SW3, 209; Jünger/Schmitt 1999, 175, auch 89, 166, 169; Schmitt 1950, 77). In *Eumeswil* schließlich setzt Jünger dem Gesprächspartner in einem Justizbeamten ein kleines literarisches Denkmal (SW17, 169; dazu SV3, 574) – dass Jünger in diesem Roman jedoch gerade Max Stirner zur philosophischen Leitfigur ernennt, mag wiederum ein kleiner Seitenhieb sein, denn die Stirner-Kritik Schmitts dürfte er gekannt haben (Laska 1997, 56ff.).

Am 14. 12. 1943 zieht Jünger ein erstes, vorläufiges Fazit, das von Schmitt nach dem Krieg zustimmend quittiert wird (Schmitt 1991b, 129):

Als klassischer Rechtsdenker ist er der Krone zugeordnet, und seine Lage wird notwendig schief, wo eine Garnitur des Demos die andere ersetzt. Bei der Heraufkunft illegitimer Mächte bleibt an der Stelle des Kronjuristen ein Vakuum, und der Versuch, es auszufüllen, geht auf Kosten der Reputation. Das sind so Mißgeschicke des Berufs. In dieser Hinsicht sind heute am besten die Mimen dran; ein Schauspieler von Weltruf wird jeden Wechsel mühelos bestehen. Wenn man einen Ausspruch von Bacon etwas ändert, könnte man sagen, daß man, um heute durch die Welt zu kommen, nicht zu wenig vom Mimen und nicht zu viel vom Ehrenmann besitzen darf. (SW3, 198; vgl. dazu auch SV3, 509)

Zwar werden Verstimmungen zwischen Jünger und Schmitt in der Nachkriegszeit offensichtlich (auch hier wieder unter Bezugnahme auf Schmitts Verhalten in den Jahren 1933/34; Jünger/Schmitt 1999, 236ff., 243ff.; 679f.), und 1960 hört selbst der Briefverkehr für einige Zeit auf. 1968 treten beide aber wieder in Kontakt, der bis zwei Jahre vor Schmitts Tod im Jahr 1985 anhält. Die Überraschung war daher groß, als 1991 das sogenannte *Glossarium* Schmitts, also eine Sammlung von »Aufzeichnungen der Jahre 1947 – 1951«, erscheint. Jünger figuriert dort u.a. als »Grandgut des Wilhelminismus« oder als »Ichverrückte[r] Rechthaber[ ]« (Schmitt 1991b, 278, 293). Nun wird offensichtlich, dass Schmitt den Erfolg Jüngers und dessen Habitus beinahe unerträglich fand, wobei man die von Jünger zuvor bereits publizierten Stellungnahmen in eine Beurteilung sicherlich wird miteinbeziehen müssen. Jünger zeigt sich in seinen veröffentlichten Tagebüchern über Schmitts Doppelgesichtigkeit verwundert, wahrt aber Zurückhaltung (SV5, 151ff.; Schwilk 1988, 126f.; Mühleisen 1990; Mohler 1991, 297f.; Laak 1993, 90ff.; Schmitt 1995; Noack 1996, 107ff., 264f.; Laska 1997, 49ff.; Lethen 1997; Tommissen 1994 u. 1998; Noack 1998, 259ff.; Kiesel 1999a; Neaman 1999, 94ff.).

Daß nicht nur die persönlichen, sondern durchaus auch die sachlichen Differenzen zwischen Jünger und Schmitt tiefgreifend waren, lässt sich nun an Schmitts Entgegnung auf den *Gordischen Knoten* zeigen, denn wie im Fall von Heideggers Jünger-Kritik markiert auch diese Schrift bei aller Beschwichtigungsrhetorik eine konträre Position. Das zeigt sich zunächst inhaltlich, wenn Schmitt die Differenz von ›Ost‹ und ›West‹, die Jünger selbst ja nicht einmal klar beizubehalten in der Lage war, verwirft, dabei viele der Ungenauigkeiten Jüngers auf eine dezente, aber unerbittliche Art aufdeckt und dann seine eigene Leitdifferenz von »Land« und »Meer« einsetzt (Schmitt 1955, 142). Man muss dabei nichts ins Detail gehen, denn entscheidend ist, dass Schmitt über etwas ganz anderes schreibt. Wo es Jünger nämlich um eine zeitenthobene Sphäre hinter dem aktuellen Ost-West-Gegensatz geht, zielt Schmitt auf die geschichtliche Einmaligkeit von Ereignissen (Schmitt 1955, 146f.). Wo Jünger alle Differenzen verwischt und souverän die Argumentationsebenen wechselt, benennt Schmitt konkrete Ereignisse auf einer Zeitachse, um zu klären, warum etwas in »bestimmten geschichtlichen Augenblicken« so geschehen kann, wie es geschieht (Schmitt 1955, 141). Für eine solche Fragestellung scheint ihm eben im Blick auf die Gegenwart das spezifische Verhältnis zu den Elementen entscheidend: »Der heutige Welt-Dualismus und sein Gegensatz von Land und Meer hat in seinem strukturellen Kern keine geschichtliche Parallele« (Schmitt 1955, 145) – mit Jüngers zyklischer Gedankenfigur ist das nicht zu vereinbaren. Der Unterschied zwischen Jüngers und Schmitts Ausführungen entspricht folglich einer methodischen Differenz, einer Andersartigkeit des Denkstils.

Wie bei Heidegger beweist Jünger auch hier eine gewisse Dickhäutigkeit. Zwar berichtet Mohler, Jünger habe Schmitts Beitrag studiert (Schmitt 1995, 208), aber der Eindruck scheint nicht sonderlich stark gewesen zu sein. Am 18. November 1985 notiert Jünger in sein Tagebuch:

Pieter Tommissen sandte aus Belgien einen Vortrag, den ich bisher nicht gekannt habe: »Die geschichtliche Struktur des heutigen Welt-Gegensatzes von Ost und West. Bemerkungen zu Ernst Jüngers Schrift ›Der Gordische Knoten‹.« Ich konnte nur Stichproben machen; auch hier spürte ich die Differenz unserer Anschauungen. Carl Schmitt beschäftigen vor allem die politisch-rechtlichen Hintergründe von Ereignissen und Personen [...] Mir ist es dagegen, wie immer es gelungen sein mag, um den mythischen Kern der Geschichte, der bis in die Gegenwart fortwirkt, zu tun – etwa im Hinblick auf die Technik und die modernen Titanen, auch auf das Verhältnis von Ost und West.
Dieser Unterschied hat unsere Gespräche nicht beeinträchtigt; es kam mir im Gegenteil oft so vor, als ob Carl Schmitt für unsere Figuren das Schachbrett mitbrächte. Manchmal stellte er eine davon beiseite – einen Irrtum einzuräumen, fiel ihm nicht leicht, doch zollte er der Logik den ihr gebührenden Tribut. (SV3, 573)

Beide Momente werden von einer Erinnerung Armin Mohlers an einen mehrtätigen Aufenthalt von Carl Schmitt bei Ernst Jünger im Jahr 1951 bestätigt, und in Reaktion auf Mohler hat Jünger den beschriebenen Unterschied bereits 1956 benannt, allerdings in bezug auf Schmitts *Hamlet oder Hekuba* (1956). »Es wäre«, schreibt Jünger, »einmal bei zwei oder drei Flaschen Wein zu klären, ob hier eine rein terminologische Differenz vorliegt, oder, wie ich annehmen möchte, mehr« – Schmitt kann ihm darin nur zustimmen, aber einige Wochen später stehen die Flaschen noch immer im Weinkeller und die Probleme im Raum (Jünger/Schmitt 1999, 305f., 309).

Mohler hatte zum einen den Unterschied im Persönlichen und im Grundsätzlichen beobachtet: Wo Ernst Jünger überall das Allgemeine sehe, richte Schmitt den Blick immer auf das Besondere. Entsprechend sei Schmitts Werk von »scharfer Begrifflichkeit« geprägt, wohingegen bei Jünger der »Begriff ständig vom Bild unterschwemmt oder gar verdrängt« werde. Beide – so hat Mohler dabei aber zum andern auch bemerkt – hätten dabei von derselben Sache »sprechen«, aber es ganz anderes »meinen« können. Der »Gegensatz von geschichtlichem und ungeschichtlichem Denken« kann in der andeutenden Gesprächskultur der beiden verdeckt bleiben, weist aber tatsächlich auf eine unüberbrückbare Differenz nicht zuletzt im Verhältnis zum Christentum hin, denn Jüngers ›ungeschichtliches Denken‹ muß bei allen Bezugnahmen außerhalb des christlichen Denkhorizontes verbleiben, wie ja auch Jüngers zunehmende Distanz zum Christentum in der Nachkriegskritik aufmerksam verfolgt worden ist (Mohler 1955, 198f.; Baden 1961, 342ff.; Könnecker 1976, 167ff.). Entsprechend registriert Hans-Rudolf Müller-Schwefe als Vertreter des »theologischen Lesers« in seinem Beitrag zur Festschrift besorgt Jüngers Einkehr »im Gasthaus zum mythischen Quell oder im Tempel der wahren Symbole« (Müller-Schwefe 1955, 74). Zu Schmitts Gegenmodell zu Jüngers *Gordischem Knoten* gehört daher auch das positive Verbuchen einer Formulierung Hegels, derzufolge »die Menschwerdung des Gottessohnes die Achse der Weltgeschichte ist« (Schmitt 1955, 153), denn Schmitt denkt – das macht die zentrale Rolle des »Katechon« gerade im *Glossarium* deutlich – Geschichte durchaus in heilsgeschichtlichen Dimensionen. Wenn Jüngers mythisch-zyklisches Zeitmodell dem christlich-linearen entgegensteht, dann bewahrt er somit zum Kern von Schmitts »politischer Theologie« eine unüberbrückbare Distanz, die nicht nur alle »prägnanten Begriffe der modernen Staatslehre« als »säkularisierte theologische Begriffe« versteht (Schmitt 1996, 43), sondern auch strukturell auf einen theologischen Subtext deutet (Berthold 1993; Meyer 1993, 506f.; Meuter 1994, 440ff.). Für Schmitt kann es somit in der Tat nicht darum gehen, wie er abschließend höflich bemerkt, »den Gordischen Knoten [...] auf einige

Formeln zu fixieren«, sondern allenfalls darum, dessen »Keimkraft zu
erproben« (Schmitt 1955, 167).

Der Weltstaat

Der »Weltstaat« ist Jüngers politische Zentralvision (Bräcklein 1965,
65ff.; Obermair 1991, 413ff.), der er 1960 eine eigene Schrift widmet.
Damit ist er auch mit seinen politischen Überlegungen auf dem Niveau
des *Zeitmauer*-Essays angelangt, dem er folgerichtig das Motto des ersten Einzeldrucks von *Der Weltstaat* entnimmt (Jünger 1960, 7; Plard
o.J., 125ff.). Zugleich kann Jünger neben vielen kürzeren Bemerkungen
in den bereits behandelten Essays auch hier auf die Voraussage eines
Zeitalters »planetarischer Herrschaft« im *Arbeiter* zurückgreifen (s. Kap.
II.5; Seferens 1998, 115f.). Er geht dabei – wie in *An der Zeitmauer* –
von dem Befund aus, dass die »Zeit« der handlungsmächtigen Person,
des »geschichtlichen Menschen« also (SW7, 485), abgelaufen sei, und
illustriert das Ende der Geschichte an der Unmöglichkeit skulpturaler
Herrschaftsrepräsentation: Weder sei die Bildhauerei heute noch zur
Formung in sich ruhender Personen in der Lage, noch finde sich ein
entsprechender Platz zur Aufstellung, dessen Raum sich gleichsam auf
den repräsentierten ideellen Mittelpunkt zuordne. Grundlage von Jüngers Überlegungen ist daher das dezentrierte Subjekt der Moderne:
»Nicht mehr der Ort wird vom Menschen beherrscht, sondern der Ort
mit seiner Konstellation begabt den Menschen mit funktionaler Macht«
(SW7, 487).

In einem zweiten Schritt knüpft Jünger vage an die Überlegungen
des *Gordischen Knotens* an, entdramatisiert aber – wiederum im Sinn des
Zeitmauer-Essays – den Ost-West-Konflikt zugunsten einer den ganzen
Planeten umfassenden Bewegung, die auf den sich im »Weltbürgerkrieg«
ankündigenden »Weltstaat« zulaufe (SW7, 493). Ein weiteres Moment
ist dabei die Bestimmung der »Willensfreiheit« (im *Gordischen Knoten*
im Sinne eines »westlichen« Prinzips verstanden) als eines der »Haupt-
merkmale der Menschenart« (SW7, 515). In einem dritten Schritt liefert Jünger eine recht kühne Erklärung dafür, dass der Mensch von seiner biologischen Konstitution her kein staatenbildendes Wesen sei,
woraus sich – in Variation der symptomatologischen Astrologie-Inter-
pretation Jüngers – das allgemeine Unwohlsein gegenüber den immer
aufdringlicheren Zugriffen des Staates erkläre: Während sich nämlich
die Angemessenheit der Staatenbildung beispielsweise im Insektenreich
daran sehen lasse, dass die »Spezies« selbst sich an die funktionale Ausdifferenzierung anpasse, bleibe der »Mensch« in diesem Sinne unberührt. Zwar verschleife beispielsweise zunehmend die Geschlechterdiffe-
renz, aber das sei lediglich eine Frage der Kostümierung und stoße an

unverrückbare »physiologische Tatsachen« (SW7, 512). In diesem Zusammenhang greift die im Untertitel des *Weltstaats* genannten Leitdifferenz von »Organismus und Organisation«, die an die für das Frühwerk
relevante Entgegensetzung von ›Gemeinschaft‹ und ›Gesellschaft‹ erinnert und auch tatsächlich auf ein renoviertes vitalistisches Grundmodell
hinausläuft (s. z.B. Kap. II.3): »Die Organisation«, so Jünger, sei »nicht
primär mit dem Leben verknüpft« (SW7, 516).

Hierauf nun folgt in einer Kurzfassung und daher auf eine kaum
entschlüsselbare Weise für diejenigen Leser, die den *Zeitmauer*-Essay
nicht kennen, die ganze Theorie von der Ablösung der »geschichtlichen«
durch eine »erdgeschichtliche« Epoche, vom Menschen als »schichten-
bildendes Wesen«, von der »Erdvergeistigung« mitsamt einem Hinweis
auf den »Blitzableiter« als historische Wegmarke. Jüngers Fazit: Der
Mensch tritt aus seinen »geschichtlichen« und aus seinen »vorgeschicht-
lichen Bahnen« heraus (SW7, 520). Entscheidend ist somit, dass man
Jüngers Vision vom »Weltstaat« nicht als Programmschrift der Vereinten
Nationen liest. Will man sie nicht missverstehen, sollte die Konzeption
in ihrer ganzen Weite, damit auch in ihrer Problematik und Radikalität
wahrgenommen werden (Marcic o.J.). Am Ende läuft der Essay nämlich
auf den im *Abenteuerlichen Herzen* (s. Kap. II.4) bereits auftauchenden
»Anarchisten« als den kommenden Menschentypus hinaus, der – wie
der Waldgänger – »vorgeschichtliche, ja vormythische Zeiten« berühre
(anders als der »Konservative«, der sich an geschichtlichen Epiphänome-
nen orientiere) (SW7, 522). Als Utopie entwirft Jünger schließlich eine
Zeit des Friedens (Schneider 1987, 249ff.):

Als der Staat auf der Erde eine Ausnahme, als er insulär oder im Sinne des Ur-
sprungs einzigartig war, waren Kriegsheere unnötig, ja lagen außerhalb der
Vorstellung. Dasselbe muß dort eintreten, wo der Staat im finalen Sinne einzigartig wird. Dann könnte der menschliche Organismus als das eigentlich
Humane, vom Zwang der Organisation befreit, reiner hervortreten. (SW7,
526)

Wie genau Jünger sich nun die politische Ordnung von Morgen vorgestellt hat, zeigen die beiden künstlerischen Umsetzungen seiner Zeitdiagnosen: *Heliopolis* und *Eumeswil*. Daran muß Jünger sich auch messen
lassen, denn in *Der Weltstaat* erklärt er: »Immer muß Dichtung, müssen
Dichter vorangehen« (SW7, 525), und *Heliopolis* wiederholt diese These
(SW16, 102).

3.   Romane

3.1   *Heliopolis*

Heliopolis, zwischen Januar 1947 und März 1949 entstanden (Jünger 1949b, 4), ist ein aus der Retrospektive erzählter Zukunftsroman (wie immer bei Jünger mit archaischen Elementen durchsetzt). Von dieser Erzählhaltung erhofft sich Jünger besondere Einsichten für eine Bestimmung der eigenen Gegenwart (Jünger/Schmitt 1999, 226). Was auch immer stilistisch und inhaltlich gegen den Roman spricht – und das ist einiges, angefangen bei der schwülstigen Erotik mit den entsprechenden Geschlechterstereotypen, wie sie bereits die *Marmorklippen* prägte (insbes. SW16, 69ff.; 94ff.; 166f.; Schieb 1997, 82ff.), über das im altertümelnden Gestus des Vorläuferromans vorgetragene Lob des ›einfachen Lebens‹ bis zur Elitekonzeption –, was auch immer also berechtigermaßen kritisch verbucht werden kann, konzeptionell legt Jünger ein Werk von hoher Komplexität vor. Die zeitgenössische Kritik war sich dann auch uneins: Sollte Jünger hinter die *Strahlungen* zurückgegangen sein? Dokumentiert der Roman weniger die ›Wandlung‹ Jüngers nach 1945 als vielmehr eine bedenkliche Kontinuität im Werk? (z.B. Montesi 1950, 32) Einige Stimmen, die sich als frühere Jünger-Enthusiasten zu erkennen geben, fordern nun von Jünger eine eindeutig kritische Stellungnahme gegen den Zweiten Weltkrieg (Dietka 1987, 87ff.).

Die Handlung des Romans spielt nach einem nicht genauer beschriebenen katastrophischen Krieg. In Heliopolis, einer Stadt, in der Licht als zentrale Energiequelle dient, kämpfen nun zwei Fraktionen um die Macht: die des Landvogts und die des Prokonsuls. Held der Handlung ist der führende Militär Lucius de Geer. Ihm erläutert sein Vorgesetzter die Situation:

> Wir leben in einem Zustand, in dem die alten Bindungen seit langem verloren gegangen sind, in einem Zustand der Anarchie. Es herrscht kein Zweifel darüber, daß Ordnung geschaffen werden muß. Wenn wir von den Mauretaniern absehen, die in der Anarchie und durch sie florieren wollen, bleiben zwei große Schulen in Heliopolis. Die eine, die sich um den Landvogt und sein Zentralamt sammelt, stützt sich auf Trümmer und Hypothesen der alten Volksparteien und plant die Herrschaft einer absoluten Bürokratie. Die zweite ist die unsere; sie gründet sich auf die Reste der alten Aristokratie und des Senats und wird vertreten durch den Prokonsul und den Palast« (SW16, 150; dazu Bolle 1992, 74ff.).

Über beiden Parteien steht der Regent, der sich während des Kriegs von den streitenden Parteien zurückgezogen hat und der zur Ordnungsstiftung in der Lage wäre, aber – als hätte er die Jüngersche Geschichtsphilosophie studiert – in die Eigendynamik der Abläufe nicht eingreifen will (SW16, 335f.).

Zu Beginn der Erzählung kehrt de Geer von einer diplomatischen Reise zurück (Schneider 1987, 245f.). Er verliebt sich in Budur Peri, sinnigerweise eine promovierte Germanistin. Sie gehört zu den Parsen, die vom Landvogt als Sündenböcke benutzt werden. Nach einem Attentat auf den Polizeichef des Landvogts kommt es zu Parsenpogromen sowie kurzzeitig zu kriegerischen Auseinandersetzungen zwischen den beiden Parteien. De Geer wird mit einem geheimen Anschlag auf Castelmarino betraut, ein Gefängnis der Landvogtpartei. Er zerstört zwar die »Schinderhütte«, verfolgt aber zugleich private Ziele und rettet den Onkel Budur Peris, einen geheimnisvollen Buchbinder. Der Landvogt hat de Geer überwachen lassen und kann ihn belasten. Sein Vorgesetzter rügt ihn: »Was mir der Chef verübelt«, erklärt es de Geer seine Lage, »ist ja im Grunde, daß ich Gefühle mitbrachte – Gefühle, die sich seiner Beurteilung entziehen« (SW16, 324). Er betritt schließlich gemeinsam mit Budur Peri unter der Führung des Kommandanten Phares ein Raumschiff, das sie zum Regenten bringen soll. Gemeinsam werden sie – so der Ausblick am Ende des Romans – in 25 Jahren nach Heliopolis zurückkehren.

Stilistisch – darauf hat Ulrich Böhme bei einem Vergleich von *Das abenteuerliche Herz*, *Auf den Marmorklippen* und *Heliopolis* – aufmerksam gemacht, weist die Vorliebe fürs Preziose auf die Ästhetik der Jahrhundertwende zurück, insbesondere zur Farbmotivik und zur Gebärdensprache im Werk Stefan Georges lassen sich Verbindungen ziehen (Böhme 1972, 71ff.; Müller 1989, 258ff.). Weiterhin trägt *Heliopolis* Züge der ›klassischen Utopie‹, insofern Jünger darin – wie u.a in Tommaso Campanellas *Civitas Solis*, woran auch der Titel erinnert – eine überblickbare Modellstadt vorführt. Anders als in dieser Tradition üblich, herrscht in Jüngers ›Utopie‹ jedoch kein statischer Zustand, sondern die Menschen befinden sich in einem Übergangsstatus (Stähle 1965, 44f.), wie überhaupt das Moment des »Utopischen« selbst im Lauf des Romans nur schwach an Kontur gewinnt (Bergsdorf 1995, 66ff.; Wellnitz 1996). Vielfältige Anknüpfungspunkte lassen sich hingegen zum »theologischen Roman« der Nachkriegszeit (Dempf 1950) sowie vor allem zur »Gattung der modernen Utopie« finden (zum folgenden Majut 1957). Dabei gibt es neben der englischen Tradition (z.B. die von Jünger des öfteren angeführten Schreckensvisionen von Orwell oder Huxley; s. Kap. IV.1.2) auch in deutscher Literaturgeschichte relevante Prätexte. Von Georg Conrads *In purpurner Finsternis* (1895) über Hans Walter Schmidts *Des Abendlandes Schicksalsstunde* (1925), einem »Zukunftsroman nach Spengler-Motiven«, oder Hans Dominiks *Atlantis* (1925) bis zu Hermann Harders *Die versunkene Stadt* (1932), einem

»Roman aus der kommenden Urzeit«, zieht sich eine Reihe von Utopien, in denen die Entwicklung der Technik und der Naturbeherrschung mit der Entfaltung einer negativ gezeichneten Machtkonstellation einhergeht und in denen die Rettung in religiöser Besinnung sowie in einer Liebesbeziehung gesucht wird. Mit wachsender zeitlicher Nähe lassen sich dann auch genauere motivische Entsprechungen zwischen *Heliopolis* und dem literarischen Kontext aufweisen, die den historischen Ort des Buchs markieren. So finden sich Parallelen zu Jüngers »Rückblick auf eine Stadt« in der Liebes- und Heilskonzeption von Alfred Döblins *Der Oberst und der Dichter* (1946), de Geers und Budur Peris Einblicke in jenseitige Gefilde gleichen Robert Lindhoffs Todesvision in Hermann Kasacks *Die Stadt hinter dem Strom* (1947), und die Konzeption einer alles umgreifenden Staatsmacht wird beispielsweise bei Kasack, in Walter Jens' *Nein* (1950) oder Stefan Andres *Sintflut*-Trilogie (1949ff.) variiert. Eine Ausnahme stellt allerdings die von Jünger anvisierte »magische« Entwicklungsstufe der Technik dar, die in vergleichbarer Weise in Franz Werfels *Stern der Ungeborenen* (1946) eine Rolle spielt. Dort tauchen zudem ›Typen‹ der *Heliopolis*-Konstruktion auf, für die bei Jünger Figuren wie der Landvogt, Paeter Foelix oder die Parsen stehen.

Bei *Heliopolis* lassen sich erneut zwei deutlich voneinander differierende Fassungen erkennen: die Erstausgabe von 1949 sowie die Ausgabe im zehnten Band der *Werke* von 1964, in der Jünger den Text um rund ein Viertel im Vergleich zur Erstausgabe kürzt. Einige der gestrichenen Passagen hängt Jünger gemeinsam mit ergänzenden Stücken (»Das Haus der Briefe«, 1951; »Die Phantomschleuder«, 1955; »Die Wüstenwanderung«, 1964) in den Werkausgaben an. Die Veränderungen betreffen den überbordend reflektierenden Anteil an der Erzählung. Das beginnt im kleinen bei den Beschreibungsverfahren, wo Jünger die »Anhäufung« von Attributen (genauere Bestimmungen von Farben beispielsweise) und damit den dekorativen Charakter des Settings zurücknimmt. Weiterhin fallen im Zuge der Episierung unnötig erklärende sowie essayistische Einschübe zum Teil erheblichen Umfangs weg (Loose 1957, 256ff.). Inhaltlich weicht Jünger durch die Streichungen vor allem die ideologischen Dualismen auf, wie etwa die Ordnung der Welt nach Maßgabe der Leitdifferenz von »edel« und »niedrig«, die ihm die Kritik allerdings auch nach der Überarbeitung noch zum Vorwurf macht. Neben den zu einem Großteil gestrichenen christlichen Programmelementen (die ohnehin bereits in der ersten Fassung ins allgemein Metaphysische tendieren; Becher 1949/50, 116ff.; Draganović 1998, 172ff.) und den ebenfalls getilgten germanisch-mythologischen Versatzstücken schränkt Jünger auch die positive Darstellung eines ›ritterlichen‹ Kollektivs auf Seiten des Prokonsuls ein und stellt dadurch den Konflikt von Einzelnem und Gruppe stärker in den Vordergrund (Böhme 1972, 65ff.).

Die Frage nach dem Status des Romans im Werkzusammenhang, die die *Heliopolis*-Kritik sogleich stellt, ist unmittelbar plausibel. Tatsächlich scheint Jünger in unterschiedlicher Weise auf eine ganze Reihe seiner früheren Werke zurückzugreifen: An *Sturm* (s. Kap. II.3) erinnert die Struktur von *Heliopolis* mit ihrer Kombination aus Handlung und essayistischer Digression in Tagebucheinträgen, Reflexionen, Gesprächen oder anderen Einschüben (wichtig ist hier vor allem »Ortners Erzählung«, die zudem in einer der *Decamerone*-Situation des belletristischen Erstlings vergleichbaren Männerrunde vorgetragen wird). Vielfache Verbindungen ergeben sich vor allem zum *Abenteuerlichen Herzen* sowie zu den *Marmorklippen*, die von der Forschung verschiedentlich zum Vergleich herangezogen werden. So lassen sich Strukturelemente wie die konsequente Fortsetzung des Ordnungsschemas nach den Parametern »hoch« und »niedrig« (Kaempfer 1981, 129ff.) sowie eine entsprechende symbolische Gestaltung des Raums und der Personen feststellen (Schneider 1987, 243f.; Beltran-Vidal 1996b, 117ff.; Hervier 1996b, 140ff.; Hervier 1996c, 102f.), oder es ergeben sich inhaltliche Parallelen wie beim Bürgerkriegs- (Esselborn 1997, 52ff.) oder beim Attentatsmotiv (Hervier 1996b, 145; Hervier 1996c, 6). Am bemerkenswertesten sind neben der stilistischen Verwandtschaft (Becher 1950, 111f.) zunächst freilich die direkten Verknüpfungen der Texte. So steht vor dem finalen Terrorakt auf dem Schreibtisch von de Geers Vorgesetztem eine »Tigerlilie« als Reminiszens an die zweite Fassung des *Abenteuerlichen Herzens* (SW9, 179; SW16, 289). Dessen Personal, bereits in die Handlung der *Marmorklippen* involviert, führt in *Heliopolis* ein Doppelleben: Der Oberförster – sein Bild hängt im übrigen in einem »Jagdsalon« (SW16, 37) – tritt nun als Landvogt auf (von seinem Vorbild übernimmt er das »joviale« Lachen sowie das Symbol des Kuckucks in Form einer Uhr; z.B. SW9, 41; SW15, 265, 308; SW16, 236); Fortunio erscheint (z.B. SW15, 268; SW16, 23); und die weisen Lehren Nigromontans werden erneut referiert, wobei anstelle des beratenden Paters Lampros in den *Marmorklippen* nun Pater Foelix auftritt (z.B. SW15, 295, 300f.; SW16, 18, 203); die zwielichtigen Mauretanier übernehmen ihre Rolle ebenso wie der Typus des kampflustigen Belovar in Gestalt des »Oberfeuerwerkers« Sievers oder derjenige Ansgars in der Figur Phares; am Ende steht schließlich wie beim verlorenen Kampf gegen den Oberförster die Flucht – dort mit einem Segel-, hier mit einem Raumschiff (Schneider 1987, 249). Dass Jünger seinem Helden den Namen des in den *Subtilen Jagden* (SW10, 50) erwähnten Linné-Schülers Karl de Geer (1720 – 1778) gibt, verwundert bei dieser Beziehungsfülle nicht. Jüngers Werkästhetik bewegt sich in einem ebenso aufdringlich wie raffiniert konstruierten symbolischen Kontinuum – auch das ist ein Aspekt der Fassungspoetik und der ihr entsprechenden Logik des Beziehungssinns (s. Kap. IV.6).

Zwar repräsentieren die verschiedenen Parteien in Heliopolis abstrakte Prinzipien, etwa der Landvogt die Demokratie bzw. Ochlokratie, der Prokonsul die Aristokratie und der Regent die Monarchie als die drei Regierungsformen der antiken Staatslehre (Esselborn 1997, 54f.), so wie sich auch die Personen des Romans als Typen deuten lassen: Budur Peri etwa als Synthese von Sinnlichkeit und Geistigkeit, Phares als Repräsentant transzendenter Prinzipien oder de Geer als Vertreter eines heilsgeschichtlichen Prozesses (Draganović 1998, 180ff.). Die zeitliche Unbestimmtheit der Handlung erlaubt darüber hinaus jedoch zugleich eine Lektüre der Utopie als Schlüsselroman (Dempf 1950, 1034f.; Stähle 1965, 44ff.). Das liegt bereits durch die parallele Bearbeitung sowohl der Tagebücher des Zweiten Weltkriegs und der Reisetagebücher als auch des *Heliopolis*-Projekts nahe. Vermutlich dürften die Einträge im letzten Teil der *Strahlungen* auch deswegen nur noch in sehr lockerer Reihung folgen, weil Jünger sein Interesse vom diarischen Protokoll zur literarischen Umsetzung verschoben hat (Brandes 1990, 55f.). An einigen Stellen lassen sich sogar direkte Übernahmen aus den Tagebüchern in den Roman feststellen (SW3, 12 im Vgl. zu Jünger 1949b, 316; SW2, 460 im Vgl. zu SW16, 52f.; Loose 1957, 251f.; Bluhm 1991, 141f.). *Heliopolis* liegt jedenfalls in der historisch-politischen Fluchtlinie der *Strahlungen* und der Friedensschrift (Schwarz 1962, 159ff.; Keller 1970, 221ff.). So verbinden die naturkundlichen Interessen, die Tagebuchführung und die finale Stoßtruppaktion mitsamt dem vorausgegangenen Kampftraining de Geer mit seinem Autor wie auch der innere Zwiespalt von Kontemplation und Aktivismus, den Jünger in den 1920er Jahren am Protagonisten der *Sturm*-Erzählung exemplifiziert hatte (s. Kap. II.3). Weitere zeitgenössische Parallelen, um die sich die Forschung ähnlich wie bei den *Marmorklippen* bemüht, liegen nahe: Dr. Mertens und der KZ-Arzt Josef Mengele, die Parsenverfolgung und die Judenverfolgung, das durch ein Attentat ausgelöste Parsenpogrom und die Reichskristallnacht, Messer Grande und Reinhard Heydrich, Serner und Hugo Fischer, Halder und George Braque, der Landvogt und Hitler oder Mussolini, die Mauretanier und die SS. Vor allem aber ist die Spiegelung der politischen Lage im besetzten Paris von Bedeutung. Aus dieser Perspektive verbirgt sich hinter dem »Chef« Jüngers Vorgesetzter Hans Speidel und hinter dem Prokonsul Heinrich von Stülpnagel. Jünger selbst nennt den »Militärbefehlshaber« einen »Prokonsul im besetzten Frankreich« (SW3, 549) und charakterisiert die literarische und die reale Person als ritterlichen Typus ohne den in der spezifischen Entscheidungssituation notwendigen Zug zur Machtpolitik (z.B. SW2, 308f.; vgl. z.B. Schwarz 1962, 163, 179; Keller 1970, 221f.; Müller 1989, 255ff.).

Wenn der Roman somit auf der einen Seite rückblickend geschichtsdeutende Funktion hat, wird auf der anderen Seite das von Jünger in seinen philosophisch-politischen Schriften formulierte Programm des poeta vates, der Prognose also, immerhin insofern realisiert, als *Heliopolis* die Themen der folgenden Essays literarisch präludiert. Dazu gehören Aspekte wie die Konfrontation von »Ost« und »West«, die Jünger im *Gordischen Knoten* behandelt (das Hauptquartier des Prokonsuls liegt im Westen der Stadt, das des Landvogts im Osten; SW16, 62), das organologische Staatsmodell, das wie in *Der Weltstaat* am Beispiel der Insektenwelt entwickelt wird (SW16, 208ff.; Pongs 1958, 183; Schwarz 1962, 182ff.), der Einsatz von »Furcht« als politisches Herrschaftsmittel (z.B. SW16, 47f.), dem Jünger im gleichnamigen Essay den »Waldgang« entgegensetzt, oder der Übergang der Technik auf die Stufe der Magie (z.B. SW16, 186; Peppard 1953, 252ff.), den Jünger in *An der Zeitmauer* in den Blick nimmt. Auch die Kardinalthemen Jüngers spielen eine bedeutende Rolle. Die ›Verzifferung‹ des menschlichen Lebens, das als zentrale Herausforderung der Gegenwart alle Überlegungen Jüngers durchzieht, wird immer wieder in methodologischen Exkursen behandelt, und wenn der Philosoph Serner in einer »Studie« den Weg von der »Freiheit« zur »Ziffer« untersucht, lässt sich der Gedanke an Jüngers »Schriften zur Zeit« kaum vermeiden (z.B. SW16, 171). Die Veränderung des Zeitbegriffs und damit auch der politischen Möglichkeiten wird dabei von Jünger vor allem am Beispiel des »Phonophors« behandelt, einem Mobilfunkgerät, das die ganze Erde (und je nach Reichweite sogar außerirdische Bereiche) in einem Informations- und Kommunikationssystem umspannt (z.B. SW16, 35, 280ff.). Im Kontext der die Romandiskurse beherrschenden Opfermetaphysik, Schmerzphilosophie und der mehrfach eingeblendeten Sinngebung historischer Katastrophen im Sinne eines Läuterungsprozesses (z.B. SW16, 177f., 210f., 338f.) lässt sich dann auch fragen, ob der Schritt ins Raumschiff, mit dem der Roman endet, den Schritt »über die Linie« bedeutet, den Jünger ein Jahr nach Fertigstellung von *Heliopolis* in der Heidegger-Festschrift durchdenkt (s. Kap. IV.1.1). Immerhin ist »Phares«, der Name des Raumschiffkommandanten, ein Anagramm von »Seraph« (was Jünger erst durch eine Kritik bemerkt hat; SV3, 300), und der »Waldgang« ist auch ein »Todesgang« so wie der »Tod« der Lehre Nigromontans zufolge »die wundersamste Reise« (SW7, 331; SW9, 201; vgl. SW3, 638; Stähle 1965, 56ff.).

Die Verschmelzung unterschiedlicher Problemfelder und Prätexte sowie von Fiktion und historischen Bezügen vermittelt bereits einen Eindruck der literarischen Verfahren, die den Roman prägen und die in unterschiedlicher Radikalität alle Werke seit dem *Abenteuerlichen Herzen* charakterisieren. Am 8. Januar 1947 trägt Jünger in sein Tagebuch ein: »›Heliopolis‹. Vor der Schilderung einer Stadt müßte man in zahllosen Träumen in jedem Palast, in jeder Garküche, in jedem Hinterhof gelebt haben. Dann müßte diese Kenntnis wieder verloren gehen, verwittern

zum Humus der Schilderung« (SW3, 621; Loose 1957, 263f.). Entsprechend liest sich der Eingangspassus von *Heliopolis*, in dem Lucius de
Geer in seiner Kajüte die Reflexe des Meeres betrachtet, als verschlüsselte Romanpoetik:

Es war dunkel im Raume, den ein sanftes Schlingern wiegte, ein feines Beben
erschütterte. In seiner Höhe kreiste ein Lichtspiel von Linien. Silberne Funken
zerstreuten sich, blinkend und zitternd, um sich tastend wiederzufinden und
zu Wellen zu vereinigen. Sie sandten Ovale und Strahlenkreise aus, die an den
Rändern verblaßten, bis sie sich wieder zum Anfang wandten, an Leuchtkraft
wachsend und jäh entschwindend als grüne Blitze, die das Dunkel schluckt.
Stets kehrten die Wellen wieder und reihten sich in leichter Folge einander an.
Sie woben sich zu Mustern, die sich bald verstärkten und bald verwischten,
wenn Hebung und Senkung sich vereinigten. Doch unaufhörlich brachte die
Bewegung neue Bildungen hervor.
So folgten die Figuren wie auf einem Teppich, der in rastlosen Würfen entrollt
und wieder geborgen wird. Stets wechselnd, niemals sich wiederholend, gli-
chen sie sich doch wie Schlüssel zu geheimen Kammern oder wie das Motiv
aus einer Ouvertüre, das sich durch eine Handlung webt. (SW16, 13)

Heliopolis ist ein solcher mit Motivreflexen erfüllter Raum, in dem nicht
zuletzt das Licht, wie es hier im Bild der Welle (Poncet 1996b) eingefangen wird, von größter Bedeutung ist (Draganović 1998, 196ff.).
Das Romanganze bildet sich dabei noch einmal im Protagonisten ab.
De Geer, der bezeichnenderweise von allen Parteien umworben wird
und daher keiner der Parteien zuzurechnen ist, verkörpert geradezu
Serners Theorie des »Monanthropismus«, jener Lehre also, »daß es nur
einen Menschen gebe, von dem wir Spiegelungen seien« (SW16, 107).
Er vereint die »verschiedenartigen Impulse« der Parteien in sich und
wird dadurch handlungsunfähig. Wenn sein Innenleben einen »träu-
merischen Zug« zeigt, entspricht das der Ähnlichkeitsästhetik der Erzählung, die komplexe Zusammenhänge »bildhaft« verdichtet (SW16,
14, 46, 202; vgl. SW3, 620). Durch die für Jünger typische Umdeu-
tung der historischen in innermenschliche Konflikte (z.B. SW16, 38)
führt der Roman Zeitdiagnose und Zeitlosigkeit zusammen (Becher
1981, 635). Das erlaubt auch hier Lektüren auf verschiedenen Ebenen, vor allem aber erklärt diese Doppelsinnigkeit die eigentümliche
Statik der fortwährend unterbrochenen Handlung, die damit in ihrer
ästhetischen Faktur den Zustand nach der Geschichte darstellt, den
Zustand einer entkräfteten Moderne also (SW16, 39) und einer
gleichsam auf Dauer gestellten Gegenwärtigkeit bzw. einer »Allgegen-
wart« (SW16, 35). In dem aus der ersten Fassung ausgegliederten und
dem Roman angehängten Exkurs »Ortner über den Roman« (Loose
1957, 253f.) schreibt Jünger:

Der Roman muß universal sein: das heißt, er muß zur Welt als Ganzem in Beziehung stehen. Das ist nicht Frage des Raumes, da dieses Ganze nicht minder in einer Bauernstube als in Palästen sichtbar werden kann. Das Ganze wirkt eher atmosphärisch: man sieht, daß die Personen, Dinge, Orte im Kosmos eingebettet sind. [...] Damit ist auch gegeben, daß der Roman so wenig real sein darf wie ideal, da Realismus und Idealismus das Ganze einschränken. (SW16, 388f.)

Dass ein Vergleich von *Heliopolis* mit Romanen der Zeit um 1800 nicht völlig abwegig ist (Majut 1957, 6ff.), liegt daran, dass Jünger hier in direkter Nachfolge des romantischen Projekts einer Versöhnung von Idealismus und Realismus im Roman als Höhepunkt der »Universalpoesie« (vgl. z.B. Friedrich Schlegels 116. Athenäumsfragment) eine Ästhetik des »Weltstaats« formuliert, die sich »an der Zeitmauer« und auf der Reise »über die Linie« bewegt. Für de Geer bedeutet das auch, dass ihm die Möglichkeit der Rückkehr in seine Heimat, das sogenannte »Burgenland« verwehrt ist (z.B. SW16, 328; Hervier 1996b, 142ff.; Hervier 1996c, 104ff.). Er begibt sich nicht in einen Raum »jenseits der Ratio«, und er vermeidet die realpolitischen Verstrickungen (SW3, 638). Sein Ziel ist – wie so oft im Jüngerschen Schreiben (Kamper 1990, 84) – das Unbekannte. Hier liegt der esoterische Fokus des Romans und seiner Theologie, die sich in der von Budur Peri erläuterten Lehre der Gnosis verbirgt und möglicherweise mit Jüngers verschiedentlich bekundetem Interesse an der »Ostkirche« zusammenhängt (SW16, 276, 288; SW8, 644; Montesi 1950, 43ff.; Müller 1989, 263; Koslowski 1991, 86ff.; Koslowski 1996; Draganović 1998, 196ff.). Wohin das Raumschiff de Geer und Budur Peri bringt, bleibt ungewiss. Aus der in den Roman eingelagerten Erzählung Ortners (Draganović 1998, 141ff.; Pekar 1999, 118f.) von einer zauberhaften Augenoperation, die den Patienten mit seherischen Fähigkeiten begabt (dazu SV5, 182), lässt sich jedoch immerhin so viel entnehmen: Die deutliche und klare Einsicht in die Zusammenhänge der Welt aus instrumentalistischen Interessen birgt für den Menschen dieselben Gefahren des Sinnverlustes wie seine gewöhnliche Dämmerstimmung. Letztendlich gilt: »Ein Zustand mittlerer Optik scheint am bekömmlichsten – ein clair obscur« (SW16, 142). Vielleicht gilt auch aus diesem Grund der ernüchternde letzte Kommentar des Romans zur Wiederkehr des Regenten: »Uns aber liegen diese Tage fern« (SW16, 343).

3.2 *Eumeswil*

Dass Jüngers Romane keine literarischen Zweitverwertungen der Essays sind, sondern komplizierte Werke eigenen Rangs, macht vor allem *Eu-*

meswil deutlich. Hier geht Jünger einerseits einen Schritt über *Heliopolis* hinaus, auch wenn es viele verbindende Motive gibt, nicht zuletzt die für Jüngers Romanschlüsse typische Reise in einen qualitativ anderen Raum. Andererseits überschreitet Jünger die Grenzen seiner Essayistik. Die zurückhaltende Perspektive, mit der *Heliopolis* im Blick auf eine ungewisse ferne Zukunft endet, wird in *Eumeswil* aufgenommen, nun aber ins Resignative gewendet – nicht umsonst wählt Jünger den Arbeitstitel »Große Deponie« (SW5, 173; Schote 1992, 33f.; Hervier 1996b, 151ff.; Hervier 1996c, 112ff.): In seinem 1977 veröffentlichten Roman visioniert Jünger die Phase nach dem endgültigen Zerfall des »Weltstaats« in einer unbestimmten Zeit im dritten Jahrtausend. An Henri Plard schreibt er im September 1975: »In der Hauptsache arbeite ich an der Fortsetzung von ›Heliopolis‹. Wiederum sind einige Jahrhunderte vergangen, die Fellachisierung hat Fortschritte gemacht. Der Geschichtsraum hat sich entleert [...]« (SW5, 251f.; vgl. auch SW5, 294f.). Dass *Eumeswil* nicht nur vage konzeptionell an den Vorläuferroman anschließt, sondern diesen geradezu fortsetzt, wird nicht nur an der hier durch Jüngers Reisen nach Agadir inspirierten symbolischen Topographie deutlich (z.B. SW5, 177; Schwilk 1988, 273; Beltran-Vidal 1996b, 121ff.; Hervier 1996b, 135ff.; Hervier 1996c, 97ff.), sondern auch durch das Finanzsystems von Heliopolis, das Eumeswil direkt übernimmt. Allerdings ist – dem Zustand historischer Ermattung entsprechend – die »Perfektion der Technik« (wie Jünger mehrfach im Anschluss an den Großessay seines Bruders formuliert) durch eine an der Bequemlichkeit orientierte Nutzung der Technik ersetzt worden. So hat man in Eumeswil eben mittlerweile auch die Gefährlichkeit der Energietechnik von Heliopolis erkannt und daraus Konsequenzen gezogen (SW17, 193, 205).

Jene katastrophischen Möglichkeiten, die Jünger in seinen Essays immer auch in den Blick genommen hat, sind also Realität geworden. Verschiedene Großreiche herrschen und dazwischen vegetiert Eumeswil vor sich hin, abhängig vom Wohlwollen der führenden Mächte, eine Stadt auf mittlerem technischem Niveau, in der sich in regelmäßigen Abständen Regierungen und Regierungsformen gewaltsam ablösen (Gauger 1997, 213ff.). Aus der Perspektive von Martin (genannt Manuel) Venator, einem Historiker und Nachtstewart auf der Kasbah, der Hochburg der politischen Führung, schildert Jünger in seinem »aphoristischen Altersstil« (Becher 1981, 632; Kron 1998, 183f.), in kleinen, nur lose verbundenen Prosastücken und mit minimaler Handlungsführung also, die Zustände in dieser Zukunftsstadt unter der Herrschaft des Tyrannen Condor. Anders als einem »Despoten« geht es dem Condor, der durch einen Umsturz an die Macht gekommen ist, nicht um die Entwürdigung der Menschen, womit Jünger eine Typologie des Herrschaftssystems aus *Der Gordische Knoten* aufgreift (s. Kap. IV.1.3). Das tyrannische System des Condors zeichnet sich durch einen weit bemessenen Raum der Halblegalität aus. In Eumeswil, der »Stadt der Epigonen«, ist die »historische Substanz« verbraucht. Zwar ist man ständig auf einen weiteren Umsturz vorbereitet, aber der politische Wechsel führt zu wenig mehr als einem Austausch im Zustand »fellachoide[r] Versumpfung auf alexandrinischer Grundlage« (SW17, 32) – eine Diagnose im übrigen, an der Jünger auch in *Gestaltwandel*, seiner »Prognose auf das 21. Jahrhundert« aus dem Jahr 1993, festhalten wird (SW19, 620). Dass dabei nicht nur Spenglers *Untergang des Abendlandes* (Matt 1978, 295; Merlio 1996b, 52), sondern auch Johann Gustav Droysens *Geschichte der Nachfolger Alexanders* (1836) eine Rolle spielt, zeigt nicht zuletzt der Titel, denn »Eumeswil« ist nach »Eumenes«, einem der nach Alexanders Tod um die Macht ringenden Diadochen, benannt (SW5, 183; SW17, 86). In einem Epilog berichtet schließlich der Bruder Venators, der fiktive Herausgeber der Aufzeichnungen, dass mittlerweile die alte politische Führung wieder herrscht: »Die Verbannten sind aus der Fremde zurückgekehrt und die Gefangenen von den Inseln; die Schergen der Tyrannis haben mit ihnen den Platz getauscht« – dass einige Zeit später die Rollen neu verteilt werden, ist wahrscheinlich. Während für Venator der Wechsel der Regierungsformen von der »Tyrannis« zur »Volksherrschaft« nur eine Transformation der Macht von der Offensichtlichkeit ihrer Ausübung zur Anonymität bedeutet, betont sein Bruder, es habe sich nun vieles zum Besseren gewendet (SW17, 82, 92, 378).

In Eumeswil befinden wir uns in einer Zeit nach der Geschichte. Die Zeit der politischen Ideale ist für Venator vorbei. Seine Haltung, die den Roman prägt, ist daher als »postmodern« gedeutet worden, erstens im Sinne der Delegitimation der »großen Erzählung« (Lyotard) und zweitens im Sinne eines Zustands universaler Zitierbarkeit und Kombinierbarkeit sowie der Indifferenz von Original und Simulation, Realität und Traum, die sich in Jüngers »postmoderner Erzählstrategie« niederschlägt (Koslowski 1991, 135ff.; Renner 1995, 256ff.; Kron 1998, 187ff.). Perspektiven für diesen Zustand hat Venator von seinen drei Lehrern gelernt: von dem Historiker Vigo, bei dem Venator Assistent ist, von Bruno, dem philosophischen Lehrer, und von dem Grammatiker Thofern. »Gemeinsam ist den Dreien [...] die unmittelbare Verwurzelung im Mythos, den sie nicht wie die Psychologen entkeimt und säkularisiert haben« (SW17, 85; Gauger 1997, 219ff.). Dabei fällt auf, dass – anders als in den *Marmorklippen* und in *Heliopolis* – weder die Dichtung noch kirchliche Vertreter eine Rolle spielen, und auch die Armee hat ihre Bedeutung als geistige Ordnungsmacht verloren (SW17, 72). Ähnlich wie bei de Geers Verhältnis zu Ortner, Halder und Serner in *Heliopolis*, gehört auch Venator keinem der drei Lehrer gänzlich zu, und ähnlich wie de Geer steht auch Venator zwischen den Parteien (SW17, 64, 166). Venator selbst bezeichnet sich als Anarchen und bietet Jünger damit ein Experimentierfeld für eine Gedankenfigur, die insbesondere im *Waldgang* (Hinck 1983, 95ff.; Schote 1992, 36f.; s. Kap. IV.1.3) von ihm behandelt worden war: die Frage nach radikalem Widerstand des »Einzelnen« nicht nur gegen staatliche, sondern auch gegen gesellschaftliche Vereinnahmung.

Daß Jünger mit der Situation Venators, den seine akademischen Kollegen anfeinden, und mit der Situation Vigos, der durch verfälschendes Zitieren lächerlich gemacht und politisch diffamiert wird (SW17, 30ff., 116), auch seine eigene Situation beschreiben will, wird durch eine kleine Notiz in *Siebzig verweht* deutlich, in der er den Gedanken verwirft, Namen von Zeitgenossen einzusetzen: »dem ist, selbst wenn es sich um hartnäckige Verfolger handelt, zu widerstehen« (SW5, 177f.). Ein Brief an Carl Schmitt deutet in dieselbe Richtung (Jünger/Schmitt 1999, 425). In Horst Seferens' kritischer Lektüre wird *Eumeswil* jedoch weniger zu einem Kommentar des Literaturbetriebs, als vielmehr zum Schlüsseltext für eine Technik der Tarnung politischen Protests, die sich von den nationalrevolutionären Schriften bis ins Spätwerk durchzieht und die insofern erfolgreich war, als eine inhaltliche Kritik an Jünger-Texten mittlerweile als »unfein und überholt« gelte, für eine Technik also der Codierung »gegenaufklärerische[r] Theorie und Praxis, radikale[r] Selbstreflexion und aggressive[r] Demokratiekritik« (Seferens 1998, 356ff.). Die äußerst aufschlussreiche Lektüre des Romans als Selbstbewahrungsratgeber in einem ungünstigen ideologischen Klima wird allerdings vor allem dann schlagend, wenn man die Hauptperson vermittlungslos zum Sprachrohr Jüngers macht (wo sich doch durchaus auch kritische Aspekte finden lassen; Schote 1992, 38ff.; Kron 1998, 212f.), wenn man zugleich ausblendet, dass Venator seine Vorkehrungen zur Flucht nur für den Fall einer persönlichen Bedrohung durch einen Regimewechsel trifft und wenn man schließlich die stets postulierte Systemkonformität bzw. die für alle Herrschaftsformen geltende Systemdistanz des Protagonisten mitsamt allen anderen möglichen Lesarten zurückstellt.

Schließlich liegt es nahe, in *Eumeswil* auch eine Stellungnahme Jüngers zur Zeitgeschichte zu sehen, in der er seine Form des Widerstands vom Terrorismus der 1970er Jahre abgrenzen will (Matt 1978). Daher stellt er eine kleine Typologie des Oppositionellen vor: Der durch Venator verkörperte Typus des Anarchen unterscheidet sich folglich vom Liberalen, vom Kommunisten, von den Partisanen, den Waldgängern und vor allem von den Anarchisten jeglicher Couleur, denn er steht jenseits der Gesellschaft. Er bezieht sich nicht einmal mehr negativ auf sie, jegliche substantielle Anteilnahme ist ihm fremd. Während der Solipsist, dessen philosophische Position dem Anarchen nahe kommt, sich für die Welt verantwortlich erklärt, lehnt der Anarch diese Selbstüberschätzung ebenso ab wie die Ansprüche des Individualisten. Er ist nicht der Gegenspieler des Herrschenden und damit von diesem – wiederum im Rahmen der »Totalen Mobilmachung« bzw. der »Dialektik der Aufklärung« gedacht – abhängig, sondern dessen »Pendant« (SW17, 42; Murswiek 1979; Gauger 1997, 227ff.).

Als Quelle für das Modell des Anarchen fungiert Max Stirners *Der Einzige und sein Eigentum* (1845). Von Stirner, der in seinem Werk das dem Menschen wesentlich Zugehörige jenseits aller sozialen oder staatspolitischen Ansprüche bestimmen wollte, notiert sich Venator zwei Maximen: »1. Das ist nicht Meine Sache. 2. Nichts geht über Mich« (SW17, 324). Wichtiger als diese durchaus problematische Referenz (Murswiek 1979, 287f.; Laska 1997, 52ff.) ist jedoch die Art und Weise der Bezugnahme: Venator erkundigt sich nach Stirner nämlich im Luminar, einem Informationssystem, das von einer geheimnisvollen Gelehrtenkultur im Untergrund versorgt wird und nach einer hierarchischen Stufung zugänglich ist. Mit dem Luminar lassen sich nicht nur Daten abrufen, sondern die Vergangenheit lässt sich auch so simulieren, dass sich der Historiker in sie hineinversetzen kann, um das Geschehen aus verschiedenen Perspektiven zu betrachten. Der Könner nutzt das Luminar als Tasteninstrument. Wie in der Datenverarbeitung in *Heliopolis*, die über das »Haus der Briefe« direkt zitiert wird (SW17, 303, 352), und wie in der entsprechenden literarischen Form wird die Darstellung geschichtlicher Ereignisse so zu einer Form quasi-musikalischer Repräsentation – das von Venator aufgezeichnete Stimmengewirr des nächtlichen Barbetriebs und die assoziative Struktur seiner Notizen variieren diese Struktur (SW16, 347ff.; z.B. SW17, 15, 303, 352f.). Insofern diese Art des Umgangs mit dem historischen Material der Einstellung des Anarchen zur Welt entspricht, wird der digressive Verlauf des Romans selbst zu einem Dokument anarchischer Gesinnung (Murswiek 1979, 282; Kron 1998, 203ff.).

Dass Jüngers Widerstandskonzept im Zuge der Postmoderne-Rezeption der »Neuen Rechten« verwertet wird, ist für eine mögliche Diskursfunktion des Textes aufschlussreich (Seferens 1998, 110ff., 289ff.). Venators Position ›jenseits von Gut und Böse‹ jedenfalls gründet auf einer Einsicht, die jegliches politisches Engagement ad absurdum führt, dass nämlich die Schöpfung »mit einer Einfälschung begann«, keinem bloßen Fehler, der im historischen Verlauf ausgebessert werden könnte. Auch hier erwähnt Jünger die für ihn unvermeidliche Frage nach dem Sinn von Attentaten (SW17, 42). Daher gilt als Prämisse: »Der Anarch darf vor allem nicht progressiv denken« (SW17, 309). Venators zweiter Ausweg aus der ausweglosen Situation neben der radikalen reservatio

mentis besteht daher in seinen Übungen zur »Selbstentfernung«, einem
Zustand, der im Zentrum der Theologie der Parsen in *Heliopolis* steht –
auch *Eumeswil* spielt mit Venators Überzeugung von der uranfänglichen
Gestörtheit der Schöpfung auf gnostische Prinzipien an (Koslowski
1991, 139ff.). Die »Selbstentfernung« geht letztlich auf die Wahrnehmungstechnik zurück, die Jünger vor allem im »Sizilischen Brief an den
Mann im Mond« entworfen und in der Todesmetaphysik der *Stahlgewitter* nachgetragen hatte (s. Kap. II.1.1 u. II.4). Es ist daher konsequent,
wenn Jünger auch in *Eumeswil* die Technik der »Selbstentfernung« als
soldatische Fähigkeit beschreibt (SW17, 111f.). Die Nachkriegsmeta-
phern vom Schritt »über die Linie«, vom »Waldgang« oder von der Annäherung »an die Zeitmauer« sind wie die »Selbstentfernung« Derivate
des »stereoskopischen Blicks«, die Jünger in *Eumeswil* wieder enttempo-
ralisiert. Denn für die Zeit nach dem Entstehen des »Weltstaats« aus
dem »Weltbürgerkrieg« und nach dessen Zerfall bietet Jünger keine politische Vision an.

Venator also strebt am Ende des Romans die »vollkommene Ablösung von der psychischen Existenz« an (vgl. dazu auch »Spiegelbild«,
1978; SW13, 375ff.):

Ich sah mich im Spiegel als übersinnlichen Freier – – – mich selbst, der ihm
konfroniert war, als sein flüchtiges Spiegelbild. Zwischen uns brannte, wie
immer, eine Kerze; ich verneigte mich über ihr, bis die Flamme meine Stirn
versengte; ich sah die Verletzung, doch ich fühlte nicht den Schmerz. [...]
Wäre nicht das Stigma auf meiner Stirn geblieben, so hätte ich zu träumen
gewähnt. (SW17, 377)

Danach wird Venator mit dem Condor zur Expedition in den mythen-
umwobenen »Wald« gehen, von der er nicht zurückkehrt. Der wort-
wörtliche »Waldgang« – auch dies ein Bild für die Erschließung des ganz
Anderen (Seferens 1998, 290f.) mit einer in die Bibel, die Aufklärungs-
kritik und die Romantik zurückreichenden Traditionslinie (Meyer 1993,
430f.) – führt in eine Welt geheimnisvoller Mutationen (vermutlich
durch atomare Strahlung verursacht). Dort gehen märchenhafte Dinge
vor sich und leben tatsächlich jene Monstren, die im Lauf der neuzeitli-
chen Purifizierung der Natur als bloße Phantasiegebilde aus dem Reser-
voir relevanter Gegenstände und somit aus der Ordnung des Wissens
ausgeschlossen worden sind (SW17, 47f.). In *An der Zeitmauer* hatte
Jünger ähnliche Visionen im Rahmen der Gentechnik-Debatte behandelt und als Zeichen einer »planetarischen Unruhe« gedeutet (SW8,
589ff.). Bemerkenswerterweise liefert er jedoch bereits 1947 in *Atlantische Fahrt* einen sehr einfachen Schlüssel zu *Eumeswil*. Anlässlich eines
Ausflugs in den Tropenwald schreibt Jünger in einer auf den 17. November 1936 datierten Notiz:

Die eigentliche Schwierigkeit, den Wald zu sehen, liegt darin, daß man, um zu ihm zu gelangen, sich der Wege bedienen muß. Man kommt dabei gewiß an Punkte, an denen man sie verlassen könnte, doch findet man sich dann sogleich von dichten grünen Polstern und Rankenwerk umschlossen, innerhalb deren sich die Möglichkeit sowohl der Bewegung als auch des Schauens auf ein geringes Maß beschränkt. So steht ein jeder Blickpunkt in Beziehung zum zivilisatorischen Netz. Im Grunde handelt es sich nicht um räumliche, sondern um geistige Verhältnisse; und das, was wir als »Wildnis« ansprechen, werden wir stets von einem Außenpunkte sehen, wir müßten denn darin untergehen. (SW6, 133f.)

3.3 *Eine gefährliche Begegnung*

Der Roman *Eine gefährliche Begegnung* ist in vielerlei Hinsicht bemerkenswert. Das gilt bereits für die lange Entstehungsgeschichte, die Jüngers Schaffen nach 1945 über weite Strecken begleitet: Frühe handschriftliche Fassungen sind auf das Jahr 1949 datiert, erste Teile werden in den Jahren 1954 (»Ein Sonntag Vormittag in Paris«), 1960 (»Hinter der Madeleine«) und 1973 (»Um die Bastille«) an verschiedenen Orten veröffentlicht und 1983 im 18. Band der *Sämtlichen Werke* unter dem Titel *Eine gefährliche Begegnung* in einer erweiterten Form zusammengefasst, die allerdings mitten im Geschehen mit dem Hinweis abbricht: »Wird fortgesetzt« (SW18, 450). Erst 1985 liegt das Werk in einer Einzelausgabe vollständig vor. Von der für Jünger ungewöhnlich entspannten Tonlage sowie von der psychologischen Charakterisierung der Figuren, vom behandelten historischen Raum der Zeit um 1900 und vom kriminologischen Interesse her gehört *Eine gefährliche Begegnung* in eine Gruppe mit *Die Zwille* (s. Kap. III.2.2), wenngleich der spätere Roman die durchgehaltene zivilisationstheoretische Programmatik der Pennälergeschichte zurücknimmt.

Die geschichtsphilosophische Dimension, die Jüngers erzählerisches Schaffen stets grundiert, bestimmt die Handlung und Figurenzeichnung auch hier in der Darstellung einer spätzeitlichen Gesellschaft im Paris des späten 19. Jahrhunderts – der Eiffelturm wird gerade fertiggestellt – sowie einer Gesellschaft im Umbruch, die ihre ständischen Freiheiten zu verlieren beginnt und sich einem unbarmherzigen Zugriff der modernen Arbeiterwelt ausgesetzt sieht. Jünger, der für seinen Roman bis in Details (z.B. der Uniformierung, der kulinarischen Gepflogenheiten, der Parfumgeschichte und damit zusammenhängend der Physiologie des Geruchs) historische Nachforschungen anstellt, porträtiert diesen Zustand vor allem im ersten Teil des Romans, der sich über weite Strecken aus einer Reihe von Personencharakteristiken zusammensetzt, einer kaleidoskopischen Folge von Gestalten des bürgerlichen Jahrhunderts zum Zeitpunkt des Verfalls (Meyer 1993, 604f.; Embach 1993, 30ff.; Beltran-Vidal 1999b). Insofern stellt *Eine gefährliche Begegnung* eine Art Parallelwerk zu *Eumeswil* dar, denn in beiden Romanen geht eine sinkende Entwicklungskurve (das eine Mal vor, das andere Mal nach dem »Weltstaat«) mit verzweifelten, nicht zuletzt kriminellen Auflehnungsversuchen gegen den Zugriff der modernen Staatlichkeit auf den »Einzelnen« einher.

Der junge Gerhard zum Busche lässt sich auf eine Liaison mit Gräfin Irene Kargané ein, die sich auf diese Weise für die Lieblosigkeit ihres Mannes und für die Zurückweisung durch einen Schauspieler rächen will. Als treibende Kraft im Hintergrund kurbelt der Dandy Léon Ducasse die Handlung an. Ihn selbst hat eine Krankheit unfähig zum Genuss gemacht, so dass er mit seinem überfeinerten Sensorium und Intellekt nur noch als Führer zu den sinnlichen Reizen und als Zuschauer bei den von ihm arrangierten Vergnügungen agieren kann. Zum Busche trifft sich mit der Gräfin in einem Hotel, dort wird eine junge Tänzerin ermordet. Erste Hinweise deuten als Täter auf Jack the Ripper, der zeitgleich in London seine Serienmorde verübt. Im zweiten Teil der Erzählung übernehmen Inspektor Dobrowksy und sein Kollege Etienne Laurens die Hauptrollen und führen in das Gebiet der neueren Kriminalistik ein – während Ducasse und zum Busche den Knoten knüpfen, entwirren die beiden Polizisten als Komplementärgestalten das Geflecht. Dobrowsky ist eine typische Detektivfigur: Mit Arthur Conan Doyles Detektiv Sherlock Holmes teilt er die Kokainsucht und die Begleitung durch einen Assistenten, mit Edgar Allan Poes Detektiv Auguste Dupin das Verlangen nach der Wahrnehmungsintensität in der bewegten Fülle urbaner Massen (Schote 1996, 129f.). Im dritten Teil kann er schließlich aufgrund seiner ebenfalls typischen Kombinationsgabe Kapitän Kargané, den Ehemann der Gräfin, durch Indizienbeweis überführen. Am Tod der Tänzerin war eine Verwechslung schuld, das eigentliche Opfer Karganés sollte dessen Frau sein. Dobrowsky stellt den Täter kurz vor dem Duell mit zum Busche, der Kapitän begeht jedoch Selbstmord. Zwar scheint der Fall somit geklärt zu sein, letztlich bleiben aber Fragen offen. Dobrowsky selbst zieht am Ende des Romans ein Fazit: »Das Dossier ist abgeschlossen; der Fall bleibt ungeklärt. Ich fürchte, den Londoner Kollegen wird es nicht anders ergehen« (Jünger 1985, 169).

Der Ort des Romans in Jüngers Gesamtwerk bestimmt sich neben der geschichtsphilosophisch grundierten Darstellung einer Wendezeit auf zweierlei Weise: Zum einen entwirft Jünger wie in seinen anderen Nachkriegsromanen auch hier am Beispiel einer Reihe von Menschentypen eine Typologie des Zugriffs auf die Welt, bei der das Verbrechen eine wichtige Rolle spielt. Zum Busche symbolisiert beispielsweise den jugendlichen Träumer, dem die Grenzen von Realität und Fiktion verschwimmen, Ducasse einen am Verfall der Genusskultur leidenden Dandy oder Kargané den auf Reisen in den Osten um Distanz zur westlichen Zivilisation bemühten Abenteurer. Im Zentrum dieses Themenfeldes stehen Dobrowsky und sein Kollege, die ihre Leidenschaft fürs Schachspiel charakterisiert. Vor allem Dobrowsky stellt immer wieder sein kombinatorisches Genie unter Beweis und markiert damit – gewissermaßen als Beitrag zu Jüngers fortgesetzter Diskussion um die »Willensfreiheit« – die Grenzen individueller Entscheidungsmacht in Zeiten staatlicher Überwachung. Wenn am Ende der Fall doch offen bleibt, räumt damit der brillante Analytiker und eingestandenermaßen unmusische Beobachter die Beschränktheit einer exakten Bestimmung der Welt im Medium des kausalgenetisch festgelegten Denkens ein, er weiß um die Verengung der ziffernförmigen, statistischen Wahrnehmung, ja mehr noch: Er bezieht auch die entlastende Funktion des Verbrechens in die Ermittlungsarbeit ein und wägt zwischen konsequenter Strafverfolgung und dem möglicherweise quer dazu laufenden Dienst am Gemeinwesen ab (Jünger 1985, 91f.; Meyer 1993, 606).

Damit leitet Jünger zum zweiten Moment über, das den werkgeschichtlichen Ort des Kriminalromans anzeigt: die Reflexion über die Möglichkeit eines perfekten Verbrechens sowie die Theorie des Verbrechens jenseits ökonomischer und moralischer Begründungen (Jünger 1985, 100; Embach 1993, 39ff.). In *Eumeswil* hatte Jünger an der Figur Knut Dalins gezeigt, daß man das Verbrechen zwar als widerständlerischen Akt verstehen könne, dass aber diese Form des Widerstands zum Scheitern verurteilt ist. Auch hier gilt: »Opposition ist Mitarbeit [...]« (z.B. SW17, 146f., 149f., 219f., Zitat SW17, 225). Nicht anders als in *Eine gefährliche Begegnung*, wo Max Stirner, der philosophische Gewährsmann des Anarchenromans immerhin am Rand erwähnt wird (Jünger 1985, 145), verstößt in *Eumeswil* das Verbrechen direkt gegen die Gesetze des Staates sowie gegen die Ordnung der Gesellschaft und kann daher auch in deren Rahmen bewältigt werden – eben das unterscheidet den Verbrecher ja vom »Anarchen«. Insofern ist *Eine gefährliche Begegnung* auch ein Lehrstück über den von vornherein zum Scheitern verurteilten Versuch, eine andere Position einzunehmen, als es die normative Kraft des Faktischen zu erlauben scheint (z.B. Jünger 1985, 98ff., 111f.). Mehr als eine literarische Fingerübung und eine weitere Variation der Standardthemen wird das für Jünger dann, wenn man die Verbindung zur künstlerischen Tätigkeit zieht.

Immer wieder nämlich wird im Lauf des Romans das Verbrechen als ein Kunstwerk betrachtet: Der Detektiv sucht nach der »Handschrift« des Verbrechers, nach dessen »Stil« oder »Autogramm«, er bewundert

den verbrecherischen Zusammenhang als ein »Meisterwerk«, gestaltet
das Verhör wie die Suche nach einem »Zitat«, er muss »nach den Regeln
der Kunst« vorgehen und sich dabei vor einem »Kunstfehler« hüten
(Jünger 1985, 87, 95, 102, 108, 115, 125). Dobrowskys Ausführungen
zum Verbrechen und zur Verbrechensbekämpfung lassen sich daher
auch als ein Kommentar zu Jüngers Situation im Literaturbetrieb lesen
(so wie ja auch *Eumeswil* das Thema der Verfolgung und der Flucht auf
diesen Horizont bezogen hatte). »Wie ein Maler, ein Romancier immer
wieder auf sein Motiv, sein Thema zurückgreift«, erklärt Dobrowsky seinem Kollegen, »und wie bereits ein Jugendwerk auf seine Entwicklung
schließen lässt, so ist es auch mit den Verbrechern, die sich meist streng
an das durch ihren Charakter bestimmte Muster halten, an ihr poncif«.
Das allerdings berühre nicht die »Freiheit« der Tat, weder der künstlerischen noch der kriminellen. Der Leser und der Polizist bleiben hier außen vor:

Das ist es, was ich Freiheit nenne, Freiheit im vollen, schöpferischen Sinn, zu
dem wir Polizisten niemals vordringen. Freilich gilt das nur für die Konzeption und ihre Gedankenspiele, gewissermaßen den poetischen Teil der Tat. Sowie sie geschehen ist, verändert sich das Bild. Der Täter wird zum Unfreien,
und die Verfolger haben nun Zeit, Raum und Tatsachen im Überfluß. Auch
sind sie zahlreich - viele Hunde sind des Hasen Tod. (Jünger 1985, 90, 96)

Damit führt Dobrowsky in den esoterischen Teil der Jüngerschen Fassungspoetik ein, die von der Vorläufigkeit eines jeden künstlerischen
Versuchs und von der notwendigen Verfälschung der Intention durch
die stets ungenügende Realisierung ausgeht (s. Kap. IV.6). Verbrechen
und Dichten lohnen sich insofern beide nicht – die Polizei und die Kritik erwischen die Missetäter.

4.   Erzählungen

Jüngers Erzählungen sind mehr noch als seine Romane Programmschrif-
ten. Ihre Thesenhaftigkeit degradiert oft genug die Handlung zu einem
bloßen Spiegel der Fragestellungen, die er andernorts essayistisch abhan-
delt, so dass der Mehrwert der literarischen Fassungen im Vergleich zu
den quasi-philosophischen Ausführungen sich in vielen Fällen nur
schwer entdecken lässt. Wichtige Informationen vermitteln die Erzählungen hingegen über die Arbeit am motivischen Geflecht der Gedankenfiguren. Bereits »Die Eberjagd«, eine 1952 in der Zeitschrift *Story*
veröffentlichte »Kurzerzählung« (Piedmont 1973, 151ff.), zeigt so beispielsweise, wie Richard, der Protagonist der Handlung, durch ein epi-

phanieartiges Initiationserlebnis eine mitleidende Rolle einnimmt, die später Clamor Ebling in *Die Zwille* und Martin Venator in *Eumeswil* auszeichnen wird: Auf einer Jagd wird von einem unbeholfenen Schützen ein majestätischer Eber durch einen Zufallsschuss erlegt, der dann zur großen Tat stilisiert wird. Während die Jagdgesellschaft ihre Rituale in gewohnter Weise vollzieht, geht Richard das ›Unziemliche‹ der Situation auf: »Der Knabe suchte sich gegen das Gefühl zu wehren, das in ihm aufstieg: dass ihm in diesem Augenblick der Eber näher, verwandter als seine Hetzer und Jäger war« (SW15, 360). Die symbolisch weit ausdeutbare Erzählung (Plard 1995) markiert mit dem Einbruch einer veränderten Haltung zum Töten den Weg von der Metaphysik des Willens und der Gewalt zur Metaphysik des Opfers und des Mitleids, den Jünger hier verkürzt darstellt und auf dem sich nicht nur Richard grundlegend verändert, sondern auf dem auch Ebling und Venator Distanz zu den begeisterten Jägern ihrer Umgebung gewinnen (SW17, 15; SW18, 240f.; Rozet 1996b u. 1996c).

Ebenfalls 1952 erscheint *Besuch auf Godenholm* (in die Werkausgabe verändert und gekürzt aufgenommen) – die These der Erzählung, die auch als Vorlage einer 1970 in Paris uraufgeführten Oper von André Almuro diente (*Visite à Godenholm*), steckt bereits im Titel, denn »Goden« waren unabhängige isländische Fürsten, und »Holm« bedeutet »Insel« (Rychner 1952, 215). Der Besuch auf »Godenholm« führt also in eine von der »organischen Konstruktion« der Arbeiterwelt (s. Kap. II.5) befreite Gegend, in das Reservat einer von der Moderne unberührten Zeit bzw. in einen Raum jenseits der Zeit überhaupt. Das gedankliche Substrat der Handlung liefern Jüngers Überlegungen zum Schritt »über die Linie« und die entsprechende Zeitphilosophie (s. Kap. IV.2.2). Im Mittelpunkt der Erzählung steht der Nervenarzt Moltner, der gemeinsam mit dem Ethnologen Einar und anderen Gästen bei dem geheimnisvollen Schwarzenberg (alias Hugo Fischer; vgl. Gajek 1997) einkehrt. Moltner ist psychisch labil und depressiv, ohne einen Grund dafür angeben zu können. Tatsächlich leidet er an der Moderne, an der Beschleunigung der Zeit und am Sinnverlust, kurzum: am Nihilismus. Als Moltner sich bereits resigniert von Schwarzenberg abwenden will, schickt dieser ihn mit Einar auf einen verbrämten LSD-Trip (SW11, 350f., 356f., 364ff.; Baron 1990, 95f.; Meyer 1993, 520ff.; Baron 1995, 203ff.), der einen Eindruck vom »Einen« vermittelt (SW15, 416f.; Rozet 1996b, 142f.; Rozet 1996c, 747f.). Ähnliches hatte Jünger mit problematischen Folgen bereits in *Heliopolis* eingebaut (Hofmann 1990, 163ff.; Gelpke 1995, 149ff.; dazu SW11, 360ff.): Wie die Besucher bei Schwarzenberg testen Budur Peri und de Geer ein hochwirksames Rauschgift, wobei jedoch Budur ihren kollabierenden Geliebten vor dem völligen Zusammenbruch angesichts der übermächtigen Bilderwelt bewahren muss; und wie der Protagonist in »Ortners Erzählung« lässt sich Moltner den »Star stechen« (SW15, 418; SW16, 142), nur dass in *Heliopolis* auch in diesem Fall der Behandelte mit der erweiterten Sicht nicht zurecht kommt und die Operation wieder rückgängig machen lässt. Auf »Godenholm« ist die Therapie jedoch erfolgreich: Moltner sieht sich nach seinem imaginären Ausflug von einer lang ersehnten »Heiterkeit« erfüllt.

Dass Max Rychner das ganze wie »Begriffsmatsch« vorkommt (Rychner 1952, 222), liegt am mystisch dunklen Räsonnement, das die Erzählung in den Erzählerkommentaren, in Schwarzenbergs Lehren und in den entfalteten Visionen bestimmt. Die meisten Episoden lassen sich allerdings direkt mithilfe von Jüngers Essays auflösen, von den Naturzeichen, die die »planetarische Unruhe« anzeigen, über Einars Interesse an der »Ur-« bzw. »Vorgeschichte«, Schwarzenbergs gleichsam magische Sicht der »Wissenschaften«, die Bestimmung der Isländer als Grenzgänger und die Charakterisierung Islands als eines Orts »außerhalb der Geschichte« (SW15, 370) bis hin zur Erwartung einer Wendezeit. Alle thematischen und motivischen Fluchtlinien laufen in den »Schriften zur Zeit« zusammen, deren utopischer Fokus wiederum von Schwarzenberg personifiziert wird: »Es schien, daß er die Unruhe bannen konnte, die unsere Welt beschleunigt – die Grundunruhe, die sich auf die Legionen Räder von Uhren, Maschinen und Gefährten überträgt« (SW15, 383).

1957 veröffentlicht Jünger dann *Gläserne Bienen*, seine erfolgreichste Erzählung der Nachkriegszeit (s. Kap. IV.1). Die *Eberjagd* stellt das Mitleid als bestimmendes Weltverhältnis dar, der *Besuch auf Godenholm* wagt einen Blick »über die Linie«, bevor Heidegger noch sein philosophisches Halteschild aufstellen konnte (s. Kap. IV.2.1), und die *Gläserne Bienen* schließlich vermitteln einen Eindruck vom Zustand der Überwindung der »Zeitmauer«, in dem die Technik sich nicht ohne ein Potential des Schreckens wieder in die Magie verwandelt und die Arbeiterwelt gerade im Stand ihrer Perfektion die Strukturen der Vormoderne auf höherer Stufe hervorbringt, wie es Jünger in *An der Zeitmauer* (s. Kap. IV.2.2) als mögliche Zukunftsperspektive ausmalt. Im Mittelpunkt der Ich-Erzählung in romantischer Tradition (Müller 1989, 265ff.) steht der »konservative« Rittmeister Richard, der bezeichnenderweise arbeitslos ist. Er hat zwei große Kriege hinter sich und vor allem die Umkehrung aller alteuropäischen Verhältnisse. Jünger belegt diesen historischen Prozess erneut militärgeschichtlich, beispielsweise mit dem Verschwinden der Pferde vom Schlachtfeld, dem Auftauchen der Panzer oder der entgrenzten Gewalt der Kriegführung (Wilson 1980, 138ff.). Durch Reflexionen und Rückblicke bildet dieser Eintritt in ein nihilistisches Zeitalter die Folie für Richards Bemühungen, eine Stelle zu finden. Er bewirbt sich bei Giacomo Zapparoni, einem sagenhaft reichen und mächtigen Industriellen, der Roboter herstellt und durch Merchandising eine ganz eigene Welt aufbaut, die mit Spielzeug und Kinofilmen vor allem die Kinder fesselt (z.B. SW15, 448ff., 511f.). Richard besteht die von Zapparoni raffiniert eingefädelten Eignungstests für den eigentlich offenen Arbeitsplatz jedoch nicht, weil ihm die erforderliche Kaltblütigkeit fehlt. Statt dessen erhält er einen anderen Posten: Er soll zwischen den konkurrierenden Erfindern in Zapparonis Werken vermitteln.

Was Jünger über Richard als Exempel des in der (Spät-)Moderne wurzellos gewordenen ›alten‹ Menschen zu sagen hat, variiert die Generalmotive seiner Geschichtsphänomenologie (Kaiser 1962, 313ff.; Koslowski 1991, 125ff.; Schröter 1993, 131ff.). Viel wichtiger ist die Beschreibung von Zapparoni und von dessen Fabrik- und Wohnanlagen, weil sich hier die beiden Seiten von Jüngers Technikverständnis berühren, die negative und die positive. Zunächst bietet Zapparonis Reich den Eindruck eines technisch perfekten Überwachungsbetriebs. Als Richard jedoch in dessen Privaträume in einem ehemaligen Zisterzienserkloster geführt wird, befindet er sich plötzlich in einem Raum, der ihn scheinbar in die Vormoderne zurückversetzt: Alte Folianten schmükken die Regale, ausgesuchte Kunstwerke die Wände, vor dem Fenster zieht ein Bauer mit einem alten Pflug seine Bahnen, und auch Zapparonis Erscheinung selbst gleicht eher den bekannten Eingeweihten der Jüngerschen Geschichten, den verschiedenen Patres und Magistern, als einem skrupellosen Fabrikanten. Nach einem ersten Gespräch bittet Zapparoni Richard, ihn im Garten zu erwarten. Erneut überrascht Richard die Idylle, er bemerkt aber sogleich, dass es sich hierbei zumindest teilweise um eine technisch reproduzierte Natur handelt und kommentiert diese Situation im Sinne einer Modernisierungstheorie der Macht: »In den guten alten Zeiten kam man an Orte, wo es ›nach Pulver‹ roch‹. Heut ist die Bedrohung anonymer, ist atmosphärisch; aber sie wird gefühlt. Man tritt in Bereiche ein« (SW15, 498) – kein Wunder, dass Richards Bestimmungsort von Tigerlilien umgeben ist, dem aus dem *Abenteuerlichen Herzen* wohlbekannten Signal sowohl für sinnliche Attraktion als auch für höchste Gefahr (SW15, 499; s. Kap. II.4).

Zwei Dinge faszinieren Richard besonders: Zum einen entdeckt er kleine Bienenroboter, die mit unglaublicher Präzision die Honigausbeute vervollkommnen (ohne dass sich die Erfindungen ökonomisch begründen ließen, wie Richard nachdrücklich betont). Bereits hier spekuliert er über das in jeder technischen Erfindung verborgene kriegerische Potential (SW15, 513; vgl. auch SW15, 483f.). Zum zweiten aber verwirrt ihn der Anblick abgeschnittener Ohren, die haufenweise im Garten herumliegen. Er sieht sich in seiner persönlichen Integrität angegriffen und zertrümmert außer sich vor Wut ein besonders auffälliges künstliches Insekt, woraufhin Zapparoni die ganze Situation auflöst (die Ohren stammen von menschenförmigen Robotern, deren Erfinder sie seinen Gebilden aus gekränktem Künstlerstolz abgeschnitten hat) und ihm – wie beschrieben – einen andere Posten anbietet. Die Hintergrundgeschichte von dem wild gewordenen »Ohrenmacher« ist deswegen von Bedeutung, weil sie auf das Grundproblem Zapparonis hinweist. Bei aller Kontrollmacht, die er auszuüben in der Lage ist und über die geheimnisvolle Gerüchte kursieren: Er ist auf die Intelligenz und das Können seiner Mitarbeiter angewiesen, und seine größte Sorge besteht darin, diese im Betrieb zu halten (Boveri 1958, 380ff.). Der Eigensinn der ›Arbeiter‹ zeigt, dass aus Zapparonis Arbeiterwelt neue Formen der Selbständigkeit erwachsen. Ein weiterer Aspekt deutet ebenfalls in diese Richtung einer Verschmelzung vormoderner und moderner Motive in Zapparoni, der ja für seine Person selbst offenbar problemlos beides verbinden kann. Die Welt perfektionierter Technik befreit nämlich von staatlicher Abhängigkeit, sie erlaubt Zapparoni, sich von der »organischen Konstruktion«, von den entfremdenden Versorgungseinrichtungen (Gas, Wasser, Strom etc.), abzukoppeln und sich erneut zu autonomisieren:

Für ihn hing der Rang eines Automaten von seiner Selbständigkeit ab. Sein Welterfolg beruhte darauf, daß er im Haus, im Garten, auf kleinstem Raume einen geschlossenen Wirtschaftskreis ermöglicht hatte; er hatte den Drähten, den Leitungen, den Röhren, den Geleisen, den Anschlüssen den Krieg erklärt. Das führte weit ab vom Werkstil des 19. Jahrhunderts und seiner Häßlichkeit. (SW15, 515; vgl. auch SW15, 458f.)

Diese Doppeldeutigkeit der Vervollkommnung technischer Möglichkeiten macht die eigentliche Pointe der Erzählung aus. Faszinierend an ihr ist also weniger der sachliche Gehalt, der in Jüngers Essays bereits abgehandelt wird, sondern vielmehr ihr Experimentalstatus: Wie in einem Probelauf scheint Jünger sich die Konsequenzen seines Technikbegriffs in einer literarischen Vision zu vergegenwärtigen, um dann in Auseinandersetzung mit diesem Entwurf zu einer Bewertung seiner Gegenwart zu gelangen.

Die moralische Vexierbildhaftigkeit der Technik schlägt sich unmittelbar in Jüngers Bearbeitungsverfahren nieder: Die Erstauflage von 1957 wird 1960 um einen in der französischen Übersetzung von 1959 als »Note du narrateur« erstmals erschienenen »Epilog« ergänzt. Für den neunten Band der Werkausgabe (1960) revidiert Jünger dann den ganzen Text und kürzt ihn vor allem um essayistische Einschübe und die teils nachlässig formulierten Invektiven gegen den Zeitgeist. Die entsprechend bearbeitete Einzelausgabe erscheint jedoch 1963 beim Ernst Klett Verlag erneut ohne »Epilog« (Böhme 1972, 93ff.). Was hat es nun mit diesen »Epilog« auf sich (Meyer 1993, 456f., 461f.)? Der Nachtrag relativiert den erschreckenden Eindruck durch historische Distanznahme, indem ein Herausgeber eingeführt wird, der die Erzählung als Lehrstoff der »Biographische[n] Abteilung« eines »Historische[n] Seminar[s]« entlarvt: »12. Folge. Rittmeister Richard: Der Übergang zur Perfektion«. Die Grausamkeit der Automatenwelt wird daraufhin als historischer Effekt entmoralisiert (»Was wäre die Geschichte ohne Schmerz?«; SW15, 558) und Richards Perspektive in ihrer Zeitgebundenheit aufgelöst. Der Herausgeber bemerkt:

Ich zog [...] Vorträge wie den des Rittmeisters Richard vor, in denen die Konflikte noch gefühlt wurden, noch nicht beruhigt waren. Richard kannte nicht die überraschenden Wendungen, die sein Thema des brennenden Interesses beraubt hatten, das ihm eine lange Reihe von Jahren hindurch zuteil geworden war. Nichts ändert sich gewisser als das Aktuelle, besonders wenn es in aller Munde ist. Das kann man als Gesetz nehmen. (SW15, 559).

Nach dem *Zeitmauer*-Essay kann Jünger den schrecklichen Eindruck der »Perfektion der Technik« auf einen traditional sozialisierten Menschen und damit die einfache Entgegensetzung von technischer und menschlicher Vervollkommnung (SW15, 521) historisch verbuchen und den ›magischen‹ Aspekt einer künftigen Technik konzeptionell einbeziehen. Die Ersetzung der Wirklichkeit durch Simulationen in der »Spätmoderne« (Koslowski 1991, 122ff.) lässt sich nun nicht mehr nur als nihilistischen »Schwund«, sondern auch als Zugewinn an »Erdvergeistigung« verstehen. Über Zapperis Probleme mit den Arbeitern heißt es in der zweiten Fassung: »Wenn man den Ehrgeiz hat, die Materie zum Denken zu bringen, kommt man nicht ohne originelle Köpfe aus« (SW15, 427) – in der Erstausgabe hieß es noch: »Wenn man den Ehrgeiz hat, die Materie zum Denken zu *zwingen*, kommt man nicht ohne originale Köpfe aus« (Jünger 1957, 12; Hervorhebung S. M.). Gegenüber einer primitiven Technikkritik, die die Technik als ein Zuhandenes versteht, macht Jünger zudem auf deren produktive und formierende Energie aufmerksam, durch die die Simulation dem vermeintlichen Original sein »Maß« gibt (SW15, 543f.) – persönliche Verantwortung lässt sich im Rahmen dieser Technikphilosophie nicht anders als im Rahmen von Jüngers allgemeiner Geschichtsphilosophie nur mit Einschränkungen zuschreiben (Bernhard 1962).

Am Beispiel Richards veranschaulicht Jünger somit den Dreischritt seiner Technikgeschichte – von der Zerstörung der traditionalen Lebensformen über die durchgesetzte Ödnis der Arbeiterwelt zum wiederverzauberten Stand der Postmoderne (Schwarz 1962, 189ff.). Und dennoch: Das Unbehagen an der Technik bleibt bestehen und wird vom literarischen Entwurf ungleich eindringlicher als in den Essays vermittelt, weil die Erzählung eine Eigendynamik entwickelt, die sich durch

Programmatik nicht beruhigen lässt. Mit der Einstellung des eigentlich anachronistischen Typus Richards als Vermittler beantwortet Jünger daher auch die für ihn entscheidende Frage nach der Notwendigkeit und nach der Überlebensfähigkeit substantieller Werte (vor allem solche der »Gerechtigkeit«) im Raum jenseits der »Zeitmauer« (Koslowski 1991, 132ff.). Und so endet die Binnenerzählung bei aller Verweigerung des unzeitgemäßen glücklichen Endes (»Heut kann nur leben, wer an kein happy end mehr glaubt [...]«; SW15, 553) mit dem Lächeln von Richards Frau: »Es war ein Lächeln, das stärker war als alle Automaten, ein Strahl der Wirklichkeit« (SW15, 555; Kaempfer 1977, 52f.).

Aladins Problem, die letzte Erzählung, veröffentlicht Jünger 1983, und als ob er die These des Kriminalisten Dobrowsky aus dem Roman *Eine gefährliche Begegnung* (1985) zum stets seine Grundmotive variierenden Künstler bestätigen wollte (s. Kap. IV.3.3), bündelt er hier noch einmal die Programmpunkte seines Nachkriegsschaffens im Medium einer untergründigen Allusionstechnik (Seferens 1998, 14ff.). Stilistisch und mit direkten Verweisen greift Jünger dabei auf die locker assoziierende Ich-Erzählweise von *Eumeswil* zurück (s. Kap. IV.3.2) und lässt Friedrich Baroh in der Art Martin Venators von seiner Lebensgeschichte berichten, und wie dieser träumt auch Baroh von einem Rückzug in den »Wald« und arbeitet auf die »Selbstentfernung« hin (SW18, 277, 279)

Barohs Lebensbahn durchläuft drei Stationen: Sie beginnt in der DDR zunächst in der Volksarmee, wo er sich zwar schickanieren lassen muss, dann aber durch Opportunismus und wohlkalkulierte Normüberschreitung Karriere macht und eine Anstellung in der Berliner Botschaft erhält. Von dort flieht er in die BRD. Damit verbindet sich freilich, wie es sich für einen Jüngerschen Helden gehört, keine Entscheidung für eines der politischen Systeme, die ihm beide gleichermaßen korrumpiert erscheinen: »Die Freiheit trägt man in sich; ein guter Kopf verwirklicht sie in jedem Regime. Als solcher erkannt, kommt er überall voran, passiert jede Linie. Er geht nicht durch Regimes, sie gehen durch ihn hindurch, hinterlassen kaum eine Spur« (SW18, 298). Nach einer Zeit der Ratlosigkeit immatrikuliert er sich an der Universität und beginnt, enttäuscht von dem uncharismatischen Professoren, das Studium der »Propaganda, Statistik, Datentechnik, Versicherungswesen, Zeitungswissenschaft«, einer die Moderne symbolisch charakterisierenden Fächerkombination also. Um seine finanziellen Probleme zu lösen, steigt Baroh schließlich in das Bestattungsunternehmen seines Onkels ein. Erneut hat er schnellen und großen Erfolg bis hin zur Gründung von »Terrestra«, einer Firma, die Gräber für die Ewigkeit anbietet. Baroh und seine Partner kaufen eine Katakombenlandschaft in Anatolien und errichten eine »Nekropole«.

Baroh verliert jedoch zunehmend das Interesse an dem Geschäft und gerät immer tiefer in eine nicht genauer begründete existentielle Krise. An dieser Stelle wird klar, dass Jünger eine historische Episode ausgestaltet, die in *Heliopolis* im Rückblick als Umbruchszeit beschrieben worden war und die die Gegenwart einer symptomatologischen Lektüre unterzieht. Denn der enorme Erfolg von »Terrestra« resultiert wie die Konjunktur des astrologischen Interesses im *Zeitmauer*-Essay (s. Kap. IV.2.2) aus einem ungestillten »Bedürfnis« des metaphysisch unbehausten Menschen der Spätmoderne (z.B. SW18, 332f.). Jüngers eigenes Interesse an Grabstätten sei zumindest erwähnt (z.B. SW6, 104ff.; Plard 1990a, 106f.; Pekar 1999, 76ff.). In *Heliopolis* jedenfalls erzählt er von einer unterirdischen Grabanlage, die in der »Epoche der Großen Feuerschläge« eingerichtet worden sei. Dass Jünger seine Erzählung am Beginn der 1980er Jahre zur Zeit einer neuerlichen Eskalation des Wettrüstens zwischen Ost und West verfasst, ist also von erheblicher Bedeutung. In *Heliopolis* heißt es über den »Campo Santo« (eine Bezeichnung, die Jünger von der Toteninsel von Venedig übernimmt; SV3, 198):

Die Zeit uranischer Gefährdung hatte nicht nur das Vertrauen in die Festigkeit der Städte und Wohnungen erschüttert; sie hatte auch die Hoffnung auf die Sicherheit des Grabes als der letzten Ruhestatt zerstört. Die Gräber sind ja die eigentlichen Fix- und Richtungspunkte im tieferen System der Welt. Und dieses Bewußtsein breitete sich in der Nähe des Todes mächtig aus. Veränderungen in der Bestattungsweise deuten die größten Phasen der Geschichte an [...].
Beim Anblick der zerstörten Friedhöfe, der umgepflügten oder zu Glas verglühten Totenfelder breitete sich eine neue Panik aus. [...]
In jenen Zeiten hatte man begonnen, sich Grüfte im Pagos anzulegen, inmitten der Sicherheit des Felsens, die die der Pyramiden übertraf. Der Brauch war allgemein geworden und hatte sich bewahrt. Die neue Sehnsucht nach konservativem und auch nach christlichem Leben fand hier ihren Mittelpunkt. (SW16, 174; Poncet 1999b)

Von diesem Passus aus gesehen scheint es beinahe schon konsequent, dass Jünger am Ende von *Aladins Problem* Phares, den Boten des Regenten aus *Heliopolis*, auftreten lässt, auch wenn die Grabindustrie, die aus »Terrestra« erwächst, mit der frommen Stimmung in *Heliopolis* nicht mehr viel gemein hat. Phares jedenfalls spielt erneut die Rolle des deus ex machina. Er beordert Baroh zu sich, um das »Problem« des Ich-Erzählers zu lösen und – wie bei Lucius de Geer – den inneren Zwiespalt aufzuheben, der das eigentliche »Problem« darstellt.

Die Unzufriedenheit Barohs mit seinem Beruf und der Verfall seiner Liebesbeziehung sind nichts anderes als Symptome einer metaphyischen Krankheit. In diesem Punkt ist Baroh dem Protagonisten im *Besuch auf Godenholm* verwandt und vertritt die gewöhnliche Befindlichkeit ange-

sichts der »unheimlichen Veränderung unserer Welt« (SW18, 359), die
Baroh (mit Jünger) allerdings ebenfalls nicht in einem bloß katastrophischen Sinn begreifen will: »Übrigens denke ich nicht, dass die Technik
der großen Wende widerspricht. Sie wird an die Zeitmauer heranführen
und verwandelt werden in sich. Das Ziel der Raketen sind nicht fremde
Welten, sondern ihr Sinn ist es, den alten Glauben zu erschüttern; sein
Jenseits hat nicht genügt« (SW18, 364). Von dieser tiefstmöglichen Er-
schütterung aus findet Baroh zu einem neuen Weltverhältnis, das von
der mystischen Ahnung einer ursprünglichen Einheit getragen wird. In
einem visionären Zustand zwischen Träumen und Wachen, in dem sich
– auch in der Erzählweise – die kausalgenetische Ordnung einer linearen
Abfolge in ein pastoses Neben- und Übereinander von Zeiten und Räumen verschiebt, überwindet er den die Welt als Welt konstituierenden
Dualismus und ineins damit die eigene Krise. Er kann sich nicht nur
dem »Terrestra«-Unternehmen, sondern vor allem auch seiner Geliebten
und seinen Mitmenschen zuwenden und sieht die Welt »in einem neuen
Lichte« (SW18, 367).

Dass bei aller Konkretion das Schicksal Barohs kein Einzelschicksal
ist, versteht sich bei Jünger von selbst. In *Aladins Problem* macht darauf
bereits der Titel aufmerksam, denn die Aladin-Geschichte aus den Erzählungen aus *Tausend und Einer Nacht*, die Jünger (in Gustav Weils
Fassung von 1841 sowie in Enno Littmanns Version von 1921ff.;
SW19, 143; Schwilk 1988, 30) immer wieder zitiert und kommentiert
(vgl. auch den *Notizblock zu »Tausendundeine Nacht«* von 1994; SW19,
421ff.), versinnbildlicht für ihn die Frage nach dem richtigen Umgang
mit den selbst entfesselten »Mächten« (SW18, 361, 367), dort mit dem
Lampengeist, hier mit den Gefahren des Atomzeitalters (Meyer 1993,
598f.). Zudem greift die Narration von *Aladins Problem* durch das Verschwimmen der Grenzen von Realität und Fiktion bzw. durch Verschachtelung verschiedener Ebenen dann zudem strukturell typische
Verfahren des Prätextes auf (Pekar 1999, 45f., 94ff., hier insbes. 117ff.).
Der Text tut das, was er sagt, und auch für diese performative Qualität
bietet der *Zeitmauer*-Essay mit der These von der Wiederverzauberung
der Welt im Stand ihrer weitest gehenden Entzauberung eine Deutung
an, denn das Märchen – so zumindest Jüngers Spekulation – gewährt
Einblicke in eine Zeit, die noch vor dem Mythos liegt (SW8, 511f.). In
Die Schere orakelt Jünger entsprechend: »Wir nähern uns der Märchen-
welt« (SW19, 449; s. Kap. IV.2.2).

5. Siebzig verweht

Das umfangreiche Tagebuchwerk des Ersten und Zweiten Weltkriegs setzt Jünger mit den fünf Bänden von *Siebzig verweht* (1980, 1981, 1993, 1995, 1997) fort, von denen die beiden ersten im vierten und fünften Band der *Sämtlichen Werke* noch unter dem Obertitel *Strahlungen* firmieren. Die rund 2600 Seiten umfassen den Zeitraum vom 30. März 1965, dem Tag nach Jüngers 70. Geburtstag, bis zur letzten Eintragung im Jahr des 100. Geburtstags am 15. Dezember 1995. Inhaltlich, im Aufbau und in den literarischen Verfahren knüpft *Siebzig verweht* nahtlos an die Essays (Schirnding 1981, 1288) und vor allem an die *Strahlungen* sowie an die Reisetagebücher an (s. Kap. III.4). In lockerer Reihung (das Jahr 1967 nimmt beispielsweise lediglich 13 Seiten ein, nur halb soviel wie der ungewöhnlich lange Eintrag vom 11. September 1965 auf der Asienreise; SW4, 174ff.) bieten sie die bekannte Mischung aus autobiographischer Aufzeichnung und Reisebericht, Traumprotokoll, Briefen, weitausgreifender Reflexion, entomologischer Studie, Lektürenotiz etc. Bezeichnenderweise werden ins Tagebuch auch einige gestrichene Stellen aus den anderen Werken aufgenommen (z.B. SW5, 98). Das »Notorische«, wie Jünger es nennt, also das biographistisch Interessante, spielt dabei im Blick auf die Gegenwart nur eine vergleichsweise unbedeutende Rolle (SW5, 47f.), wohingegen man über die Zeit der 1920er, 1930er und 1940er Jahre sehr viel erfährt.

Das Disparate und damit die Verabschiedung eines ganzheitlichen Werkbegriffs (Pekar 1998) wird mehr noch als zuvor das hervorstechende Merkmal der *Siebzig-verweht*-Bände, deren nun auch typographisch (wie im Manuskript) voneinander abgesetzte Tageseintragungen oftmals eine Folge von thematisch in sich abgeschlossenen Absätzen bilden. Den Zusammenhalt dieser kaleidoskopischen Fülle garantiert wiederum das Deutungsverfahren des »stereoskopischen Blicks«, das jedes Ereignis in den Kontext eines umfassenden Sinnzusammenhangs stellt (Sefelens 1998, 212ff.). So vagabundiert beispielsweise der erste Eintrag in *Siebzig verweht*, ausgehend von der Beobachtung einer Eidechse, zwischen Gegenwart und Vergangenheit (in Erinnerung an die Kindheit), zwischen Tier- und Menschenreich sowie zwischen dem unmittelbar gegenwärtigen Ereignis und den zugrundeliegenden Strukturen (»vitale Existenz«) (SW4, 8). Wie in seinen Essays ›durchblättert‹ Jünger die Welt, teilweise buchstäblich: So notiert er die Verwechslung einer »Bohne« mit einem »menschlichen Embryo[ ]«, die ihm beim Überfliegen einer Zeitschrift unterläuft, ohne Schwierigkeiten als Beleg weltumspannender »Verwandtschaften« (SW5, 615). Der wichtigste Unterschied zwischen den Tagebüchern des Zweiten Weltkriegs und den Nachkriegstagebüchern besteht darin, dass die Bibel als Orientierungslektüre in den *Strahlungen*

weitgehend durch den Mythos als Reflexionsmedium in *Siebzig verweht*
ersetzt wird, wie es angesichts der Essays der 1950er Jahre zu erwarten
war. Beim »Mythos« geht es Jünger um eine »dem bloßen Geschehen
übergeordnete, die Fakten bestimmende, ja sie schaffende Kraft« (SW 4,
446).

Aufgrund der Gleichförmigkeit der Verfahren und Themen lassen
sich Entwicklungen im Tagebuchwerk somit allenfalls in Details und in
unterschiedlichen Akzentuierungen sowie über längere Distanzen hinweg feststellen. So nimmt Jünger beispielsweise im dritten Band von
Siebzig verweht die expliziten Deutungshinweise zurück und geht vielfach zu einer scheinbar einfachen Beobachtungssprache über, wie sich
vor allem an den Notizen zur Singapurreise sehen lässt (SV 3, 21ff.).
Gleichzeitig tauchen vermehrt Bemerkungen auf, in denen er sich über
seine eigene Biographie klar zu werden versucht. Den vierten Band hingegen prägt erneut das luxurierende Deutungsspiel, nunmehr oftmals
aphoristisch verknappt, das aber ebenfalls von einem kaum mehr stei-
gerbaren Lakonismus vieler Notate kontrastiert wird. So lautet beispielsweise der einleitende Absatz des ersten Eintrags im Jahr 1988: »Jahres-
anfang. Immer noch milde. Winterjasmin spitzt« (SV 4, 253).

Mehr noch als in den *Strahlungen* drängt Jünger die Tagespolitik in
den Hintergrund. Während er im Pariser Hotel Majestic kaum umhin
konnte, aktuelle Entwicklungen zumindest in Andeutungen immer wieder aufzunehmen (s. Kap. III.4.2), müssen nun beispielsweise drei Bemerkungen zu den Studentenunruhen oder drei Bemerkungen zur Re-
aktorkatastrophe von Tschernobyl, die eine oder andere Äußerung zu
einem Regierungswechsel oder zu sonstigen schlagzeilenträchtigen Ereignissen ausreichen, auch wenn es zu einigen Zeitereignissen ausführlichere Bemerkungen gibt (z.B. 1973 zum Nahostkonflikt; SW 5, 146ff.).
Jünger zeigt, dass er sich informiert, und er zeigt zugleich, dass ihn dieser Bereich nicht interessiert. Schließlich will er Daten und Namen in
eine Historiographie geschichtlicher Traumbilder überführen. Für diese
Form der Weltwahrnehmung wird das Besondere immer bis zur Unsichtbarkeit auf ein Allgemeines transparent, das seine Form in der zum
Sinnspruch oder zum mythischen Denkbild verkürzten Regel des Welt-
laufs findet. Daran hat sich im Prinzip seit den *Strahlungen* nichts verändert. Und auch im übrigen lässt sich gegen *Siebzig verweht* alles das vor-
bringen, was bereits kritisch zu den Weltkriegstagebüchern bemerkt
worden war, von der »Stilattitüde« (Heißenbüttel 1990) bis zum entmo-
ralisierten Blick. Politisch korrektes Verhalten darf man von Jünger
nicht erwarten, im Gegenteil: Bisweilen scheint er sich für jeden noch
so bedenklichen Kurzschluss herzugeben, so wenn er 1986 den ostenta-
tiven Gewissenskonflikt eines Pastors, der einen »Feldwebel in Uniform«
trauen soll, mit der Weigerung eines Pastors in den 1930er Jahren ver-

gleicht, die »Trauung eines Ariers mit einer Jüdin zu beurkunden« (SV4, 19). Auch dass Jünger bei aller Abschwächung der nationalrevolutionären Programmatik im Lauf der 1930er und 1940er Jahre (Kiesel 1997a, 20f.) von der Demokratie nach wie vor nichts hält, macht er unmissverständlich im dritten Band von *Siebzig verweht* deutlich: »Warum sollte ich mich ›zur Demokratie bekennen‹, und gerade heute, wo ich sie täglich beobachte [...]« (SV3, 248). Die prinzipielle Distanz zur Politik als dem Glauben, am Lauf der Welt etwas verändern zu können, bleibt erhalten: »Die Politik jeglicher Färbung ist mir seit langem zuwider, und ich marschiere hinter keiner Fahne mehr her. Auch ist die Erdrevolution mit politischen Mitteln nicht zu bewältigen. Sie dienen höchstens zur Garnierung des Vulkanrandes, falls sie nicht die Entwicklung sogar vorantreiben« (SV3, 219; Seferens 1998, 325ff.).

Im Blick auf die Mechanik der Gedankenbewegung erschöpft sich daher die unübersehbare Themenfülle der umfangreichen Bände im wesentlichen in der Variation von zwei Figuren: Auf der einen Seite registriert Jünger den allgemeinen zivilisatorischen »Schwund« im Sinne seiner Nihilismustheorie der Nachkriegszeit, auf der anderen Seite sucht er nach Einblicken in eine weltumspannende Harmonie als Hoffnungszeichen in einer katastrophischen Welt (Schirnding 1981, 1291, 1294; Assheuer 1995; Meyer 1993, 572ff.; Seferens 1998, 216ff.). Immer wieder fragt Jünger, ob sein »Optimismus« sich gemindert habe bzw. ob dieser überhaupt statthaft sei, und ruft sich dann zur Ordnung der eigenen Gedankenwelt zurück, auf die jedoch der Schatten des Sentimentalischen fällt. Am 31. März 1973 schreibt er beispielsweise in bezug auf *Über die Linie* (s. Kap. IV.2.1):

Ich will zunächst die Frage außer acht lassen, ob sich daran, daß der Weltgeist in seiner epochalen Gestalt präzis und mit unerbittlicher Logik fortschreitet, ein Optimismus knüpfen kann. Offenbar hat die Bewegung Sinn – ob aber einen erfreulichen?
Indessen lasse ich den Optimismus nur im Umfang reduzieren, nicht in der Qualität. [...] Letzten Endes bleibt das Problem beim Einzelnen. Wenn er es löst oder sich der Lösung nähert, stellt sich Zuversicht ein. Mit ihm geht die Welt sowohl unter wie auf. (SW5, 124).

Bezeichnend ist jedenfalls, dass Jünger seinen letzten Großessay, die *Schere*, dem »Genre der Theodizeen« einreiht (SV4, 380).

Exemplarisch lässt sich dieser Pendelschlag zwischen Modernisierungskritik und Erneuerungshoffnung an den Reiseaufzeichnungen sehen, die anfangs einen Großteil von *Siebzig verweht* ausmachen (im ersten Band beispielsweise nehmen die entsprechenden Teile weit mehr als die Hälfte des Tagebuchs ein). Wie in den vorangegangenen Reisetagebüchern (s. Kap. III.4.1) bestätigt Jünger seine Theorie einer planetari-

schen Umwälzung, die in entlegenen Gebieten zwar »noch« die Zeit vor
Ankunft des »Arbeiters« entdecken kann, aber eben »immer seltener«.
Auf der Asienreise, deren umfangreiche Notizen das erste Drittel von
Siebzig verweht I umfassen, hält Jünger nach der Abfahrt in Kobe fest:

> Letzten Endes hatte es neben der Fülle an großen und schönen Bildern auch
> an schmerzlichen Eindrücken nicht gefehlt. Sie würden schnell zunehmen.
> Das hatte ich erwartet, da ich nicht nur von der Unvermeidlichkeit, sondern
> auch von der Notwendigkeit der Mythos- und Nomoszerstörung überzeugt
> bin und diese Überzeugung in allen Ländern der Welt bestätigt finde – doch
> immer mit einem Gefühl der Leere, wie bei einer langen Partie, wenn um
> Mitternacht die Karten aufs neue gemischt werden. Was wir an der Somme,
> wo wir unser Entrée bezahlten, konzentriert erlebten, das wiederholt sich in
> langen Abläufen. Es bleibt das Gefühl, daß es eingeschlagen hat, und immer
> das Bewußtsein naher und widriger Gefahr. (SW4, 130).

Jünger fügt aber bald darauf auch hinzu: Der »Ablösung der überkom-
menen Unterschiede durch sekundäre Arbeitscharaktere im Auftrag des
Weltherrn, der Gestalt des Arbeiters« folgten »Vergeistigung und neue
Rangordnung« (SW4, 133), so dass er die sentimentalische Trauer in ein
immerhin schwach ausgebildetes utopisches Bewusstsein im Sinne des
Zeitmauer-Essays überführt (s. Kap. IV.2.2).

Inhaltlich mag sich somit eine tiefere Skepsis als zuvor geltend machen, im Grunde aber wandelt der zitierte Passus lediglich Altbekanntes
ab. Entscheidend ist daher der Hinweis auf die Somme-Schlacht als Urbild einer sich nun wiederholenden geschichtlichen Bewegung. Denn diese Gedankenstruktur einer Verschachtelung historischer Ereignisse zur
Monumentalfigur des Arbeiterzeitalters prägt mit zunehmendem Alter die
Tagebuchaufzeichnungen, die sich der Variation des bereits Erlebten widmen und nach der lebensgeschichtlichen Einlösung oder Enttäuschung
von Phantasien oder Hoffnungen fragen. Am deutlichsten lässt sich das
an der Asienreise im Jahr 1986 sehen, deren Beschreibung Jünger 1987
zunächst unter dem aussagekräftigen Titel *Zwei Mal Halley* veröffentlicht
und dann in *Siebzig verweht IV* (1995) übernimmt. Diese Reise führt Jünger nämlich nicht nur an die Orte der Asienfahrt von 1965 (z.B. SW4, 81
u. dazu SV4, 91), sondern vor allem auch in seine Kindheit zurück, wo er
den Kometen erstmals gemeinsam mit seiner Familie betrachtet hat. So
beginnt bereits der erste Eintrag vom 7./8. April 1986 mit einer entsprechenden Bemerkung: »Bei jedem neuen Fluge nach entferntem Ziel überraschen Fortschritte zur Perfektion. Dieser Satz hätte sich während meiner
Kindheit gelesen wie in einem Roman von Jules Verne. Er hätte uns beflü-
gelt – doch inzwischen zeichneten sich die Schatten ein« (SV4, 24).

Anders gesagt: Jünger wird sich selbst zur geschichtlichen Figur. Er
muss nicht mehr auf die Erfahrungen der vorherigen Generation zu-

rückgreifen, sondern kann – wie es sich auf der Kaukasusreise deutlich abzeichnete (s. Kap. III.4.2) – an der eigenen Erlebniswelt den ›Untergang des Abendlandes‹ nachvollziehen. So schreibt er am 8. April 1986 in Kuala Lumpur: »Zum dritten Mal in dieser Stadt, sahen wir, wie sie sich wiederum verändert hat. Bald werden die letzten Gebäude der Kolonialzeit dem Weltstil gewichen sein« (SV4, 26). Zugleich gelingt es ihm aber auch, von seinem exzentrischen Standpunkt aus (sei es in Wilflingen oder in entfernten Weltgegenden) die eigene Lebensbahn mit der Bahn der Himmelserscheinung zu synchronisieren und auf diese Weise eine »Konjektur von buchstäblich kosmischem Zuschnitt« herzustellen (Meyer 1993, 607). Zwar bietet der Komet ein nur unspektakuläres Schauspiel, genau damit aber sorgt er für Gleichförmigkeit: »Halley stand ebenso deutlich am Himmel wie damals zu Rehburg vor sechsundsiebzig Jahren, als ich ihn mit Eltern und Geschwistern gesehen hatte« (SV4, 39). Gleichwohl vergisst Jünger nicht, seine Theorie von der »Zeitmauer« bzw. der »Linie« einzuspielen: »Ein Wiedersehen eigener Art, und unter Umständen, die damals keine Phantasie ersonnen hätte: in den Präludien der Wassermannzeit«. Daraufhin folgt der entscheidende Satz, durch den Jünger seine Perspektive privilegiert: »Ich glaube, es war Ranke, der sagte, als Historiker müsse man alt werden, denn nur, wenn man große Veränderungen persönlich erlebt habe, könne man solche wirklich verstehen« (SV4, 40).

Der variierende Gestus der Darbietung bestätigt somit die zugrundeliegende poetische Metaphysik der Ähnlichkeit und des Beziehungssinns, die bereits am Beispiel der *Subtilen Jagden* gezeigt worden ist (s. Kap. III.2.2). Durch die Performanz seines Schreibens macht Jünger sich zu einem in rhythmischen Wiederholungen schwingenden Textsubjekt, das nicht nur auf einer Außenseiterposition den allgemeinen »Schwund« registriert, sondern bei aller Minderung des »Optimismus« (SV4, 42) immer auch einen Ort in der letztlich harmonischen Ordnung der Welt für sich entdeckt. Wie in den *Subtilen Jagden* erfährt Jünger den Eindruck von Weltgeborgenheit auf verschiedenen Ebenen. Für den stereoskopisch Begabten bedeutet es nur einen kleinen Schritt von der freundschaftlichen Aufnahme in aller Welt (zumal bei Entomologen; SV4, 104) bis zur Überzeugung, »geleitet« zu werden, von der persönlichen Begegnung bis zur ungreifbaren, nur erahnbaren kosmischen Ordnungsmacht: »Das kann kein Zufall sein« (SV4, 57) könnte daher auch als Motto über *Siebzig verweht* stehen.

Die Logik der literarischen Verfahren spiegelt die naturale Logik der von Jünger anvisierten »erdgeschichtlichen« Perspektive wider. In einem doppelten Sinn – als literarisches Verfahren der Deutung und als Deutung des literarischen Verfahrens – stellt das *Siebzig-verweht*-Projekt eine »Paläontologie der Gegenwart« vor, um eine treffende Formulierung

Thomas Assheuers aufzugreifen (Assheuer 1995). Aus demselben Grund
könnte man sie daher auch als ein Alterswerk begreifen: Das Alter spielt
nicht nur eine Rolle, weil *Siebzig verweht* mit dem 70. Geburtstag beginnt, und nicht nur, weil die Tagebücher stets im Angesicht des Todes
geschrieben sind (immer wieder etwa muß Jünger von Personen Abschied nehmen, die ihn auf seinem Lebensweg begleitet haben, bis er zu
einem ›Überlebenden‹ seiner Generation wird) (Meyer 1993, 571,
575f.). Das Alter spielt eben auch deswegen eine Rolle, weil sich Jünger
bei der Überprüfung des historischen Zeigerstandes zunehmend selbst
objektiviert.

Bereits die ersten Bände von *Siebzig verweht* waren vielfach mit Reflexionen auf die Geschichte seines Werks durchzogen (z.B. SW5, 316f.,
357, 498f., 517f., 575f., 580, 637), was sicherlich auch mit der zur
Autoreferentialität anhaltenden Arbeit an den *Sämtlichen Werken* zusammenhängt. Im Nachwort zu diesem Projekt erklärt er: »Mit wachsendem
Alter wird man behutsamer, und die Frage nach der Verantwortung gewinnt an Gewicht« (SW18, 485; vgl. auch SW19, 359, 368). Einen
Höhepunkt erreicht die historisierende Selbstthematisierung im dritten
Band von *Siebzig verweht*, wo Jünger sich nicht nur als Gegenstand der
Literaturwissenschaft, sondern zudem häufig als Zeitzeuge reflektiert
und umgekehrt an andere Zeitzeugen Fragen zu seiner Biographie richtet. Auch hier spielt sein Alter eine besondere Rolle: »Das Pikante in
meinem Falle ergibt sich aus der Lebensdauer – mir werden Aussprüche,
die sechzig Jahr zurückliegen, ins Wachs gedrückt. Nicht jeder genießt
solche Aufmerksamkeit. Meine Kritiker entwickeln dabei einen unge-
meinen Spürsinn [...]« (SV3, 248; auch SV5, 178). Oftmals nimmt Jünger diesen »Spürsinn« positiv auf und folgt den Hinweisen seiner Leser
im Lauf des Bearbeitungsprozesses. Bisweilen greift er sogar – wie bei
den *Strahlungen* – auf gestrichene Stellen zurück und fügt sie wieder ein
(SV3, 307).

Zumal im letzten Band von *Siebzig verweht* beschäftigt Jünger sich
mehrfach mit der Möglichkeit des Autors, seinem Werk distanziert ge-
genüberzutreten, von ihm »ab[zu]rücken« (SV5, 20). Er sieht sich in
»ein hohes Alter« übergehen und kann ein »Fazit« ziehen (SV5, 116).
Dass diese Reflexionen mit der Bearbeitung der Manuskripte von *Siebzig verweht* zur Drucklegung parallel laufen, fügt sich ebenso ins »Mosaik der Biographie« (SV4, 20) von Jüngers später Autorschaft wie sein
Verständnis der *Schere* als eines endgültigen Statements zur Lage der
Zeit (SV5, 56f., 94). Der Autor wird sich im Laufe seiner Tagebücher
zunehmend zum abgeschlossenen Gegenstand. Das »System Jünger ist«,
wie Erhard Schütz es formuliert, »in die nächste Phase eingetreten«
(Schütz 1997). »Inzwischen bin ich museumsreif geworden«, stellt Jünger bereits 1975 fest, als ein Amerikaner Jünger-Devotionalien erstehen

will (SW5, 233), und 1986 bemerkt er, es mehrten sich Urteile, die seine Weltkriegsschriften als wichtige historische Quellen einordneten (SV4, 81). Umgekehrt durchstöbert er selbst sein eigenes Archiv wie ein Historiograph (z.b. SW5, 524) oder entdeckt wieder einmal die ihm unerwartet zugesandten Frühwerke (SW5, 536). Zugleich aber stellt sich wie im Essayistischen mit der _Schere_ im Diarischen mit _Siebzig verweht_ in gewisser Gegenläufigkeit zu dieser Figur der Selbstabschließung das Problem des Unabgeschlossenen mit neuer Schärfe, das von Anfang an zu den Charakteristika von Jüngers Werk gehört hat (Hahn 1995). Die Polyphonie eines sich aus fremden und eigenen Zitaten, fremden und eigenen Briefen, fremden und eigenen Reden zusammensetzenden Tagebuchs, die bereits im _Abenteuerlichen Herzen_ ansatzweise vorhanden war (Kron 1998, 112ff., 167ff.), verwandelt Jünger von einem Autor in einen Leser (Pekar 1998, 160f.) und sein Werk zum Zentrum einer universalen Kombinatorik, die auch den Boxer Mike Tyson mit ebenso dezenter Ironie wie entlarvender Überheblichkeit ins Spiel der Sympathien aufnimmt:

Mike Tyson, Boxchampion aller Klassen, 21 Jahr alt, quasi Analphabet, Ehrendoktor für Geisteswissenschaften der Wilberforce University of Ohio [...]. Gewalttätig, blickt auf eine Reihe von Vorstrafen zurück. Er gleicht, wie sein Biograph sagt, »einer Bombe, die jederzeit explodieren kann«. Dazu seine Selbstkritik:
»Ich weiß, daß ich ein Arschloch bin – aber das ist nun mal mein Stil.«
Nicht übel – ein Anarch auf seiner Stufe; das gäbe einen Zechgenossen des Trimalchio, eine Figur für den genialen Petronius. (SV4, 364).

6   Jüngers Fassungspoetik: _Autor und Autorschaft_

Den Eindruck der Zerstreutheit, den das Spätwerk zunehmend vermittelt, versteht Jünger als Lektüreherausforderung. Er wünscht sich ein Publikum, das sein Œuvre mit »stereoskopischem« Blick betrachtet. Aus diesem Grund zitiert er bereits 1934 gleichsam in poetologischer Verlängerung des _Sizilischen Briefs an den Mann im Mond_ (s. Kap. II.4) in _Blätter und Steine_ einen Aphorismus Blaise Pascals: »Jeder Autor hat einen Sinn, in welchem alle entgegengesetzten Stellen sich vertragen, oder er hat überhaupt gar keinen Sinn« (SW14, 164). Jüngers Beharren nach 1945, sein Werk nicht im Sinne einer Nullpunkt-Theorie in zwei Teile zu spalten, liegt ebenso auf dieser Linie wie sein oft zitiertes Diktum, er widerspreche sich nicht selbst, sondern bewege sich nur »durch verschiedene Schichten der Wahrheit« (SW3, 144; s. Kap. II.2.3). Jünger wehrt sich zwar dagegen, die politischen Stellungnahmen seiner nationalrevolutionären Phase immer wieder in kritischer Absicht vorgelegt zu bekommen, das bedeutet aber nicht, dass er sich von seinem Frühwerk per se distanziert (Hohoff 1970, 96) – er selbst macht ja in *Siebzig verweht* vor, wie man entdeckerisch mit vergessenen Schriften umgehen kann (s. Kap. IV.5).

Die umfänglichste Beschäftigung mit diesem Problemkomplex findet sich in der mehrmals erweiterten Gedankensammlung *Autor und Autorschaft*. Ein erster Teil erscheint 1981 in Band 13 der *Sämtlichen Werke*; 1984 gibt Jünger eine neue Version als Einzelausgabe heraus und ergänzt in den folgenden Jahren die Sammlung vor allem in Beiträgen zur Zeitschrift *Scheidewege*; auf die bereits 1988 publizierte französische Erstausgabe der nochmals vermehrten Überlegungen (als zweiter Teil von *L'auteur et l'écriture*) folgt erst im 1999 postum erschienenen Band 19 der *Sämtlichen Werke* die davon abweichende vollständige Fassung in deutscher Sprache (die französischen Ausgaben sind im übrigen auch nützlich, weil sie einen Index der zitierten Autoren und Werke enthalten). In mehr oder weniger kurzen Notizen reflektiert Jünger darin über Probleme des schöpferischen Prozesses und der adäquaten Rezeption, flicht aber auch Beobachtungen zu anderen Themen ein. *Siebzig verweht* ist *Autor und Autorschaft* nicht nur dem Duktus nach verwandt, bisweilen finden sich auch tatsächlich Tagebucheinträge oder Auszüge aus Briefen wie in den Diarien. Erneut ist das behandelte Themenspektrum zu breit, um einen konzisen Überblick bieten zu können, was nicht zuletzt an den konkreten stilkritischen Bemerkungen liegt, die einen facettenreichen Einblick in die literarische Werkstatt erlauben. Das ideelle Zentrum lässt sich dabei an einer gegenpolitischen, gegensozialen und gegenökonomischen Bestimmung von Autorschaft festmachen. Jünger überträgt gewissermaßen das Profil des »Waldgängers« im gleichnamigen Essay (s. Kap. IV.2.3) und des »Anarchen« in *Eumeswil* (s. Kap. IV.3.2) auf das des »Autors«. Dabei fordert Jünger nicht, dass der Autor sich auf jeden Fall unpolitisch zu verhalten habe, er sagt lediglich, dass er sich andernfalls von seinen ureigensten Aufgaben entferne. In »Über Sprache und Stil« (1980) erklärt er entsprechend: »Die Sprache hat [...] verschiedene Schichten und Aufgaben. Sie reichen von der bloßen Verständigung bis zum Gedicht« (SW13, 386).

Allen Überlegungen Jüngers zur Autorschaft geht die Überzeugung voraus, dass die Welt von Anbeginn an mit einem Makel behaftet ist (SW19, 271, 317, 354; Meyer 1993, 601ff.). Jede Schöpfung hebt den Zustand ungebrochener Einheit auf und zehrt fortan von dem Impuls, in die voranfängliche Harmonie wieder einzugehen. Für das Kunstwerk heißt das praktisch: Nur die Konzeption bewahrt eine ungeschmälerte

Reinheit, jegliche Realisierung hingegen bleibt notwendigerweise mangelhaft. Aus diesem Grund nimmt das Modell der »Annäherung« einen so prominenten Stellenwert bei Jünger ein (z.B. SV3, 386). Auch die Überlegungen zur »Weißung« (Boehm 1995, 1995, 14ff.; Figal 1995, 34f.) umkreisen dieses Problemfeld der vollkommenen Fülle, der »absolute[n] Unbefangenheit« (SW11, 323). Das Kunstwerk bezieht sich auf den allumfassenden Raum des Potentiellen, wählt jedoch notwendigerweise eine bestimmte Variante, die es als Wort, Bild oder Ton wahrnehmbar macht, schließt damit andere Möglichkeiten aus und wird auf diese Weise defizient.

Diese These führt Jünger zu einer Poetik der »Fassungen«. Der poetologische Zentralbegriff der »Fassungen«, wie Jünger ihn in den abschließenden Bemerkungen zu den beiden Gesamtausgaben (SW18, 463ff.; Paetel 1962, 78ff.) oder in »Fassungen«, einem seiner enigmatischen Texte aus dem Jahr 1961 (in französischer Übersetzung und faksimilierter Originalversion) bzw. 1963 (in einem deutschsprachigen Erstdruck) umkreist, legt die Dichtung auf den Ausdruck eines »Unaussprechlichen« fest, das nur in je unzulänglichen Versionen anvisiert werden könne. Jünger kombiniert höchste Anspruchssteigerung mit dem Verzicht auf Erfüllungshoffnung (Figal 1999, 185f.). Daher gilt prinzipiell: »Die Worte sind Fassungen« (SW13, 38), sie vermitteln ein »Gleichnis«, eine »Ahnung« oder einen »Abglanz«. Darüber hinaus versteht Jünger seine unablässige Selbstkritik und die daraus hervorgegangenen »Fassungen« seiner Werke, die in der Forschung mehrfach untersucht worden sind (vor allem Schonauer 1948; Loose 1950; Böhme 1972; Liebchen 1977; Knebel 1991; Dempewolf 1992; Kunicki 1993), als Umsetzungen eines in sich paradoxen, sich stets selbst unterlaufenden Prozesses der »Annäherung«. Jeder Strich, der die Oberfläche des Papiers unterbricht, jeder Buchstabe und jeder Satz, der geschrieben wird, um eine verlorene Harmonie wiederherzustellen, bedeutet eine Differenz und distanziert damit die angestrebte Einheit (»die Eins und das Eine«; SW13, 42). Die Handschrift, die Jünger immer wieder durch Faksimilierung von Manuskripten ins Spiel bringt, fungiert dabei insofern als privilegierte »Fassung«, als sie gleichsam am nächsten zur »Konzeption« und am weitesten von der dezentrierenden drucktechnischen Publikation entfernt steht und auf diese Weise zur Reauratisierung des Autors im ›Zeitalter der technischen Reproduzierbarkeit‹ beiträgt (z.B. Jünger 1949, 440f.; SW16, 90f.; SW17, 9, 62; Segeberg 1995, 108ff.). Der Autor steht diesem Modell zufolge im Zentrum alles durchdringender Sympathiebeziehungen, die sich in Träumen, in Visionen und eben auch in literarischen Werken spiegeln. Auf diese Weise verbuchte Jünger bereits den geheimnisvollen Bedeutungszuwachs, den die *Marmorklippen* nach ihrer Fertigstellung durch den Verlauf der Geschichte

erfahren haben (s. Kap. III.3). Der »aphoristische Charakter von End-
werken«, den Jüngers späte Schriften ja durchweg zeigen, will Jünger
ebenfalls in diesem Sinn als Eingeständnis einer bloßen »Annäherung«
verstanden wissen (SW19, 160).

Man kann dieses Problem ideengeschichtlich beruhigen und in die
Tradition der mystischen Schöpfungslehren einordnen – Jünger selbst
weist auf die Gnosis hin (z.B. SW19, 368). Mindestens ebenso aufschlussreich sind jedoch zwei weitere Konstellationen, in denen Jüngers
Zeitgenossenschaft deutlicher wird. Zum einen setzt die Fassungspoetik
seine zunächst militärische, dann politische Theorie der »Bewegung« in
ein poetologisches Konzept um. In der Zerstreuung des Soldaten im
Feld, im Einsatz kleiner Gruppen und in der Aufhebung starrer An-
griffs- und Verteidigungsformationen, die Jünger während des Ersten
Weltkriegs entwickelt bzw. praktisch umsetzt und in die *Ausbildungsvorschrift für die Infanterie* eingebracht hat, findet er das Modell für die
politische Arbeit des Nationalrevolutionärs, der sich der Jüngerschen
Bestimmung zufolge weniger durch programmatische Thesen, als vielmehr durch seine zwischen den extremen Parteien fluktuierende Oppo-
sitionshaltung auszeichnet (s. Kap. II.3 u. II.4). Diese Profilierung erklärt, warum der Krieg für Jünger zum kulturellen Paradigma werden
kann, und das nicht nur für die Gesellschaftsentwicklung, wie es die
»Totale Mobilmachung« oder der *Arbeiter* entwirft, sondern auch für die
Kunst. Immer wieder finden sich bei Jünger Vergleiche zwischen Soldat
und Autor, zwischen Schlachtfeld und Papier und zwischen Krieg und
literarischem Prozess: Der »Kampf mit dem Papier« begleitet ihn zeit
seines Lebens (SW18, 487; vgl. auch SW5, 434 u. SW19, 76; Martus
2000). Die Ähnlichkeitsästhetik, die Jünger vor allem in der ersten Fassung des *Abenteuerlichen Herzens* ausarbeitet, setzt aus dieser Perspektive
die Erfahrung der Dezentrierung des Subjekts in eine poetische Faktur
um, die ihre Energie nicht aus einem mit sich selbst identischen Sinn
zieht, sondern aus einer Sprachbewegung, für die der in- und externe
Beziehungsreichtum eines Werks entscheidend ist.

Die zweite Linie hin zu Jüngers Fassungspoetik führt daher – um es
schlagwortartig zu formulieren – von Heidegger zum Poststrukturalismus entlang einer spezifischen philosophischen Epochenproblematik
von »Destruktion« und »Dekonstruktion« (Renner 1988, 264ff.; Kröll
1997), deren kulturgeschichtliche Kontur im Fall der Existenzphilosophie durch die Kombination des »Ersten Weltkriegs« mit der »Geburt
der Moderne« (Eksteins 1990) zu beleuchten wäre. Auch das Verhältnis
von Jünger zu Georges Bataille verdient in diesem Kontext eine genauere Analyse (Alessio 1999, 107ff.). Jünger schließt an den Überbietungs-
habitus, der bei Heidegger die Frage nach dem »Sein« und bei Denkern
des Poststrukturalismus nach der »Schrift« oder dem »Signifikanten«

annimmt, nicht nur mit seiner provokativen Absage an traditionell gültige moralische, politische oder soziale Maßstäbe an, sondern auch konkret mit der Frage, welcher unerreichbare Grund der poetischen Sprache als Bedingung ihrer Möglichkeit vorausliege (s. Kap. IV.2.1). Daß Jünger sich in *Eumeswil* und in einem auf den Roman bezugnehmenden Beitrag (»Spiegelbild«, 1978; SW13, 375ff.) mit dem »Spiegel« beschäftigt und im zeitlichen Kontext der Arbeit an *Eumeswil* Jacques Lacan zitiert (SW5, 189), den poststrukturalistischen Erfinder des »Spiegelstadiums« als Urszene des stets zum Scheitern verurteilten Einheitsverlangens (Lacan 1996, 61ff.), sei nur als Fußnote erwähnt. Denn entscheidend ist nicht eine etwaige theoretische Affinität, sondern die Lektüre der Jüngerschen Werke selbst, die sich das Verfehlen ihrer Intention einzeichnen. Jüngers scheinbar so sicheren literarischen Zugriff auf die Welt und die deutende Verwaltung der Dinge durchzieht das Bewusstsein der Vergeblichkeit. Aus diesem Grund scheitern die Helden Jüngers in einer literarischen Welt, deren Darstellung – wie oftmals kritisiert – eigentumlich unbestimmt bleibt und in der das Disparate (zusammengehalten durch Motivspiegelungen, thematische Modulationen und Andeutungen) vorherrscht; aus diesem Grund füllt Jünger Tausende von Seiten mit Variationen seiner Themen und Motive, schiebt seine Werke ineinander, verwendet ältere Werke als »Steinbrüche« für neuere Werke und legt eine »Fassung« nach der anderen vor. Man kann diese »Fassungen« auf ihren je historischen Entstehungsgrund hin befragen oder sich vom Ideal der Perfektionierung leiten lassen, also eine »Finalitätsthese« wie z.B. Ulrich Böhme (Böhme 1972) oder eine »Opportunitätsthese« wie z.B. Gerda Liebchen (Liebchen 1977) aufstellen (Knebel 1991; s. Kap. II.1.1). Zugleich sollte man aber nicht übersehen, dass auch die Beziehungen der Werke (nicht diese selbst an sich) und die Beziehungen der Fassungen einen »Sinn« ins Spiel bringen und dass diese Poetik des Beziehungssinns und der Ähnlichkeit das interne Verweisungsspiel auf höherer Ebene wiederholt.

Die sprachliche Gestaltung markiert einen Ursprung, der eben damit zugleich phantasmatisch bzw. ›unfassbar‹ im Sinne der Fassungspoetik bleiben muss. Das »Eine« oder »Ungesonderte« bildet die Leerstelle, auf die Jüngers Sprachbewegung als ihren Herkunftsort und als ihr Ziel deutet und die sie damit zugleich unerreichbar fern hält. Auch die Textphysiognomie der Manuskripte dokumentiert das Bruchstückhafte des literarischen Unterfangens wie die Sehnsucht nach einer weitest möglichen Verschlingung von Papier, Schrift und Welt. Denn zumal die späten Werke wie die *Strahlungen* entstehen aus einem Konvolut von Blättern, Notizzetteln und Textsorten jeglicher Art (Hotelrechnungen, Werbebroschüren, Zeitungsausschnitte, Buchseiten, Besprechungen etc.), und selbst wenn der Stoff in gleichmäßig fortlaufenden Zeilen gebändigt ist, durchbricht Jünger nicht nur die Linearität des Textflusses, sondern auch die Zweidimensionalität des Blatts durch scheinbar willkürlich mit Klebestreifen eingefügte Naturobjekte, durch gepresste Blüten und Blätter, Vogelfedern oder Insekten – im Manuskript der *Schere* schmückt er jedes Blatt auf diese Weise. Jünger stört auf vielfältige Art die Logik der Schrift, um eine in der Poesie verborgene Energie freizusetzen. Man muss dieses mit seherischem Pathos formulierte Anliegen nicht akzeptieren, und auch an der Relevanz einer inhaltlichen Auseinandersetzung mit Jüngers Schriften ändert das nichts. Aber man sollte die literarische Geste zur Kenntnis nehmen und auch diese Ebene in die Analyse einbeziehen. In einem Brief an einen seiner Interpreten fasst Jünger den damit verbundenen radikalen Anspruch zusammen:

Das Wort kann das schweigende Sein, dem es entstammt, nie wirklich erfassen. Alles Vergängliche ist nur ein Gleichnis, und zum Vergänglichen gehören auch Sprache und Wort. Daher auch die Sorge, daß es nicht genüge – Fassungen umkreisen das Unfaßbare und können es nur aussparen. (zit. nach Böhme 1972, 5f.)

V. Literaturverzeichnis

1. Abkürzungen

SW = Ernst Jünger: *Sämtliche Werke*. 18 Bde. u. 1 Supplementband [= Bd.19]. Stuttgart 1978ff. (zitiert mit Sigle sowie nachfolgender Band- und Seitenangabe)
SV3 = Ernst Jünger: *Siebzig verweht III*. Stuttgart 1993.
SV4 = Ernst Jünger: *Siebzig verweht IV*. Stuttgart 1995.
SV5 = Ernst Jünger: *Siebzig verweht V*. Stuttgart 1997.

2. Werke Ernst Jüngers

2.1 Gesamtausgaben

Werke. 10 Bde. Stuttgart 1960-1965.
Sämtliche Werke. 18 Bde. u. 1 Supplementband [= Bd.19]. Stuttgart 1978ff. [= SW]:

Bd.1: Tagebücher I. Der Erste Weltkrieg. 1978. (In Stahlgewittern; Das Wäldchen 125. Eine Chronik aus den Grabenkämpfen 1918; Feuer und Blut. Ein kleiner Ausschnitt aus einer großen Schlacht; Kriegsausbruch 1914)
Bd.2: Tagebücher II. Strahlungen I. 1979.
Bd.3: Tagebücher III. Strahlungen II. 1979.
Bd.4: Tagebücher IV. Strahlungen III. 1982. [= Siebzig verweht I]
Bd.5: Tagebücher V. Strahlungen IV. 1982. [= Siebzig verweht II]
Bd.6: Tagebücher VI. Reisetagebücher. 1982. (Dalmatinischer Aufenthalt; Myrdun; Aus der Goldenen Muschel; Atlantische Fahrt; Ein Inselfrühling; Am Sarazenenturm; San Pietro; Serpentara; Ein Vormittag in Antibes; Xylókastron; [dazu:] Nachtrag 1980; Spitzbergen)
Bd.7: Essays I. Betrachtungen zur Zeit. 1980. (Der Kampf als inneres Erlebnis; Feuer und Bewegung; Die Totale Mobilmachung; [dazu:] Rückblick. 23. August 1980; Über den Schmerz; Der Friede; Über die Linie; Der Waldgang; Der Gordische Knoten; Der Weltstaat. Organismus und Organisation; Ansprache zu Verdun. Am 24. Juni 1979)
Bd.8: Essays II. Der Arbeiter. 1981. (Der Arbeiter. Herrschaft und Gestalt; Maxima – Minima. Adnoten zum »Arbeiter«; Aus der Korrespondenz zum »Arbeiter«; An der Zeitmauer)
Bd.9: Essays III. Das Abenteuerliche Herz. 1979. (Sizilischer Brief an den Mann im Mond; An einen verschollenen Freund; Das Abenteuerliche Herz. Erste Fassung. Aufzeichnungen bei Tag und Nacht; Das Abenteuerliche Herz. Zweite Fassung. Figuren und Capriccios; Sgraffiti)
Bd.10: Essays IV. Subtile Jagden. 1980. (Subtile Jagden; Parerga zu »Subtile Jagden«: Subtile Jagden. Frühe Entwürfe. Carabus rutilans. Forscher und Liebhaber. Ansprache vor den Bayerischen Entomologen; Angeregt durch ein Bilderbuch; Geleitwort zu Adolf Horions »Käferkunde für Naturfreunde«; Adolf Horion zum 70. Geburtstag; Erinnerungen an Adolf Horion)

Bd.11: Essays V. Annäherungen. 1978. (Annäherungen. Drogen und Rausch; Parerga zu »Annäherungen«: Hund und Katz; Zum Glücksspiel; Potenz und Vermögen / Umsatz und Kapital; Die Preußen und der Krieg; Bücher und Leser; Krankheit und Dämonie / Notizen zu Walters Mißgeschick)

Bd.12: Essays VI. Fassungen I. 1979. (Lob der Vokale; Sprache und Körperbau; Das Sanduhrbuch; November; Dezember; Sardische Heimat. Ein Gang durch das Museum von Cagliari; Der Baum; Steine; Federbälle; Philemon und Baucis. Der Tod in der mythischen und in der technischen Welt; Rund um den Sinai; Epigramme; Mantrana)

Bd.13: Essays VII. Fassungen II. 1981. (Am Kieselstrand; Drei Kiesel; Fassungen. Zur Offenbarung Johannis; Das Spanische Mondhorn; Typus, Name, Gestalt; Prometheus – von der Physik belehrt?; Grenzgänge; Sinn und Bedeutung. Ein Figurenspiel; Zahlen und Götter; Träume; Spiegelbild; Über Sprache und Stil; Autor und Autorschaft)

Bd.14: Essays VIII. Ad hoc. 1978. (Caspar René Gregory; Alfred Kubins Werk; Nachruf auf André Gide; Geburtstagsbrief an William Matheson; Karl O. Paetel zum 50. Geburtstag; An Friedrich Georg zum 65. Geburtstag; An Friedrich Georg zum 70. Geburtstag; Familiäre Notiz; Brief nach Rehburg; Nelsons Aspekt. Hans Speidel zum 70. Geburtstag; Erinnerungen an Henry Furst; Zwei Besuche. In Memoriam Jean Schlumberger; Ausgehend vom Brümmerhof. Alfred Toepfer zum 80. Geburtstag; Post nach Princeton; Alonso de Contreras; Kriegsstücke von drüben; Vorwort zu »Blätter und Steine«; Geleitwort zu Hans Speidels »Invasion 1944«; Antaios. Zeitschrift für eine freie Welt; Zur Verleihung des Rudolf-Alexander-Schröder-Preises; Zur Verleihung des Immermann-Preises der Stadt Düsseldorf; Zur Verleihung des Straßburg-Preises; Zur Verleihung der Freiherr-vom-Stein-Medaille in Gold; Bei einem Empfang der Stadt Laon; Zur Verleihung des Schiller-Gedächtnispreises des Landes Baden-Württemberg; Durchbruch? von Paul Toinet; Rivarol; In Memoriam. Von Paul Léautaud)

Bd.15: Erzählende Schriften I. Erzählungen. 1978. (Sturm; Afrikanische Spiele; Auf den Marmorklippen; Die Eberjagd; Besuch auf Godenholm; Gläserne Bienen)

Bd.16: Erzählende Schriften II. Heliopolis. 1980. (Heliopolis. Rückblick auf eine Stadt; Stücke zu »Heliopolis«: Das Haus der Briefe; Die Phantomschleuder; Die Wüstenwanderung; Über den Selbstmord; Ortner über den Roman)

Bd.17: Erzählende Schriften III. Eumeswil. 1980.

Bd.18: Erzählende Schriften IV. Die Zwille. 1983. (Die Zwille; Aladins Problem; Eine gefährliche Begegnung; Herbst auf Sardinien; Auf eigenen Spuren. Anläßlich der ersten Gesamtausgabe; Post Festum. Danksagung bei der Feier meines 80. Geburtstages. Zugleich Nachwort zur zweiten Gesamtausgabe)

Bd.19: Essays IX. Fassungen III. 1999. (Autor und Autorschaft; Autor und Autorschaft. Nachträge; Notizblock zu »Tausendundeine Nacht«; Die Schere; Gestaltwandel. Eine Prognose auf das 21. Jahrhundert)

2.2 Zitierte Einzelausgaben und Beiträge (in zeitlicher Reihenfolge)

Jünger 1920a: In Stahlgewittern. Aus dem Tagebuch eines Stoßtruppführers. Mit 5 Abbildungen und dem Bilde des Verfassers. Leisnig 1920.

Jünger 1920b: »Skizze moderner Gefechtsführung«. In: Militär-Wochenblatt 105. H.20 (13. November 1920), Sp.433-435.

Jünger 1921: »Die Technik in der Zukunftsschlacht«. In: Militär-Wochenblatt 106. H.14 (1. Oktober 1921), Sp.288-290.

Jünger 1922a: In Stahlgewittern. Aus dem Tagebuch eines Stoßtruppführers. Mit dem Bilde des Verfassers. 2.Aufl. Berlin 1922.

Jünger 1922b: Der Kampf als inneres Erlebnis. Berlin 1922.

Jünger 1923: »Revolution und Idee«. In: *Unterhaltungsbeilage zu Nummer 196 des »Völkischen Beobachters«* 1. Nr.4 (23./24. September 1923), [S. 1].

Jünger 1924: *In Stahlgewittern. Aus dem Tagebuch eines Stoßtruppführers.* 5., völlig neubearbeitete und erweiterte Auflage. Berlin 1924.

Jünger 1925a: *Feuer und Blut. Ein kleiner Ausschnitt aus einer großen Schlacht.* Magdeburg 1925.

Jünger 1925b: »Der Krieg als äußeres Erlebnis«. In: *Die Standarte. Beiträge zur geistigen Vertiefung des Frontgedankens. Sonderbeilage des Stahlhelm.* H.4 (27. September 1925), S. 2.

Jünger 1925c: »Die Materialschlacht«. In: *Die Standarte. Beiträge zur geistigen Vertiefung des Frontgedankens. Sonderbeilage des Stahlhelm.* H.5 (4. Oktober 1925), S. 2.

Jünger 1925d: »Die Maschine«. In: *Die Standarte. Beiträge zur geistigen Vertiefung des Frontgedankens. Sonderbeilage des Stahlhelm.* H.15 (13. Dezember 1925), S. 2.

Jünger 1926a: *Das Wäldchen 125. Eine Chronik aus den Grabenkämpfen 1918.* 2. Aufl. Berlin 1926.

Jünger 1926b: »Schließt Euch zusammen! Schlußwort«. In: *Standarte. Wochenschrift des Neuen Nationalismus* 1, H.17 (22. Juli 1926), S. 391-395.

Jünger 1926c: »Der Nationalismus der Tat«. In: *Arminius. Kampfschrift für deutsche Nationalisten* 7. H.41 (21. November 1926), S. 7-11.

Jünger 1926d: »Was Herr Seldte sagen sollte ...«. In: *Arminius. Kampfschrift für deutsche Nationalisten* 7. H.44 (12. Dezember 1926), S. 5-8.

Jünger 1927a: »Die Schicksalszeit«. In: *Arminius. Kampfschrift für deutsche Nationalisten* 8. H.1 (2. Januar 1927), S. 5-7.

Jünger 1927b: »Das Sonderrecht des Nationalismus«. In: *Arminius. Kampfschrift für deutsche Nationalisten* 8. H.4 (23. Januar 1927), S. 3-5.

Jünger 1927c: »Nationalismus und modernes Leben«. In: *Arminius. Kampfschrift für deutsche Nationalisten* 8. H.8 (20.Februar 1927), S. 3-6.

Jünger 1927d: »Hans Sturm: Briefe eines Nationalisten«. In: *Arminius. Kampfschrift für deutsche Nationalisten* 8. H.9 (27. Februar 1927), S. 8-9.

Jünger 1927e: »Hans Sturm: Briefe eines Nationalisten«. In: *Arminius. Kampfschrift für deutsche Nationalisten* 8. H.10 (6. März 1927), S. 7-9.

Jünger 1927f: »Hans Sturm: Briefe eines Nationalisten«. In: *Arminius. Kampfschrift für deutsche Nationalisten* 8. H.11 (12. März 1927), S. 8-9.

Jünger 1927g: »Nationalismus und Nationalsozialismus«. In: *Arminius. Kampfschrift für deutsche Nationalisten* 8. H.13 (27. März 1927), S. 8-10.

Jünger 1927h: »Grundlagen des Nationalismus. Vier Aufstätze«. In: *Stahlhelm-Jahrbuch 1927.* Im Auftrag der Bundesleitung des »Stahlhelm«, Bund der Frontsoldaten, hrsg. von Franz Schauwecker. Magdeburg 1927, S. 68-88.

Jünger 1928a: »Vorwort«. In: Ernst Jünger (Hg.): *Luftfahrt ist not!* Leipzig/Nürnberg 1928, S. 9-13.

Jünger 1928b: Ernst Jünger (Hg.): *Die Unvergessenen.* München 1928.

Jünger 1929a: »An den Gegner«. In: *Der Tag* Nr.48 (24. Februar 1929), [S. 8].

Jünger 1929b: »›Nationalismus‹ und Nationalismus«. In: *Das Tagebuch* 10. H.38 (21. September 1929), S. 1552-1558.

Jünger [1929c]: »Vorwort«. In: Ernst Jünger (Hg.): *Der Kampf um das Reich.* Mit 61 Abbildungen und 1 Karte. Essen [1929], S. 5-9.

Jünger 1930a: Ernst Jünger (Hg.): *Das Antlitz des Weltkrieges. Fronterlebnisse deutscher Soldaten. Mit etwa 200 photographischen Aufnahmen auf Tafeln, Kartenanhang sowie einer chronologischen Kriegsgeschichte in Tabellen.* Berlin 1930.

Jünger 1930b: »Über Nationalismus und Judenfrage«. In: *Süddeutsche Hefte* 27 (1929/30), S. 843-845.

Jünger 1930c: »Die Arbeits-Mobilmachung«. In: *Die Kommenden. Überbündische Wochenschrift der deutschen Jugend* 5. H.31 (1. August 1930), S. 361f.

Jünger 1930d: Ernst Jünger (Hg.): *Krieg und Krieger*, Berlin 1930.

Jünger 1930e: »Schlußwort zu einem Aufsatze«. In: *Widerstand. Zeitschrift für nationalrevolutionäre Politik* 5. H.1 (1930), S. 8-13.

Jünger 1930f: »Über Nationalismus und Judenfrage«. In: *Die Kommenden. Überbündische Wochenschrift der deutschen Jugend* 5, H.38 (19. September 1930), S. 445f.

Jünger 1931a: »Über die Gefahr«. In: Ferdinand Buchholtz (Hg.): *Der gefährliche Augenblick. Eine Sammlung von Bildern und Berichten. 200 Seiten mit über 100 Abbildungen. Mit einer Einleitung von Ernst Jünger.* Berlin 1931, S. 11-16.

Jünger 1931b. Richard Junior (Hg.): *Das Antlitz des Weltkrieges. Schlußband. Hier spricht der Feind. Kriegserlebnisse unserer Gegner. Mit einer Einleitung von Ernst Jünger.* Berlin [1931].

Jünger 1933: Edmund Schultz (Hg.): *Die veränderte Welt. Eine Bilderfibel unserer Zeit. Mit einer Einleitung von Ernst Jünger.* Breslau 1933.

Jünger 1934: *Blätter und Steine.* Hamburg 1934.

Jünger [1937]: *Afrikanische Spiele.* Hamburg [1937].

Jünger 1941: *Auf den Marmorklippen.* [5.Aufl.] Hamburg 1941.

Jünger 1942a: *Blätter und Steine.* [3.Aufl.] Hamburg 1942.

Jünger 1942b: *Gärten und Straßen. Aus den Tagebüchern von 1939 und 1940.* 2.Aufl. Berlin 1942.

Jünger 1948: »Der Friede«. In: *Die Aussprache.* Folge 5 (1948), S. 5-16.

Jünger 1949a: *Strahlungen.* Tübingen 1949.

Jünger 1949b: *Heliopolis. Rückblick auf eine Stadt.* 2.Aufl. Tübingen 1949.

Jünger 1950: *Über die Linie.* Frankfurt a.M. 1950.

Jünger 1957: *Gläserne Bienen.* Stuttgart 1957.

Jünger 1958: *Jahre der Okkupation.* Stuttgart 1958.

Jünger 1959: »Vom Ende des geschichtlichen Zeitalters«. In: Günther Neske (Hg.): *Martin Heidegger zum siebzigsten Geburtstag. Festschrift.* Pfullingen 1959, S. 309-341.

Jünger 1960: *Der Weltstaat. Organismus und Organisation.* Stuttgart 1960.

Jünger/Kubin 1975: Jünger, Ernst/Kubin, Alfred: *Eine Begegnung. Acht Abbildungen nach Zeichnungen und Briefen von Ernst Jünger und Alfred Kubin.* Frankfurt a.M./Berlin/Wien 1975.

Jünger 1983: »Le Travailleur planétaire. Entretien avec Ernst Jünger«. In: Michel Haar (Hg.): *L'Herne. Martin Heidegger.* Paris 1983, S. 145-150.

Jünger 1985: *Eine gefährliche Begegnung.* 2. Aufl. Stuttgart 1985.

Jünger 1989: »Ja, gut. André Müller spricht mit dem Dichter Ernst Jünger«. In: *Die Zeit* Nr.50 (8. Dezember 1989), S. 61f.

Jünger 1992a: *Auf den Marmorklippen.* 12. Aufl. Frankfurt a.M./Berlin 1992.

Jünger 1992b: »Der fehlende Stein. Nochmals zum Brief Roland Freislers«. In: *Frankfurter Allgemeine Zeitung* Nr.258 (5. November 1992), S. 33.

Jünger 1993: *Siebzig verweht III.* Stuttgart 1993 [= SV3].

Jünger 1994: *Siebzig verweht IV.* Stuttgart 1995 [= SV4].

Jünger 1997: *Siebzig verweht V.* Stuttgart 1997 [= SV5].

Jünger/Schlichter 1997: Jünger, Ernst/Schlichter, Rudolf: *Briefe 1935-1955.* Hrsg., kommentiert und mit einem Nachwort von Dirk Heißerer. Stuttgart 1997.

Jünger/Schmitt 1999: Jünger, Ernst/Schmitt, Carl: *Briefe 1930-1983.* Hrsg., kommentiert und mit einem Nachwort von Helmuth Kiesel. Stuttgart 1999.

3. Bibliographische Hilfsmittel

Benoist, Alain de: »Bibliographie. Livres sur Ernst Jünger. Filmographie«. In: *Nouvelle École* 48 (1996), S. 111-116. (1996a)

–: »Bibliographie. Selection de textes sur Jünger parus en langue française«. In: *Nouvelle École* 48 (1996), S. 138-142. (1996b)

–: *Ernst Jünger. Une Bio-Bibliographie.* Paris 1997.

Dorsch, Nikolaus/Kampmann, Martina: »Auswahlbibliographie zu Ernst Jünger«. In: *Text + Kritik* 105/106 (1990), S. 155-164.

Mühleisen, Horst: *Bibliographie der Werke Ernst Jüngers. Begründet von Hans Peter des Coudres.* Stuttgart 1996.

Paetel, Karl O.: *Ernst Jünger. Eine Bibliographie.* Stuttgart 1953. [wichtig wegen der frühen Sekundärliteratur zu Jünger]

Riedel, Nicolai: »Ernst Jünger. Sekundärliteratur«. In: Heinz Ludwig Arnold (Hg.): *Kritisches Lexikon zur deutschsprachigen Gegenwartsliteratur.* [unregelmäßig erneuerte Loseblattsammlung; zur Zeit Stand 1.8. 1994]

–: »Internationale Ernst-Jünger-Bibliographie (1986-1996). Ein Jahrzehnt Wirkungsgeschichte im Spiegel geistesgeschichtlicher und literaturwissenschaftlicher Forschung«. In: *Les Carnets Ernst Jünger* 1 (1996), S. 205-222.

–: »Internationale Ernst-Jünger-Bibliographie (1986-1996). Teil II: Chronologische Ergänzung und Nachträge 1997«. In: *Les Carnets Ernst Jünger* 2 (1997), S. 205-222.

Schmidt, Heiner: *Quellenlexikon zur deutschen Literaturgeschichte. Bibliography of Studies on German Literary History. Personal- und Einzelwerkbibliographien der internationalen Sekundärliteratur 1945-1990 zur deutschen Literatur von den Anfängen bis zur Gegenwart.* Bd.15. 3., überarb., wesentl. erweiterte u. auf den neuesten Stand gebrachte Aufl. Duisburg 1998, S. 110-132.

4. Sekundärliteratur

Alessio, Manuela: »Individu et communauté chez Ernst Jünger. Les écrits de la Grande Guerre«. In: *Les Carnets Ernst Jünger* 4 (1999), S. 101-115.

Altwegg, Jürg: »Die schützende Hand des Diktators. Blick in französische Zeitschriften: Hitler, Jünger und eine Pariser ›Exklusivität‹«. In: *Frankfurter Allgemeine Zeitung* Nr.136 (13.6.1992), S. 28.

Andersch, Alfred: »Metaphorisches Logbuch«. In: *Frankfurter Hefte* 5 (1950), S. 209-211.

–: »Cicindelen und Wörter. Ernst Jünger, ›Subtile Jagden‹«. In: ders.: *Norden Süden recht und links. Von Reisen und Büchern 1951-1971.* Zürich 1972, S. 322-326.

–: »Amriswiler Rede auf Ernst Jünger«. In: Arbogast (Hg.) 1995, S. 93-106.

Anchieri, Thomas: »Palimontologie der Gegenwart. Ernst Jüngers Tagebücher ›Siebzig verweht (1980/1981/1993)‹«. In: Müller/Segeberg 1995, S. 269-281.

–: »In der Löwengrube. Wie Hans Grimm, Ernst Jünger und andere konservative Autoren nach 1945 versuchten, Deutschland zum Opfer zu stilisieren, und warum heute manch einer wieder Gefallen daran findet«. In: *Die Zeit* Nr.37 (7.9.2000), S. 84.

Aragon, Louis: *Pariser Landleben. Le Paysan de Paris. Nachwort von Elisabeth Lenk.* München 1969.

Arnold, Heinz Ludwig (Hg.): *Wandlung und Wiederkehr. FS zum 70. Geburtstag Ernst Jüngers.* Aachen o.J.

Arnold, Heinz Ludwig: »Zur Rezeption Jüngers«. In: *Streit-Zeit-Schrift* 6. H.2 (1968), S. 72-74.

–: *Krieger, Waldgänger, Anarch. Versuch Über Ernst Jünger.* Göttingen 1990.

Arbogast, Hubert (Hg.): *Über Ernst Jünger.* Stuttgart 1995.

Arzt, Thomas /Müller, K. Alex /Hippius-Gräfin Dürckheim, Maria (Hgg.): *Jung und Jünger. Gemeinsamkeiten und Gegensätzliches in den Werken von Carl Gustav Jung und Ernst Jünger.* Würzburg 1999.

Arzt, Thomas: »Naturphilosophisches Denken in den Werken von C. G. Jung und Ernst Jünger«. In: Arzt u.a. 1999, S. 13-37.

Aubertin, Olivier: »Ernst Jünger et Maurice Barrès«. In: *Les Carnets Ernst Jünger* 3 (1998), S. 141-153.

Ausbildungsvorschrift für die Infanterie. Heft I. Berlin 1922 (H.Dv.Nr.130).

Baden, Hans Jürgen: »Ernst Jüngers christliches Zwischenspiel«. In: *Neue Zeitschrift für systematische Theologie* 3 (1961), S. 328-345.

Banine: *Portrait d'Ernst Jünger. Lettres, textes et rencontres*. Paris 1971.

—: *Ernst Jünger aux faces multiples*. Lausanne 1989.

Bargatzky, Walter: *Hotel Majestic. Ein Deutscher im besetzten Frankreich. Vorwort von Peter Scholl-Latour*. Freiburg i. Br.1987.

Baron, Ulrich: »›Qualitäten des Überganges‹. Der Rausch in Leben und Werk Ernst Jüngers«. In: *Text + Kritik* 105/106 (1990), S. 89-97.

—: »Jüngers Erzählung *Besuch auf Godenholm* (1952). Annäherungen an *Drogen und Rausch* (1970)«. In: Müller/Segeberg 1995, S. 199-216.

Bastian, Klaus-Frieder: *Das Politische bei Ernst Jünger. Nonkonformismus und Kompromiß der Innerlichkeit*. Diss. Heidelberg 1963.

Baumer, Franz: *Ernst Jünger*. Berlin 1967.

Becher, Martin Roda: »Im Innern der Erfindung. Notizen zu Ernst Jüngers utopischen Romanen«. In: *Merkur* 35 (1981), S. 632-637.

Becher, Hubert: *Ernst Jünger. Mensch und Werk*. Warendorf 1949.

—: »Heliopolis«. In: *Stimmen der Zeit. Monatschrift für das Geistesleben der Gegenwart* 146 (1949/50), S. 109-119.

Bein, Sigfrid: »Der Arbeiter. Typus – Name – Gestalt«. In: Arnold (Hg.) o.J. S. 107-116.

Beltran-Vidal, Danièle: *Chaos et renaissance dans l'œvre d'Ernst Jünger*. Bern/Berlin/Frankfurt a.M./New York/Paris/Wien 1995.

—: »Héros et Héraut dans ›Der Kampf als inneres Erlebnis‹«. In: *Les Carnets Ernst Jünger* 1 (1996), S. 89-103. (1996a)

—: »Images du paysage méditerranéen dans les récits d'Ernst Jünger *Sur les falaises de marbre, Héliopolis, Eumeswil*«. In: *Images d'Ernst Jünger* 1996, S. 105-129. (1996b)

—: »Der poetische Schaffensprozeß bei Ernst Jünger: Sehen, Konzipieren, Komponieren«. In: Koslowski (Hg.) 1996, S. 81-96. (1996c)

—: »Le processus de la création littéraire chez Ernst Jünger: voir, concevoir, composer«. In: *Études Germaniques* 51 (1996), S. 771-785. (1996d)

—: »Ernst Jünger et Léon Bloy«. In: *Revue de Littérature Comparée* 71 (1997), S. 509-523.

—: »Regards des frères Jünger sur la Grande Guerre en 1939«. In: *Les Carnets Ernst Jünger* 4 (1999), S. 163-174. (1999a)

—: »Umbruchbewußtsein und magisch-realistische Schreibweise in Ernst Jüngers Erzählung *Eine gefährliche Begegnung*«. In: *Les Carnets Ernst Jünger* 4 (1999), 189-204. (1999b)

Benjamin, Walter: »Erfahrung und Armut«. In: ders.: *Gesammelte Schriften*. Bd.II,1. Hrsg. von Rolf Tiedemann und Hermann Schweppenhäuser. Frankfurt a.M. 1991, S. 213-219. (1991a)

—: »Theorien des deutschen Faschismus. Zu der Sammelschrift ›Krieg und Krieger‹«. Herausgegeben von Ernst Jünger. In: ders.: *Gesammelte Schriften*. Bd. III. Hrsg. von Hella Tiedemann-Bartels. Frankfurt a.M. 1991, S. 238-250. (1991b)

—: »Paris, die Stadt im Spiegel. Liebeserklärungen der Dichter und Künstler an die ›Hauptstadt der Welt‹«. In: ders.: *Gesammelte Schriften*. Bd. IV,1. Hrsg. von Tillmann Rexroth. Frankfurt a. M. 1991, S. 356-359. (1991c)

Benoist, Alain de: »Bibliographie. Livres sur Ernst Jünger. Filmographie«. In: *Nouvelle École* 48 (1996), S. 111-116. (1996a)

—: »Bibliographie. Selection de textes sur Jünger parus en langue française«. In: *Nouvelle École* 48 (1996), S. 138-142. (1996b)

Benn, Gottfried: »An Ernst Jünger«. In: Mohler (Hg.) 1955, S. 171.

Bense, Max: *Ptolemäer und Mauretanier oder die theologische Emigration der deutschen Literatur.* Köln/Berlin 1950.

Berglund, Gisela: *Der Kampf um den Leser im Dritten Reich. Die Literaturpolitik der »Neuen Literatur« (Will Vesper) und der »Nationalsozialistischen Monatshefte«.* Worms 1980.

Bergsdorf, Wolfgang: »Über den abnehmenden Utopiebedarf der Postmoderne«. In: Figal/Schwilk (Hgg.) 1995, S. 59-71.

Bernhard, Hans-Joachim: »Apologie und Kritik. Individualistisches Weltbild und gesellschaftliche Verantwortung in Ernst Jüngers ›Gläserne Bienen‹ und Paul Schallücks ›Engelbert Reineke‹«. In: *Neue deutsche Literatur* 10. H.4 (1962), S. 42-55.

Berthold, Lutz: »Wer hält zur Zeit den Satan auf? – Zur Selbstglossierung Carl Schmitts«. In: *Leviathan* 21 (1993), S. 285-299.

Bluhm, Lothar: »Natur in Ernst Jüngers Tagebüchern aus dem Zweiten Weltkrieg«. In: *Wirkendes Wort* 37 (1987), S. 24-32.

–: *Das Tagebuch zum Dritten Reich. Zeugnisse der Inneren Emigration von Jochen Klepper bis Ernst Jünger.* Bonn 1991.

–: »Ernst Jünger als Tagebuchautor und die ›Innere Emigration‹ (*Gärten und Straßen* 1942 und *Strahlungen* 1949)«. In: Müller/Segeberg 1995, S. 125-153.

–: »ein geistiger Wegbereiter und eiskalter Wollüstling der Barbarei«. Thomas Mann *Über Ernst Jünger* – Eine Studie zu Manns politisch-literarischer Urteilsbildung«. In: *Wirkendes Wort* 46 (1996), S. 424-445.

Boal, David: *Journaux intimes sous l'Occupation.* Paris 1993.

Boehm, Gottfried: »Fundamentale Optik«. In: Figal/Schwilk 1995, S. 9-24.

Böhme, Ulrich: *Fassungen bei Ernst Jünger.* Meisenheim am Glan 1972.

Bohrer, Karl Heinz: *Die Ästhetik des Schreckens. Die pessimistische Romantik und Ernst Jüngers Frühwerk.* München/Wien 1978.

Bolle, Eric: »Zwischen Mythos und Maschine. Ernst Jünger und die Stadt«. In: *Zeitschrift für Ästhetik und allgemeine Kunstwissenschaft* 37 (1992), S. 65-82.

Bolz, Norbert: *Auszug aus der entzauberten Welt. Philosophischer Extremismus zwischen den Weltkriegen.* 2., unveränderte Aufl. München 1991.

Boveri, Margret: »Automatisches und Elementarisches. Zu drei neuen Büchern von Ernst Jünger«. In: *Merkur* 12 (1958), S. 378-386.

Bräcklein, Jürgen: *Das Staatsbild Ernst Jüngers im Wandel seines Werkes.* Masch. Diss. Köln 1965.

Bräuninger, Werner: »Dans la zone des balles dans la tête. Ernst Jünger et la NSDAP (1925-1934)«. In: *Nouvelle École* 48 (1996), S. 92-98.

Brandes, Wolfgang: *Der »Neue Stil« in Ernst Jüngers »Strahlungen«. Genese, Funktion und Realitätsproduktion des literarischen Ich in seinen Tagebüchern.* Bonn 1990.

Braun, Hans-Joachim/Kaiser, Walter: *Energiewirtschaft. Automatisierung. Information. Seit 1914* (= Propyläen Technikgeschichte. Hrsg. von Wolfgang König. Bd.5). Berlin 1997.

Brekle, Wolfgang: »Das Unbehagen Ernst Jüngers an der Nazi-Herrschaft«. In: *Weimarer Beiträge* 40 (1994), S. 335-350.

Brenneke, Reinhard: *Militanter Modernismus. Vergleichende Studien zum Frühwerk Ernst Jüngers.* Stuttgart 1992.

Breuer, Stefan: *Anatomie der konservativen Revolution.* 2., durchgesehene und korrigierte Aufl. Darmstadt 1995.

Brock, Erich: *Das Weltbild Ernst Jüngers. Darstellung und Deutung.* Zürich 1945.

Brokoff, Jürgen/Hitz, Torsten: »Zum apokalyptischen Ton bei Ernst Jünger und einigen Nachfolgern«. In: *Weimarer Beiträge* 40 (1994), S. 588-600.

Bronnen, Arnolt: *Arnolt Bronnen gibt zu Protokoll. Beiträge zur Geschichte des modernen Schriftstellers.* Hamburg 1954.

Bullock, Marcus: »Heiner Müller's Error, Walter Jens's Horror, and Ernst Jünger's Antisemitism«. In: *Monatshefte* 86 (1994), S. 152-171.

–: »Walter Benjamin and Ernst Jünger: Destructive Affinities«. In: *German Studies Review* 21 (1998), S. 563-581.

Burke, Peter: *Die Geschicke des Hofmann. Zur Wirkung eines Renaissance-Breviers über angemessenes Verhalten.* Berlin 1996.

Busche, Jürgen: *Helmut Kohl. Anatomie eines Erfolgs.* Berlin 1998.

Cacciari, Massimo: »Dialogo sul termine. Jünger e Heidegger«. In: *Studi Germanici* 21/22 (1983/84), S. 291-302.

Chatwin, Bruce: »Ernst Jünger: An Aesthete at War«. In: ders.: *What Am I Doing Here.* London 1990, S. 297-315.

Closs, August: »Ernst Jünger und die angelsächsische Literaturkritik«. In: *Universitas. Zeitschrift für Wissenschaft, Kunst und Literatur* 11 (1956), S. 1265-1269.

Coudres, Hans Peter des: »Zur Geschichte der ersten Drucke der Friedensschrift«. In: *Farbige Säume* 1965, S. 116-123.

Crescenzi, Luca: »Afrikanische Spiele im Werk Ernst Jüngers«. In: Figal/Schwilk (Hgg.) 1995, S. 169-182.

Dahler, Ilse: *Sprache und Stil Ernst Jüngers.* Masch. Diss. Gießen 1944.

David, Claude: »Ernst Jünger: *Das abenteuerliche Herz«.* In: *Studi Germanici* 21/22 (1983/84), S. 239-254.

Decombis, Marcel: *Ernst Jünger. L'homme et l'œuvre jusqu'en 1936.* Paris 1943.

Dempewolf, Eva: *Blut und Tinte. Eine Interpretation der verschiedenen Fassungen von Ernst Jüngers Kriegstagebüchern vor dem politischen Hintergrund der Jahre 1920 bis 1980.* Würzburg 1992.

Dempf, Alois: »Theologische Romane? Jünger, Werfel, Andres«. In: *Universitas. Zeitschrift für Wissenschaft, Kunst und Kultur* 5 (1950), S. 1033-1044.

Denham, Scott D.: *Visions of War. Ideologies and Images of War in German Literature Before and After the Great War.* Bern/Berlin/Frankfurt a.M./New York/Paris/Wien 1992.

Denk, Friedrich: *Die Zensur der Nachgeborenen. Zur regimekritischen Literatur im Dritten Reich.* 3., durchgesehene Aufl.. Weilheim i.OB 1996.

Descombes, Vincent: *Das Selbe und das Andere. Fünfundvierzig Jahre Philosophie in Frankreich 1933-1978.* Frankfurt a.M. 1981.

D'Hugues, Philippe: »Le Rebelle pour l'ordre«. In: *La Table ronde. Cahier Ernst Jünger.* Hiver 1976, S. 121-130.

Die Schleife. Dokumente zum Weg von Ernst Jünger. Zusammengestellt von Armin Mohler. Zürich 1955.

Diesener, Gerald/Kunicki, Wojciech: »Johannes R. Becher und Ernst Jünger – eine glücklose Liaison?« In: *Zeitschrift für Geschichtswissenschaft* 42 (1994), S. 1085-1097.

Dietka, Norbert: *Ernst Jünger nach 1945. Das Jünger-Bild der bundesdeutschen Kritik 1945 bis 1985.* Frankfurt a.M./Bern/New York/Paris 1987.

–: *Ernst Jünger – vom Weltkrieg zum Weltfrieden. Biographie und Werkübersicht 1895-1945.* Bad Honnef/Zürich 1994.

–: »Anmerkungen zur Ernst-Jünger-Rezeption in Deutschland«. In: *Études Germaniques* 51 (1996), S. 821-833.

Dirlam, Dorit: *Der Konservatismus in den literarischen Frühschriften Ernst Jüngers unter besonderer Berücksichtigung der Krieg-Frieden-Problematik.* Masch. Diss. Jena 1987.

Dornheim, Liane: *Vergleichende Rezeptionsgeschichte. Das literarische Frühwerk Ernst Jüngers in Deutschland, England und Frankreich.* Frankfurt a.M./Bern/New York 1987.

Draganović, Julia: *Figürliche Schrift. Zur darstellerischen Umsetzung von Weltanschauung im erzählerischen Werk Ernst Jüngers.* Würzburg 1998.

Droste, Volker: *Ernst Jünger: -Der Arbeiter. Studien zu seiner Metaphysik.* Göppingen 1981.

Dupeux, Louis: ›Der Neue Nationalismus‹ Ernst Jüngers 1925-1932. Vom heroischen Soldatentum zur politisch-metaphysischen Totalität«. In: Koslowski (Hg.) 1996, S. 15-40.

Dwars, Jens-Fietje: »Ernst Jünger und Johannes R. Becher. Anmerkungen zu einer Nicht-Debatte in den ›Weimarer Beiträgen‹«. In: *Weimarer Beiträge* 44 (1998), S. 242-264.

Eksteins, Modris: *Tanz über Gräben. Die Geburt der Moderne und der Erste Weltkrieg.* Reinbek bei Hamburg 1990.

Embach, Michael: »Der Zusammenhang von kollektiver Dekadenz und individueller Schuld. Ernst Jüngers *Eine gefährliche Begegnung* als Adaption des Kriminalschemas«. In: Wolfgang Düsing (Hg.): *Experimente mit dem Kriminalroman. Ein Erzählmodell in der deutschsprachigen Literatur des 20. Jahrhunderts.* Frankfurt a.M./Berlin/Bern/New York/Paris/Wien 1993, S. 29-51.

Engel, Marcel: »Im Morgenrot Herodots. Ernst Jünger und die Antike«. In: *Farbige Säume* 1965, S. 73-87.

Eßbach, Wolfgang: »Radikalismus und Modernität bei Jünger und Bloch, Lukács und Schmitt«. In: Manfred Gangl/Gérard Raulet (Hgg.): *Intellektuellendiskurse in der Weimarer Republik. Zur politischen Kultur einer Gemengelage.* Franfkurt a.M./New York/Paris 1994, S. 145-159.

Esselborn, Hans: »Die Verwandlung von Politik in Naturgeschichte der Macht. Der Bürgerkrieg in Ernst Jüngers *Marmorklippen* und *Heliopolis*«. In: *Wirkendes Wort* 47 (1997), S. 45-61.

Evard, Jean-Luc: »Ernst Jünger et les Juifs«. In: *Les Temps Modernes* 51. No.589 (1996), S. 102-130.

Farbige Säume. Ernst Jünger zum siebzigsten Geburtstag. Stuttgart 1965.

Farias, Victor: »›Strengere Lösung‹. In einem Aufsatz von 1930 fordert Ernst Jünger einen radikalen Antisemitismus. Theoretisches Vorspiel zum Holocaust?« In: *Die Woche* (18. November 1993), S. 34.

Figal, Günter/Schwilk, Schwilk (Hgg.): *Magie der Heiterkeit. Ernst Jünger zum Hundertsten.* Stuttgart 1995.

Figal, Günter: »Ernst Jünger, Baudelaire und die Modernität«. In: *Revue de Littérature Comparée* 71 (1997), S. 501-508.

–: »Der metaphysische Charakter der Moderne. Ernst Jüngers Schrift *Über die Linie* (1950) und Martin Heideggers Kritik *Über »Die Linie«* (1955)«. In: Müller/Segeberg 1995, S. 181-197. (1995a)

–: »Nochmals über die Linie«. In: Figal/Schwilk (Hgg.) 1995, S. 25-40. (1995b)

–: »Erörterung des Nihilismus: Ernst Jünger und Martin Heidegger«. In: *Études Germaniques* 51 (1996), S. 717-725.

–: »Archipele von submarinem Zusammenhang. Ernst Jünger als Leser Hamanns«. In: Oswald Bayer (Hg.): *Johann Georg Hamann. »Der hellste Kopf seiner Zeit«.* Tübingen 1998, S. 206-216.

–: »Flugträume und höhere Trigonometrie. Ernst Jüngers Schreiben als Autorschaft«. In: *Les Carnets Ernst Jünger* 4 (1999), S. 175-197.

Franz, Michael: »Die Zweideutigkeiten der Gestalt oder Taugt ›Gestalt‹ noch als ästhetischer Grundbegriff?« In: *Weimarer Beiträge* 41 (1995), S. 5-28.

Freschi, Marino: »Die aristokratische Form der Emigration Ernst Jüngers«. In: Andrea Bartl/Jürgen Eder/Harry Fröhlich/Klaus Dieter Post/Ursula Regener (Hgg.): *»In Spuren gehen ...«. Festschrift für Helmut Koopmann.* Tübingen 1998. S. 433-442.

Freud, Sigmund: *Das Unbehagen in der Kultur und andere kulturtheoretische Schriften.* Einleitung von Alfred Lorenzer und Bernard Görlich. 5. Aufl. Frankfurt a.M. 1997.

Fried, Erich: »Ein Feind, den Feind, der leicht zu lieben ist. Unsere Geistesgeschichte ist ohne Ernst Jünger nicht zu verstehen – Zu seinem 70. Geburtstag«. In: *Die Welt* Nr.73 (27.3.1965), S. III.

Friedrich, Gerhard: »Ernst Jünger: ›Auf den Marmorklippen‹«. In: *Der Deutschunterricht* 16. H.2 (1964), S. 41-52.

Fröschle, Ulrich: »Eine Freundschaft im ›Land der Mitte‹ – Ernst Jünger und Rudolf Schlichter. In: *Les Carnets Ernst Jünger* 3 (1998), S. 125-139.

–: »La Grande Guerre, point de départ de l'analyse politique et de la création littéraire de Friedrich Georg Jünger«. In: *Les Carnets Ernst Jünger* 4 (1999), S. 71-85.

Fürnkäs, Josef: »Ernst Jüngers *Abenteuerliches Herz. Erste Fassung* (1929) im Kontext des europäischen Surrealismus«. In: Müller/Segeberg 1995, S. 59-76.

–: »Ein verspätetes Frühwerk? zur Rezeption Ernst Jüngers in Frankreich«. In: *Études Germaniques* 51 (1996), 835-850.

Gajek, Bernhard: »Ernst Jünger und Johann Georg Hamann«. In: *Études Germaniques* 51 (1996), S. 677-692.

–: »Magister-Nigromontan-Schwarzenberg. Ernst Jünger und Hugo Fischer«. In: *Revue de Littérature Comparée* 71 (1997), S. 479-500.

–: »Ernst Jüngers Essay ›Philemon und Baucis. Der Tod in der mythischen und der technischen Welt‹«. In: *Les Carnets Ernst Jünger* 4 (1999), S. 205-223.

Garçonnat, Pierre: »Jünger et la France: une rencontre fructueuse et ambiguë«. In: *Documents* 50. H.3 (1995), S. 84-94.

Garmann, Gerburg: »Tragische Heiterkeit und zynische Tragik. Ideologische Gemeinsamkeiten in Ernst Jüngers ›Auf den Marmorklippen‹ und Marguerite Yourcenars ›Le Coup de Grâce‹«. In: *Germanisch-Romanische Monatsschrift*. N.F. 40 (1990), S. 85-100.

Gaudin, Claude: »Jünger Leibnizien«. In: *Revue de Littérature Comparée* 71 (1997), 449-462.

–: »De la lune à la terre. La vision stéréoscopique dans ›La lettre sicilienne‹«. In: *Les Carnets Ernst Jünger* 1 (1996), S. 105-120.

Gauger, Klaus: *Krieger, Arbeiter, Waldgänger, Anarch. Das kriegerische Frühwerk Ernst Jüngers.* Frankfurt a.M./Berlin/Bern/New York/Paris/Wien 1997.

Gehlen, Arnold: »Strahlungen«. In: *Wiener Literarisches Echo* 2. H.4 (1950), S. 72-75.

Geisenhanslüke, Achim: »Le sublime chez Ernst Jünger«. In: *Les Carnets Ernst Jünger* 1 (1996), S. 23-33.

Gelpke, Rudolf: *Vom Rausch im Orient und Okzident. Mit einem Nachwort von Michael Klett.* 2. Aufl. Stuttgart 1995.

Gerber, Hans: *Die Frage nach Freiheit und Notwendigkeit im Werke Ernst Jüngers.* Winterthur 1965.

Gerhards, Claudia: *Apokalypse und Moderne. Alfred Kubins »Die andere Seite« und Ernst Jüngers Frühwerk.* Würzburg 1999.

Gottfried Benn 1886 – 1956. Eine Ausstellung des Deutschen Literaturarchivs Marbach am Neckar. Ausstellung und Katalog: Ludwig Greve in Zusammenarbeit mit Ute Doster und Jutta Salchow. 3., durchges. Aufl. Marbach a.N. 1987.

Gracq, Julien: »L'œvre d'Ernst Jünger en France«. In: *Farbige Säume* 1965, S. 69-72.

Grazioli-Rozet, Isabelle: »1914-1945. Heurs et malheurs d'un guerrier«. In: *Les Carnets Ernst Jünger* 4 (1999), S. 143-161.

Grenzmann, Wilhelm: »Ernst Jünger. Das Ich und die Welt«. In: ders.: *Dichtung und Glaube. Probleme und Gestalten der deutschen Gegenwartsliteratur.* 3., ergänzte und überarbeitete Aufl. Bonn 1957, S. 162-191.

Griffiths, Richard: »A certain idea of France: Ernst Jünger's Paris Diaris 1941–44«. In: *Journal of European Studies* 23 (1993), S. 101-120.

Großheim, Michael: »Ernst Jünger und die Moderne. Adnoten zum ›Arbeiter‹«. In: Figal/Schwilk (Hgg.) 1995, S. 147-168.

Gruenter, Rainer: »Formen des Dandysmus. Eine problemgeschichtliche Studie *Über Ernst Jünger*«. In: *Euphorion* 46 (1952), S. 170-201.

Günther, Wolfgang: *Spiel, Kampf und Arbeit als Formen der Selbstbildung im Frühwerk Ernst Jüngers.* Masch. Diss. Kiel 1966.

Gumbrecht, Hans-Ulrich: »Zauberer Merlin beschimpft den Stabsoffizier. Louis-Ferdinand Céline und Ernst Jünger: Der Schriftsteller und die Körpererfahrungen im Ersten Weltkrieg«. In: *Frankfurter Allgemeine Zeitung* Nr.160 (13.7.2000), S. 56.

Gutmann, Helmut J.: »Politische Parabel und mythisches Modell: Ernst Jüngers *Auf den Marmorklippen*«. In: *Colloquia Germanica* 20 (1987), S. 53-72.

Hahn, Barbara: »›Von nun an wird die Welt aus Scherben zusammengesetzt‹. Ernst Jüngers Tagebücher ›Siebzig verweht‹«. In: *Rowohlt Literaturmagazin* 35 (1995), S. 148-161.

Handbuch zur Militärgeschichte 1648-1939. 10. Lieferung. Bd. IX. Grundzüge der militärischen Kriegführung. Hrsg. vom militärgeschichtlichen Forschungsamt. München 1979.

Hansen-Löve, Friedrich: »Über die Linie«. In: *Wort und Wahrheit* 5 (1950), S. 877-879.

Hasselbach, Karlheinz: »Politics from the Spirit of Poetics: The Aesthetic Perspective of Ernst Jünger's *Der Arbeiter*«. In: *Orbis Litterarum* 49 (1994), S. 272-292.

–: »Das weite Feld jenseits von rechts und links: Zum konservativ-revolutionären Geist von Ernst Jüngers *Der Arbeiter. Herrschaft und Gestalt*«. In: *Literaturwissenschaftliches Jahrbuch* 36 (1995), S. 229-242. (1995a)

–: »Das Geheimnis der Identität‹. Ernst Jüngers *Der Arbeiter* im Licht von Thomas Manns *Doktor Faustus*«. In: *DVjs* 69 (1995), S. 146-171. (1995b)

Heidegger, Martin: »Über ›Die Linie‹«. In: Mohler (Hg.) 1955, S. 9-45.

–: *Ein Brief an Ernst Jünger (18. Dezember 1950)* (= Jahresgabe der Martin-Heidegger-Gesellschaft 1998). o. O. 1998.

Heißenbüttel, Helmut: »General i.R. als Goethe. Zu Ernst Jüngers Tagebüchern ›Siebzig verweht‹«. In: *Text + Kritik* 105/106 (1990), S. 119-124.

Heißerer, Dirk: »Nachwort«. In: Ernst Jünger/Rudolf Schlichter: *Briefe 1935-1955.* Hrsg., kommentiert und mit einem Nachwort von Dirk Heißerer. Stuttgart 1997, S. 307-314.

Helbig, Louis Ferdinand: »›Wie Sterne in der Dunkelheit‹ – Ernst Jünger und der Osten«. In: *Images d'Ernst Jünger* 1996, S. 3-22.

–: »Ernst Jünger und sein Werk im west-östlichen Spannungsfeld Europas«. In: *Les Carnets Ernst Jünger* 2 (1997), 127-138.

Heller, Gerhard/Grand, Jean: *In einem besetzten Land. Leutnand Heller und die Zensur in Frankreich 1940-1944.* Bergisch Gladbach 1985.

Hennig, Wolfgang: »Ernst Jüngers ›Gläserne Bienen‹ im Deutschunterricht einer Oberprima«. In: *Der Deutschunterricht* 14. H.1 (1962), S. 79-91.

Herf, Jeffrey: *Reactionary modernism. Technology, culture, and politics in Weimar and the Third Reich.* Cambridge/London/New Rochelle/Melbourne/Sydney 1984.

Hervier, Julien: *Deux individus contre l'histoire. Pierre Drieu la Rochelle. Ernst Jünger.* o.O. 1978.

–: »Regard sur une ville disparue: Le Paris d'Ernst Jünger«. In: *Documents* 50. H.3 (1995), S. 95-100.

–: »Paternité charnelle et figures de l'adoption dans l'œvre romanesque d'Ernst Jünger«. In: *Études Germaniques* 51 (1996), S. 753-770. (1996a)

–: »Situation d'Eumeswil«. In: *Les Carnets Ernst Jünger* 1 (1996), S. 135-153. (1996b)

–: »Versuch einer Standortbestimmung von *Eumeswil*«. In: Koslowski (Hg.) 1996, S. 97-114. (1996c)

–: »Aspects d'une réception: Ernst Jünger dans la perspective de la confrontation franco-allemande«. In: *Images d'Ernst Jünger* 1996, S. 149-162. (1996d)

–: »Jünger, Rousseau, Voltaire, Sade et quelques autres ...«. In: *Revue de Littérature Comparée* 71 (1997), 463-477.

Herzinger, Richard: »Feldzeichen des Nichts. Die Gewaltphilosophie der Konservativen Revolution und der Chiliasmus der deutschen Übermoderne«. In: Frauke Meyer-Gosau/Wolfgang Emmerich (Hgg.): *Gewalt. Faszination und Furcht.* Leipzig 1994, S. 72-95.

–: »Werden wir alle Jünger? Über die Renaissance konservativer Modernekritik und die postmoderne Sehnsucht nach der organischen Moderne«. In: *Kursbuch* 122 (1995), S. 93-117. (1995a)

–: »Deutsche Untergänge. Totalitarismuskritik als Zivilisationskritik in Ernst Jüngers *Auf den Marmorklippen* und Christa Wolfs *Kassandra*«. In: *1945 – 1995. Fünfzig Jahre deutschsprachiger Literatur in Aspekten.* Hrsg. von Gerhard P. Knapp und Gerd Labroisse unter Mitarbeit von Anthonya Visser. Amsterdam/Atlanta 1995, S. 523-545. (1995b)

–: »Left is Right and Right is Left. Über die Transformation ideeller Paradigmen in den nationalen Intellektuellendebatten«. In: Gerd Langguth (Hg.): *Die Intellektuellen und die nationale Frage*. Frankfurt a.M./New York 1997, S. 298-313.

–: »Spät entdeckte Leitfigur. Warum Ernst Jüngers Werk bei Linksintellektuellen salonfähig wurde«. In: *Die Zeit* Nr.9 (19. Februar 1998), S. 14.

Hesse, Herrmann: »Nach der Lektüre des Buches ›An der Zeitmauer‹«. In: Arbogast (Hg.) 1995, S. 73-77.

Hielscher, Friedrich: *Fünfzig Jahre unter Deutschen*. Hamburg 1954.

Hictala, Marjatta: *Der neue Nationalismus. In der Publizistik Ernst Jüngers und des Kreises um ihn 1920-1933*. Helsinki 1975.

Hinck, Walter: »Der Denkspieler Ernst Jünger. Sein Roman ›Eumeswil‹«. In: ders.: *Germanistik als Literaturkritik. Zur Gegenwartsliteratur*. Frankfurt a.M. 1983, S. 94-99.

Höfler, Günther A.: »Das neue Paradigma des Krieges und seine literarischen Repräsentationen. Dargestellt an Detlev v. Liliencron, Ernst Jünger und Thor Goote«. In: Franz Karl Stanzel/Martin Löschnigg (Hgg.): *Intimate Enemies. English and German Literary Reactions to the Great War 1914-1918*. 2. ed., Heidelberg 1994, S. 277-291.

Hoeges, Dirk: »Die wahre Leidenschaft des 20. Jahrhunderts ist die Knechtschaft (Camus). Die Nationalintellektuellen contra Menschen- und Bürgerrechte Ernst Jünger, Martin Heidegger, Carl Schmitt«. In: Wolfgang Bialas/Georg G. Iggers (Hgg.): *Intellektuelle in der Weimarer Republik*. Frankfurt a.M. 1996, S. 91-104.

Hof, Walter: *Der Weg zum heroischen Realismus. Pessimismus und Nihilismus in der deutschen Literatur von Hamerling bis Benn*. Bebenhausen 1974.

Hofmann, Albert: »Drogen und Rausch im Werk Ernst Jüngers«. In: Ojembarrana (Hg.) 1990, S. 149-166.

Hohendahl, Peter Uwe: »The Text as Cipher: Ernst Jüngers novel, *On the marble cliffs*«. In: Joseph Strelka (Hg.): *Perspectives in Literary Symbolism* (= Yearbook of Comparative Criticism. Vol. 1). London 1968, S. 128-169.

Hohoff, Curt: *Gegen die Zeit. Theologie, Literatur, Politik*. Stuttgart 1970.

Honold, Alexander: »Metropolis aus dem Schützengraben. Über den Zusammenhang von Masse und Mobilmachung bei Ernst Jünger und anderen«. In: *KultuR-Revolution* 36 (1998), S.34-42. (1998a)

Honold, Alexander: »Die Kunst, unter der Tauchglocke zu hören. Ernst Jüngers soldatische Avantgarde«. In: *Zeitschrift für Germanistik* N.F.8 (1998), S. 43-64. (1998b)

Horia, Vintila: »Ernst Jünger en su contemporaneidad: su coincidencia con Heidegger y Heisenberg«. In: Ojembarrana (Hg.) 1990, S. 49-69.

–: »Ernst Jünger ou l'affrontement«. In: *La Table ronde. Cahier Ernst Jünger*. Hiver 1976, S. 35-53.

Howind, Angelika: »Ein Antikriegsroman als Bestseller. Die Vermarktung von *Im Westen nichts Neues* 1928-1930«. In: Tilman Westphalen (Hg.): *Erich Maria Remarque 1898-1970*. Bramsche 1988, S. 55-64.

Hüppauf, Bernd: »Whereof Ernst Jünger Cannot Speak, Thereof he Can Also Not be Silent: An Early Example of ›Forgetting‹ the Holocaust«. In: Andrew Bonnell/Gregory Munro/Martin Travers (Hgg.): *Power, Conscience, and Opposition. Essays in German History in Honour of John A. Moses*. New York/Washington, D.C./Bern/Frankfurt a.M./ Berlin/Vienna/Paris 1996, S. 345-363.

–: »Unzeitgemäßes über den Krieg. Ernst Jünger: *Strahlungen* (1938-48)«. In: Hans Wagener (Hg.): *Von Böll bis Buchheim: Deutsche Kriegsprosa nach 1945*. Amsterdam 1997, S. 13-47.

Huyssen, Andreas: »Fortifying the Heart - Totally. Ernst Jünger's Armored Texts«. In: *New German Critique* 59 (1993), S. 3-23.

Ibá ñez-Noé, Javier Alberto: *Freedom and Modernity: An Interpretation of Ernst Jünger's Theorie of the Modern Age*. Masch. Diss. Toronto 1990.

Images d'Ernst Jünger. Actes du colloque organisé par le Centre de Recherche sur l'Identité Allemande de l'Université de Savoie, Chambéry (30 et 31 mars 1995). Textes réunis par Danièle Beltran-Vidale. Bern/Berlin/Frankfurt a.M./New York/Paris/Wien 1996.

Ipema, Jan: »Ernst Jünger in Nederland. Enkele kanttekeningen«. In: *Maatstaf* 33 (1985), S. 89-100.

–: »Gottfried Benn und Ernst Jünger. *Eine Konfrontation*«. In: *Duitse Kroniek* 43 (1993), S. 18-33.

–: *In dienst van Leviathan. Ernst Jünger – tijd en werk 1895-1932.* Nieuwegein 1997.

Jouhandeau, Marcel: »Reconnaissance à Ernst Jünger«. In: *Farbige Säume* 1965, S. 38-40.

Jünger, Friedrich Georg: *Gedichte.* Berlin 1934.

–: *Die Perfektion der Technik.* Frankfurt a.M. 1946.

–: »Erinnerung an die Eltern«. In: Mohler (Hg.) 1955, 207-232.

–: »Antaios«. In: *Antaios* 1 (1959), S. 81-86.

Jung, Werner: »Auf der Suche nach der verlorenen Totalität. Ernst Jünger und Georg Lukács«. In: Christiane Caemmerer/Walter Delabar (Hgg.): *Dichtung im Dritten Reich? Zur Literatur in Deutschland 1933 – 1945.* Opladen 1996, S. 15 28.

Käfer, Markus: »Ernst Jünger 1923«. In: *Les Carnets Ernst Jünger* 4 (1999), S. 117-142.

Kaempfer, Wolfgang: »Der Mythos von der Macht und sein Happyend. Zum trivialliterarischen Aspekt in den Schriften Ernst Jüngers«. In: *Frankfurter Hefte* 32. H.11 (1977), S. 47-61.

–: *Ernst Jünger.* Stuttgart 1981.

–: »Literatur als Alibi. Zum Perspektivismus in den Schriften Ernst Jüngers«. In: *Studi Germanici* 21/22 (1983/84), S. 255-271.

–: »Das schöne Böse. Zum ästhetischen Verfahren Ernst Jüngers in den Schriften der dreißiger Jahre im Hinblick auf Nietzsche, Sade und Lautreamont«. In: *Recherches Germaniques* 14 (1984), S. 103-117.

–: »Ernst Jüngers romantisches Erbe. Bemerkungen zu einem vernachlässigten Aspekt seines Werkes«. In: *Recherches Germaniques* 17 (1987), S. 85-92.

Kaes, Anton: »The Cold Gaze: Notes on Mobilization and Modernity«. In: *New German Critique* 59 (1993), S. 105-117.

Kaiser, Helmut: *Mythos, Rausch und Reaktion. Der Weg Gottfried Benns und Ernst Jüngers.* Berlin 1962.

Kamper, Dietmar: »Nach der Moderne. Umrisse einer Ästhetik des Posthistoire«. In: Wolfgang Welsch (Hg.): *Wege aus der Moderne. Schlüsseltexte der Postmoderne-Diskussion.* Weinheim 1988, S. 163-174.

–: »Weltstaat im Kopf, Wildnis im Herzen. Ernst Jüngers Anmerkungen zum ›Post-Histoire‹«. In: *Text + Kritik* 105/106 (1990), S. 92 99.

Katzmann, Volker: »Magischer Realismus«. In: Arnold (Hg.) o.J., S. 91-106.

–: *Ernst Jüngers Magischer Realismus.* Hildesheim/New York 1975.

Keller, Ernst: *Nationalismus und Literatur. Langemarck. Weimar. Stalingrad.* Bern/München 1970.

–: »A German-French Encounter: Ernst Jünger and Rimbaud«. In: *AUMLA* 77 (1992), S. 56-63.

–: »Ernst Jüngers *Auf den Marmorklippen* – eine Erzählung und ihre Kritiker«. In: Kerry Dunne/Ian R. Campbell (Hgg.): *Unravelling the Labyrinth. Decoding Text and Language. Festschrift für Eric Lowson Marson.* Frankfurt a.M./Berlin/Bern/New York/Paris/Wien 1997, S. 19-35.

Kerker, Armin: *Ernst Jünger – Klaus Mann. Gemeinsamkeit und Gegensatz in Literatur und Politik. Zur Typologie des literarischen Intellektuellen.* 2.Aufl. Bonn 1989.

Ketelsen, Uwe-K.: »Ernst Jüngers *Der Arbeiter* – Ein faschistisches Modernitätskonzept«. In: Helmut Brackert und Fritz Wefelmeyer (Hg.): *Kultur. Bestimmungen im 20. Jahrhundert.* Frankfurt a.M. 1990, S. 219-254.

–: »Nun werden nicht nur die historischen Strukturen gesprengt, sondern auch deren mythische und kultische Voraussetzungen‹. Zu Ernst Jüngers *Die totale Mobilmachung* (1930) und *Der Arbeiter* (1932)«. In: Müller/Segeberg 1995, S. 77-95.

–: »Die politische ›Rechte‹ in Deutschland und die Ästhetik: zum Beispiel Ernst Jünger um 1930«. In: *Orbis Linguarum* 51, 1996, S. 15-26.

Kielinger, Thomas: »Ernst Jünger und England«. In: *Streit-Zeit-Schrift* 6. H.2 (1968), S. 49-53.

–: »Der schlafende Logiker. Ernst Jünger und der europäische Surrealismus«. In: Arbogast (IIg.) 1995, S. 137-163.

Kiesel, Helmuth: »Ernst Jüngers *Marmor-Klippen*. ›Renommier‹- und Problem‹buch der 12 Jahre‹«. In: *Internationales Archiv für Sozialgeschichte der deutschen Literatur* 14. H.1 (1989), S. 126-164.

–: »Eine ganze Reihe von Widerrufen. Anmerkungen *Über Ernst Jünger* und den Antisemitismus«. In: *Frankfurter Allgemeine Zeitung* Nr.42 (19.2.1993), S. 33.

–: *Wissenschaftliche Diagnose und dichterische Vision der Moderne. Max Weber und Ernst Jünger.* Heidelberg 1994.

–: »Un écrivain contesté«. In: *Documents* 50. H.3 (1995), S. 41-52.

–: »Ernst Jünger 1895-1995. Eine kritische Würdigung von Leben und Werk«. In: *Les Carnets Ernst Jünger* 2 (1997), S. 11-32. (1997a)

–: »Zwischen Kritik und Affirmation. Ernst Jüngers Auseinandersetzung mit dem Nationalsozialismus«. In: Günther Rüther (Hg.): *Literatur in der Diktatur. Schreiben im Nationalsozialismus und DDR-Sozialismus.* Paderborn/München/Wien/Zürich 1997, S. 163-172. (1997b)

–: »Nachwort des Herausgebers«. In: Jünger/Schmitt 1999, S. 851-885. (1999a)

–: »Eintritt in ein kosmisches Ordnungswissen. Zwei Jahre vor seinem Tod: Ernst Jüngers Konversion zum Katholizismus«. In: *Frankfurter Allgemeine Zeitung* Nr.74 (29.3.1999), S. 55. (1999b)

Kindt, Tom/Müller, Hans-Harald: »Zweimal Cervantes. Die *Don-Quijote*-Lektüren von Ernst Jünger und Ernst Weiß. Ein Beitrag zur literarischen Anthropologie der zwanziger Jahre«. In: *Jahrbuch zur Literatur der Weimarer Republik* 1 (1995), S. 230-254.

King, John: »La variation de la description de la guerre dans les premiers textes d'Ernst Jüngers«. In: *Les Carnets Ernst Jünger* 4 (1999), S. 87-100.

Kittler, Friedrich: *Grammophon, Film, Typewriter.* Berlin 1986.

Kittsteiner, Heinz-Dieter/Lethen, Helmut: »›Jetzt zieht Leutnant Jünger seinen Mantel aus‹. Überlegungen zur ›Ästhetik des Schreckens‹«. In: *Berliner Hefte* 11 (1979), S. 20-50.

Knebel, Hermann: »›Fassungen›: Zu Überlieferungsgeschichte und Werkgenese von Ernst Jüngers *In Stahlgewittern*«. In: Segeberg (Hg.) 1991, S. 379-408.

Koebner, Thomas: »Die Erwartung der Katastrophe. Zur Geschichtsprophetie des ›neuen Konservativismus‹ (Oswald Spengler, Ernst Jünger)«. In: Thomas Koebner (Hg.): *Weimars Ende. Prognosen und Diagnosen in der deutschen Literatur und politischen Publizistik 1930-1933.* Frankfurt a.M. 1982, S. 348-359.

Könnecker, Eva: *Ernst Jünger und das publizistische Echo. Reaktionen zu Person und Werk nach dem zweiten Weltkrieg.* Masch. Diss. Berlin 1976.

Kohl, Stephan: »Spuren. Ernst Jünger und Martin Heidegger. Das Walten des Nihilismus und die Rückkunft der Zukünftigen«. In: Ojembarrana (Hg.) 1990, S. 71-132.

–: *Spuren. Ernst Jünger und Martin Heidegger. Das Walten des Nihilismus und die Rückkunft der Zükünftigen*, o.O. 1993.

Kometer, Dietmar: *Adaptationen des Futurismus im Werk Ernst Jüngers.* Masch. Diss. Innsbruck 1996.

Konitzer, Martin: *Ernst Jünger.* Frankfurt a.M./New York 1993.

Konitzer, Martin/Freudenberg, Nahid: »Leutnant ›Sturm‹ und ›Krieg ohne Schlacht‹ –

Bildraum und Psychodynamik des deutschen Kriegers«. In: *Images d'Ernst Jünger* 1996, S. 163-176.

Korn, Karl: »Der Antinihilist. Durch die Feuerzonen der Technik zum kosmologischen Spiritualismus«. In: Arbogast (Hg.) 1995, S. 107-118.

Koslowski, Peter (Hg.): *Die großen Jagden des Mythos. Ernst Jünger in Frankreich.* München 1996.

–: *Der Mythos der Moderne. Die dichterische Philosophie Ernst Jüngers.* München 1991.

–: »Die Rückkehr des Titanen Mensch zur Erde und das Ende der »Geschichte«. Jüngers Essay *An der Zeitmauer* (1959)«. In: Müller/Segeberg 1995, S. 217-247. (1995a)

–: »Dichterische und dichtende Philosophie«. In: Figal/Schwilk (Hgg.) 1995, S. 204-235. (1995b)

–: »Die verborgene Türen des Palastes. Motive der Gnosis bei Ernst Jünger«. In: *Études Germaniques* 51 (1996), S. 693-716.

Kranz, Gisbert: »Jünger und Dostojewski«. In: *Neuphilologische Zeitschrift* 4 (1952), S. 116-122.

–: *Ernst Jüngers symbolische Weltschau,* Düsseldorf 1968.

Krockow, Christian Graf von: *Die Entscheidung. Eine Untersuchung über Ernst Jünger, Carl Schmitt, Martin Heidegger.* Frankfurt a.M./New York 1990.

Kröll, Friedhelm: »Postmoderne und ›Neue Rechte‹: Der Fall Ernst Jünger«. In: Volker Eickhoff/Ilse Korotin (Hgg.): *Sehnsucht nach Schicksal und Tiefe. Der Geist der Konservativen Revolution.* Wien 1997, S. 166-182.

Kron, Jürgen: »Weltliteratur als Montage: Ernst Jünger im Ausgang der Avantgarde«. In: Manfred Schmeling (Hg.): *Weltliteratur heute. Konzepte und Perspektiven,* Würzburg 1995, S. 123-140.

–: *Seismographie der Moderne. Modernität und Postmodernität in Ernst Jüngers Schriften von* In Stahlgewittern *bis* Eumeswil. Frankfurt a.M./Berlin/Bern/New York/Paris/Wien 1998.

Krull, Wilhelm: »Im Foyer des Todes. Zur Ernst Jüngers ›In Stahlgewittern‹ und anderen Texten über den Ersten Weltkrieg«. In: *Text + Kritik* 105/106 (1990), S. 27-35.

Kuby, Erich: »Die künstliche Provinz«. In: *Frankfurter Hefte* 5 (1950), S. 205-209.

Kunicki, Wojciech: »Ernst Jünger: Reisen zu sich selbst. Zwei Variationen zum gleichen Thema. ›Afrikanische Spiele‹ (1936) und ›Zwei Mal Halley‹ (1987)«. In: Eikiro Iwasaki (Hg.): *Akten des VIII. Internationalen Germanisten-Kongresses Tokyo 1990. Begegnung mit dem ›Fremden‹. Grenzen – Traditionen – Vergleiche.* Bd.9. Sektion 15. Erfahrene und imaginäre Fremde. Hrsg. von Yoshinori Shichiji. München 1991, S. 248-259.

–: *Projektionen des Geschichtlichen. Ernst Jüngers Arbeit an den Fassungen von »In Stahlgewittern«.* Frankfurt a.M./Berlin / Bern / New York / Paris / Wien 1993.

–: »An der Zollstation des Todes. Das Sterbemotiv im Werk Ernst Jüngers«. In: *Orbis Linguarum* 50 (1995), S. 47-58. (1995a)

–: »Heinrich Böll und Ernst Jünger«. In: Bernd Balzer/Norbert Honsza (Hgg.): *Heinrich Böll – Dissident der Wohlstandsgesellschaft.* Wrocław 1995, S. 161-172. (1995b)

–: »Das Subversive einer Erwähnung. Der Name Heinse in *Heliopolis* von Ernst Jünger. Eine Miszelle«. In: *Orbis Linguarum* 51 (1996), S. 51-58.

–: »Ernst Jünger und die ›Wende‹«. In: Norbert Honsza/Theo Mechtenberg (Hgg.): *Die Rezeption der deutschsprachigen Gegenwartsliteratur nach der Wende 1989.* Wrocław 1997, S. 169-177.

Kunicki, Wojciech/Polechonski, Krzysztof: »Polska recepcja Ernesta Jüngera (1930-1997). Próba bibliografii«. In: *Orbis Linguarum* 52 (1997), S. 83-107.

Kussmaul, Ingrid: *Die Nachlässe und Sammlungen des Deutschen Literaturarchivs.* Bd.1. Nachlässe und Sammlungen. Marbach a.N. 1999.

Laak, Dirk van: *Gespräche in der Sicherheit des Schweigens. Carl Schmitt in der politischen Geistesgeschichte der frühen Bundesrepublik.* Berlin 1993.

Lacan, Jacques: *Schriften I.* Ausgewählt und hrsg. von Norbert Haas. 4., durchgesehene Aufl. Weinheim/Berlin 1996.

Langendorf, Jean-Jacques: »Ernst Jüngers fünf Kriege«. In: *Der Pfahl. Jahrbuch aus dem Niemandsland zwischen Kunst und Wissenschaft* 4 (1990), S. 39-63.

Laska, Bernd A.: »*Katechon*« und »*Anarch*«. *Carl Schmitts und Ernst Jüngers Reaktionen auf Max Stirner.* Nürnberg 1997.

Lavaud, Claudie: »Über die Linie: penser l'être dans l'ombre du nihilisme«. In: *Les Carnets Ernst Jünger* 1 (1996), S. 35-50.

Lenz, Siegfried: »Gepäckerleichterung. Ernst Jünger zum 70. Geburtstag (1965)«. In: ders.: *Beziehungen. Ansichten und Bekenntnisse zur Literatur.* Hamburg 1970, S. 143-149.

Lethen, Helmut: »Ernst Jünger, Bertolt Brecht und der ›Habitus‹ des Einverständnisses mit der Modernisierung«. In: *Studi Germanici* 21/22 (1983/84), S. 273-289.

–: *Verhaltenslehren der Kälte. Lebensversuche zwischen den Kriegen.* Frankfurt a.M. 1994.

–: »Die elektrische Flosse des Leviathans. Ernst Jüngers Elektrizität«. In: Wolfgang Emmerich/Carl Wege (Hgg.): *Der Technikdiskurs in der Hitler-Stalin-Ära.* Stuttgart/Weimar 1995, S. 15-27.

–: »Drei Männer im Schutt. Gottfried Benn, Ernst Jünger und Carl Schmitt. Eine Episode aus der Nachkriegszeit«. In: Martin Lüdke und Delf Schmidt (Hg.): *Der neue amerikanische Roman.* Reinbek bei Hamburg 1997, S. 142-157.

Liebchen, Gerda: *Ernst Jünger. Seine literarischen Arbeiten in den zwanziger Jahren. Eine Untersuchung zur gesellschaftlichen Funktion von Literatur.* Bonn 1977.

Lindner, Martin: *Leben in der Krise. Zeitromane der Neuen Sachlichkeit und die intellektuelle Mentalität der klassischen Moderne. Mit einer exemplarischen Analyse des Romanwerks von Arnolt Bronnen, Ernst Glaeser, Ernst von Salomon und Ernst Erich Noth.* Stuttgart/Weimar 1994.

Llanque, Marcus: »Politische Theorie in politischer Heimatlosigkeit. Walter Benjamin und Ernst Jünger«. In: Wolfgang Bialas/Georg G. Iggers (Hgg.): *Intellektuelle in der Weimarer Republik.* Frankfurt a.M. 1996, S. 105-119.

Lokatis, Siegfried: *Hanseatische Verlagsanstalt. Politisches Buchmarketing im »Dritten Reich«.* Frankfurt a.M. 1992.

Loose, Gerhard: »Ernst Jüngers Kampf um die Form. Dargestellt an den beiden Fassungen des Buches vom ›Abenteuerlichen Herzen‹«. In: *Modern Language Notes* 65 (1950), S. 1-11.

–: »Die Tigerlilie. Ein Beitrag zur Symbolik in Ernst Jüngers Buch vom ›Abenteuerlichen Herzen‹. In: *Euphorion* 46 (1952), S. 202-216.

–: »Die Reisetagebücher Ernst Jüngers«. In: Mohler (Hg.) 1955, S. 75-94.

–: *Ernst Jünger. Gestalt und Werk.* Frankfurt a. M. 1957.

Ludendorff, Erich: *Kriegführung und Politik.* 2., durchgesehene Aufl. Berlin 1922.

Lübbe, Hermann: »Oswald Spenglers ›Preußentum und Sozialismus‹ und Ernst Jüngers ›Arbeiter‹«. In: Alexander Demandt und John Farrenkopf (Hgg.): *Der Fall Spengler. Eine kritische Bilanz.* Köln/Weimar/Wien 1994, S. 129-151.

Lübke, Heinrich: »Telegramm«. In: *Streit-Zeit-Schrift* 6. H.2 (1968), S. 45.

Lukacher, Ned: »The ›Demolition Artist‹: Nihilism, Textuality, and Transference in the Work of Ernst Jünger and Maurice Blanchot«. In: *Boundary* 10. H.2 (1982), S. 251-269.

Maiwald, Serge: »Der totale Staat und das Individuum. Bemerkungen zum neuen Buch von Ernst Jünger ›Der Waldgang‹ und zur These vom individuellen Widerstand«. In: *Universitas. Zeitschrift für Wissenschaft, Kunst und Literatur* 7 (1952), S. 35-44.

Majut, Rudolf: »Der Dichtungsgeschichtliche Standort von Ernst Jüngers ›Heliopolis‹«. In: *Monatsschrift.* N.F. 7 (1957), S. 1-15.

Mangin, Serge D.: *Annäherungen an Ernst Jünger 1990-1998.* München 1998.

Mann, Thomas/Meyer, Agnes E.: *Briefwechsel 1937 – 1955.* Hrsg. von Rudolf Vaget. Frankfurt a.M. 1992.

Manthey, Jürgen: »Ein Don Quijote der Brutalität. Ernst Jüngers ›Der Arbeiter‹«. In: *Text + Kritik* 105/106 (1990), S. 36-51.

Marcic, René: »Ernst Jüngers Rechtsentwurf zum Weltstaat«. In: Arnold (Hg.) o.J., S. 133-160.

Martin, Alfred von: *Der heroische Nihilismus und seine Überwindung. Ernst Jüngers Weg durch die Krise.* Krefeld 1948.

Martinsen, Renate: *Der Wille zum Helden. Formen des Heroismus in Texten des 20. Jahrhunderts.* Wiesbaden 1990.

Martus, Steffen: »Poetische Feldzüge. Der Krieg als kulturelles Paradigma und Ernst Jüngers literarische Mobilmachung«. In: *Jahrbuch der Deutschen Schillergesellschaft* 44 (2000), S. 212-234.

Matt, Peter von: »Zarathustras Glasauge. Zu Ernst Jüngers Roman ›Eumeswil‹«. In: *Neue Rundschau* 89 (1978), S. 291-296.

Mattenklott, Gert: »Ernst Jünger«. In: Walther Killy (Hg.): *Literatur Lexikon. Autoren und Werke deutscher Sprache.* Bd.6, Gütersloh/München 1990. S. 151-153.

–: »Hundert Jahre Jünger«. In: *Études Germaniques* 51 (1996), S. 851-859.

Matz, Wolfgang: »Nach der Katastrophe. Jünger und Heidegger«. In: *Text + Kritik* 105/106 (1990), S. 74-81.

Mayser, Erich: »Ein Herr, doch keine Herrenreiterprosa – über Ernst Jüngers ›Gärten und Straßen‹«. In: Französisch heute 19 (1988), S. 119-130.

Mendelssohn, Peter de: »Gegenstrahlungen. Ein Tagebuch zu Ernst Jüngers Tagebuch«. In: *Der Monat* 2. H.13 (1949), S. 149-174.

Merlin, Christian: »La notation du temps chez Ernst Jünger«. In: *Documents* 50. H.3 (1995), S. 101-106.

Merlio, Gilbert: »Der sogenannten ›heroische Realismus‹ als Grundhaltung des Weimarer Neokonservatismus«. In: Manfred Gangl/Gérard Raulet (Hgg.): *Intellektuellendiskurse in der Weimarer Republik. Zur politischen Kultur einer Gemengelage.* Frankfurt a.M./New York/Paris 1994, S. 271-285.

–: »La tentation de l'idéologie«. In: *Documents* 50. H.3 (1995), S. 69-83.

–: »Ernst Jünger et Oswald Spengler«. In: *Études Germaniques* 51 (1996), S. 657-676. (1996a)

–. »Jünger und Spengler«. In: Koslowski (Hg.) 1996, S. 41-60. (1996b)

–: »Les images du guerrier chez Ernst Jünger«. In: *Images d'Ernst Jünger* 1996, S. 35-55. (1996c)

Metzger, W.: »Gestalt«. In: Henning Ritter (Hg.): *Historisches Wörterbuch der Philosophie.* Bd.3. Darmstadt 1974, Sp.540-548.

Meuter, Günter: *Der Katechon. Zu Carl Schmitts fundamentalistischer Kritik der Zeit.* Berlin 1994.

Meyer, Jochen: »Ernst Jünger: Aus dem Zweiten Pariser Tagebuch (1944)«. In: Jochen Meyer (Hg.): *Dichterhandschriften von Martin Luther bis Sarah Kirsch.* Stuttgart 1999, S. 184f.

Meyer, Martin: *Ernst Jünger.* München 1993.

Michaelis, Rolf: »Dumpfdeutsches Krampftheater. Uraufführung in Berlin: Zum 80.Geburtstag der Volksbühne Hans Kresniks neues Tanzstück ›Ernst Jünger‹«. In: *Die Zeit* Nr.2 (6.1.1995), S. 37.

Michel, Willy: »Modelle der Fremdwahrnehmung und Projektion im literarischen Reisebericht und im Roman der Gegenwart bei Koeppen, E. Jünger, Nizon, Muschg, Handke und Grass (1985)«. In: Dieter Krusche/Alois Wierlacher (Hgg.): *Hermeneutik der Fremde.* München 1990, S. 254-280.

Michler, Manfred: »Ernst Jüngers Friedensschrift«. In: Die Aussprache. Folge 5 (1948), S. 1-4.

–: »Nachwort. Zusammengestellt von Karl F. Baedeker und bearbeitet von Manfred Michler«. In: Ernst Jünger: *Der Friede. Ein Wort an die Jugend Europas, ein Wort an die Jugend der Welt.* Zürich 1949, S. 80-88.

Misik, Robert: »Seismographen in Stahlgewittern. Was uns Ernst Jüngers neue Jünger zu sagen haben«. In: *Die Neue Gesellschaft* 42 (1995), S. 261-263.

Mörchen, Helmut: *Schriftsteller in der Massengesellschaft. Zur politischen Essayistik und Publizistik Heinrich und Thomas Manns, Kurt Tucholskys und Ernst Jüngers während der Zwanziger Jahre.* Stuttgart 1973.

Mohler, Armin (Hg.): *Freundschaftliche Begegnungen. Festschrift für Ernst Jünger zum 60. Geburtstag.* Frankfurt a.M. 1955.

–: »Begegnungen bei Ernst Jünger. Fragmente einer Ortung«. In: Mohler (Hg.) 1955, S. 196-206.

–: *Die Konservative Revolution in Deutschland 1918-1932. Ein Handbuch.* Dritte, um einen Ergänzungsband erweiterte Auflage 1989 (Korrigenda im Ergänzungsband). Darmstadt 1989. (1989a)

–: *Die Konservative Revolution in Deutschland 1918-1932. Ein Handbuch.* Ergänzungsband. Mit Korrigenda zum Hauptband. Darmstadt 1989.

–: »Carl Schmitt und Ernst Jünger. Anläßlich von Carl Schmitts Nachlaß-Werk ›Glossarium‹«. In: *Criticon* 21 (1991), S. 294-298.

–: *Ravensburger Tagebuch. Meine Zeit bei Ernst Jünger 1949/50.* Wien/Leipzig 1999.

Montesi, Gotthard: »Die Ausflucht nach Heliopolis. Zu Ernst Jüngers Evangelium des Geistes«. In: *Wort und Wahrheit* 5 (1950), S. 31-45.

Mühleisen, Horst: »Zur Entstehungsgeschichte von Ernst Jüngers Werk ›In Stahlgewittern‹«. In: *Aus dem Antiquariat* 41 (1985), S. A376-A378.

–: »Im Seegelboot über das Bermuda-Dreieck. Ernst Jüngers Gefährdung: Ein neues Dokument der Nazi-Zeit«. In: *Rheinischer Merkur/Christ und Welt* Nr.5 (25.1.1986).

–: »Die Beziehung zwischen Carl Schmitt und Ernst Jünger (zugleich ein Dokument ihrer Freundschaft). – Ein Versuch«. In: *Schmittiana* 1 (3. Aufl. 1990), S. 108-118.

–: *Bibliographie der Werke Ernst Jüngers. Begründet von Hans Peter des Coudres.* Stuttgart 1996.

–: *Ernst Jünger in Berlin 1927-1933.* Frankfurt/Oder 1998.

Müller, Götz: *Gegenwelten. Die Utopie in der deutschen Literatur.* Stuttgart 1989.

Müller, Hans-Harald/Segeberg, Harro (Hgg.): *Ernst Jünger im 20. Jahrhundert.* München 1995.

Müller, Hans-Harald: *Der Krieg und die Schriftsteller. Der Kriegsroman der Weimarer Republik.* Stuttgart 1986.

–: »›Herr Jünger thinks war a lovely business‹. On the Reception of Ernst Jünger's In Stahlgewittern in Germany and Britain before 1933«. In: Franz Karl Stanzel and Martin Löschnigg (Hgg.): *Intimate Enemies. English and German Literary Reactions to the Great War 1914-1918.* 2. ed. Heidelberg 1994, S. 327-340.

–: »›Im Grunde erlebt jeder seinen eigenen Krieg‹. Zur Bedeutung des Kriegserlebnisses im Frühwerk Ernst Jüngers«. In: Müller/Segeberg 1995, S. 13-37.

–: »Wandel und Konstanz im Frühwerk Ernst Jüngers«. In: *Les Carnets Ernst Jünger* 1 (1996), S. 75-87.

Müller, Heiner: »Erklärung. Zu dem neuen Streit um Ernst Jünger«. In: *Frankfurter Rundschau* Nr.37 (13.2.1993), S. 7.

Müller, Wulf Dieter: *Ernst Jünger. Ein Leben im Umbruch der Zeit.* Berlin 1934.

Müller-Schwefe, Hans-Rudolf: *Ernst Jünger.* Wuppertal 1951.

–: »Erkenntnis und Wort Gottes«. In: Mohler (Hg.) 1955, S. 56-74.

Münkler, Herfried: *Gewalt und Ordnung. Das Bild des Krieges im politischen Denken.* Frankfurt a.M. 1992.

Murswiek, Dietrich: »Der Anarch und der Anarchist. Die Freiheit des Einzelnen in Ernst Jüngers ›Eumeswil‹«. In: *Deutsche Studien* 17 (1979), S. 282-294.

Neaman, Elliot Yale: »Warrior or Esthete? Reflections on the Jünger Reception in France and Germany«. In: *New German Critique* 59 (1993), S. 118-150.

–: *A Dubious Past. Ernst Jünger and the Politics of Literature after Nazism*. Berkeley/Los Angeles/London 1999.

Nebel, Gerhard: *Ernst Jünger. Abenteuer des Geistes*. Wuppertal 1949.

Nevin, Thomas: *Ernst Jünger and Germany. Into the Abyss, 1914-1945*. London 1996.

Nickel, Gunther: »Ihnen bisher nicht begegnet zu sein, empfinde ich als einen der größten Mängel in meinem Leben«. Der Briefwechsel zwischen Ernst Jünger und Carl Zuckmayer«. In: *Les Carnets Ernst Jünger* 2 (1997), S. 139-165.

Niethammer, Lutz (unter Mitarbeit von Dirk van Laak): *Posthistoire. Ist die Geschichte zu Ende?* Reinbek bei Hamburg 1989.

Nietzsche, Friedrich: *Also sprach Zarathustra I-IV*. Kritische Studienausgabe. Hrsg. von Giorgio Colli und Mazzino Montinari (= ders.: Sämtliche Werke. Kritische Studienausgabe in 15 Bde. Bd.4). 3. Aufl. München/Berlin/New York 1993.

Noack, Paul: *Carl Schmitt. Eine Biographie*. Frankfurt a.M./Berlin 1996.

–: *Ernst Jünger. Eine Biographie*. Berlin 1998.

Nußbaum, Henrich von: »Fehlanzeige. Jünger und die Gruppe 47«. In: *Streit-Zeit-Schrift* 6. H.2 (1968), S. 35-45.

Obermair, Alfred: *Der Nomos des Weltstaates. Ein rechtsphilosophischer Versuch über Ernst Jünger*. 2 Bde. Masch. Diss. Wien 1989.

Ojembarrana, Enrique (Hg.): *Simposio-Homenaje a Ernst Jünger. Hombre del Siglo XX*. Bilbao 1990.

Paetel, Karl O.: *Ernst Jünger. Die Wandlung eines Deutschen Dichters und Patrioten*. New York 1946.

–: *Ernst Jünger. Weg und Wirkung. Eine Einführung*. Stuttgart 1949.

–: *Ernst Jünger. Eine Bibliographie*. Stuttgart 1953.

–: »Ernst Jünger in angelsächsischer Sicht«. In: *Eckart* 29 (1960), S. 121-126.

–: *Ernst Jünger in Selbstzeugnissen und Bilddokumenten*. Reinbek bei Hamburg 1962.

Palmier, Jean-Michel: *Ernst Jünger. Rêveries sur un chasseur de cicindèles*. Paris 1995.

Paul, Wolfgang: »Ernst Jünger und Gottfried Benn. Schriftsteller im 2. Weltkrieg«. In: *Neue deutsche Hefte* 32 (1985), S. 85-102.

Pekar, Thomas: »Ein lebenslänglicher Schreibprozeß. Zur Literarizität von Ernst Jüngers Tagebuch *Siebzig verweht* (I bis V)«. In: *Les Carnets Ernst Jünger* 3 (1998), S. 155-166.

–: *Ernst Jünger und der Orient. Mythos – Lektüre – Reise*. Würzburg 1999.

Peppard, M.B.: »Ernst Jünger's ›Heliopolis‹. In: *Symposium* 7 (1953), S. 250-261.

Petersen, Swantje: *Korrespondenzen zwischen Literatur und bildender Kunst im 20. Jahrhundert. Studien am Beispiel von S. Lenz – E. Nolde, A. Andersch – E. Barlach – P. Klee, H. Janssen – E. Jünger und G. Bekker*. Frankfurt a.M./Berlin/Bern/New York/Paris/Wien 1995.

Philippi, Klaus-Peter: »Versinken im Wirbel‹. Chaos und Ordnung im Werk Ernst Jüngers«. In: *DVjs* 63 (1989), S. 154-193.

–: »Ernst Jünger«. In: Hartmut Steinecke (Hg.): *Deutsche Dichter des 20. Jahrhunderts*. Berlin 1994, S. 391-405.

Piedmont, Ferdinand: »Kurzgeschichte und Kurzerzählung. Zu drei Prosatexten von Ernst Jünger, Wolfdietrich Schnurre und Hans Bender«. In: Manfred Durzak/Eberhard Reichmann/Ulrich Weisstein (Hgg.): *Texte und Kontexte. Studien zur deutschen und vergleichenden Literaturwissenschaft. Festschrift für Norbert Fuerst zum 65. Geburtstag*. Bern/München 1973, S. 149-160.

Plard, Henri: »Ex ordine shandytorum. Das Schlangensymbol in Ernst Jüngers Werk«. In: Mohler (Hg.) 1955, S. 95-116.

–: »Ernst Jüngers Antwort auf die Krise der Gegenwart«. In: *Universitas. Zeitschrift für Wissenschaft, Kultur und Literatur* 13 (1958), S. 1141-1147, 1279-1286.

–: »Une Œvre retrouvée d'Ernst Jünger: *Sturm* (1923)«. In: *Études Germaniques* 23 (1968), S. 600-615.

–: »Ernst Jüngers Wende. ›An der Zeitmauer‹ und ›Der Weltstaat‹. In: Arnold (Hg.) o.J., S. 117-131.

–: »Le ›style fasciste‹: Ernst Jünger et Drieu la Rochelle«. In: *Études Germaniques* 34 (1979), S. 292-300.

–: »La ›mobilisation générale‹ contre la ›tyrannie des valeurs‹: le vitalisme d'Ernst Jünger dans *Der Arbeiter* (1932)«. In: *Aspects du vitalisme. Hommage au Roger Henrard*. Études réunies par S. Vanderlinden et G. Jacques. Louvain-la-Neuve/Bruxelles 1989, S. 148-165.

–: »›Zu euch, ihr Inseln ...‹. Über die Nesophilie des reisenden Ernst Jünger«. In: *Text + Kritik* 105/106 (1990) S. 98-118. (1990a)

–: »Ernst Jünger in Frankreich. Versuch einer Erklärung«. In: *Text + Kritik* 105/106 (1990), S. 141-154. (1990b)

–: »Ernst Jünger«. In: Heinz Ludwig Arnold (Hg.): *Kritisches Lexikon zur deutschsprachigen Gegenwartsliteratur*. [unregelmäßig erneuerte Loseblattsammlung; zur Zeit Stand 1.8.1994]

–: »Le père humilié. Note sur une récit d'Ernst Jünger«. In: *Documents* 50. H.3 (1995), S. 59-68.

Plumyène, Jean: »Du pressentiment: Kubin, Jünger, Bloy«. In: *La Table ronde. Cahier Ernst Jünger*. Hiver 1976, S. 104-110.

Poncet, François: »L'isolement splendide d'Ernst Jünger«. In: *Les Carnets Ernst Jünger* 1 (1996), S. 155-167. (1996a)

–: »La vague, *Leitmotiv* jüngerien«. In: *Images d'Ernst Jünger* 1996, S. 85-104. (1996b)

–: »Die Meereslandschaft als mythischer Hintergrund der Geschichte«. In: Koslowski (Hg.) 1996, S. 117-131. (1996c)

–: »Le paysage maritime, décor mythique de l'Histoire«. In: *Études Germaniques* 51 (1996), S. 727-738. (1996d)

–: »L'archipel jüngerien«. In: *Nouvelle École* 48 (1996), S. 26-30. (1996e)

–: »Ernst Jünger et Jérôme Bosch«. In: *Revue de Littérature Comparée* 71 (1997), S. 429-447. (1997a)

–: »›Les châteaux enchantés de l'Arioste‹: Notes sur la Castille imaginale d'Ernst Jünger«. In: *Les Carnets Ernst Jünger* 2 (1997), S. 107-125. (1997b)

–: »›Les chemins de la haute ville‹. Ernst Jünger à Laon ... et autre lieux«. In: *Les Carnets Ernst Jünger* 4 (1999), S. 23-36. (1999a)

–: »Die humane Schicht. Zum Motiv der Totenstadt bei Ernst Jünger«. In: *Les Carnets Ernst Jünger* 4 (1999), S. 225-237. (1999b)

Pongs, Hermann: *Im Umbruch der Zeit. Das Romanschaffen der Gegenwart*. 3. erweiterte Aufl., Tübingen 1958.

Popma, Jan: *The Worker: On Nihilism and Technology in Ernst Jünger*. Brussel 1991.

Porath, Erik: »Strahlungen Ernst Jüngers. Anmerkungen zu einem Tagebucheintrag«. In: *Wirkendes Wort* 45 (1995), S. 241-257.

Prümm, Karl: *Die Literatur des Soldatischen Nationalismus der 20er Jahre (1918-1933). Gruppenideologie und Epochenproblemati*. Kronberg/Ts. 1974.

–: »Vom Nationalisten zum Abendländer. Zur politischen Entwicklung Ernst Jüngers«. In: *Basis. Jahrbuch für Gegenwartsliteratur* 6 (1976), S. 7-29, 234.

Pütz, Anne: »Ernst Jünger und Maurice Barrès. Begegnungen im Raum der Fiktion«. In: *Weimarer Beiträge* 42 (1996), S. 188-206.

Quarch, Christoph: »Die Natur als inneres Erlebnis«. In: Figal/Schwilk (Hgg.) 1995, S. 183-203.

Raddatz, Fritz J.: »Kälte und Kitsch. Über den Goethepreisträger Ernst Jünger. Vom erotischen Vergnügen an Gewalt und Tod: die Herrenreiterprosa eines deutschen Dichters«. In: *Die Zeit* Nr.35 (27.8. 1982), S. 33.

Radisch, Iris: »Der Schöne und das Huhn. Warum die Franzosen Ernst Jünger lesen. Eine Liebesgeschichte«. In: *Die Zeit* Nr.13 (24.3.1995), S. 66.

Rausch, Jürgen: *Ernst Jüngers Optik*. Stuttgart 1951.

Reimann, Bruno W./Haßel, Renate: *Ein Ernst Jünger-Brevier. Jüngers politische Publizistik 1920 bis 1933. Analyse und Dokumentation.* Marburg 1995.

Reitenbach, Brigitte: *Ernst Jünger, Die Zwille.* Masch. Diss. Brüssel 1976.

Renger-Patzsch, Albert: *Gestein. Photographien typischer Beispiele von Gesteinen europäischer Länder. Mit einer Einführung und Bildtexten von Max Richter und mit einem Essay von Ernst Jünger.* Ingelheim am Rhein 1966.

Renner, Rolf Günter: *Die postmoderne Konstellation. Theorie, Text und Kunst im Ausgang der Moderne.* Freiburg 1988.

–: »Modernität und Postmodernität im erzählenden Spätwerk Ernst Jüngers«. In: Müller/ Segeberg 1995, S. 249-268.

Riecke, Heinz: *Wesen und Macht des Heldischen in Ernst Jüngers Kriegsdichtungen.* Hamburg 1935.

Ridley, Hugh: »Irrationalism, Art and Violence: Ernst Jünger and Gottfried Benn«. In: A.F. Bance (Hg.): *Weimar Germany: Writers and Politics.* Edinburgh 1982, S. 26-37.

Roberts, David: »Individuum und Kollektiv: Jünger und Brecht zu Ausgang der Weimarer Republik«. In: *Orbis Litterarum* 41 (1986) S. 157-175.

Rothe, Arnold: »Die *Marmorklippen* ohne Marmor«. In: *Internationales Archiv für Sozialgeschichte der deutschen Literatur* 21. H.1 (1996), S. 124-127.

Rozet, Isabelle: »›poste perdu‹ dans l'œuvre de Ernst Jünger«. In: *Le texte et l'idée* 6 (1991), S. 235-253.

–: *Ernst Jünger. Sentinelle entre mythe et histoire.* Masch. Diss. Nancy 1992.

–: »L'élite dans l'œuvre d'Ernst Jünger«. In: *Les Carnets Ernst Jünger* 1 (1996), S. 169-187. (1996a)

–: »Die großen Jagden. Eingang in die Welt des Mythos«. In: Koslowski (Hg.) 1996, S. 133-148. (1996b)

–: »Les ›grandes chasses‹. Entrée dans le monde du mythe«. In: *Études Germaniques* 51 (1996), S. 739-752. (1996c)

Rupprecht, Michael: »Thomas Mann und Ernst Jünger«. In: *Wirkendes Wort* 46 (1996), S. 411-423.

–: *Der literarische Bürgerkrieg. Zur Politik der Unpolitischen in Deutschland.* Frankfurt a.M. 1995.

Rutschky, Michael Christian: »Ein Jugendbuch«. In: *Frankfurter Hefte* 28 (1973), S. 668-672.

–: »Der alte Mann und die neuen Jünger«. In: Der Spiegel 35, Nr.15 (6.4.1981), S. 260-266.

Rychner, Max: *Sphären der Bücherwelt. Aufsätze zur Literatur.* Zürich 1952.

Saatdjan, Dominique: »Heidegger: und lecture du *Travailleur*. La lecture du *Travailleur* en 1932 a fait découvrir à Heidegger une relation entre la technique et la métaphysique«. In: *Magazine littéraire* Nr.326 (Nov. 1994), S. 45-47.

Sader, Jörg: *Im Bauche des Leviathan«. Tagebuch und Maskerade. Anmerkungen zur Ernst Jüngers »Strahlungen« (1939-1948).* Würzburg 1996.

Safranski, Rüdiger: *Ein Meister aus Deutschland. Heidegger und seine Zeit.* München/Wien 1994.

–: »Der Wille zum Glauben oder die Wiederkehr der Götter«. In: Figal/Schwilk (Hgg.) 1995, S. 243-254.

Salomon, Ernst von: *Der Fragebogen.* Reinbek bei Hamburg 1961.

Sauermann, Uwe: *Die Zeitschrift ›Widerstand‹ und ihr Kreis. Die publizistische Entwicklung eines Organs des extremen Nationalismus und sein Wirkungsbereich in der politischen Kultur Deutschlands 1926 – 1934.* Masch. Diss. Augsburg 1984.

Schauwecker, Franz: *Das Frontbuch. Die deutsche Seele im Weltkriege.* 6. Aufl. Halle 1927.

Scheffel, Michael: *Magischer Realismus. Die Geschichte eines Begriffes und ein Versuch seiner Bestimmung.* Tübingen 1990.

Schelle, Hansjörg: *Ernst Jüngers »Marmor-Klippen«. Eine kritische Interpretation.* Leiden 1970.

Schemme, Wolfgang: *Autor und Autorschaft in der Moderne. Dargestellt am Werk Ernst Jüngers.* Masch. Diss. Münster 1952.

Scherpe, Klaus R.: »Ästhetische Militanz. Alfred Andersch und Ernst Jünger«. In: Müller/ Segeberg 1995, S. 155-179.

Schieb, Roswitha: »Die Rezeption Ernst Jüngers nach 1945«. In: *Jahrbuch der deutschen Schillergesellschaft* 40 (1996), S. 348-361.

–: *Das teilbare Individuum. Körperbilder bei Ernst Jünger, Hans Henny Jahn und Peter Weiss.* Stuttgart 1997.

Schirnding, Albert von: »Lynkeus, den Schrecken im Aug. Ernst Jünger in seinen späten Tagebüchern«. In: *Merkur* 35 (1981), S. 1287-1294.

–: *Begegnungen mit Ernst Jünger.* Ebenhausen bei München 1990.

Schirrmacher, Frank: »›Der Führer wünscht sofortige Vorlage‹. Roland Freislers Brief an Martin Bormann zum Verfahren gegen Ernst Jünger ist eine Fälschung«. In: *Frankfurter Allgemeine Zeitung* Nr. 247 (23.10.1992), S. 35.

–: »H - M. Hitler, Jünger und der entwendete Brief«. In: *Frankfurter Allgemeine Zeitung* Nr. 14 (18.1.1999), S. 45.

Schmitt, Carl: *Politische Theologie. Vier Kapitel zur Lehre von der Souveränität.* 7. Aufl. Berlin 1996.

–: *Positionen und Begriffe im Kampf mit Weimar – Genf – Versailles 1923-1939.* Hamburg 1940.

–: *Der Hüter der Verfassung.* Tübingen 1931.

–: *Der Begriff des Politischen.* Hamburg 1933.

–: *Ex Captivitate Salus. Erfahrungen der Zeit 1945/47.* Köln 1950.

–: *Theodor Däublers »Nordlicht«. Drei Studien über die Elemente, den Geist und die Aktualität des Werkes.* Berlin 1991. (1991a)

–: *Glossarium. Aufzeichnungen der Jahre 1947 – 1951.* Hrsg. von Eberhard Freiherr von Medem. Berlin 1991. (1991b)

–: *Briefwechsel mit einem seiner Schüler.* Hrsg. von Armin Mohler in Zusammenarbeit mit Irmgard Huhn und Piet Tommissen. Berlin 1995.

Schneider, Peter: »... *ein einzig Volk von Brüdern«. Recht und Staat in der Literatur.* Frankfurt a.M. 1987.

Schneilin, Gérard: »Réflexions sur les *Journaux parisiens* d'Ernst Jünger«. In: *Études Germaniques* 51 (1996), S. 787-803. (1996a)

–: »Betrachtungen zu Ernst Jüngers Pariser Tagebüchern«. In: Koslowski (Hg.) 1996, S. 63-78. (1996b)

Scholdt, Günter: »›Gescheitert an den Marmorklippen‹. Zur Kritik an Ernst Jüngers Widerstandsroman«. In: *Zeitschrift für deutsche Philologie* 98 (1979), 543-577.

Schonauer, Franz: *Die zwei Fassungen von Ernst Jünger: Das abenteuerliche Herz. Versuch einer Darstellung der Gestaltungsunterschiede mit den Mitteln der Textvergleichung.* Masch. Diss. Bonn 1948.

Schote, Joachim: »Ernst Jüngers Roman ›Eumeswil‹: Die Theorie der Posthistoire und das Scheitern des Anarchen«. In: *Augias* 43 (1992), S. 28-48.

–: »Ernst Jünger und die literarische Décadence«. In: Gunnar Müller-Waldeck/Michael Gratz (Hgg.): *Vernünfte und Mythen. Kolloquium der Universitäten Greifswald und Aarhus zum Thema: Aufklärung heute? (Mai 1992).* Essen 1996, S. 121-131.

Schroers, Rolf: »Ernst Jünger«. In: *Deutsche Dichter der Gegenwart. Ihr Leben und Werk.* Unter Mitarbeit zahlreicher Fachgelehrter hrsg. von Benno von Wiese. Berlin 1973, S. 83-97.

Schröter, Olaf: *»Es ist am Technischen viel Illusion«. Die Technik im Werk Ernst Jüngers.* Berlin 1993.

Schütz, Erhard: »Das Leben baut Totes ein« oder Schrift im postmortalen Raum«. In: *Freitag* Nr.13 (24.3.1995), S. 9-10.

–: »Old Shatterhand forever. Ernst Jünger und das Indianerspiel: Im Dialog mit Rudolf Schlichter und in jüngsten Tagebüchern verrät der älteste amtierende Dichter eine Vorliebe für die Popkultur«. In: *Die Tageszeitung* (13./14.12.1997), S. 20.

Schultz, Uwe: »Sein ungläubiger Philosoph. Zu einem Denk-Dialog mit Heidegger«. In: *Streit-Zeit-Schrift* 6. H.2 (1968), S. 53-56.

Schumacher, Hans: »Themen der französischen Moralistik bei Ernst Jünger«. In: Giulia Cantarutti/Hans Schumacher (Hgg.): *Neuere Studien zur Aphoristik und Essayistik.Mit einer Handvoll zeitgenössischer Aphorismen.* Frankfurt a.M./Bern/New York 1986, S. 104-131.

Schumann, Klaus: »Der Krieg ist unser Vater ...‹. Verwischte Spuren in einem Text aus Ernst Jüngers ›Das abenteuerliche Herz‹ (1929)«. In: *Weimarer Beiträge* 41 (1995), S. 599-605.

Schwarz, Hans-Peter: *Der konservative Anarchist. Politik und Zeitkritik Ernst Jüngers.* Freiburg i.Br. 1962.

–: »Treffer und offene Fragen. Ernst Jüngers Prognosen«. In: Figal/ Schwilk (Hgg.) 1995, S. 94-108.

Schwarzschild, Leopold: »Heroismus aus Langeweile«. In: *Das Tagebuch* 10. Nr.39 (28.9.1929), S. 1585-1591.

Schwilk, Heimo (Hg.): *Ernst Jünger. Leben und Werk in Bildern und Texten.* Stuttgart 1988.

– (Hg.): *Das Echo der Bilder.* Stuttgart 1990. (1990)

–: »Der Traum des Anarchen«. In: Figal/Schwilk (Hgg.) 1995, S. 269-277.

–: »Ernst Jünger - Adolf Hitler: Die Briefe«. In: *Welt am Sonntag* Nr.3 (17.1.1999), S. 31f. (1999a)

–: »Ernst Jünger und der Widerstand«. In: *Welt am Sonntag* Nr.4 (24.1.1999), S. 31f. (1999b)

–: »Träume bei Ernst Jünger u. C.G. Jung«. In: Arzt u.a. 1999, S. 133-146. (1999c)

Schwilk, Heimo/Wolff, Uwe: »Die Konversion. Ernst Jünger und der Katholizismus«. In: *Welt am Sonntag* Nr. 13 (28.3.1999), S. 33-34.

Seferens, Horst: »Leute von übermorgen und von vorgestern«. *Ernst Jüngers Ikonographie der Gegenaufklärung und die deutsche Rechte nach 1945.* Bodenheim 1998.

Segeberg, Harro (Hg.): *Vom Wert der Arbeit. Zur literarischen Konstitution des Wertkomplexes ›Arbeit‹ in der deutschen Literatur (1770-1930). Dokumentation einer interdisziplinären Tagung in Hamburg vom 16. bis 18. März 1988.* Hrsg. von Harro Segeberg. Tübingen 1991.

–: Kriegs-Arbeit bei Jünger. Zur Überwindung des »mechanischen« Zeitalters im Frühwerk. In: Hanno Möbius/Jörg Jochen Berns (Hgg.): Die Mechanik in den Künsten. Studien zur ästhetischen Bedeutung von Naturwissenschaft und Technologie, Marburg 1990, S. 281-290.

–: »Regressive Modernisierung. Kriegserlebnis und Moderne-Kritik in Ernst Jüngers Frühwerk«. In: Segeberg (Hg.) 1991, S. 337-378. (1991a)

–: »Ernst Jünger als Reiseschriftsteller. Zur Moderne-Kritik im Spätwerk«. In: Eikiro Iwasaki (Hg.): *Akten des VIII. Internationalen Germanisten-Kongresses Tokyo 1990. Begegnung mit dem ›Fremden‹. Grenzen – Traditionen – Vergleiche.* Bd.9. Sektion 15. Erfahrene und imaginierte Fremde. Hrsg. von Yoshinori Shichiji. München 1991, S. 260-267. (1991b)

–: »Revolutionärer Nationalismus. Ernst Jünger während der Weimarer Republik«. In: Helmut Scheuer (Hg.): *Dichter und ihre Nation.* Frankfurt a.M. 1993, S. 327-342.

–: »Fünfzig Jahre Kriegsende – hundert Jahre Ernst Jünger. *Strahlungen* und *Gegenstrahlungen* aus dem Nachkrieg«. In: *Die Neue Gesellschaft* 42 (1995), S. 254-261. (1995a)

–: »Prosa der Apokalypse im Medienzeitalter: Der Essay *Über den Schmerz* (1934) und der Roman *Auf den Marmor-Klippen* (1939)«. In: Müller/Segeberg 1995, S. 97-123. (1995b)

–: »Technikverwachsen. Zur ›organischen Konstruktion‹ des ›Arbeiters‹ bei Ernst Jünger«. In: Hartmut Eggert/Erhard Schütz/Peter Sprengel (Hgg.): Faszination des Organischen. Konjunkturen einer Kategorie der Moderne. München 1995, S. 211-230. (1995c)

–: »Über Nationalismus und Judenfrage (1930)«. In: Études Germaniques 51 (1996), S. 627-645. (1996a)

–: »Schreiben an der ›Zeitmauer‹. Der Autor und sein Mythos«. In: Les Carnets Ernst Jünger 1 (1996), S. 189-207. (1996b)

Seubert, Harald: »Das Abendland und Europa. Diskurs über Nähe und Ferne einiger jüngst vergangener Denkbilder (Guardini, Ortega, Heidegger, Jaspers, Ernst Jünger)«. In: Duitse Kroniek 46 (1996), S. 107-131.

Sieferle, Rolf Peter: Die Konservative Revolution. Fünf biographische Skizzen (Paul Lensch, Werner Sombart, Oswald Spengler, Ernst Jünger, Hans Freyer). Frankfurt a.M. 1995.

Simmel, Georg: »Die Großstädte und das Geistesleben«. In: ders.: Aufsätze und Abhandlungen 1901-1908. Bd.1. Hrsg. von Rüdiger Kramme, Angela Rammstedt und Otthein Rammstedt (= ders.: Gesamtausgabe. Hrsg. von Otthein Rammstedt. Bd.7). Frankfurt a. M. 1995, S. 116-131.

Smet, Yves de: Ernst Jünger. o.O. 1963.

Söder, Hans-Peter: »Metaphern der Moderne als ›Blindgänger‹ in der Nihilismus-Debatte zwischen Heidegger und Jünger. Eine zeitkritische Bestandsaufnahme«. In: German Notes and Reviews H.2 (1995), S. 105-111.

Sonn, Werner: Der Mensch im Arbeitszeitalter. Das Werk E. Jüngers als Auseinandersetzung mit dem Nihilismus. Diss. Saarbrücken 1971.

Speidel, Hans: »Briefe aus Paris und aus dem Kaukasus«. In: Mohler (Hg.) 1955, S. 181-195.

Spies, Bernhard: »Ernst Jüngers Kriegstagebücher«. In: literatur für leser (1985), S. 100-115.

Stähle, Rudolf: Die Zeit im modernen utopischen Roman. Ernst Jüngers »Heliopolis«, Hermann Hesses »Glasperlenspiel« und Franz Werfels »Stern der Ungeborenen«. Masch. Diss. Freiburg i.Br. 1965.

Staglieno, Marcello: »Jünger, l'approche italienne«. In: Revue de Littérature Comparée 71 (1997), S. 525-536.

Strack, Friedrich: »Ernst Jünger in romantischer Tradition«. In: Les Carnets Ernst Jünger 1 (1996), S. 9-22.

Staub, Norbert: Wagnis ohne Welt. Ernst Jüngers Schrift Das abenteuerliche Herz und ihr Kontext. Würzburg 2000.

Steil, Armin: Die imaginäre Revolte. Untersuchungen zur faschistischen Ideologie und ihrer theoretischen Vorbereitung bei Georges Sorel, Carl Schmitt und Ernst Jünger. Marburg 1984.

Stern, Joseph Peter: »The Embattled Style: Ernst Jünger, In Stahlgewittern«. In: Holger Klein (Hg.): The First World War in Fiction. A Collection of Critical Essays. 2. ed. London/Basingstoke 1978, S. 112-125, 224f.

–: Ernst Jünger. A writer of our time, Cambridge 1953.

–: »Ernst Jünger's The Storm of Steel«. In: ders.: The Dear Purchase. A Theme in German Modernism. Cambridge 1995, S. 183-198.

Sternberger, Dolf: »Eine Muse konnte nicht schweigen. ›Auf den Marmorklippen‹ wiedergelesen«. In: ders.: Gang zwischen Meistern (= ders.: Schriften. Bd.VIII). Frankfurt a.M. 1987, S. 306-323.

Stiegler, Bernd: »Die Zerstörung und der Ursprung. Ernst Jünger und Walter Benjamin«. In: Les Carnets Ernst Jünger 1 (1996), 51-74.

Strauß, Botho: »Refrain einer tieferen Aufklärung«. In: Figal/Schwilk (Hgg.) 1995, S. 323-324.

Suck, Titus T.: »Bodily Spaces. The Locus of Politics in Ernst Jünger's Auf den Marmorklippen«. In: DVjs 66 (1992), S. 466-490.

Syndram, Anne: *Rhetorik des Mythos. Literarische Bilderwelt und politische Symbolik im Werk von Maurice Barrès und Ernst Jünger.* Masch. Diss. Aachen 1995.

Taureck, Margot: *Friedrich Sieburg in Frankreich. Seine literarisch-publizistischen Stellungnahmen zwischen den Weltkriegen in Vergleich mit Positionen Ernst Jüngers.* Heidelberg 1987.

Theweleit, Klaus: *Männerphantasien. Bd.1. Frauen, Fluten, Körper, Geschichte.* Frankfurt a.M. 1977.

–: *Männerphantasien. Bd.2. Männerkörper. Zur Psychoanalyse des weißen Terrors.* München 1995. (1995b)

Tommissen, Piet: »Unbekannte Briefe von Hugo Fischer an Carl Schmitt«. In: *Schmittiana* 1 (3. Aufl. 1990), S. 88-107.

–: »Ernst Jünger und Carl Schmitt: Zwischenbilanz«. In: *Etappe*, H.10 (1994), S. 16-28.

–: »Ernst Jünger et Carl Schmitt: un bilan provisoire«. In: *Les Carnets Ernst Jünger* 3 (1998), S. 167-186.

Traugott, Edgar: *Heroischer Realismus. Eine Untersuchung an und über Ernst Jünger.* Masch. Diss. Wien 1938.

Treher, Wolfgang: *Transzendenz und Katastrophe. Ernst Jünger im Spiegel der Hegelschen Philosophie. Eine psychopathologische Studie.* Emmendingen-Maleck 1993.

Treichel, Hans-Ulrich: »Alfred Andersch und Ernst Jünger. Zur Problemgeschichte einer Anziehungskraft«. In: *Wirkendes Wort* 39 (1989), S. 418-427.

Usinger, Fritz: »Abenteuer und Geschichte. Zu Ernst Jüngers ›Strahlungen‹«. In: *Die neue Rundschau* 61 (1950), S. 248-266.

Vandevoorde, Hans: »Ernst Jünger in Vlaanderen«. In: *Yang. Driemaandelijs tijdschrift* 28 (1992), S. 205-221.

Vismann, Cornelia: »Landscape in the First World War: On Benjamin's critique of Ernst Jünger«. In: *New Comparison* 18 (1994), S. 76-88.

Vogt, Hannah: *Der Arbeiter. Wesen und Probleme bei Friedrich Naumann, August Winning, Ernst Jünger.* Göttingen 1945.

Volmert, Johannes: *Ernst Jünger: »In Stahlgewittern«.* München 1985.

Vom Schreiben 3. Stimulanzien oder Wie sich zum Schreiben bringen? Bearbeitet von Petra Plättner (= Marbacher Magazin 72). 3., durchgesehene Aufl. Marbach a. N. 1996.

Vondung, Klaus: »Apokalyptische Deutungen des Ersten Weltkriegs in Deutschland«. In: Franz Karl Stanzel/Martin Löschnigg (Hgg.): *Intimate Enemies. English and German Literary Reactions to the Great War 1914-1918.* 2. ed. Heidelberg 1994, S. 59-69.

–: »Metaphysik des apokalyptischen Aktivismus. Ernst Jüngers Geschichtsdenken vor 1933«. In: *Études Germaniques* 51 (1996), S. 647-656.

Wagner, Richard: »Das Judentum in der Musik«. In: ders.: *Sämtliche Schriften und Dichtungen. Volks-Ausgabe.* 5. Bd. 6.Aufl. Leipzig o.J., S. 66-85.

–: *Oper und Drama.* Hrsg. und kommentiert von Klaus Kropfinger. 2.Aufl. Stuttgart 1994.

Wanghen, Pierre: »Jünger et la France«. In: *Nouvelle École* 48 (1996), S. 31-42.

Wapnewski, Peter: »Ernst Jünger oder Der allzu hoch angesetzte Ton. Einer der umstrittensten deutschen Autoren dieses Jahrhunderts erhält den Schiller-Gedächtnis-Preis«. In: *Die Zeit* Nr.46 (8.11.1974), S. 17.

Weischedel, Wilhelm: *Der Gott der Philosophen. Grundlegung einer Philosophischen Theologie im Zeitalter des Nihilismus.* 2 Bde. 2. Aufl. München 1985.

Weißmann, Karlheinz: »Maurice Barrès und der ›Nationalismus‹ im Frühwerk Ernst Jüngers«. In: Figal/Schwilk (Hgg.) 1995, S. 133-146.

Weitin, Thomas: »Auflösung und Ganzheit. Zur Maschine bei Ernst Jünger und Heiner Müller«. In: *Weimarer Beiträge* 45 (1999), S. 387-407.

Wellnitz, Phillippe: »Heliopolis, eine Utopie?« In: *Images d'Ernst Jünger* 1996, S. 23-34.

Wennemer, Josef: »Die Gestalt des Kriegers oder ›Die verlorene Generation‹. Zu den Menschenbildern in der Prosa über den ersten Weltkrieg bei Ernst Jünger und Erich Maria

Remarque«. In: Tilman Westphalen (Hg.): *Erich Maria Remarque 1898-1970*. Bramsche 1988, S. 44-54.

Werneburg, Brigitte: »Ernst Jünger, Walter Benjamin und die Photographie. Zur Entwicklung einer Medienästhetik in der Weimarer Republik«. In: Müller/Segeberg 1995, S. 39-57.

Werth, Christoph H.: »Nationalismus und Sozialismus im Frühwerk Ernst Jüngers«. In: Gerd Langguth (Hg.): *Die Intellektuellen und die nationale Frage*. Frankfurt a.M./New York 1997, S. 147-159.

Wilczek, Reinhard: *Nihilistische Lektüre des Zeitalters. Ernst Jüngers Nietzsche-Rezeption*. Trier 1999.

Wimbauer, Tobias: *Personenregister der Tagebücher Ernst Jüngers*. Freiburg i.Br. 1999.

Wilson, Norman Bateham: *Four paradigms of utopian fiction. The exemplar of atomism*. Masch. Diss. Michigan 1980.

Woods, Roger: *Ernst Jünger and the Nature of Political Commitment*. Stuttgart 1982.

–: »The Conservative Revolution and the First World War: Literature as evidence in historical explanation«-. In: The Modern Language Review 85 (1990), S. 77-91.

Wulf, Joseph: *Literatur und Dichtung im Dritten Reich. Eine Dokumentation*. Gütersloh 1963..

Zimmerman, Michael E.: *Heidegger's Confrontation with Modernity. Technology, Politics, and Art*. Bloomington/Indianapolis 1990.

Zissler, Dieter: »In der Mannigfaltigkeit die Einheit zu erkennen. Über Natur und Naturwissenschaft im Werk Ernst Jüngers«. In: *Text + Kritik* 105/106 (1990), S. 125-140.

Zons, Raimar Stefan: »Annäherungen an die ›Passagen‹«. In: Norbert Bolz/Bernd Witte (Hgg.): *Passagen. Walter Benjamins Urgeschichte des neunzehnten Jahrhunderts*. München 1984, S. 49-69.

Personenregister

Sammlung Metzler

Printed in the United States
By Bookmasters